Die Strafbarkeit der Vorbereitungshandlung des Delikts nach dem deutschen und chinesischen StGB

# Criminalia

Herausgegeben von Klaus Volk

Band 47

Peter Lang
Frankfurt am Main · Berlin · Bern · Bruxelles · New York · Oxford · Wien

Meng Yang

# Die Strafbarkeit der Vorbereitungshandlung des Delikts nach dem deutschen und chinesischen StGB

**Peter Lang**
Internationaler Verlag der Wissenschaften

**Bibliografische Information der Deutschen Nationalbibliothek**
Die Deutsche Nationalbibliothek verzeichnet diese Publikation in der Deutschen Nationalbibliografie; detaillierte bibliografische Daten sind im Internet über <http://www.d-nb.de> abrufbar.

Zugl.: München, Univ., Diss., 2008

Umschlaggestaltung:
Pierre Mendell

Gedruckt auf alterungsbeständigem,
säurefreiem Papier.

D 19
ISSN 0945-1811
ISBN 978-3-631-58572-6



Printed in Germany 1 2 3 4 5 7

www.peterlang.de

**Criminalia**

Abhandlungen aus den gesamten Strafrechtswissenschaften

Der Herausgeber der Reihe ist Vorstand des "Instituts für die gesamten Strafrechtswissenschaften" der Universität München. Das Programm der Reihe ist im Untertitel genannt. In ihr werden veröffentlicht Schriften zum Strafrecht und Strafverfahrensrecht, zu Kriminologie und Kriminalpolitik, zu den rechtstheoretischen und rechtssoziologischen Grundlagen des Strafrechts und zu seiner Geschichte. Die Reihe läßt deutsche und ausländische Wissenschaftler zu Wort kommen und will dazu einladen, an der Fortentwicklung aller Bereiche des Strafrechts über die Grenzen hinaus mitzuwirken.

*Meinen Eltern gewidmet*

# Vorwort

Die vorliegende Arbeit wurde im Sommersemester 2007/2008 von der Juristischen Fakultät der Ludwig-Maximilians-Universität in München als Inaugural-Dissertation angenommen. Schrifttum und Rechtsprechung wurden vollständig bis Feb. 2008 berücksichtigt.

Mein ganz besonderer Dank gilt meinem verehrten Lehrer, Herrn Prof. Dr. Dr. h.c. mult. Bernd Schünemann, für die wertvollen Anregungen, konstruktive Kritik, die stetige Gesprächsbereitschaft, das besondere Verständnis für ausländische Doktoranden und die Unterstützung bei der Veröffentlichung der Arbeit. Herrn Prof. Dr. Philipps bin ich für die stetige Ermutigung bei meiner Promotion und die zügige Erstellung des Zweitgutachtens sehr verbunden. Herrn Prof. Klaus Volk danke ich für die Aufnahme der Arbeit in die Reihe „Criminalia".

Herr Dr. Luis Greco hat zur Entstehung meiner Arbeit viel beigetragen. Für seine konstruktive Kritik, stetige Diskussionsbereitschaft und die Durchsicht der Arbeit gebührt ihm mein herzlicher Dank. Ebenso bin ich Herrn Dr. Peter Kasiske sehr verbunden, der mir von meinem Studium bis zur Promotion in Deutschland viel geholfen hat.

Weiterhin möchte ich mich bedanken bei Herrn Dr. Lothar Quandt, Frau Dr. Shuning Shou, Frau Chunxiao Li, Frau Roswitha Ellwanger, Frau Hui Xie, Herrn Dr. Jyu-huei Chen, Frau Dr. Judith Hauer, Frau Ingrid Hillebrand, Herrn Yannick Schönwälder und Frau Anna Richter für ihre Unterstützung und freundliche Hilfe.

Ich danke der Graduiertenförderung der Friedrich-Ebert-Stiftung, die durch die Gewährung eines Promotionsstipendiums diese Untersuchung ermöglichte. Auch Frau Viola Hübner vom Verlag Peter Lang danke ich für die gute Zusammenarbeit.

Nicht zuletzt bin ich meinen Eltern zu tiefer Dankbarkeit verpflichtet. Sie, insbesondere meine schwer erkrankte Mutter, haben fortwährend die Erstellung der Arbeit verständnisvoll und geduldig begleitet und mir dabei Unterstützung in jedweder Form angedeihen lassen. Ihnen ist die Arbeit gewidmet.

Guangzhou, VR China, im Januar 2009 *Meng Yang*

**Inhaltsverzeichnis**

# **Einleitung:** Problemstellung und Überblick über den Inhalt der Arbeit

## A. Problemstellung

Die positiven Strafnormen sind nicht um ihrer selbst willen da, sondern erfüllen den Zweck, begangene Verbrechen zu sühnen und sowohl die Gesamtheit als auch den Einzelnen vor Verbrechen zu schützen. Dementsprechend lautet ein Grundsatz des Strafrechts, dass nur die schuldhafte Herbeiführung eines Erfolges, durch den das Zusammenleben der menschlichen Gesellschaft gestört wird, einer Bestrafung unterliegt. Dieser Grundsatz wird in der Aufstellung bestimmter, fest umrissener Straftatbestände verwirklicht, deren Erfüllung die Strafe nach sich zieht. Alle Handlungen, die den Straftatbestand nur teilweise verwirklichen oder sich noch außerhalb der Verwirklichung bewegen – und dazu gehört auch die Vorbereitungshandlung – sind erlaubt. Soll auch diese Vorbereitungshandlung bestraft werden, dann bedarf es ihrer ausdrücklichen Einbeziehung, d.h. einer Ausdehnung der Strafe auch auf sie. „Der Fortschritt des Rechts besteht aber in einer fortgesetzten Einengung des Gebiets der Strafe" ( *Jhering* )

Wie sich aus der dargestellten Reihenfolge menschlicher Tätigkeiten, die auf das Begehen eines Verbrechens i. w. S. gerichtet sind, ergibt, bezeichnet die Vorbereitung im strafrechtlichen ebenso wie im gewöhnlichen Sinne, die erste Umsetzung des verbrecherischen Willens in die Tat. Eine Erörterung der strafrechtlichen Vorbereitungshandlung in einem bestimmten Strafgesetzbuch, die also von dieser ersten Betätigung des verbrecherischen Entschlusses handelt, birgt somit ohne weiteres das hochbedeutsame Problem des Beginns der Strafunterworfenheit des Einzelnen in sich. Sie erschöpft sich, zusammenfassend ausgedrückt, in der Beantwortung der Frage: Wie weit muss die Betätigung verbrecherischen Willens im Einzelfalle fortgeschritten sein, damit der Staat mit seiner Strafgewalt dagegen einschreitet, oder, kürzer ausgedrückt, wie verhält sich der Strafgesetzgeber zu diesen ersten verbrecherischen Betätigungen[1]? Die Antwort hierauf hängt von verschiedenen Umständen ab. Wichtigste Grundlage für diese Entscheidung ist z. B. die Staatsauffassung, von der der Gesetzgeber ausgeht. Anders ausgedrückt, die Entscheidung hängt davon ab, „wie in einem Staat das Verhältnis des Staates zum Einzelnen gedacht ist, mit welchen Ansprüchen der Staat dem einzelnen gegenübertritt, welche staatsbürgerliche Haltung der Staat vom Einzelnen erwartet"[2]. Mit Recht bezeichnet *Gleispach*[3] das Strafrecht eines Staates als das „empfindlichste Barometer für seinen Ideengehalt"; dieser Gehalt staatsrechtlicher Ideen ist gerade auch für die obige Frage von größter Bedeutung. Es sei nicht nur auf die Sowjetunion als eklatantes Beispiel verwiesen: §19 StGB der RSFSR von 1926 erklärt alle Vorbereitungshandlungen für strafbar[4]. Das chinesische StGB gilt als ein Anhänger der sowjetrussischen Gesetzgebung, weil die Vorbereitungshandlung der Delikte nach §22 chin. StGB grundsätzlich auch strafbar ist. Eine Untersuchung der Vorbereitungshandlungsregelung gibt zwar Aufschluss darüber, wo die Grenze des staatlichen Strafanspruchs verläuft, und ob sich der Gesetzgeber eher eingeschränkt oder übermäßig zeigt, aber ein näheres Eingehen auf diese Zusammenhänge zwischen Staat und Strafrecht ist nicht meine Aufgabe; soweit ein solches zu ihrer Bearbeitung notwendig sein sollte, erfolgt es bei deren eigentlicher Erörterung.

---

1 Vgl. dazu *Hegler*, Jahreskurse, 1929, S. 150; *Mayer*, Versuch und Teilnahme, 1910, S. 333 f.

2 Siehe dazu *Schmidt*, Strafrechtsreform, 1931, S. 5; *Stienen*, ZStW 46 (1925), S. 366; *Kohlrausch*, JW 1929, S. 1438.

3 *Gleispach*, SchwZStr 41 (1928), S.335.

4 *Gleispach*, SchwZStr 41 (1928), S. 347 f.

## B. Das deutsche StGB als Vergleichsstandard

## I. Der Einfluss des Deutschen Rechtssystems auf das Chinesische

Wie allgemein anerkannt bestehen in der V. R. China und Deutschland voneinander unabhängige Rechtssysteme: Das chinesische Rechtssystem und das kontinental-europäische Rechtssystem. In der Realität wurde das chinesische Rechtssystem seit dem Ende der letzten feudalen Dynastie, nämlich der Qing Dynastie – zunehmend vom deutschen Rechtssystem unmittelbar oder mittelbar beeinflusst, weil das deutsche Rechtssystem seit langem als führendes und lebendiges Vorbild des kontinental-europäischen Rechtssystems galt. Im Laufe des Entstehungsprozesses der V. R. China im Jahre 1949 schien dieser Beeinflussungsprozess zeitweilig unterbrochen worden zu sein, und das sowjetrussische Rechtssystem gewann inzwischen in China eine bedeutendere Rolle.

Seit den Siebzigerjahren des 20. Jahrhunderts hat sich die Modernisierung des chinesischen Rechtssystems in großem Umfang beschleunigt. Verglichen mit dem anglo - amerikanischen Rechtssystem steht das kontinental-europäische Rechtssystem, und hierbei insbesondere das deutsche Rechtssystem dem chinesischen Rechtssystem näher, denn zum einen ist in China längst eine Kodifikationstradition entstanden und, zum anderen genießt das deutsche Rechtssystem wegen seiner logischen Struktur sowie des umfangreiches Inhalts ein hohes Ansehen auf der Welt. Deswegen waren die chinesischen Strafrechtler bestrebt, die Vorteile des deutschen Rechtssystems zu übernehmen.

Bezüglich der gesetzlichen Behandlung der Vorbereitungshandlung des Delikts lassen sich – jeweils vergröbernd – aktuell und überall zwei Typen ausmachen: die aktive und die passive Auffassung. Zur ersten Gruppe zählt das geltende chinesische StGB von 1997, in dem die Vorbereitungshandlungen der Delikte üblicherweise als strafbar erklärt werden. Im russischen StGB von 1996 wird zwar der Begriff der Vorbereitung einer Straftat in § 30 I vorgesehen. Jedoch wird nach § 30 II nur die Vorbereitung einer schweren oder besonders schweren Straftat bestraft. In der zweiten Gruppe wird die Vorbereitungshandlung des Delikts durch einen Alleintäter prinzipiell als straffrei erachtet und ihre Strafbedrohung wird in Ausnahmefällen nur durch wenige Vorbereitungstatbestände festgelegt. Dafür steht das geltende deutsche StGB von 1975 als ein typisches Beispiel.

Pointiert ausgedrückt lassen sich die Gründe, das deutschen StGB als Vergleichsstandard für diese Arbeit zu nehmen, so beschreiben: einerseits war und ist die deutsche Strafrechtswissenschaft für die chinesische Strafgesetzgebung von sehr großer Bedeutung. Andererseits kann die eingehende Untersuchung der begrenzten Bestrafung der Vorbereitungshandlung des Delikts nach dem deutschen StGB, soweit sie nicht den Gegenpol zur allgemeinen Strafbarkeit der Vorbereitungshandlung in China darstellt, einer kritischen Betrachtung und Überprüfung der strafgesetzgeberischen Stellungnahme zu den Vorbereitungshandlungen in China dienen. Es ist jedoch kaum denkbar und würde an Zumutung grenzen, dass das chinesische StGB über Nacht alle Vorbereitungshandlungen der Delikte für straffrei erklären würden.

## II. Strafrechtlicher Vorfeldschutz als Tendenz der modernen Strafgesetzgebung?

Trotz der begrenzten Bestrafung der Vorbereitungshandlung zeigt sich in Deutschland allerdings in den letzten Jahren ebenfalls eine Tendenz zur zunehmenden Kriminalisierung der Vorbereitungshandlung. Beispielsweise wurde am 27.11.2003 ein Entwurf des 35. Strafrechtsänderungsgesetzes vom Deutschen Bundestag verabschiedet[5]. Die mit dieser Novelle erstrebte „Verbesserung“ des „strafrechtlichen Schutzes“[6] zielt auch auf die Einfügung eines neuen Tatbestands im weiten Vorfeld des Computerbetruges, um Vorbereitungshandlungen „ähnlich den §§ 149, 275 StGB“ selbständig mit Strafe bedrohen zu können[7]. Ein anderes Beispiel ist § 22b Straßenverkehrsgesetz, der am 18. August 2005 in Kraft getreten ist. Durch § 22b I Nr. 3 wird die Vorbereitung zum Kennzeichenmissbrauch nunmehr der Strafe unterstellt, um den Straßenverkehr besser zu schützen. Das ist zwar mit den seit längerem vorherrschenden Tendenzen zu einer „Überspannung der staatlichen Strafgewalt“[8] oder „Vorverlegung des Strafrechtsschutzes“[9] vereinbar, aber diese neuerliche „Ausdehnung des deutschen Strafrechts“[10] bedarf wenigstens einer näheren Diskussion oder eines substantiellen Fingerzeigs des (deutschen) Gesetzgebers .

Außerdem ist es vor dem Hintergrund der terroristischen Bedrohung sehr fraglich, ob das Strafrecht zum besseren Schutz des Staatsinteresses sowie des öffentlichen Friedens die Tatbestände in die Vorbereitungsphase vorverlegen soll. Dieselben Fragen stellen sich ebenso bei der Notwendigkeit des vorgelagerten Strafrechtsschutzes beim Handel mit Betäubungsmitteln (BtMG), Organen (TPG), Waffen (WaffenG), etc.

Aufgrund dieser Entwicklung zu einer „Überspannung der staatlichen Strafgewalt“, die sich in Deutschland zeigt, stellt sich das deutsche Strafgesetz als ein sehr lebendiges Untersuchungsobjekt dar. Sodann gewinnt die Beschäftigung mit der Strafbarkeit der Vorbereitungshandlung der Delikte in China immer mehr an Bedeutung, denn nicht nur die Legitimation, sondern auch die Begrenzung der Strafgesetzgebung interessiert die chinesischen Strafrechtler und Strafgesetzgeber. Als das härteste staatliche Eingriffsmittel in die Privatsphäre soll der Einsatz der Strafe streng eingeschränkt werden. In einer modernen postindustriellen Gesellschaft soll das Zusammenleben aber auch vor unvorhersehbaren und unbeherrschbaren Gefahren hinreichend geschützt werden. Wohin soll das chinesische StGB bezüglich der Strafbarkeit der Vorbereitungshandlung gehen? Wozu kann die oben erwähnte Änderung des deutschen StGB die chinesische Legislative anregen? Ist Strafrecht Bürgerrecht oder Feindrecht? Welche Maßstäbe gibt es für die Legitimation strafrechtlicher Normen?

Eine Antwort hierauf könnte für die Entwicklung des chinesischen StGB sehr hilfreich sein. Die Strafbarkeit der Vorbereitungshandlung verdient daher eine vergleichende Untersuchung, insbesondere da die Vorbereitungstatbestände im deutschen Strafrecht allmählich zunehmen.

## C. Gang der Untersuchung

Die Arbeit zielt darauf ab, das aus äußerst unterschiedlichen Rechtstraditionen entwickelte Vorbereitungshandlungsrecht zu untersuchen und die Gründe zu suchen, die für beide Gesetzgeber bestanden, von einander so weit abzuweichen, insbesondere, ob diese Abweichung in China allein dem Einfluss sowjetrussischen Rechtsdenkens zuzuschreiben ist. Weiterhin ist die Klärung der

5 Annahmebeschluss des Deutschen Bundestags v. 27.11.2003 (Prot. 15/79, S. 6948; BT-Drucks. 880/03) nach (weitgehend) zustimmender Stellungnahme durch den Bundesrat (BT- Drucks. 15/1720, S. 12) sowie einer dahingehenden Beschlussempfehlung des Rechtsausschusses (BT- Drucks. 15/ 2046).

6 Bundesjustizministerin *Zypries*, Pressmitteilung des Bundesministeriums der Justiz v. 13.08.2003 (Nr. 65/ 03), http://www.bmj.bund.de/ger/service/pressmitteilungen.

7Eingehende Vorstellung des Ziels des Strafrechtsänderungsgesetzes vgl. *Duttge*, FS Weber, 2004, S. 285 f.

8Original bei *Frank*, ZStW 18 (1898), S. 733 ff.. Daran anknüpfend kritisiert *Weber* „Überspannung der staatlichen Bußgeldgewalt“, vgl. ZStW 92 (1980), S. 345.

9*Weber*, Vorverlegung des Strafrechtsschutzes, 1987, S. 5 ff. Hier ist zu bemerken, dass sich *Weber* mit dieser Tendenz auseinandergesetzt hat.

10 Vgl. Begründung des Gesetzentwurfs der Bundesregierung v. 15.10.2003, BT- Drucks. 15/ 1720, S. 1 und 7.

Frage interessant, ob sich nicht auch ähnliche moderne Rechtsauffassungen in beiden Rechtssystemen finden lassen und sich auf diese Weise vergleichbare Reformen ergeben haben.

Ungeachtet der stets im Mittelpunkt der Diskussion stehenden Problematik von Abgrenzung und Vorbereitung und Versuch wird die Strafbarkeit der Vorbereitungshandlung seit langem nicht mehr als ein selbständiges Thema behandelt, obgleich sie mittlerweile in die Thematik der „Gefährdungsdelikte" einbezogen wird. Während die Beschäftigung mit der Strafbarkeit der Vorbereitungshandlung in Deutschland einen Höhepunkt in der ersten Hälfte des 20. Jahrhunderts erlebte, wird sie erst seit dem Ende der Neunzigerjahre des 20 Jahrhunderts in wenigen Monographien und Aufsätzen intensiv thematisiert. Im Gegensatz zur reichen und vielfältigen Literatur in Deutschland zum Thema „Vorbereitungshandlung" fällt das Angebot an Meinungen in China recht knappt aus. Hinzu kommt noch, dass nicht wenige Probleme entweder völlig unbeachtet bleiben oder man sich mit Behauptungen begnügt, ohne ausreichende Begründungen zu liefern. Wo allerdings ein Eingehen auf nicht gelöste Probleme unerlässlich schien, nahmen die Ausführungen bei der Suche nach möglichen Lösungen oft auch spekulativen Charakter an.

Die Arbeit ist folgendermaßen aufgebaut:

1. In Teil 1 (§§ 1, 2) liegt der Schwerpunkt auf der jeweiligen Gesetzgebungsgeschichte der Vorbereitungsdelikte in Deutschland und in China.

Im deutschen Strafgesetzbuch fehlt es zwar an einer allgemeinen Definition der Vorbereitungsdelikte wie der Vorbereitung selbst, da die Vorbereitungshandlungen prinzipiell straffrei sind. Im deutschen Schrifttum finden sich aber stets die einschlägigen Definitionen und Diskussionen mit unterschiedlichen Schwerpunkten. Dieses Phänomen hängt zum einen mit der Abgrenzung der allgemeinen straflosen Vorbereitungshandlung vom strafbaren Versuch, und zum anderen mit der stetigen Bestrafung weniger schwerwiegender Vorbereitungshandlungen zusammen. Insbesondere letzteres kann durch einen Blick auf die deutsche Gesetzgebungsgeschichte belegt werden. Bei Betrachtung der geschichtlichen Entwicklung, wie sie von *Schwab* in seiner Dissertation dargestellt wird, wird ersichtlich, dass von der Epoche des germanischen Rechtsdenkens bis heute die Bestrafung der Vorbereitungshandlung trotz der grundsätzlichen Straflosigkeit immer für besondere Fälle vorgesehen war. Um solche Fälle besser einzuordnen, werden verschiedene Einteilungsmaßstäbe im Schrifttum angegeben, die grob in Zwei- und in Dreiteilungsmodelle unterteilt werden können. Daran schließe ich an und entwickele einen eigenen Maßstab auf der Grundlage des Dreiteilungsmodells und ordne die konkreten Vorbereitungsdelikte dem entsprechenden Typ zu. Als Zwischenergebnis ist festzuhalten, dass die Summe der Vorbereitungstatbestände infolge der technisch- und wirtschaftlichen Entwicklung und aufgrund des damit verbundenen Wandels der Gesellschaftsverhältnisse stetig zunimmt.

In China versucht man ganz anders auf Vorbereitungshandlungen zu reagieren. Im Hinblick auf die historische und politische Komplexität in Taiwan, Hongkong und Macao erstreckt sich die vergleichende Untersuchung jedoch nicht auf die Strafgesetze dieser Gebiete. Hinsichtlich der allgemeinen Strafbarkeit der Vorbereitungshandlung im chinesischen Strafgesetzbuch gilt der Maßstab der Sozialschädlichkeit als der Ausgangspunkt der gesetzgeberischen Entscheidung. Von der chinesischen Gesetzgebungsgeschichte aus gesehen, hat sich der Begriff der Sozialschädlichkeit in der Sowjetunion entfaltet und eine unverhältnismäßig wichtige Stellung eingenommen. Bei *Beccaria* dient der Begriff der Sozialschädlichkeit zur Einschränkung der Strafausdehnung und der Sicherung der Freiheit des Bürgers, um zu verhindern, dass der Staat willkürlich in die Privatsphäre eingreift. In China galt dieser Begriff allerdings als ein Instrument des Klassenkampfs (gewissermaßen eine volkstümliche Terminologie der Vergangenheit), also als ein Mittel, durch das der Antisozialismus abgewehrt werden sollte. Nach der Reform des chinesischen StGB im

Jahre 1997 hat sich der Begriff der Sozialschädlichkeit wiederum zu einem Instrument der Erweiterung der staatlichen Bestrafungsbefugnisse umgewandelt, obwohl weder Klassenkampf noch Antisozialismus als politische Terminologie in der strafrechtswissenschaftlichen Diskussion weiter bestehen. Die Konsequenz daraus ist eine Tendenz zur Strafausdehnung, die geradezu das antiliberale Prinzip darstellt und z. Z. in China auch auf den Prüfstand gestellt wird. Der Begriff der Sozialschädlichkeit ist also verantwortlich für die übermäßige Ausdehnung der Strafbarkeit auf die vorgelagerten Vorgänge der Vorbereitung. Jedoch ist die Festlegung der Strafbarkeit der Vorbereitungshandlung im chinesischen StGB von geringer praktischer Bedeutung. Nach der Analyse des Begriffs der Vorbereitungshandlung wird der Umfang der Vorbereitungshandlung relativ deutlich bestimmt. Verglichen mit dem Forschungsstand in Deutschland ist die Eingrenzung der Vorbereitungshandlung vom Delikten auch in China sehr umstritten, jedoch gibt es, anders als in Deutschland, keine eindeutige Lösung dieses Problems in der Literatur, was sich negativ auf die Praxis auswirkt.

II. Im Teil 2 wird das Thema "Modernisierung des Strafrechts und Vorfeldkriminalisierung im Bereich der Vorbereitungshandlung" als Überblick kurz dargestellt.

Die weitergehende Ausdehnung der Bestrafung auf das Vorbereitungsstadium sowohl in Deutschland als auch in China, wo sie aber hauptsächlich mit der Zunahme der Summe der gesamten Straftatbestände zusammenhängt, wird unter dem Schlagwort „Modernisierung des Strafrechts“ oder „Vorfeldkriminalisierung“ in der deutschen Strafrechtswissenschaft heftig diskutiert. Diese Diskussionen beschreiben die strafrechtliche Gesetzgebungstendenz, die als eine Reaktion auf den tiefgehenden Wandel der Gesellschaft und die rasche Wirtschafts- und Technikentwicklung angesehen wird, worin sich der Orientierungswechsel des Gesetzgebers von der Vergeltungs- hin zur Präventionstheorie reflektiert. In der durch Massenmedien geprägten Gesellschaft wird dieser Wechsel zwar als gerechtfertigt angesehen, ist aber einigen Grundsatzbedenken ausgesetzt.

III. Im Teil 3, welches den Schwerpunkt der vorliegenden Arbeit bildet, wird auf die Beurteilung der Legitimitätsmaßstabe der Vorbereitungstatbestände eingegangen.

Die Legitimation der Vorbereitungstatbestände ist ein ewiges Thema, das heutzutage vor dem Hintergrund „der Modernisierung des Strafrechts“ besonders klärungsbedürftig ist. In diesem Teil gilt es zwei Fragen zu beantworten: erstens, ob allein die Rechtsgutslehre die Vorbereitungstatbestände legitimieren kann (§ 4); und zweitens, wie sich die Vorbereitungsdelikte als ein Typ der modernen abstrakten Gefährdungsdelikte juristisch legitimieren und beschränken lassen (§ 5).

1 In § 4 scheint es mir zwingend, vor allem vom materiellen Verbrechensbegriff auszugehen, um Grund und Grenzen des Strafrechtsschutzes im Vorbereitungsbereich zu bestimmen, weil der materielle Verbrechensbegriff die für eine bestimmte Rechts- und Sozialordnung gültige Auffassung vom Verbrechen bestimmt. Versuche, präzise Maßstäbe für die Strafwürdigkeit eines bestimmten Verhaltens zu benennen, werden aber von verschiedenen Perspektiven ausgehend unternommen. Trotz des heftigen Streits um die Bedeutung des Rechtsguts für den materiellen Verbrechensbegriff und damit für das deutsche Strafrechtssystem, befürwortet die aktuell vorherrschende Meinung eine zentrale Bedeutung des Rechtsgutsbegriffs für das deutsche Strafrechtssystem. Der Rechtsgutsbegriff ist aus der Aufgabe des Strafrechts abzuleiten. Diese Aufgabe des Strafrechts liegt darin, den Bürgern ein freies und friedliches Zusammenleben unter Gewährleistung aller verfassungsrechtlich garantierten Grundrechte zu sichern. Ein so erfasster Rechtsgutsbegriff ist insoweit „systemkritisch“, als er nicht nur, wie der „methodische“ Rechtsgutsbegriff, ein Hilfsmittel bei der „systemimmanenten“ Auslegung der Tatbestände sein will, sondern dem Gesetzgeber bei der Ausübung seines Bestrafungsrechts auch Grenzen setzen möchte. Um dieses Potenzial zur Einschränkung der Gesetzgebung zu besitzen, muss der Rechtsgutsbegriff materiali-

siert werden, wobei zwischen individuellen und überindividuellen Rechtsgütern zu unterscheiden ist. Die von *Hefendehl* erstmalig vorgenommene Systematisierung der Kollektivrechtsgüter ist hier sehr hilfreich.

Das Verhältnis der Rechtsgutstheorie zur Sozialschädlichkeitslehre der Aufklärung ist hier ebenfalls zu verdeutlichen. Der in der deutschen Literatur und insbesondere von *Amelung* dargestellte Sozialschädlichkeitsgedanke stimmt mit *Beccaria*s Sozialschädlichkeitslehre nicht überein, sondern ähnelt der Sozialschädlichkeitslehre in Sowjetrussland und China, aufgrund derer ein weiterer strafrechtlicher Eingriff in die bürgerliche Freiheit ermöglicht werden soll. In China wird das Verbrechen als sozialschädliche Handlung bezeichnet. Daher ist die Bedeutung von „Sozialschädlichkeit" im chinesischen Verbrechensbegriff zu prüfen und kritisch zu befragen.

Als der erste Maßstab der Legitimität strafrechtlicher Normen dient die Rechtsgutslehre zur Ausfilterung der Scheinrechtsgüter. Um eine solche Ausfilterung im Bereich der Vorbereitungsdelikte zu ermöglichen, sind die Rechtsgüter der Vorbereitungstatbestände de lege lata im deutschen Strafrecht zu systematisieren, da diese Differenzierung angesichts der allgemeinen Strafbarkeit der Vorbereitungshandlung in China keinen Sinn macht.

2 Die Bindung des Strafrechts an den Rechtsgüterschutz erfordert nicht, dass die Strafbarkeit nur von einer Rechtsgüterverletzung abhängt. Es genügt eine Rechtsgütergefährdung. Diese verlangt als Voraussetzung der Strafbarkeit nicht mehr, als dass eine Handlung ihrer objektiven oder subjektiven Tendenz nach auf die Verletzung eines Rechtsgutes gerichtet ist. Das oben herausgearbeitete Verhältnis der Rechtsgutstheorie zur Sozialschädlichkeitslehre verdeutlicht auch die einem Rechtsgut drohenden Gefahren. Damit muss zusätzlich das Verhältnis der tatbestandlichen Handlung zum Rechtsgut als ihrem Bezugsobjekt analysiert werden: Erweist sich, nach *Wohlers*' zutreffendem Hinweis, ein Schutzgut als grundsätzlich schützenswert, so hängt die Legitimität der Norm entscheidend von der Deliktsstruktur ab, die sich wiederum aus dem Verhältnis der jeweils vom Straftatbestand erfassten Verhaltensweisen zu dem als Rechtsgut geschützten „Etwas" ergibt. Daher wird in §5 zuerst die Frage beantwortet, ob die abstrakten Gefährdungsdelikte für die Vorbereitungsdelikte als adäquate Deliktskategorie angesehen werden könnten, denn der Einsatz abstrakter Gefährdungsdelikte ist in besonderer Weise legitimierungsbedürftig und wird im Ergebnis nur dann für legitim erachtet, wenn die Strafnorm auf den Schutz eines als besonders schützenswert erscheinenden Rechtsguts abzielt. In der klassischen Dogmatik werden Vorbereitungsdelikte und abstrakte Gefährdungsdelikte aufgrund ihrer verselbständigten Deliktsstruktur im Vorfeldschutz nebeneinander gleichgesetzt. Erst bei *Wohlers* wird den Vorbereitungsdelikten ein abstraktes Gefährdungspotential zuerkannt. Und zwar werden die Vorbereitungsdelikte in die Systematik der modernen abstrakten Gefährdungsdelikte eingeordnet. Nach dieser Ansicht besteht das spezifische Risikopotential der Vorbereitungshandlung darin, dass entweder der Handelnde selbst oder aber eine andere Person an das Ergebnis der in Frage stehenden Verhaltensweise anknüpfen und hieraus dann die Beeinträchtigung eines Interesses resultieren kann. Um die Strafbarkeit der Vorbereitungsdelikte als abstrakte Gefährdungsdelikte einzugrenzen, sind eine Reihe von Fragen zu behandeln. Am Beispielfall der Vorschriften, ins. des § 30, deut. StGB wird die Problematik der Bestrafung der Vorbereitungsdelikte diskutiert, um den Reformbedarf zu begründen.

# Teil 1: Gesetzgebungsgeschichte der Vorbereitungsdelikte

## *§ 1 Die Strafbarkeit von Vorbereitungshandlungen in Deutschland*

### A. Die Bestimmung des Vorbereitungsbegriffs

### I. Die Notwendigkeit einer Begriffsbestimmung

Wie bekannt, durchläuft jede abgeschlossene vorsätzliche Straftat eine Kette von Entwicklungsstadien, die als Gedanke und Entwurf im Inneren des Täters anheben und als Befriedigung über die Erreichung des Ziels oder die Verwirklichung von Motiv oder Absicht auch dort enden kann[11]. Unterdessen tritt die Tat nach außen, wird zur Willensbestätigung, die mit der ersten Vorbereitung beginnt und im Regelfall mit der „Verhaltens-" oder „ Erfolgsbeendigung" [12] ihren Abschluss findet. Gegebenfalls kann sie auch darüber hinausreichen, sofern man mit „ Verhalten" und „Erfolg" nur das tatbestandsmäßig Beschriebene meint. Nach herkömmlicher Auffassung werden die Glieder dieser Kette als Planung und Entschluss, Vorbereitung, Versuch, Vollendung und Beendigung bezeichnet[13]. Dabei können Vorbereitungen schon sehr weitgehend vorangetrieben werden, ohne dass der Entschluss bereits endgültig feststeht[14].

Die Suche nach dem Begriff der „Vorbereitungshandlung der Delikte" ist im deutschen Recht allerdings sehr schwierig, weil im deutschen Strafgesetzbuch keine Generalklausel über die Vorbereitung zu finden ist. Die Erforschung des Vorbereitungsbegriffs wäre deshalb nicht dringlich, wenn alle Vorbereitungshandlungen durch eine exakte Beschreibung der strafbaren Verhaltensweisen der jeweiligen Delikte bestimmt wären. Jedoch ist dies nicht bei allen Tatbeständen der Vorbereitungsdelikte (beispielsweise wie §§ 80, 83 und 234a III[15]) der Fall. Zum anderen kann es mit der lapidaren Feststellung getan sein, diese Vorbereitungshandlung sei all das, was vor dem (relevanten) Versuchsstadium liege, denn damit wäre lediglich der Endpunkt der Vorbereitungsphase bestimmt, nicht aber das Kriterium, das die Vorbereitung von der Planung unterscheidet.

Des Weiteren stellt sich die Frage, wann die Strafbarkeitszone beginnt, oder ähnlich ausgedrückt, „wie weit der Kreis der Vorbereitung ausgedehnt werden kann"[16]. Es ist allerdings offensichtlich, dass sich die Auffassungen in der Lehre nur in beschränktem Maße darüber einig sind, wie weit der Rahmen „nach vorne" der Rahmen gelegt werden darf[17]. Früher verteidigte *Willms* das Fehlen jeglichen gesetzlichen Anhaltspunkts sogar damit, dass dies „durchaus sachgerecht" sei, da die Varietäten der Tatmittel fast unerschöpflich seien, und die Zuordnung unter den strafbaren Vorbereitungsbereich im Einzelnen „keine Schwierigkeiten" mache[18].

Auskunft über den Beginn der Strafbarkeitszone kann man möglicherweise im Gesetz finden und zwar indem wir es auf die übrigen Vorbereitungstatbestände, die ihren strafbaren Vorbereitungsbe-

---

11 *Hillenkamp* in LK[12], 2007, vor § 22 Rn. 1.

12 *Hillenkamp* in LK[12], 2007, vor § 22 Rn. 1. Vgl. auch *Kühl*, Beendigung, 1974.

13 *Maurach/Gössel/Zipf*, AT/II[7], 1989, § 39 Rn.1. Bei *Zaczyk* und *Kühl* lassen sich diese sechs Stufen ohne Bedeutungsverlust auf vier - Vorbereitung, Versuch, Vollendung und Beendigung –reduzieren; vgl. *Zaczyk* in NK-StGB[2], 2005, § 22, Rn. 1; und *Kühl*, Strafrecht, AT [5], 2005, § 14 Rn. 15.ff.

14 *Stratenwerth/Kuhlen*, AT[5],2004, § 11 Rn. 2.

15 In diesen Tatbeständen ist die Vorbereitung einfach vorschrieben, ohne dass bestimmte Arten und Mittel der Vorbereitung bezeichnet werden.

16 *Stree/Sternberg-Lieben* in *Schönke/Schröder*[27], 2006, § 83 Rn. 8.

17 Zu § 234a III vergleichend beispielsweise *Tröndle/Fischer*, Strafgesetzbuch[54], 2007, § 234a Rn. 13; *Eser* in Schönke/Schröder[27], 2006, § 234a Rn. 15.

18 *Willms*, in LK[9], 1974, § 83 Rn. 12. Aber diese Auffassung ist später in der 12. Auflage des LK bereits weggefallen, vgl. *Laufhütte/Kuschel* in LK[12], § 83 Rn. 7.

reich tatbestandlich umschreiben, befragen. Diese Ergebnisse sollen danach mit den allgemeinen Ausführungen der Lehre zur Vorbereitungsdefinition verglichen werden.

## II. Vorschrift und Auslegung des StGB

Bei den objektiven Tatbestandsmerkmalen im Besonderen Teil des Strafgesetzbuches sind folgende Formulierungen charakteristisch[19]: „Wer zur Vorbereitung…“ (§§ 310, 316c IV) oder „Wer vorbereitet, indem er …“ (§§ 149, 275), an die sich einzeln aufgeführte Tatbestandshandlungen anschließen. Fasst man diese auf der übergeordneten Ebene zusammen, so beinhalten sie üblicherweise Tätigkeiten wie das Auskundschaften des Tatobjekts (§§ 87 I Nr. 2, 96), das Herstellen von Tatmitteln (§§ 87 I Nr. 3, 149 I, 275 I, 310 I, 316c IV,) oder auch deren Verwahrung oder Überlassung an Dritte (§§ 310 I, 316c IV). Was § 30 betrifft, so lässt sich dieser Vorschrift entnehmen, dass bereits die Äußerung des ernsthaften, verbrecherischen Willens, die Annahme eines Anerbietens (§ 30 I, II 1, 2), vor allem aber auch das gemeinschaftliche Planen eines Delikts (§ 30 II 3) eine Vorbereitungshandlung sein kann.

Was die innere Seite der Vorbereitung, also besonders die Frage betrifft, wie weit der Tatplan bereits in diesem Stadium konkretisiert sein muss, finden sich zu diesen Tatbeständen aber in der Lehre Formulierungen, wonach der Tatplan „nach Ort und Art der Durchführung in seinen Grundzügen umrissen“[20] bzw. nach „Angriffsziel, -mittel und Zeitpunkt bis zu einem gewissen Grad konkretisiert“[21] sein müsse. In der Rechtsprechung heißt es (zur Vorbereitung nach § 311b I Nr. 2 a. F. 1975[22]), dass die in Aussicht genommene Tat „in ihren Grundzügen Gestalt angenommen haben“ müsse[23]. Nicht erforderlich ist eine so weitgehende Konkretisierung des Verbrechensplans, dass (aus der Sicht des Initiators) der präsumtive Haupttäter die ihm angesonnene Tat schon „begehen könnte, wenn er wollte“[24].

## III. Die allgemeine Begriffsbestimmung in der Lehre

Wie *Dreßler* zutreffend bemerkt, hat sich die Lehre mit der Bestimmung des Vorbereitungsbegriffs im Zusammenhang mit einer allgemeinen Behandlung der Entwicklungsstadien (also unabhängig von konkreten Sondertatbeständen) nur äußerst selten beschäftigt[25].

Vor allem gibt *Allfeld*[26] folgende allgemein gehaltene aber zutreffende Definition: „Vorbereitungshandlungen sind diejenigen Handlungen, durch welche sich der Täter zu den vorhandenen Umständen oder die Umstände zu sich in dasjenige Verhältnis setzt, das die Ausführung des Verbrechens ermöglicht oder erleichtert.“ Zu erwähnen ist noch die 1959 erschienene Arbeit *Plumeyers*. Er stellt zunächst fest, dass ein verbrecherischer Wille, auch wenn er sich noch so heftig gegen die Rechtsordnung auflehnt, solange strafrechtlich unbeachtlich sein müsse, als er sich nicht in einem „Vorgang der sinnlich wahrnehmbaren Außenwelt verwirklicht“ habe[27]. Außerdem

---

19 So fasst *Dreßler* in Vorbereitung und Versuch, 1982, S.68 zusammen.

20 *Tröndle/Fischer*, Strafgesetzbuch[54], 2007, § 83 Rn. 2 f.; ähnlich *Stree/Sternberg-Lieben* in *Schönke/Schröder*[27], 2006, § 83 Rn. 3.

21 *Tröndle/Fischer*, Strafgesetzbuch[54], 2007, § 310 Rn.8.

22 Diese Vorschrift findet sich in der neuen Fassung des StGB in §310.

23 BGH JR 1977, 468.

24 BGH 18,160,161; BGH NStZ 98. Siehe auch *Cramer/Heine* in *Schönke/Schröder*[27], 2006, § 30 Rn. 6; *Tröndle/Fischer*, Strafgesetzbuch[54], 2007, §30 Rn. 7. Eine Ausnahme bildet verständlicherweise die versuchte Anstiftung gem. § 30 I, denn dort muss die Tat so konkretisiert sein, dass der andere sie begehen könnte, wenn er wollte, vgl. BGH **18**, 160.

25 *Dreßler*, Vorbereitung und Versuch, 1982, S.68.

26 *Allfeld* in *Meyer/Allfeld*, AT[9], 1934, S. 194.

27 *Plumeyer*, Willensbestätigung, 1959, S. 65.

sei es verfehlt, den Vorbereitungsbegriff mittels einzelner konkretisierter Vorbereitungshandlungen bestimmen zu wollen. In Anlehnung an *Allfeld* schlägt *Plumeyer* eine allgemeine Begriffsbestimmung vor, nach der die Vorbereitungshandlungen „alle Maßnahmen sein sollen, durch die der Täter ... sich ... in das Verhältnis setzt, das die Ausführung der Straftat ermöglicht, erleichtert oder sonst irgendwie fördert"[28]. Dabei brauche der Tatplan noch nicht völlig bestimmt zu sein.

Zum gleichen Ergebnis kommt *Stienen*, wenn er als Vorbereitung jede hinreichend objektivierte Handlung ansehen will, die der Ausführung (einer geplanten Straftat) dienen soll, auch wenn diese Handlung nur darauf abzielt, die Straftat zu ermöglichen oder zu erleichtern[29].

Andere gehen von einem relativierenden Gesichtpunkt aus, so etwa *Stratenwerth/Kuhlen*: „Definiert man die Vorbereitung als ein Verhalten, das der eigentlichen, tatbestandsmäßigen Ausführung des Verbrechens und dem entsprechenden Versuch zeitlich und sachlich vorausgeht, so ist es schon begrifflich das (noch) nicht strafbare Vorstadium der strafbaren Tat"[30]. Ähnlich ist die relative Bestimmung im Lehrbuch von *Maurach*, die vielleicht eher einer Unterscheidung zwischen Vorbereitung und Versuch dienen kann. Danach muss Vorbereitung „mithin (Minimum) über das bloße Bei-sich-Planen der Tat hinausgehen, indem sie die vorgestellte Tat objektiviert, darf andererseits (Maximum) noch nicht mit der unmittelbaren tatbestandserheblichen Verwirklichung des verbrecherischen Willens begonnen haben"[31].

Zusammengefasst tendieren die Definitionen in der Lehre dahin, sich darauf zu beschränken, dass die Vorbereitungshandlung zur eigenen oder gemeinsamen Ausführung einer tatbestandlich umschriebenen Straftat, aber nicht zum Straftatbegehen eines anderen, dient. Wenn als Vorbereitung auch beispielsweise die Geldfälschung, die anderen Personen die Verwendung von Falschgeld ermöglicht, gelten könnte, würde der Begriff der Vorbereitungshandlung sehr weit ausgedehnt, was aber eine Gefahr enthält. Anschließend wird aufgrund der Definition der Vorbereitung die Abgrenzung zur Vorbereitung behandelt, um den Umriss der Vorbereitung weitgehend verdeutlichen zu können.

### B. Die Abgrenzung der Vorbereitung

## I. Der Anfang der Vorbereitungshandlung

Jeder vorsätzlichen Tat pflegt ein Denkvorgang, die Planfassung und dann der Tatentschluss vorauszugehen[32]. Im weiteren Sinne stellt das bereits eine Vorbereitung dar. Jedoch wird durch diese Art der Vorbereitung „nichts und niemand"[33] verletzt, soweit sie Interna oder bloße Äußerung bleiben[34]. Daher können sie auch keine strafrechtliche Bedeutung gewinnen, denn „jemandes Gedanken und Gesinnungen zu ermitteln und durch strafbewehrte Schranken einzuengen, begnügte sich nicht mit der äußeren Einhaltung der Rechtsordnung, sondern zielte auf innere Anpassung an sie ab"[35], was dem Tatprinzip und der Freiheit der Person widerspricht.

---

28 *Plumeyer*, Willensbestätigung, 1959, S.68.

29 *Stienen*, ZStW 46, S. 366; vgl. auch *Coester*, Vorbereitungshandlung, 1933, S. 95.

30 *Stratenwerth/Kuhlen*, AT I[5], 2004, § 11 Rn. 7.

31 *Maurach/Gössel/Zipf*, AT/II[7], 1989, S. 5. Rn. 18. Ähnlich drückt es Jakobs aus, siehe *Jakobs*, AT[2], 1993, §.25 Rn. 8, dort kritisiert er allerdings die Bestrafung von Vorbereitungshandlungen in einigen Fällen, da dabei die Schranken missachtet werden, „die der bürgerliche Status des delinquierenden Subjekts dem Strafrecht zieht"...

32 Teilweise auch *Zehner*, Strafbarkeit der Vorbereitungshandlungen, 1936, S.15.

33 *Stratenwerth/Kuhlen*, AT I[5], 2004, § 11 Rn. 4.

34 *Hillenkamp* in LK[12], 2007, vor § 22 Rn. 3.

35 *Hillenkamp* in LK[12], 2007, vor § 22 Rn. 3.

Vorbereitung im engeren Sinne ist erst die echte Vorbereitungshandlung. Als solche ist, wie oben schon ausgeführt, jede Handlung aufzufassen, welche die Ausführung der Tat ermöglichen oder sonst irgendwie erleichtern soll, ohne jedoch schon eine Ausführungshandlung zu sein. Hierzu gehören: Das Beschaffen und Bereitstellen von Werkzeugen oder sonstigen Mittel zur Tat; das Auskundschaften der Örtlichkeit, an welcher die Tat begangen werden soll, und das Ausforschen von Gelegenheiten, die für die Ausführung besonders günstig sind; das Aufsuchen des Tatortes; die Sicherung gegen spätere Entdeckung[36]. All dies sind Handlungen, deren unmittelbarer Zweck es ist, die zu verübende Tat zu fördern. Sie bilden eine Erklärung des Begriffs Vorbereitungshandlung, die sich sowohl aus dem Sprachgebrauch als auch der natürlichen Lebensauffassung ergibt[37].

Damit lässt sich der Anfang der Vorbereitung wahrscheinlich klar bestimmen. Vorbereitungshandlung ist demnach bereits eine Betätigung des Entschlusses, die Straftat zu begehen. Es muss also eine nach außen erkennbare Handlung vorliegen, die aber noch nicht Ausführungshandlung sein darf, Bei allen anderen Vorbereitungshandlungen i. w. S. handelt es sich nur um innere, gedankliche Vorgänge, die nicht bekämpft werden können[38], deshalb also strafrechtlich irrelevant sind, denn „der antisozial Gesinnte mag in seinem Inneren noch so verwegen gegen die staatliche Ordnung protestieren, sich gegen sie auflehnen, sich empören, in seiner Seele einen Sturm des Kampfes gegen Staat und Recht erleben: nur dann kann und will der Hüter der modernen Rechtsauffassung ihn zurückweisen, wenn er offen den Arm gegen sie erhoben hat"[39].

Trotzdem könnte möglicherweise ein diesbezügliches Problem bei der Auslegung der Vorschrift in § 30 StGB auftauchen, ungeachtet der Tatsache, dass im Schrifttum über die Abgrenzung von Tatentschluss und Vorbereitung äußerst selten berührt wird. Es fragt sich nämlich, ob die in § 30 zusammengefassten Handlungsvarianten noch als bloße Entschlüsse oder bereits als Vorbereitungshandlung erscheinen sollen. Unter anderem ist die Strafvorschrift in § 30 II umstritten, während die Strafwürdigkeit der versuchten Anstiftung in § 30 I prinzipiell eindeutig ist. Zwar begründete der AE die Straflosigkeit der Vorbereitungshandlung auf Seite 67 damit, dass diese Konspiration über die Verlautbarung eines Entschlusses nicht hinauslangt[40]. Aber § 30 II des geltenden deutschen StGB „ordnet nicht die Strafbarkeit eines nur mitgeteilten Entschlusses, sondern jedenfalls in den Varianten der Annahme eines Anerbietens und der Verbrechensverabredung einer nach außen manifest gewordenen Konspiration an, deren Gefährlichkeit in der suggestiven Beeinflussung und dem Eingehen einer Verpflichtung zu sehen ist"[41]. Abgesehen von der besonderen Kritik an dem Sprachausdruck des Sich - Bereit - Erklärens (siehe unten §1 E II 3) ist es allgemein anerkannt, dass hier ein Unterschied zu dem ohne Fremdbeteiligung gefassten Tatentschluss feststellbar sein soll und das Vorbereitungsstadium tatsächlich schon überschritten ist, in dem die Berechtigung des Staats, mit Strafe zu drohen, im Grundsatz beginnt[42]. In diesem Sinne betrachtet *Hillenkamp* die Regelung von § 30 II nur als „scheinbare"[43] Ausnahme von der Straflosigkeit des bloßen Entschlusses.

---

36 Vgl. im Wesentlichen die ältere Literatur wie *Meyer/Allfeld*, AT[9], 1934, S. 194; *Olshausen*, Kommentar zum StGB, Bd. I[12], 1942, S. 169; *Binding*, Normen, Bd. III, S. 458 ff.; *v. Liszt/Schmidt*, LB[26], 1932, S. 203. Und auch die jüngste Literatur wie *Zaczyk* in NK-StGB[2],2005, § 22 Rn. 3; *Rudolphi* in SK- StGB, Bd. I[6], vor § 22 Rn. 2; *Tröndle/Fischer*, Strafgesetzbuch[54], 2007, § 22 Rn. 5 m. w. N.; *Hillenkamp* in LK[12], 2007, vor § 22 Rn. 5 usw.

37 *Hippel*, Strafrecht, Bd. II, 1930, S. 399.

38 Vgl. *Coenders*, Grundbegriffe, 1909, S. 100; *Coester*, Vorbereitungshandlung, 1933, S. 1.

39 *Coenders*, Grundbegriffe, 1909, S.100 f.

40 Vgl. *Hillenkamp* in LK[12], 2007, vor § 22 Rn. 4.

41 *Hillenkamp* in LK[12], 2007, vor § 22 Rn. 4; vgl. auch *Schüenmann* in LK[12], 2007, § 30 Rn. 3 ff., 10.

42 Vgl. *Hillenkamp* in LK[12], 2007, vor § 22 Rn. 4.

43 Vgl. *Hillenkamp* in LK[12], 2007, vor § 22 Rn. 4.

## II Abgrenzung von Vorbereitung und Versuch

Mit der Formel „**unmittelbares Ansetzen zur Tatbestandverwirklichung**" schafft § 22 des geltenden StGB eine neue gesetzliche Grundlage für die Abgrenzung der straflosen Vorbereitung von dem strafbaren Versuch. Damit wird die seit dem Inkrafttreten des Strafgesetzbuches von 1871 unverändert gebliebene Fassung des § 43 ersetzt, nach der aufgrund seines strafbar war, „wer den Entschluss, ein Verbrechen oder Vergehen zu verüben, durch Handlungen, welche einen Anfang der Ausführung des Verbrechens oder Vergehens enthalten, betätigt hat". Da das Merkmal des Anfangs der Ausführung in § 43 a. F. nicht konkretisiert wurde, fanden die gesetzgeberischen Bemühungen um einen klaren Versuchsbegriff und ein handhabbares Abgrenzungskriterium zwischen Vorbereitungshandlung und Versuch keine Anerkennung in der Wissenschaft. Seither steht die Abgrenzung zwischen beiden permanent im Mittelpunkt des strafrechtlichen Diskurses, ungeachtet dessen, dass § 22 des geltenden StGB aufgrund der gut zweihundert Jahre dauernden Diskussion einen Fortschritt darstellt, denn einerseits hat die Definition des Versuchs in § 22 des geltenden StGB wiederum rein formalen Charakter[44], und andererseits ist die Konkretisierung der Ansatzformel ebenfalls umstritten. Die Lösung des Problems wird der Wissenschaft und der Rechtsprechung überlassen[45].

Angesichts der unterschiedlichen gesetzlichen Stellung der Strafbarkeit von Vorbereitung und Versuch ist es unentbehrlich, auf die Abgrenzung von Vorbereitung und Versuch einzugehen. Im Folgenden sollen die verschiedenen Ansichten zum Abgrenzungskriterium, die in der Strafrechtsgeschichte entstanden sind, im Überblick vorgestellt werden. Sie berühren auch die Vorschriften über den Versuch in der alten und neuen Fassung.

### *1 Die Meinungsvielfalt in der Wissenschaft*

Die Schwierigkeit der Wissenschaft, ein klares Abgrenzungskriterium zu finden, liegt nicht nur in der gesetzlichen Formulierung. Vielmehr liegt sie in der Natur der Sache[46]. Es ist daher kein Zufall, dass *Frank* eingestand: Die scharfe Abgrenzung von Vorbereitung und Ausführungshandlungen „ist bis jetzt nicht gelungen und wohl überhaupt nicht möglich"[47].

Diese Ansicht, der sich auch in neuerer Zeit Autoren angeschlossen haben[48], bedeutet aber keineswegs den Verzicht auf die Suche nach einer wissenschaftlich befriedigenden Lösung[49], weil sie nur die Tatsache beschreibt, wie schwierig es ist, die Vorbereitung im Einzelnen vom Versuch abgrenzen zu können, was „eine der traditionellen Schwierigkeiten im Spannungsfeld der Auseinandersetzungen über den Strafgrund des Versuchs ist"[50]. Zwar kann es nicht die Aufgabe dieser Dissertation sein, eine solche wissenschaftlich befriedigende Lösung für die Abgrenzung von Vorbereitung und Versuch zu erarbeiten. Denn hier soll nur die Strafbarkeit der Vorbereitung

---

44 So *Stratenwerth/Kuhlen*, AT I$^5$, 2004, § 11 Rn. 12.

45 So *Papageorgiou-Gonatas,* Grenze zwischen Vorbereitungshandlung und Versuch, 1988, S. 37; auch *Becher*, Abgrenzung von Vorbereitung und Versuch, 1973, S. 1.

46 Vgl. *Heintz*, JR 1956, S. 248.

47 *Frank*, Strafgesetzbuch$^{18}$, 1931, S.86. Früher meinte er sogar, dass „es überhaupt keinen Begriff gibt, der eine absolute sichere Abgrenzung zuließe", in: VDA, AT Bd. V, 1908, S. 188. Vgl. auch *Papageorgiou-Gonatas,* Grenze zwischen Vorbereitungshandlung und Versuch, 1988, S. 37.

48 Gerade in diesem Sinne betonen *Stratenwerth/Kuhlen* (AT I$^5$, 2004, § 11 Rn. 42), es scheint, als lasse sich die Grenze zwischen Vorbereitung und Versuch trotz aller bisher entwickelten Formeln niemals wirklich exakt bestimmen.

49 *Papageorgiou-Gonatas* (Grenze zwischen Vorbereitungshandlung und Versuch, 1988, S. 38) ist aber anderer Meinung. Für ihn ist eine solche Ansicht als völliger Verzicht auf eine Lösung anzusehen. Außerdem führt sie auch eine große Rechtsunsicherheit zu Lasten der Bürger herbei. Ähnlich bezeichnet *Ralis* diese Ansicht als dunklen Pessimismus, siehe *Ralis* , ZStW 61 (1942), S. 2.

50 *Stratenwerth/Kuhlen*, AT I$^5$, 2004, § 11 Rn. 29.

als solche untersucht werden. Aber bereits das setzt wenigstens eine grobe Abgrenzung „nach oben" voraus, über die deshalb nachfolgend wenigstens ein Überblick gegeben werden soll.

Der Streit um die Abgrenzungsfrage ist in all seinen historischen wie aktuellen Verästelungen und Facetten kaum noch zu überblicken[51]. Diese Vielfalt ist schon in der Mitte des 19. Jahrhunderts durch die beiden großen Lager der objektiven sowie der ihnen zuzuordnenden oder nahestehenden Stimmen geprägt, denen entsprechend jeweils ein äußerer oder innerer Maßstab zur Anwendung kommt[52]. Im Folgenden werden aber die verschiedenen Theorien zuerst nach der klassischen Unterscheidung in objektive, subjektive und gemischte aufgegliedert. Obwohl die Ursprünge dieser Theorien bereits im 19. Jahrhundert, zum Teil sogar vor dem Inkrafttreten des StGB im Jahre 1871 liegen, finden sie noch in der heutigen Wissenschaft Resonanz. Dazu kommen noch solche, die erst nach Inkrafttreten des StGB von 1975 aufgestellt wurden. Obwohl diese unter die gemischten eingeordnet werden könnten, werden sie getrennt untersucht, weil sie Aspekte berücksichtigen, die den klassischen Theorien noch unbekannt waren.

#### a) Die klassischen Theorien

##### aa) Die objektiven Theorien

Dem historisch frühesten und sachlich am nächsten liegenden Abgrenzungskriterium entsprechend, das **formell-objektive Theorie**[53] genannt wird, liege dann ein Anfang der Ausführung i. S. d. § 43 a. F. vor, wenn der Täter wenigstens ein Teilstück derjenigen Handlung verwirklicht hat, die „logisch bereits als tatbestandsmäßig unter den Deliktstatbestand fällt, weil es in concreto dem dort allgemein unter Strafe gestellten Verhalten entspricht"[54]. Im Gegensatz dazu seien Vorbereitungshandlungen diejenigen, die selbst noch nicht unter den Deliktstatbestand subsumierbar, also noch nicht tatbestandsmäßig seien. Wie *Stratenwerth/Kuhlen*[55]zutreffend bemerken, löst der Hinweis auf den Tatbestand gerade nicht die entscheidende Frage, welche auf die Deliktsverwirklichung gerichtete Aktivität bereits als Bestandteil der eigentlichen Ausführung angesehen werden kann. Daher ist hier überhaupt kein Kriterium zu erkennen.

Zu ähnlichen Ergebnissen wie die formell-objektive Theorie gelangten die so genannten **Bedingungstheorien**[56], die eine Abgrenzung dadurch zu erzielen suchten, dass sie zwischen Bedingung und Ursache unterschieden[57]. Ausführungshandlung war nach *Binding*[58] die Tatbestandsverursachungshandlung, wohingegen die Vorbereitungshandlung nur eine Bedingung zur Ermöglichung der Verursachungshandlung darstellte. Dabei verstand *Binding*[59] unter Verursachung diejenige menschliche Tätigkeit, die den zum Erfolg hinstrebenden Bedingungen ein gewisses Übergewicht gegenüber den dem Erfolg entgegenstehenden Hindernissen verschaffte. *Birkmeyer*[60] bezeichnete

---

51 Vgl. nur den differenzierten und kritischen Überblick bei *Zaczyk*, Unrecht der versuchten Tat, 1987, S. 20 ff., 125 ff.

52 So *Hillenkamp* in LK[12], 2007, vor § 22 Rn. 55.

53 Vgl. z. B. *Beling*, Grundzüge, 1930, S. 57; *v. Liszt/Schmidt*, LB AT[26], 1932, S 182, 305; *Wachenfeld*, Lehrbuch, 1914, S. 173.

54 Vgl. *Hippel*, Strafrecht, Bd. II, 1930, S. 398; *v. Liszt/Schmidt*, LB AT[26], 1932, S. 183, 305. Dennoch nimmt *Hippel* auf S. 402 in Strafrecht, Bd. II, 1930 eine Erweiterung gegenüber der formell- objektiven Theorie vor.

55 *Stratenwerth/Kuhlen*, AT I[5], 2004, § 11 Rn.30.

56So bezeichnet etwa in: *Lehmann*, Bestrafung des Versuchs, 1962, S. 71. Die Vertreter der Bedingungstheorien werden oft zu den formell- objektiven Theorien gezählt; vgl. *Moog*, Abgrenzung, 1950, S. 38; *Seidl*, Beginn der Straftat, 1938, S. 48.

57 Vgl, *Binding*, Normen, Bd. II, 1. Hälfte, 1914, S. 504 f;; *Birkmeyer*, Teilnahme, AT, 1908, S. 92 ff.

58 Vgl, *Binding*, Normen, Bd. II, 1. Hälfte, 1914, S. 504 f.

59 Vgl, *Binding*, Normen, Bd. II, 1. Hälfte, 1914, S. 504 f.

60 *Birkmeyer*, GS Bd. 37, 1885, S. 272 f.

als Ursache die für den Erfolg wirksamste Bedingung, d. h. diejenige unter den Bedingungen, die am meisten zum Erfolg beitrug. Die unter Umständen außerordentlich schwierige Frage, welche Bedingung das jeweils sei, habe der Richter nach freiem Ermessen zu entscheiden[61].

Als letzte Theorie, die der formell-objektiven Lehre nahe steht, kann die **Lehre vom Mangel am Tatbestand** angesehen werden. Sie ging davon aus, dass ein Versuch nur dann vorläge, wenn sämtliche Deliktsmerkmale gegeben sein – mit Ausnahme des Erfolges. Diese Theorie, deren Hauptvertreter *Alexander Graf zu Dohna* war[62], unterschied zwischen dem Tatbestandserfolg und den übrigen begleitenden Umständen (z. B. Objekt, Mittel, zeitliche und räumliche Verhältnisse). In ihrer extremen Form sah diese Lehre keinen Versuch und demzufolge keine strafbare Handlung mehr, wenn irgendeines von dieser Merkmalen nicht vorhanden war. Ein solches Kriterium hätte zur untragbaren Folge, dass eindeutige strafbare Fälle nicht erfasst werden könnten: z. B. müsste ein Täter, der mit einem ungeladenen Gewehr auf jemanden schösse, ohne dies aber zu wissen, straflos bleiben; oder er könnte, wenn er vom offenen Fenster aus in das Bett des dort vermuteten Feindes schießt, während dieser soeben aufgestanden war und sich nicht mehr dort befände, nicht wegen versuchten Mordes bestraft werden. Diese Lehre stieß auf scharfe Kritik[63]. Auch gibt es keine Gerichtsentscheidung, die sie berücksichtigt hätte.

Als Erweiterung[64] der formell-objektiven Theorien gelten die so genannten **materiell-objektiven Theorien**, die aber auf Kosten auf der Vorbereitung[65] gehen.

Unter ihnen fand die berühmte ***Frank*sche Formel** von 1897 sowohl in der Wissenschaft als auch in der Rechtsprechung große Anerkennung. Ziel dieser Theorie war die Ersetzung des formellen durch ein materielles Abgrenzungskriterium, freilich immer im Rahmen der objektiven Theorie. Dieser Formel zufolge ist ein Anfang der Ausführung „in allen Tätigkeitsakten zu finden, die vermöge ihrer notwendigen Zusammengehörigkeit mit der Tatbestandshandlung für die natürliche Auffassung als deren Bestandsteils erscheinen“[66]. Als Beispiele für die Erläuterung seines Kriteriums nannte *Frank*: a) das Anlegen des Gewehrs und das Zielen als Bestandteile der Tötungshandlung; b) das Ausstrecken der Hand nach einer Sache als Bestandteil der Wegnahmehandlung; c) das Ausholen der Hand zum Schlag als mit der Körperverletzungshandlung einheitlichen Akt. Laut *Frank* sind Vorbereitungshandlungen diejenigen Handlungen, die notwendig für den Vollzug der Tatbestandshandlung sind. Ein derartiges Kriterium der „notwenigen Zusammengehörigkeit“ ermöglicht aber ebenfalls keine sehr klare Abgrenzung. Um den engen Zusammenhang mit der Tatbestandshandlung deutlicher zum Ausdruck zu bringen, ersetzte *Hippel* „notwendig“ durch „unmittelbar“ und verstand dementsprechend unter Versuchshandlungen solche Tätigkeiten, „die vermöge ihrer unmittelbaren Zusammengehörigkeit mit der Tatbestandshandlung für die natürliche Auffassung als deren Bestandteil erscheinen“[67].

Zur Konkretisierung der materiell- objektiven Theorie wurde auch der Gesichtspunkt der unmittelbaren Gefährdung des geschützten Rechtsguts herangezogen. Nach **der objektiven Gefährdungstheorie**[68] lag dann ein Versuch vor, wenn eine objektive Gefahr für das Rechtsgut eingetreten war. Dabei wurde oft hervorgehoben, dass nicht jede Gefahr ausreicht, sondern dass eine ge-

---

61 *Birkmeyer,* GS Bd. 37, 1885, S. 273 f.

62 Ausführlich in *Dohna*, in FG Güterbock, 1910, S. 35 - 69.

63 Vgl. nur *Hippel*, Strafrecht, Bd. II, 1930, S. 431- 434; *v. Liszt*, LB[21/22], 1919, S. 191, 199.

64 So *Stratenwerth/Kuhlen*, AT I[5], 2004, § 11 Rn. 32.

65 Siehe *Becher*, Abgrenzung von Vorbereitung und Versuch, 1973, S. 6.

66 *Frank*, Strafgesetzbuch[18], 1931, § 43 Anm. II 2b (S. 87).

67 *Hippel*, Strafrecht, Bd. II, 1930, S. 402

68 Vgl. z. B. *Hippel*, Strafrecht, Bd. II, 1930, S. 26; *Sauer*, Strafrechtslehre[3], 1955, S. 103; *Spendel*, FS Stock, 1966, S. 101 f., 108.

wisse Gefahrenstufe erreicht sein muss, damit von unmittelbarer[69] oder konkreter[70] Gefahr die Rede sein kann. Trotzdem konnte diese Theorie keinen Gewinn an Genauigkeit erzielen, „denn da die Gefährdung des Rechtsguts im Grunde bereits mit der ersten Vorbereitungshandlung beginnt, kommt alles hier darauf an, welches Ausmaß sie erreichen muss, … und dieses Ausmaß lässt sich, als ‚unmittelbare' oder ‚ernsthafte' Gefahr, wiederum nur einigermaßen unbestimmt umschreiben"[71]. Teilweise wird sogar überhaupt nicht auf die Rechtsgutsgefährdung abgestellt, sondern es wird gefragt, ob eine Gefahr besteht, dass sich der Tatbestand der in Frage kommenden Handlung verwirklicht[72].

Schließlich ist hier noch der Begriff des **Angriffs** hervorzuheben, der von manchen Vertretern der materiell-objektiven Theorien verwendet wurde. Ausführungshandlung war ihm zufolge die Angriffshandlung[73]. Eine solche liege vor, wenn der Täter erkennbar die Beziehung zum Deliktsobjekt aufnehme, wohingegen er bei der Vorbereitungshandlung noch in keiner Beziehung zum Deliktsobjekt stehe[74]; im letzteren Fall bleibe der befriedete Zustand des Rechtsguts noch unverändert[75]. Als Hilfsmittel wird oft die Frage gestellt, ob der Zeitpunkt der Notwehr gekommen ist[76].

bb) Die subjektiven Theorien

Den Gegenpol zu den objektiven Theorien bilden die subjektiven Theorien, die den Unterschied zwischen Vorbereitung und Versuch in erster Linie aus der Psyche und dem Tatenschluss des Täters zu gewinnen suchten. Dabei genügte aber nicht jede Objektivierung des verbrecherischen Willens; andernfalls würde es die Unterscheidung zwischen Vorbereitungs- und Versuchshandlung nicht geben, was mit § 43 a. F. unvereinbar wäre.

Nach den älteren subjektiven Theorien wurde darauf abgestellt, ob ein fester[77] oder unabänderlicher[78] verbrecherischer Wille betätigt worden sei, oder es wurde danach gefragt, ob der auf ein bestimmtes Delikt gerichtete Entschluss sich unzweideutig in einer Handlung manifestiert habe[79]. Im neueren Schrifttum wurde der Maßstab zur Prüfung der Qualität des Willens, der sich in dem auf Deliktsverwirklichung gerichteten Verhalten äußert, näher konkretisiert. Nach *Bockelmanns* Krisentheorie beginnt der Versuch zum Beispiel da, „wo der Verbrechensvorsatz die Feuerprobe der kritischen Situation bestanden hat"[80]. Es ist „der Augenblick, in dem die letzte maßgebliche Entscheidung für das Ob der Tat gefällt wird"[81]. Außerdem ist es nach *Waiblinger* entscheidend, „ob der Täter am Zeitpunkt des zu beurteilenden Handelns schon hochgradig unwiderruflich zur

---

69 Beispielsweise wie *Klee*, GA 1934, S. 292; *Spendel*, JuS 1960, S. 315.

70 Vgl. *Sauer*, Strafrechtslehre³, 1955, S. 103; *Spendel*, FS Stock, 1966, S. 106.

71 So *Stratenwerth/Kuhlen*, AT I⁵, 2004, § 11 Rn. 32. Kritisch auch schon *Hippel*, Strafrecht, Bd. II, 1930, S.399; sowie *Berz*, Jura 1984, S. 513; *Kühl*, JuS 1983, S. 180; *Maurach/Gössel*, AT/II⁷, 1989, § 40 Rn. 46; *Rudolphi* in SK-StGB⁶, § 22 Rn. 10.

72 Vgl. *Klee*, GA 1934, S. 292; *Moog*, Abgrenzung, 1950, S. 129, 132.

73 Vgl. *Köhler*, Strafrecht AT 1917, S. 447; *Lüsch*, Grundlage für die Abgrenzung von Vorbereitung und Versuch, 1934 S. 37 ff.; *Mayer*, AT², 1923, S. 352; *Treplin*, ZStW 76 (1964), S. 461; *Ziegler*, Anfang der Ausführung, 1932, S. 43.

74 *Treplin*, ZStW 76 (1964), S. 46.

75 *Mayer*, AT², 1923, S. 352.

76 Vgl. *Lüsch*, Grundlage für die Abgrenzung von Vorbereitung und Versuch, 1934 S. 37ff.; *Mayer*, AT², 1923, S. 352, Anm. 29; ferner *Giese*, Abgrenzung von Vorbereitung und Versuch, 1961, S. 45.

77 *Schwarze*, Kommentar zum StGB, 1884, S. 101.

78 *Redslob*, Versuch und Vorbereitung, 1908, S. 152.

79 Über die ausführliche Darstellung zu den älteren subjektiven Theorien siehe *Budeus*, Problem, 1948, S. 19 ff; *Moog*, Abgrenzung, 1950, S. 10 ff.; *Seidl*, Beginn der Straftat, 1938S. 41 ff.; *Suck*, Der Beginn der strafbaren, 1977, S. 25 ff.

80 *Bockelmann*, JZ 1954, S. 473.

81 *Bockelmann*, JZ 1954, S. 473.

Tat entschlossen war"[82]. Das ist dann der Fall, wenn es für ihn „kein von äußeren Umständen unbeeinflusstes Zurück mehr gab"[83], was nicht abstrakt, sondern in jedem konkretem Einzelfall zu entscheiden sei, und zwar nach der Persönlichkeit des Täters und den Tatumständen des Einzelfalles[84]. Allerdings ist einzusehen, dass die tatsächliche Rechtsverletzung nicht von der individuellen Willensstärke des Täters oder gar davon abhängen kann, wie er selbst sie beurteilt[85]. In diesem Sinne ging die reine subjektive Theorie, die allein auf das Vorstellungsbild des Täters abhob, bedenklich weit, was dann eine erhebliche Ausweitung der Versuchsstrafbarkeit bewirkte.

Sie gewann zwar durch die wissenschaftliche und praktische Arbeit des Reichsgerichtsrats von *Buri*, der sie in zahlreichen Schriften vertrat[86], bestimmende Macht in der Rechtsprechung [87]; aber die ihr innewohnende Tendenz zur Vernachlässigung der äußeren Seite des Unrechts hat der subjektiven Lehre schon früh berechtigte Kritik eingetragen[88], weil dieser Ansatz in die Gefahr geriet, den Versuchsbereich zu weit in die Vorbereitungsphase auszudehnen[89].

cc) Die gemischten Theorien[90]

Unter die gemischten Theorien fallen alle Lehren, die zwischen den objektiven und den subjektiven Theorien liegen.

Vor allem wird die **Tatplantheorie** meist als gemischte Theorie bezeichnet[91]. Sie verbindet die von den materiell-objektiven Theorien entwickelten Gesichtspunkte mit dem Tatplan des Täters[92]. So ergänzte z. B. *Baumann* die Franksche Formel und fragte, ob der zu beurteilende Tätigkeitsakt „bei Kenntnis des Täterplans nach natürlicher Auffassung als Bestandteil der Tatbestandshandlung erscheint"[93]. Nach *Schönke/Schröder* war darauf abzustellen, ob der „verbrecherische Wille des Täters deutlich in einer Handlung zutage getreten ist, die nach dem Gesamtplan des Täters unmittelbar zur Gefährdung der Schutzobjekte des betreffenden Tatbestandes führt"[94]. Überwiegend wird gefordert, der Täter müsse nach seinem Tatplan unmittelbar zur Verwirklichung des Tatbestandes angesetzt haben[95].

---

82 *Waiblinger*, ZStW 69 ( 1957 ), S. 207.

83 *Waiblinger*, ZStW 69 ( 1957 ), S. 207; ebenso derselbe in SchwZStr 72 (1957), S. 131.

84 *Waiblinger*, ZStW 69 ( 1957 ), S. 207.

85 So *Stratenwerth/Kuhlen*, AT I[5], 2004, § 11 Rn. 34.

86 *Buri*, GS 19 (1867), S. 60 ff.

87 So *Zaczyk* in NK-StGB[2], 2005, § 22 Rn. 10 m. w. N.

88 Vgl. *Binding*, Normen, Bd. III, 1918, S. 507 ff., S. 527 ff. mit zahlreichen Literaturangaben aus dem 19. Jahrhundert; *Hippel*, Strafrecht, Bd. II, 1930 S. 422.

89 Dazu siehe die Entscheidungen RGSt **72**, 66; **77**, 173; BGHSt **6**, 302; BGH GA 1980, 24 f.

90 Sie werden beispielsweise bei *Schönke/Schröder*[27], 2006, Vorb. § 22 Rn. 22 und *Maurach/Gössel/Zipf*, AT/II[7], 1989, § 40 I Rn. 40 ff. auch als vermittelnde Theorie/ Auffassung bezeichnet.

91 Ihre Bezeichnung ist aber uneinheitlich, siehe *Giese*, Abgrenzung von Vorbereitung und Versuch, 1961, S. 48 ff. So oder ähnlich bezeichnet von *Lehmann*, Bestrafung des Versuchs, 1962, S. 75; *Maurach/Gössel/Zipf*, AT/II[7], 1989, § 40 I Rn. 41. *Schünemann* bezeichnet diese Theorie als „rationale Rekonstruktion des dem Gesetzgeber vorschwebenden Regelungsplanes" in *Schünemann*, GA 1986, S. 311.Dagegen ordnet *Bockelmann* (JZ 1954, S. 472) die Tatplantheorie zur subjektiven Theorie.

92 Vgl. *Baumann*, AT[7] , 1975, S. 517; *Busch* in LK[9], 1974, §43 Rn. 32; *Jescheck*, AT[2] 1972, S 392; *Mezger*, Strafrecht[16],1973, S. 246; *Schönke*[15], 1970, § 43 Rn. 10; *Stratenwerth*, AT I[1], 1971, S. 190; *Welzel*, Strafrecht[11], 1969, S. 190; *Wessels*, AT[3], 1973, S. 98.

93 *Baumann*, AT[7] , 1975, S. 517.

94 *Schönke*[15], 1970, §43 Rn. 10.

95 *Jescheck*, AT[2] 1972, S. 190; *Wessels*, AT[3], 1973, S. 98 ( statt vom Gesamtplan spricht *Wessels* schon in Überein-

Als eine neue Theorie erschien Anfang des 20. Jahrhunderts die sog. **Eindruckstheorie**, deren Hauptbegründer *v. Bar* ist und die heute noch viele Anhänger findet[96]. Nach dieser z. Z. noch zunehmenden Tendenz in der Rechtsprechung ist der Grund der Versuchsstrafbarkeit der rechtserschütternde Eindruck, den die Allgemeinheit durch einen ausgeübten Versuch erhält, also eine die Sozialität betreffende Wirkung des betätigten Verletzungswillens[97]. Den Beurteilungsmaßstab entlehnt sie keinem auf den zufälligen Zuschauer, sondern „eine verständige Person gewöhnlichen Verstandes". D. h. es geht nicht um eine aktuelle Empfindung der Bevölkerung, sondern um ein „normativ" zu verstehendes Kriterium[98].

Hierzu zählt auch die ***Welzel*sche Formel**, die die geltende Regelung des Versuchsbegriffs am meisten geprägt hat[99]. Laut dieser Formel „beginnt der Versuch mit derjenigen Tätigkeit, mit der der Täter nach seinem Verbrechensplan unmittelbar zur Verwirklichung des Verbrechenstatbestandes ansetzt"[100]. Den Vorteil dieser Theorie erblickt man in der Kombination zweier wichtiger Elemente: des Tatentschluss und der Ansatzformel.

Die Gemeinsamkeit zwischen den gemischten Theorien besteht in der Ablehnung sowohl einer lediglich objektiven als auch einer reinen subjektiven Lösungsalternative bezüglich des Versuchsproblems. Darüber hinaus ist es auch schwierig, eine gemeinsame Begründung für die gemischten Theorien zu finden. Eine einheitliche Basis für die gemischten Theorien scheint also insgesamt zu fehlen.

#### b) Die neuesten Theorien

Diese Theorien werden so bezeichnet, weil sie die neue gesetzliche Regelung in § 22 des StGB von 1975 als Grundlage haben. Eigentlich lassen sie sich formell unter die **gemischten Theorien** einordnen. Ihr Unterschied gegenüber den klassischen Theorien liegt nur darin, dass sie konkrete Kriterien für die Lösung des Abgrenzungsproblems aufzustellen versuchen[101], was die mehr als ein Jahrhundert dauernde heftige Auseinandersetzung nicht erreicht hat.

Unter den verschiedenen Auslegungen der Ansatzformel ist vor allem die **Teilaktstheorie** zu nennen, die schon früh von *Rudolphi*[102] geprägt wurde. Ihr zufolge ist der Versuch der letzte Teilakt vor der Tatbestandsverwirklichung[103], der die Verwirklichung der gesamten Tatbestandshandlung in Gang setzt[104]. Diese Theorie, die auch bei anderen Autoren[105] Resonanz findet, betrachtet als Versuch jede Handlung, bei der „nach dem individuellen Täterplan zwischen ihr und der eigentlichen Tatbestandshandlung keine weiteren Teilakte liegen"[106].

*Roxin* geht von der Richtigkeit einer gemischten Theorie aus und entwickelt seine „**individuell-objektive**" Theorie. Er sieht die Eindruckstheorie als die geeignetste von allen gemischten Theo-

---

stimmung mit § 22 des 2. StrRG von der Vorstellung des Täters von der Tat).

96 *Bar*, Gesetz und Schuld, 1907, S. 527 ff. ; *Jescheck/ Weigend*, AT[5] 1995, § 49 II 3; *Roxin*, JuS 1979, S. 1; *Schönke/Schröder*[27], 2006, § 22 Rn. 22; *Schünemann*, GA 1995, S. 311.

97 *Zaczyk* in NK-StGB[2],2005, § 22 Rn. 11 m. w. N.

98 So *Zaczyk* in NK-StGB[2],2005, § 22 Rn. 11.

99 So *Roxin*, Einführung[2], 1975, S. 15.

100 *Welzel*, Strafrecht[11], 1969, S. 190.

101 So nach Ansicht von *Papageorgiou-Gonatas*, Grenze zwischen Vorbereitungshandlung und Versuch, 1988, S. 79.

102 *Rudolphi*, JuS 1973, S. 20 ff.

103 Dazu siehe *Papageorgiou-Gonatas*, Grenze zwischen Vorbereitungshandlung und Versuch, 1988, S. 80.

104 *Kratzsch*, JA 1983, S. 582.

105 Vgl. nur *Maurach*, AT[4], 1971, S. 499, wo eine Handlung als Versuch anzusehen ist, wenn sie „ ohne weitere Akte in der Verwirklichung eines Tatbestandsmerkmals einmündet"; und *Meyer*, JuS 1977, S. 21.

106 *Rudolphi*, JuS 1973, S. 3.

rien an[107]. Aufgrund der Eindruckstheorie stellt er bezüglich der Ansatzformel den Maßstab auf, dass es zu einer Berührung mit der Sphäre des Opfers bei engem zeitlichem Zusammenhang mit dem Erfolgseintritt kommen müsse. Danach sind zwei Voraussetzungen ausschlaggebend für die Konkretisierung der Ansatzformel: a) der Täter müsse in „einer Beziehung zur Sphäre des Opfers" treten, die einen rechtserschütternden Eindruck erweckt, b) es müsse ein „enger zeitlicher Zusammenhang" zwischen Täterhandlung und Tatbestandsverwirklichung vorliegen[108].

Ferner sind die **Auslegungstheorie**, die **Theorie von *Kratzsch*** und die **dualistische Versuchstheorie**[109] für die Auslegung des § 22 StGB und deshalb für die Unterscheidung zwischen Vorbereitung und Versuch von Bedeutung. Diese selten vertretene Ansicht im Detail darzustellen, springt dem Rahm der vorliegenden Arbeit.

Es ist trotzdem einzusehen, dass die sämtlichen unterschiedlichen Lösungen allerdings nicht die Betätigung juristischer Urteilskraft im Einzelfall ersetzen können[110].

## *2 Die Darstellung der Rechtsprechung*

### a) Vor dem Inkrafttreten des § 22 StGB

Wie *Hillenkamp*[111] zutreffend beobachtet, nahm die Rechtsprechung – in ihrer, seit den ersten Tagen des Reichsgerichts (RGSt. **1** 439, 443, 451; **8** 198) vollzogenen Abkehr von der der objektiven Versuchslehre verhafteten Spruchpraxis zugunsten eines subjektiven Standpunktes des Preußischen Obertribunals (GA 1854, S. 548, 822 f.) – zwar in ihren Anfängen zu jener gegensätzlichen Position noch Stellung, hat sich im weiterem Verlauf aber kaum mehr veranlasst gesehen, die von ihr bevorzugte Lehre gegen abweichende Stimmen zu verteidigen[112]. Auch der Bundesgerichtshof hatte einmal an der subjektiven Versuchslehre festgehalten (BGHSt. **11** 324), ohne den grundlegenden Streit erneut zu thematisieren[113].

Bei konkreterer Betrachtung wären veröffentlichte Gerichtsentscheidungen zu erwähnen, die naturgemäß nur Fälle betreffen, in denen die Richter die Einordnung als „straflose Vorbereitung" bezweifelt oder immerhin der Begründung bedürftig erachtet haben. Darunter finden sich beispielsweise die folgenden Sachverhalte: Bloßes Suchen nach einer zur Abtreibung bereiten Person[114]; Lauern auf das noch abwesende Opfer[115]; andauerndes Verfolgen eines Auslieferungsfahrers, um gegen Ende der Fahrt die Kassette mit den Einnahmen an sich zu bringen[116].

---

107 *Roxin*, JuS 1979, S. 1 ff.

108 Auf diese Weise analysiert *Papageorgiou-Gonatas*, Grenze zwischen Vorbereitungshandlung und Versuch, 1988, S. 81.

109 Unterschiedlich von anderen bisherigen Versuchslehren geht die von *Alwart* und *Schmidhäuser* entwickelte dualistische Versuchstheorie von vornherein von zwei im Unrechtsgehalt unterschiedlichen Formen des Versuchs, nämlich dem intentionalen Versuch und dem gefährlichen Versuch, aus. Dazu siehe *Alwart*, Strafwürdiges Versuchen, 1982; *Schmidhäuser/Alwart*, Studienbuch AT[2], 1984, § 11 Rn. 16 ff.

110 So *Zaczyk* in NK-StGB[2], 2005, § 22 Rn. 24.

111 *Hillenkamp* in LK[12], 2007, vor § 22 Rn. 57. Zu demselben Ergebnis kam auch Baumann (AT[4], 1975) , wenn er fand, „in der Rechtsprechung ist mitunter eine stärker subjektive und ex ante vorgenommene Beurteilung zu finden".

112 Das wurde von *Busch* in LK[9], 1974, § 43 Rn. 14 als eine Annahme von „subjektiver Lehre mit objektiven Einschlag" bezeichnet.

113 In BGHSt. **11** 324, 327 wird für die dort zu entscheidende Frage allerdings zu Unrecht eine Übereinstimmung mit den Teilen der Rechtswissenschaft angenommen, die „das Wesen des Versuchs in einer objektiven Gefährdung" sehen.

114 RG v. 12. 3. 1943- 5 D 59/43. RGSt. **76**. 374 ( 378).

115 BGH MDR/ Dallinger 1973, S. 728, 900.

116 BGH MDR/ Dallinger 1973, S. 900.

**b) Nach dem Inkrafttreten des § 22 StGB**

§ 22 des geltenden StGB bedeutet die Kodifikation einer Lösung, in der die Rechtsprechung und große Teile der Lehre schon vorher im Wesentlichen übereinstimmten[117]. Daher hat sich die Rechtsprechung damit begnügt, einer extrem subjektivistischen Vorverlagerung des Versuchsbereiches im Sinne einer objektiven Begrenzung eine Absage zu erteilen (BGHSt. **26** 201; **28** 162; **35** 6). In der Konkretisierung der Ansatzformel benutzt die Rechtsprechung trotzdem mehrere Formeln, die „als gegenseitig austauschbar anzusehen sind“[118]. Danach liegt ein unmittelbares Ansetzen vor, wenn der Täter die Schwelle zum „Jetzt geht es los“ überschreitet und objektiv zur tatbestandsmäßigen Angriffshandlung ansetzt, so dass sein Tun ohne Zwischenakte in die Tatbestandsverwirklichung einmündet; oder wenn das Verhalten des Täters nach seiner Vorstellung in ungestörtem Fortgang ohne Zwischenakte unmittelbar zur - vollständigen – Tatbestandserfüllung führt oder in unmittelbarem räumlichen und zeitlichen Zusammenhang mit ihr steht[119] bzw. in sie einmündet, oder das Rechtsgut nach der Vorstellung des Täters in eine konkrete Gefahr bringt[120].

Beispielhaft sind auch folgende Entscheidungen zu erwähnen, in welchen diese Handlungen als Vorbereitung angesehen wurden: Betreten des Gartens und Schleichen bis unter ein Fenster, um einzusteigen und zu stehlen[121]; Halten vor einer Bank, wo die Täter noch Waffen hervorholen und Masken überstreifen müssen[122]; Anfertigung von Zündschlüsselkopien, um damit die Autos, nach Abholung vom Werkstattgelände, zu stehlen[123]; Bemühung um falsche Zeugenaussagen zum Zwecke der Strafvereitelung[124]; lediglich wörtliches Angebot einer Lieferung von Falschgeld[125]; Verbringen eines Kindes an einen einsamen Ort und Einreden auf das Opfer, damit es sich freiwillig auf sexuelle Handlung einlasse[126]; Ansinnen eines HIV-Infizierten, mit ihm ungeschützt sexuell zu verkehren[127]; Betreten eines Supermarktes, um bei günstigen Umständen die Kasse auszurauben[128]; Klingeln an der Tür mit der Absicht, die Hausfrau zu entführen, falls sie beim Öffnen allein ist[129]; Anstrengungen des Eindringens in ein durch Gitterstäbe gesichertes Anwesen, um eine Frau zu vergewaltigen[130]; Einreichen manipulierter Aufmassunterlagen in ein Ingenieurbüro als Vorbereitung für eine betrügerische Schlussrechnung[131]; Erwerb und Herrichtung eines Autos für den Schmuggel von Betäubungsmitteln[132]; Fesseln und Abtransportieren der Ehefrau in der Absicht, sie an einem weit entfernten Ort nach Erzwingung einer Unterschrift zu töten[133]. Diese Entscheidungen sind aber mitunter auch auf Kritik gestoßen[134].

---

117 So *Stratenwerth/Kuhlen*, AT I[5], 2004, § 11 Rn. 35.

118 So *Zaczyk* in NK-StGB[2], 2005, § 22 Rn..23.

119 Vgl. BGHSt **26**, 201; **28**, 162, 163; **37**, 294, 297 f.; **40**, 257, 268; **44**, 34, 40; **48**, 34, 36. Siehe auch *Zaczyk* in NK-StGB[2], 2005, § 22 Rn..23 m. w. N.

120 Dazu vgl. nur BGHSt **22**, 80, 81; **30**, 363, 365; **38**, 83, 85; **40**, 257, 268.

121 OLG Köln v. 13.5. 1975- Ss 73/75, MDR 1975, S. 948.

122 BGH MDR/ Holtz 1978, S. 985.

123 BGH vom 26.10. 1978- 4 StR 429/ 78, BGHSt **28**, 162 (163 f.) = JUW 1979, 378.

124 OLG Bremen v. 4. 12. 1980- BL 337/ 80, StV 1981, S. 139; OLG Frankfurt/ M.v.13.3.1992- 3 Ws 136/92, StV 1992, S. 361 f.

125 BGH v. 28. 7. 1986- 2 StR 296/ 86, NStZ 1986, S. 548.

126 BGH v. 24. 7. 1987 – 2 StR 338/87, BGHSt **35**, 6 (9) = NJW 1988, S. 1274 f.

127 Bay ObLG v. 26.10. 1989 – Rreg. 3 St 150/89. NJW 1990, S. 781.

128 BGH v. 7.4. 1995 – 2 StR 118/95, NStZRR 1996, S. 34.

129 BGH v.22.4.1999 – 4 StR 76/99, NStZ 1999, S. 396.

130 BGH v. 14.3.2000 – 1 StR 60/00, NStZ 2000, S. 418.

131 BGH v. 12.7.2000 – 2 StR 43/00, StV 2001, S. 273.

132 BGH v. 30. 1. 2001 – 1 StR 423/00, NJW 2001, S. 1290.

133 BGH v. 12.12.2001 – 3 StR 303/01.NJW 2002, S. 1057 ff.

134 *Zaczyk* weist auf die entstandene Kritik hin und orientiert sich am jeweiligen Tatbestand in NK-StGB[2], 2005, §

## C. Die geschichtliche Entwicklung der Bestrafung von Vorbereitungshandlungen

Nach der obigen Ausführung des Begriffs der Vorbereitung und ihrer Abgrenzung vom Versuch, scheint es notwendig, die Frage zu beantworten, seit wann in der deutschen Strafrechtsgeschichte die Vorbereitungshandlung in Ausnahmefällen bestraft wurde. Wie allgemein bekannt, sind Entstehung und Entwicklung des Strafrechts seltsamerweise kaum je begriffsgeschichtlich am Material durchleuchtet worden[135]. Das gilt natürlich auch für den Bereich der Bestrafung von Vorbereitungshandlungen. Deswegen lohnt es sich hier einen Blick auf die deutsche Gesetzgebung in diesem Bereich zu werfen. Diese Entwicklung hängt stets sehr eng mit der Gesetzgebungsgeschichte der Versuchsvorschrift zusammen. Im Folgenden wird die einschlägige Gesetzgebungsgeschichte vom germanischen Recht bis zum geltenden Strafgesetzbuch in sechs Zeiträume eingeteilt[136]:

### I. Die Entwicklung des germanischen Rechts bis zur Partikulargesetzgebung

#### *1 Die Epoche germanischen Rechtsdenkens*

Aus der Rache hervorgegangen, beruhte das germanische Strafrecht auf dem Gedanken der Erfolgshaftung. Allerdings gab es auch hier einzelne Fälle, in welchen Handlungen mit Strafe bedroht wurden, ohne dass ein Erfolg eintreten musste, wie z. B. die Fälle der „handhaften Tat“. Damit hatte sich auch eine Reihe typischer Versuchsdelikte herausgebildet. Einige hievon mochten sogar Vorbereitungscharakter haben, wie z. B. das consilium mortis ( die Planung eines Mordes), das nach dem *Langobardischen Lebensrecht* mit 20 Schillingen bestraft wurde. Darin sah *Eberhard Schmidt* „die Möglichkeit, Taten aller Art zu bestrafen, die nach heutiger Auffassung als bloße ungefährliche Vorbereitungshandlungen straflos gelassen werden“[137]. Hierzu dürfte auch die „Teilnahme an einer Verschwörung in mortem alicuius“ gehören, die nach *Zachariä*[138] der Todesstrafe unterlag, ebenso auch das bloße Auftreten zur Begehung eines Mordes, wofür die Strafe des vollendeten Mordes eintreten sollte, auch wenn von Seiten des Mandatars gar nichts zur Ausführung ausdrücklich verweigert sein sollte.

#### *2 Die Epoche mittelalterlichen Rechtsdenkens*

Vor allem in dieser Zeit fehlte noch die wissenschaftliche Besinnung auf das Grundsätzliche im Strafrecht.

Trotzdem schien im *Sachsenspiegel* für eine Verurteilung auszureichen, wenn ein ungläubiger Mann oder ein ungläubiges Weib „mit Gift umgeht“, ohne dass ein Erfolg herbeigeführt werden musste. Hierbei handelt es sich lediglich um einen Einzelfall, der weder genaue Schlüsse zuließ, noch eine allgemeine Regel über die Bestrafung des Versuchs gab. Entsprechend wenig kam naturgemäß eine Bestrafung der Vorbereitung eines Verbrechens in Betracht.

Während in den *Maximilianischen Halsgerichtsordnungen* im ausgehenden Mittelalter noch jede Regelung der allgemeinen Verbrechensprobleme, wie z. B. die Regelung des Versuchs und des Teilnahmeproblems fehlte, also auch der Begriff der Verbrechensvorbereitung als solcher noch unbekannt war, brachten die *Bambergische Halsgerichtsordnung von 1507* (Art. 204) und die *Peinliche Gerichtsordnung Kaiser Karls V. von 1532* (Art. 178) erstmals eine ziemlich genaue

22 Rn. 26.

135 *Radbruch,* in Der Mensch im Recht, 2. Aufl., 1957, S. 63.

136 Eine solche Betrachtungsweise wird von *Schwab* in Vorbereitungshandlungen, 1956, S. 27 ff. angeregt.

137 *Schmidt*, Einführung, 1965, S. 34.

138 *Zachariä*, Lehre vom Versuch, 1839, I. S. 169 (Anm. 4).

Definition des Versuchs[139]. Danach war Versuch durch das Erfordernis des Vorsatzes und des Anfangs der Ausführung gekennzeichnet. Straftaten wurden nicht ausschließlich wegen des durch sie verursachten Schadens, sondern auch wegen des darin zum Ausdruck kommenden Verstoßes gegen die öffentliche Ordnung verfolgt[140]. Die weit entfernten Vorbereitungshandlungen – hierzu gehörte z. B auch der Giftkauf – wurden nur als Indizien (Art. 37), nicht aber als strafbare Versuchshandlungen angesehen.

## II. Die Partikulargesetzgebung

Unterdessen waren einige nicht zu vernachlässigende Partikulargesetze entstanden, nämlich die einschlägigen aus dem *Codex juris Criminalis Bavarici von 1751* bis zum *StGB für das Königreich Bayern vom 10.11.1861*. Diese 15 Partikulargesetze erkannten die Vorbereitungshandlung als grundsätzlich straflos an, insofern als keine allgemeine Bestrafung für Vorbereitungshandlung vorgeschrieben war. Beispielsweise wurden im *Codex juris Criminalis Bavarici von 1751* nur die Vorbereitungshandlungen zum Crimen Laesae Majestatis (also Majestätsbeleidigung) bestraft (1. Th. 8. Cap. § 2), ohne dass diese jedoch als solche vom conatus geschieden würden. Für die versuchte Anstiftung- „Befehlgabe" - war im Falle des Majestätsverbrechens eine Strafe nach freiem Ermessen vorgesehen.

Dazu kommt noch eine andere Ansicht, nämlich dass sich die Versuchsstrafbarkeit in der Tat bereits auf die straflosen Vorbereitungshandlungen erstreckt haben sollte[141], obwohl die Vorbereitung dem Buchstaben nach nicht strafbar war. Zwei gesetzgeberische Beispiele werden dafür angeführt. Zu erinnern ist zuerst an das *Allgemeine Landrecht für die Preußischen Staaten* von 1794 (**ALR**), in dem der zu strafende Versuch erstmals in drei Typen differenziert wurde. Die ersten zwei Typen entsprachen nach heutiger Terminologie jeweils dem – allerdings nach objektiven Kriterien bestimmten – beendeten und unbeendeten Versuch[142]. Von Bedeutung ist hier aber nur der Hinweis auf den dritten Typ. Wenn „schon die vorläufigen Anstalten zu der strafbaren Handlung" durch Zufall unterbrochen worden waren, so war gem. Teil II, 20. Titel, § 42 **ALR**[143] die „böse Absicht" des Täters „nach Verhältnis des Fortschrittes zur wirklichen Vollziehung" zu ahnden. Dies ist wahrscheinlich im geltenden Recht mit dem Vorbereitungsstadium vergleichbar. Von daher gab es kein grundsätzlich strafloses Vorbereitungsstadium, weil auch Vorbereitungshandlungen in die Versuchsstrafbarkeit einbezogen waren. Straffreiheit konnte der Täter nur durch einen Rücktritt erlangen[144]. Als das zweite gesetzgeberische Beispiel galt das *Bayerische Strafgesetzbuch* von 1813, nach dem sämtliche Vorbereitungshandlungen ebenfalls der Versuchsstrafbarkeit unterworfen wurden[145].

Als einen Fortschritt[146] bei der Abgrenzung von Vorbereitung und Versuch galt § 31 des *Preußischen Strafgesetzbuches von 1851*, der vorschrieb: „Der Versuch ist nur dann strafbar, wenn derselbe durch Handlungen, welche einen Anfang der Ausführung enthalten, an den Tag gelegt und

139 In Einzelheiten siehe *Buschmann*, Textbuch, 1998, S. 79, 163.

140 Vgl. *Fad*, Abstandsnahme, 2005, S. 25; auch *Vehling*, Abgrenzung, 1991, S. 6 f.

141 *Fad*, Abstandsnahme, 2005, S. 25f.

142 Über die ausführliche Darstellung vergleiche *Fad*, Abstandsnahme, 2005, S. 25; *Vehling*, Abgrenzung, 1991, S. 277.

143 Dazu siehe *Fad*, Abstandsnahme, 2005, S. 25; *Buschmann*, Textbuch, 1998, S. 277.

144 Dazu siehe *Fad*, Abstandsnahme, 2005, S. 25; *Buschmann*, Textbuch, 1998, S. 277.

145 Vgl. Art. 57 *Bayerisches StGB* von 1813: „Ein Versuch ist vorhanden, wenn eine Person, in der Absicht ein Verbrechen zu begehen, äußerliche Handlungen vorgenommen hat, welche auf Vollbringung oder Vorbereitung desselben gerichtet sind". Zitiert nach *Buschmann*, Textbuch, 1998, S.459. vgl. auch *Fad*, Abstandsnahme, 2005, S. 26, Fn. 65.

146 So meint *Fad*, Abstandsnahme, 2005, S. 27.

nur durch äußere, von dem Willen des Thäters unabhängige Umstände gehindert worden oder ohne Erfolg geblieben ist."[147] Die Vorbereitungshandlungen sollten deshalb straflos sein, da man der Ansicht war, dass der in ihnen enthaltene verbrecherische Wille nicht in eindeutiger Weise manifest werden konnte[148]. Weiterhin ungeklärt war jedoch, wie diese Abgrenzung erfolgen sollte. Insbesondere war streitig, ob die Fälle des „entfernten Versuchs" im Einzelfall als „Anfang der Ausführung" angesehen werden konnten[149].

## III. Die Vorbereitungshandlung im Reichsstrafgesetzbuch mit den Änderungen bis zur Republikschutzgesetzgebung

*Das StGB für das Deutsche Reich vom 15. 5. 1871* ging auf *das StGB für den Norddeutschen Bund vom 31.7.1870* zurück, das den *Entwurf eines StGB für den Norddeutschen Bund vom 1869* fast ausnahmslos und mit nur wenigen Änderungen übernommen hat, soweit der Entwurf 1869 die hier wesentliche Bestimmung betraf. Der Entwurf 1869 hat seinerseits eine ganze Reihe von Bestimmungen des *StGB für die Preußischen Staaten vom 14.4.1851 (PrStGB*) übernommen oder nur geringfügig abgeändert.

Nach dem Entwurf 1869 wurden Vorbereitungshandlungen grundsätzlich nicht bestraft. Im Besonderen Teil war indessen eine Reihe von Vorbereitungshandlungen zum Hochverrat unter Strafe gestellt. § 71 entsprach wieder völlig dem § 64 *PrStGB*, worin einzelne inhaltlich fest begrenzte Vorbereitungshandlungen genannt waren. § 73 meinte im Ergebnis dasselbe, was in § 66 *PrStGB* ausgedrückt war, dass nämlich auch alle sonstigen Vorbereitungshandlungen eines hochverräterischen Unternehmens bestraft wurden. Während dort lediglich Handlungen erfasst wurden, die tatsächlich ein hochverräterisches Unternehmen vorbereiteten, genügte hier jede andere Handlung, welche darauf abzielte, eines der in den §§ 67 bis 69 genannten hochverräterischen Unternehmen zur Ausführung zu bringen.

## IV. Die Behandlung der Verbrechensvorbereitung in den Entwürfen zu einem Allgemeinen Deutschen StGB von 1909 bis 1935

Vom *Vorentwurf 1901* bis zum *Entwurf 1935* wurde die grundsätzliche Straflosigkeit der Vorbereitungshandlung in den zehn Entwürfen beibehalten. Allerdings waren ein paar Beispiele für die Bestrafung der Vorbereitungshandlung im besonderen Teil zu finden: Vorbereitungshandlungen zum Hochverrat; Vorbereitung des Landesverrates; die Herstellung von Fälschungswerkzeugen; Vorbereitungshandlung zu gemeingefährlichen Verbrechen; Anbieten und Bereiterklären zur Unzucht. Zudem konnten auch versuchte Anstiftung und versuchte Beihilfe bestraft werden. Insbesondere bemerkenswert ist, dass auch die Herstellung unzüchtiger Schriften und Herstellung unzüchtiger Sachen in den Augen von *Schwab* auch als Vorbereitungshandlung gelten sollten[150].

## V. In der Republikschutzgesetzgebung sowie der nationalsozialistischen Ära

In dieser Zeit, und insbesondere in der nationalsozialistischen Ära, hatten einzelne Vorschriften der Bestrafung von Vorbereitungshandlungen zugenommen. Die Nazis hatten das so genannte "Willensstrafrecht" eingeführt, wonach sich die Strafwürdigkeit des Verhaltens nicht aus der von der Tat verursachten Rechtsgutsverletzung, sondern aus dem verbrecherischen Willen des Täters

147 Siehe *Fad*, Abstandsnahme, 2005, S. 27; und *Buschmann*, Textbuch, 1998, S. 545.

148 *Goltdammer*, Materialien, 1851, S: 253; und auch *v. Liszt*, LB$^{21/22}$, 1919, S.194.

149 Vgl. dazu *Goltdammer*, Theodor: Die Materialien zum Straf-Gesetzbuche für die Preußischen Staaten, Band I, 1851, S. 265 ff.

150 So meint *Fad*, Abstandsnahme, 2005, S. 102 f.

ergibt[151]. Daher wurden zuerst die Unternehmensdelikte geschaffen, wobei der Begriff des „Unternehmens“ neben Vollendung und Versuch möglicherweise auch noch Teile des bisherigen Vorbereitungsstadiums erfassen sollte[152]. Es wurde später auch geplant, in der Versuchsdefinition den „Anfang der Ausführungen“ durch „Beginn der Tat“ zu ersetzen[153]. Daher erstreckte sich die Versuchsstrafbarkeit teilweise auf weit im Vorfeld der Tatbegehung liegende Handlungen[154], und die Strafbarkeit der Handlung wurde ziemlich weit vorverlagert.

## VI. Der derzeitige Rechtszustand hinsichtlich der Bestrafung von Vorbereitungshandlungen in Deutschland

In Westdeutschland wurde in § 26 II E 1962 das Erfordernis des unmittelbaren Ansetzens eingeführt. Danach hat sich der Gesetzgeber bei der Fassung des geltenden § 22 StGB weitgehend den Vorschlag des Alternativentwurfes zu Eigen gemacht. Damit wird der Ausdehnung der Versuchsstrafbarkeit entgegenwirkt. Die grundsätzliche Straflosigkeit der Vorbereitungshandlung im Allgemeinen Teil fällt sofort ins Auge. Trotzdem gibt es noch eine gesetzliche Reglung über ihre ausnahmsweise Bestrafung im geltenden StGB und in den strafrechtlichen Nebengesetzen. Darauf ist gleich zurückzukommen.

Der Rechtsstand der Vorbereitungshandlung in der Deutschen Demokratischen Republik ging in die entgegengesetzte Richtung, wobei sicherlich das sowjetische StGB den Anstoß dazu gab, einen eigenständigen Vorbereitungstatbestand für das neu zu schaffende StGB ins Auge zu fassen,. Daher waren ein den Vorbereitungsbereich definierender Generaltatbestand und eine Strafausdehnung in die Vorbereitungszone im StGB DDR enthalten. So ordnet § 21 Abs.1 StGB DDR an, dass „Vorbereitung und Versuch einer Straftat strafrechtliche Verantwortlichkeit nur begründen, wenn es das Gesetz ausdrücklich bestimmt“. Im besonderen Teil gab es 29 Einzeltatbestände von Vorbereitungsdelikten. Nach der Vereinigung spielte das StGB DDR keine Rolle mehr.

## VII. Schlusswort

Es liegt auf der Hand, dass die deutsche Strafgesetzgebung die Strafbarkeit der Vorbereitungshandlung des Alleintäters traditionell im Prinzip ablehnt. Zwar gibt es keinen solchen generellen Vorbereitungstatbestand, jedoch bestehen sowohl die Vorstufe der Beteiligung – beispielsweise die versuchte Anstiftung und Verschwörung - im allgemeinen Teil als auch einzelne Tatbestände der Vorbereitungsdelikte im Besonderen Teil. Die Gründe für die allgemeine Straflosigkeit und die Einzeltatbestände sind gleich folgend zu behandeln.

# D. Allgemeine Straflosigkeit

In den derzeit geltenden Strafgesetzen besteht eine für die Vorbereitung geltende und dem § 22 StGB ähnliche Vorschrift nicht. Es lässt sich daraus erkennen, dass eine allgemeine Strafandrohung nicht gewollt ist, vielmehr die Vornahme von Vorbereitungshandlungen grundsätzlich straffrei bleiben soll[155]. Die üblichen Verteidigungsargumente für die allgemeine Straffreiheit bestehen in folgenden Schwerpunkten:

---

151 *Freisler*, in Denkschrift, 1934, S. 13 und 71.

152 So *Kerrl*, Denkschrift, 1933, S. 133f.

153 *Mezger*, Strafrecht[3], 1943, S. 125.

154 Siehe z. B. RGSt. 72, 66f., wonach ein Betrugsversuch gegenüber der Einbruchsversicherung bereits dann vorliegen soll, wenn mit der Inszenierung des Einbruchs begonnen wird, und RGSt. 77, 172ff, wonach ein versuchter Betrug vorliegen soll, wenn der Täter noch Gehilfen für seine Tatausführung sucht.

155 Vgl. *Frank*, Strafgesetzbuch[18], 1931, S. 85; *Coester*, Vorbereitungshandlung, 1933, S. 3 f.

## I. Die geringe Gefährlichkeit

Eine durchschlagende Begründung für die grundsätzliche Straffreiheit lässt sich in erster Linie nur aus der verhältnismäßig geringen Gefährlichkeit herleiten[156]. Das mag seine Begründung in folgender Erwägung finden.

Aus der Vorschrift des Versuchs wird entnommen, dass der Rechtsgrund seiner Strafbarkeit und Strafwürdigkeit in der Gefährlichkeit liege. *Feuerbach*[157] hat vor zwei Jahrhunderten bereits darauf aufmerksam gemacht, dass „je größer die Gefährlichkeit der Handlung in Beziehung auf den rechtlichen Zustand, desto größer die bürgerliche Strafbarkeit" sei. Auf das Gefahrenmoment hat auch das Reichsgericht immer wieder hingewiesen und zwar besonders deutlich in der Entscheidung Band 30, S. 99. Dort wurde ausgesagt, dass die Rechtsgefährdung der Erfolg des Versuchs sei, im Gegensatz zur Rechtsverletzung als dem Erfolg des vollendeten Verbrechens[158].

Der Grad der Gefährlichkeit als Grundlage der Bestrafung des Versuchs kann natürlich nur objektiv festgestellt werden, weil die Schuldseite, also nach damaliger Lehre, der Vorsatz bei Vorbereitung, Versuch und Vollendung der gleiche ist. Wenn also der Versuch von der Vollendung wegen der geringeren, und von der Vorbereitung wegen der größeren Gefährlichkeit unterschieden wird, kann nur der Unterschied in der objektiven Gefährlichkeit den Gesetzgeber veranlasst haben, bei Vorbereitung, Versuch und Vollendung jeweils eine andere strafrechtliche Beurteilung vorzunehmen.

Je weiter der Täter von der ersten Vorbereitungshandlung bis zur Ausführung fortschreitet, desto wahrscheinlicher wird die Vollendung der Straftat. Sein Tun wird damit umso gefährlicher, weil der zeitliche und sachliche Spielraum für Willensänderungen, Fehlgriffe und Hindernisse sich dauernd verkleinert[159].

Diese Gedankengänge werden wohl dazu geführt haben, im geltenden Strafrecht die von der eigentlichen Straftat noch entfernten Handlungen, also die Vorbereitungshandlungen, wegen der verhältnismäßig geringeren Gefährlichkeit allgemein straflos zu lassen und erst den Anfang der Ausführung als Versuch zu strafen[160]. Der Grund der allgemeinen Straffreiheit für Vorbereitungshandlungen ist also zuerst darin zu finden, dass ein Rechtsgut durch sie noch nicht ernstlich von jemand anderem beeinträchtigt sein kann[161].

## II. Beweistechnische Überlegung

Es kommt hinzu, dass bei Vorbereitungshandlungen auch der Deliktsvorsatz oft nicht eindeutig nachweisbar sein wird. Es kann wohl nicht geleugnet werden, dass die manchmal mangelnde Erkennbarkeit des verbrecherischen Vorsatzes auch mit in Erwägung gezogen worden ist, als über die Frage der Strafbarkeit von Vorbereitungshandlungen entschieden wurde.

Es kann nämlich auch als möglich erwogen werden, dass sich in der Vorbereitungshandlung der verbrecherische Wille noch nicht genügend klar erkennen lasse, also der Nachweise des Vorsatzes oft schwierig und unsicher sei[162]. Dieses letztere, im Wesentlichen von *Cohen*[163] vertretene

---

156 Siehe dazu *Coenders*, Grundbegriffe, 1909, S. 103; *Coester*, Vorbereitungshandlung, 1933, S. 90. Eine solche Folgerung findet auch im heutigen Schrifttum Zustimmung..

157 *Feuerbach*, LB², 1803, S. 93.

158 Vgl. *Zehner*, Strafbarkeit der Vorbereitungshandlungen, 1936, S. 22.

159 Dazu vgl. *Hippel*, Strafrecht, Bd. II, 1930, S. 404; *v. Liszt/Schmidt*, LB²⁶, 1932, § 46 III.

160 *v. Liszt/Schmidt*, LB²⁶, 1932, § 46 III.

161 *Zehner*, Strafbarkeit der Vorbereitungshandlungen, 1936, S. 23; und auch *Jescheck/Weigend*, AT⁵ 1995, S. 523.

162 *Hippel*, Strafrecht, Bd. II, 1930, S. 404.

163 *Cohen*, Vorbereitung, 1894, S. 30.

Argument kann für die grundsätzliche Straflosigkeit sicherlich nicht ausschlaggebend gewesen sein. Es gab nämlich eine Reihe von Entscheidungen, in welchen die Gerichte einen Freispruch verkündeten, weil eine bloße Vorbereitungshandlung vorgelegen habe, obwohl der Verbrecherische Wille und der Tatvorsatz klar auf der Hand lagen. Zudem ist es zuzugestehen, dass diese Schwierigkeit auch nur in der Beweiserhebung des jeweils einzelnen Falls liegt[164]. Diese Schwierigkeiten hängen allerdings eng mit dem Problem der Bestimmung der Strafbarkeit der Vorbereitungshandlungen zusammen. Schon der Nachweis des inneren Tatbestandes ist selten ganz einfach. Mindestens ebenso schwer und unsicher, wie der Nachweis des verbrecherischen Willens bei den Vorbereitungshandlungen, ist aber der Beweis des Vorliegens der Überlegung beim Mord[165]. Diesen Begriff hat der Gesetzgeber aber in das Strafgesetzbuch aufgenommen und, es der Beweiserhebung im einzelnen Falle überlassen, der sich bietenden Schwierigkeit Herr zu werden[166].

## III. Kriminalpolitische Begründung

Überdies spielt auch die Kriminalpolitik dabei eine Rolle, da die Gründe für die grundsätzliche gesetzgeberische Straflosigkeit der Vorbereitung „teils beweistechnischer, teil kriminalpolitischer Art“[167] sind. Das Recht verlässt sich „mit gutem Grund auf Besinnung und Umkehr: zwischen ‚Lipp und Becherrand’ liegen noch manche Schwierigkeiten und Hemmnisse, und zahlreiche an sich ernstlich betriebene Vorbereitungshandlungen münden, sei es aus späterer besserer Einsicht oder wegen äußerer Hindernisse, nicht einmal in die Versuchszone ein“[168].

## E. Besondere Fälle der Strafbarkeit von vorbereitenden Handlungen

Dennoch sind Fälle denkbar, in welchen bestimmte Vorbereitungshandlungen, die typisch für gewisse Verbrechen sind, bei diesen Delikten stets wiederkehren. Diese Vorbereitungshandlungen lassen deshalb auch einen hinreichend sicheren Schluss auf das Vorhandensein des verbrecherischen Willens zu. Außerdem ist bei ihnen vor allem das gefährdete Rechtsgut besonders schutzbedürftig, weil es besonders lebenswichtig ist. Überdies kann ein strafrechtliches Eingreifen durch die besondere Gefährlichkeit der Angriffsmittel[169] oder die persönliche Gefährlichkeit des Vorbereitenden[170] gerechtfertigt sein. Demnach hat der Gesetzgeber die im Grundsatz zu befürwortende Straflosigkeit der Vorbereitungshandlungen für bestimmte Fallgruppen durchbrochen[171]. Im Ganzen lässt sich also sagen, dass dem Strafgesetzbuch der Begriff der Vorbereitungshandlung nicht unbekannt ist, auch wenn eine Generalklausel, welche sich über ihre Strafbarkeit ausließe, fehlt. Bei der Strafandrohung für solche Vorbereitungshandlungen ist der Gesetzgeber allerdings nicht einheitlich verfahren, sondern hat, jeweils nach den Begleitumständen, unterschiedliche Vorschriften gemacht. Um die einzelnen besonderen Fälle der Strafandrohung von Vorbereitungshandlungen besser kenntlich zu machen, ist es nötig, sie einem Einteilungssystem zuzu-

164 *Hippel*, Strafrecht, Bd. II, 1930, S. 400, VI, 1.
165 So vergleicht *Zehner*, Strafbarkeit der Vorbereitungshandlungen, 1936, S. 23.
166 *Zehner*, Strafbarkeit der Vorbereitungshandlungen, 1936, S. 23.
167 *Maurach/Gössel/Zipf*, AT/II$^7$, 1989, § 39 II, Rn. 19.
168*Maurach/Gössel/Zipf*, AT/II$^7$, 1989, § 39 II, Rn. 19.
169 *Hippel*, Strafrecht, Bd. II, 1930, S. 406.
170 *Maurach/Gössel/Zipf*, AT/II$^7$, 1989, § 39 II, Rn. 20.
171 Krit. dazu aber *Jescheck/ Weigend*, AT$^5$ 1995, S. 523 f.; und auch *Rath*, JuS 1999, S. 35 ff, wenn er die Pönalisierung von manchen Vorbereitungshandlungen betrachtet, bei der es dem Bürger verboten wird, bestimmte Handlungen vorzunehmen, obwohl er vom „ eigentlichen“ Angriff auf das Schutzgut und damit grundsätzlich auch dem Bruch des Rechtsverhältnisses noch weit entfernt ist. Detaillierte Kritik daran hat auch *Beck*, in Vorfeldkriminalisierung, 1992 geübt.

ordnen. Dieses Ziel kann dadurch erreicht werden, dass die im Schrifttum seit langem vorhandenen unterschiedlichen Gesichtspunkte für Einteilungsmaßstäbe vor Augen gestellt werden.

## I. Der wissenschaftliche Streit um die Einteilung der Vorbereitungstatbestände

Bezüglich der Einteilung der Vorbereitungstatbestände gibt es im Schrifttum ständig Streit. In groben Zügen gibt es zwei unterschiedliche Einteilungsmethoden: Die **Zweiteilungslehre** oder die **Dreiteilungslehre**. Außerdem gibt es noch weitere Maßstäbe für unterschiedliche Fallgruppen.

### *1 Die Zweiteilungslehre*

Nach der Zweiteilungslehre sind die Tatbestände der Vorbereitungshandlung entweder in untypisierte und typisierte Tatbestände oder in unselbständige und selbständige Tatbestände eingeteilt.

Angesichts des ersten Einteilungsmaßstabs fasst *Jakobs* beispielsweise zusammen: „Nach positivem Recht sollen Vorbereitungen strafbar sein: a) als Vorbereitung in jeder Art und Weise (**untypisiert**) bei Delikten, bei denen dies ausdrücklich angeordnet ist......b) als Vorbereitungen in bestimmter Art und Weise( **typisiert**)“[172]. Seiner Auffassung nach sei die in §30 beschriebene Tat bei Verbrechen auch als typisierte Vorbereitungshandlung einzuordnen[173].

Hingegen werden die Tatbestände der Vorbereitungshandlung bei *Rudolphi* unterschieden in „**unselbständige** Ausdehnung bestimmter Straftatbestände“ und „**selbständige** Delikte“[174]. Als Beispiele für die erste Gruppe sind die Vorbereitung eines hochverräterischen Unternehmens (§ 83), von Sabotageakten (§ 87), eines Landesverrates (§ 98) und einer Verschleppung (§ 234a III) angeführt. Davon zu unterscheiden sind jene Fälle, in denen der Gesetzgeber bestimmte Handlungen, die nur materiell eine Vorstufe einer anderen Straftat sind, wegen ihrer besonderen Gefährlichkeit als **selbständiges Delikt** unter Strafe stellt. Als Beispiele dafür sind zu nennen: Das Ausspähen von Staatgeheimnissen (§ 96), das Beschaffen von Material zur Fälschung von Geld und Wertzeichen (§ 149) und der Versicherungsmissbrauch (§ 265).

### *2 Die Dreiteilungslehre*

Die **Dreiteilungslehre** hat wahrscheinlich mehr Zustimmung verdient. Trotzdem bleibt der genaue Einteilungsmaßstab heftig umstritten, da es überwiegend fünf verschiedene Standards gibt, die näher zu erörtern sind:

Nach der Person des Täters sind die Vorbereitungshandlungen in drei Gruppen eingeteilt: Eigenvorbereitungshandlung, Fremdvorbereitungshandlung und gemischte Vorbereitungshandlung[175]. Die zur *ersten Gruppe* gehörenden sind die eigentlichen Vorbereitungshandlungen im engeren Sinne unseres natürlichen Sprachgebrauchs. Bei ihnen schafft der Täter durch sie und für sich selbst die Grundlage für den beabsichtigten Erfolg[176]. Der Täter will die Tat selbst begehen, den Erfolg selbst herbeiführen und beginnt das zu tun, was sein Vorhaben erst ermöglicht, erleichtert oder sonst fördert. Beispielsweise gehören dazu die Vorbereitung des Hochverrates, des Landesverrates, des Münzverbrechens usw. Unter *Fremdvorbereitungshandlung* versteht *Coester* dagegen alle diese Handlungen, bei denen der Wille des Täters darauf gerichtet ist, dass ein „ande-

172 *Jakobs*, AT$^2$, 1993, § 25 Rn. 9 f.

173 *Jakobs*, AT$^2$, 1993, § 25 Rn. 9 f.

174 *Rudolphi* in SK- StGB, 6. Auflage , 1993, vor § 22 Rn. 3 f.

175 Vgl. *Zehner*, Strafbarkeit der Vorbereitungshandlungen, 1936, S. 25 ff.; *Coester*, Vorbereitungshandlung, 1933, S. 91 ff.; *Schwab*, Vorbereitungshandlungen, 1956, S. 12 f.

176 *Bodenstein*, Vorbereitungshandlung und Entwürfe, 1923, II zu 1.

rer“ eine strafbare Handlung begehe, und der Täter sich bemüht, diesem Willen durch Einwirkung auf den Vorstellungskreis des „anderen“ Geltung zu verschaffen[177]. *Bodenstein* nannte diese Handlungen Vorbereitung zum „fremden“ Delikt, weil der Straftat „zu deren Begehung der Täter seinen Einfluss aufbietet, der Charakter der ‚fremden' aufgeprägt ist“[178]. Zu dieser Gruppe gehören die öffentliche und nichtöffentliche Aufforderung, und die Anstiftung. *Die dritte Gruppe* von vorgeschriebener Vorbereitungshandlung kennzeichnete *Bodenstein* dadurch, dass der Täter in vorbereitenden Handlungen tätig wird, aber nicht allein durch sich und für sich, sondern in Gemeinschaft mit einem oder mehreren anderen[179]. Darunter fallen vor allem die Fälle, in denen eine strafbare Verabredung stattfindet.

In jüngerer Zeit ist der Gesichtspunkt des Einteilungsmaßstabs, der gewissermaßen an der oben erwähnten Zweiteilungslehre angeknüpft hat, in ***drei*** Richtungen entwickelt worden.

Nach *Eser* ist die Vorbereitungshandlung zuerst in die bestimmte typischerweise gefährliche Vorbereitungshandlung zu bestimmten Tatbeständen, die Vorbereitungshandlung jeglicher Art zu bestimmten Tatbeständen und die bestimmte Vorstufe der Teilnahme einzuteilen[180]. Nach der Unterscheidung der inhaltlichen Straferweiterung erreicht *Dreßler* bei der Zusammenfassung der Vorbereitungstatbestände im westdeutschen Strafgesetzbuch ein abgesehen von der namentlichen Verschiedenheit ähnliches Ergebnis: partielle Straferweiterung, generelle Straferweiterung und die Sonderform des § 30[181].

Hieran anschließend kennt das Strafrecht nach der Ansicht *Hillenkamps* die unselbständige Vorbereitungstatbestände, die selbständige Vorbereitungstatbestände und die vorweggenommene Teilnahme[182]. Dabei ist auf die oben ausgeführte, von *Rudolphi* entwickelte Zweiteilungslehre hinzuweisen, auf der diese Dreiteilungslehre beruht. Der einzige Unterschied zwischen beiden liegt nur darin, dass die vorweggenommene Teilnahme als eine dritte Gruppe hinzugefügt wird.

*Maurach/Gössel/Zipf* folgen letztlich einer gemischten Einteilungsmethode. Sie sehen in der ersten Gruppe die **Ausdehnung des Tatbestandes auf die Vorbereitungshandlung**, und zwar die beliebige Vorbereitung eines tatbestandsmäßig bestimmten Verbrechens[183]. In § 234a III (Verschleppung) werden Vorbereitungshandlungen zu einem einzelnen, im Bezug auf den Wert des angegriffenen Rechtsgutes, besonders gefährlichen Verbrechen zu **selbständigen Tatbeständen** ausgestaltet[184]. So geht das StGB im einzelnen auf zwei Wegen vor: Einmal normiert es die Bestrafung ***beliebiger*** Vorbereitungshandlungen zu einem nicht nur tatbestandsmäßig bestimmten, sondern auch konkret individualisierten Verbrechen ( wie §§ 83, 311b); zum anderen wird die Bestrafung ***bestimmter***, tatbestandsmäßig fest begrenzter Vorbereitungshandlungen zu einem zwar gattungsmäßig bestimmten, aber noch nicht unbedingt konkretisierten Verbrechen angeordnet (wie §§ 80, 149, 152a Abs1 Nr2, Abs. 3, 264, 265, 265b, 275 usw.)[185]. Letztlich gilt gemeinschaftliche Verbrechensvorbereitung als **vorweggenommene Teilnahme**[186], die in §30 II geregelt ist.

---

177 *Coester*, Vorbereitungshandlung, 1933, S. 92.
178 *Bodenstein*, Vorbereitungshandlung und Entwürfe, 1923, II zu 1.
179 *Bodenstein*, Vorbereitungshandlung und Entwürfe, 1923, II zu 1.
180 *Eser* in *Schönke/Schröder*[27], 2006, vor. § 22 Rn. 14.
181 *Dreßler*, Vorbereitung und Versuch, 1982, S. 66.
182 *Hillenkamp* in LK[12], 2007, vor § 22 Rn. 7 ff.
183 *Maurach/Gössel/Zipf*, AT/II[7], 1989, § 39 II Rn. 22.
184 *Maurach/Gössel/Zipf*, AT/II[7], 1989, § 39 II Rn. 24.
185 *Maurach/Gössel/Zipf*, AT/II[7], 1989, § 39 II Rn. 25 f.
186 *Maurach/Gössel/Zipf*, AT/II[7], 1989, § 39 II Rn. 28.

## II. Eigene Betrachtung

Es kommt für die Bestimmung des Einteilungsmaßstabs auf drei Punkte an. Erstens soll die vorweggenommene Teilnahme im Sinne des § 30 StGB einbezogen werden. Zweitens sollte das Ergebnis der Einteilung ex ante wahrzunehmen sein. Drittens soll der Maßstab hinreichend klar und zugleich umfassend sein.

Deshalb sind die Einteilungsmaßstäbe sowohl von *Rudolphi* als auch von *Coester* auszuschließen, weil einerseits bei *Rudolphi* der Typ der vorweggenommenen Teilnahme fehlt und andererseits der Maßstab bei *Coester* als ex post erscheint. Von den übrigen Einteilungsmethoden scheint sich mir die von *Maurach/Gössel/Zipf* geprägte Einteilungsmethode einigermaßen zu empfehlen, denn sie ist umfassender und deutlicher als die anderen. Trotzdem ist auch sie zu überarbeiten, da der nähere Maßstab im Rahmen dieser Dreiteilung noch zu unklar ist. Dementsprechend komme ich hier zur Empfehlung einer Kombination der Maßstäbe von *Maurach/Gössel/Zipf* und *Eser*. Dementsprechend können die 21 Vorbereitungstatbestände wie folgt in drei Fallgruppen eingeteilt werden:

### *1 Ausdehnung des Tatbestandes auf die Vorbereitungshandlung*

Von dieser Möglichkeit hat das StGB nur in § 234a III (Verschleppung) Gebrauch gemacht. Abs.3 des § 234a dehnt die nach Abs.1 für die Vollendungsstufe geltende Strafbarkeit (und auch für die Versuchszone nach § 23 I) ausdrücklich auf das Vorbereitungsstadium mit der Folgerung aus, dass ein Versuch zu § 234a III in die der Vorbereitung vorgelagerte straflose Handlungszone fällt. Als Vorbereitung strafbar ist daher z. B. bereits die Unterhaltung eines Informationsdienstes zur späteren Durchführung von Verschleppung, ohne dass deren Opfer schon individualisierbar zu sein bräuchten[187].

### *2Die Schaffung von selbständigen Straftatbeständen*

Im Einzelnen geht das StGB auf zwei Wegen vor:

Zum einen legt es bestimmte typische gefährliche Vorbereitungshandlungen zu bestimmten Tatbeständen fest. So bei der Vorbereitung der Fälschung von Geld und Wertzeichen (§ 149), Inverkehrbringen von Mitteln zum Abbruch der Schwangerschaft (§ 219b), Computerbetrug (§ 263a III), Subventionsbetrug (§ 264), Kapitalanlagebetrug (§ 264a), Versicherungsmissbrauch (§ 265), Kreditbetrug (§ 265b), Urkundenfälschung (§ 267), Fälschung technischer Aufzeichnungen (§ 268), Fälschung beweiserheblicher Daten ( § 269), Vorbereitung der Fälschung von amtlichen Ausweisen (§ 275), Vorbereitung eines Explosions- oder Strahlungsverbrechens (§ 310).

Hierzu gehören auch die in den Nebenstrafgesetzen vorgeschriebenen Straftatbestände der vorbereitenden Art: Vorbereitung zum Insiderhandelverbot (§ 38 I Nr. 4 i. V. m. § 14 WpHG) und Vorbereitung zum Kennzeichenmissbrauch (§ 22b I Nr. 3 StVG).

Zum anderen gibt es Vorbereitungshandlungen jeglicher Art zu bestimmten Tatbeständen, wie die zahlreichen Staatsschutzdelikte: Vorbereitung eines Angriffskrieges (§ 80), Vorbereitung eines hochverräterischen Unternehmens(§ 83), Agententätigkeit zu Sabotagezwecken(§ 87), Landesverräterische Agententätigkeit (§ 98), Geheimdienstliche Agententätigkeit (§ 99).

---

187 *Maurach/Gössel/Zipf*, AT/II$^7$, 1989, S. 6, Rn. 21.

### *3 Gemeinschaftliche Verbrechensvorbereitung als vorweggenommene Teilnahme.*

Hier werden bestimmte Vorstufen der Teilnahme wegen der darin liegenden gefährlichen psychischen Bindung der Beteiligten bzw. des aus der Kontrolle des Anstifters geratenen Tatanstoßes bei Verbrechen generell unter Strafe gestellt (§ 30)[188].

Die Einordnung dieser Vorschrift in das System des Allgemeinen Teils ist allerdings nicht unstrittig. Zum einen ist es möglich, diese Vorschrift als Versuchsbestimmung anzusehen, da die gesetzliche Tatbestandsbezeichnung vom „Versuch der Beteiligung" spricht. Der Mangel dieser Annahme liegt offensichtlich darin, dass die Voraussetzung für die Anwendbarkeit des § 30 das Fehlen eines Versuchs ist, während der Versuch durch § 22 als ein Ansetzen „zur Verwirklichung des Tatbestandes" definiert wird. Demzufolge muss diese Annahme von vornherein ausscheiden. Nach der herrschenden Ansicht, also der „Teilnahmetheorie"[189], die sich auf die gesetzliche Einordnung dieser Vorschrift in den Abschnitt „Täterschaft und Teilnahme" stützt, stellt § 30 eine Sonderregelung der Teilnahme dar. Da die für die Teilnahme charakteristische Abhängigkeit von der Haupttat mangels Existenz einer solchen nicht besteht, wird versucht, den Teilnahmecharakter durch die Konstruktion einer bloß „hypothetischen (nämlich vom Delinquenten in seiner Vorstellung antizipierten) Akzessorietät"[190] zu retten. Aber wie *Schünemann* zutreffend betont, kann essentiell kein Teilnahmeunrecht vorliegen, wenn sich das Unrecht der Teilnahme wesentlich aus dem Unrecht der Haupttat ableitet und es aber an einer realen Tat mangelt[191]. Zuletzt verdient die „Vorbereitungstheorie" Beifall. Diese Auffassung erblickt in § 30 eine Pönalisierung unselbständiger Vorbereitungshandlungen, was dadurch gestützt wird, dass der Sonderausschuss den Absatz 2 der Vorschrift auch für notwendig hielt, „um bei der Vorbereitung schwerster Delikte rechtzeitig eingreifen zu können"[192]. Nach der Rechtsprechung des BGH enthielten die Verhaltenweisen ebenso den Charakter der strafbaren Vorbereitungshandlungen[193], die aber in ihrer Struktur, weil es sich um Konspirationsfälle handelt, die Erscheinungsformen der Teilnahme aufweisen. Die wesentlichen Rechtsgedanken der Teilnahmelehre sind daher auf das Zusammenwirken im Vorbereitungsstadium entsprechend anwendbar[194]. Dies mag auch die Einstellung der Vorschrift in den Abschnitt „Täterschaft und Teilnahme" rechtfertigen.

## F Zusammenfassung

Die Ausführung zu dem Begriff, der Abgrenzung, der Gesetzgebungsgeschichte und schließlich der geltenden Bestrafung von Vorbereitungshandlungen kommt zu dem Fazit, dass die Bestrafung von Vorbereitungshandlungen sich auch in der deutschen Strafgesetzgebungsgeschichte leicht finden lässt.

Allerdings beruhte das deutsche Strafrecht am Anfang, wie das *germanische Strafrecht*, grundsätzlich auf der Vorstellung vom Erfolgsunwert. Ein Rückblick auf die Geschichte der deutschen Strafgesetzgebung ergibt, dass einerseits die Bestrafung von Vorbereitung und Versuch, wenn dabei noch kein Erfolg eingetreten ist, nicht von Anfang an wörtlich vorgeschrieben wurde und

---

188 *Schönke/Schröder*[27], 2006, S. 424, vorbem. § 22 Rn. 14.

189 Vgl. *Baumann/Weber/Mitsch*, AT[11], 2003, § 32 Rn. 40; *Jescheck/ Weigend*, AT[5] 1995, § 65 I 3, S. 702 (sie treten auch für die „Vorbereitungstheorie" ein); *Maurach/Gössel/Zipf*, AT/II[7], 1989, § 53 Rn. 3 ff.; *Schmidhäusr/ Alwart*, Studienbuch AT[2], 1984, § 11 Rn. 108.

190 Vgl. nur *Baumann/Weber/Mitsch*, AT[11], 2003, § 32 Rn. 40; *Letzgus*, Vorstufen der Beteiligung, 1972, S. 219 ff.; *Maurach/Gössel/Zipf*, AT/II[7], 1989, § 53 Rn. 7; *Schmidhäusr/ Alwart*, Studienbuch AT[2], 1984, § 11 Rn. 108.

191 *Schünemann* in LK[12], 2007, § 30 Rn. 2.

192 BT – Drucks. V/4095 S. 13.

193 BGHSt **9** 131, 134; BGHSt **14** 378, 379.

194 *Schünemann* in LK[12], 2007, § 30 Rn. 2a.

andererseits die Bestrafung der Vorbereitung mit der Definition vom Versuch sehr eng zusammenhängt.

Während der Beurteilungsmaßstab des Handlungsunwertes zunehmend Beifall bekam, wurde der Schwerpunkt immer mehr auf die Gefährlichkeit des Versuchs gelegt, wobei der Versuch der Verbrechen begrifflich in § 22 beschrieben wurde. Die Bestrafung der Vorbereitungshandlung blieb währenddessen trotzdem äußerste Ausnahme, da sie von der Vollendung noch weiter entfernt war und der Vorgang im Inneren des Täters schwer zu erkennen war. Dagegen kann man aber einwenden, dass die damalige Bestrafungsvorschrift tatsächlich bereits entweder vom Versuch oder vom Unternehmensdelikt auf die Zone der Vorbereitung ausgedehnt worden war. Lediglich bezüglich der Vorschrift der Vorbereitungstatbestände galt eine solche Bestrafung nur als eine Ausnahme, die in verschiedenen Zeiträumen auf unterschiedliche Weise existierte. Es ist aber auf die Gemeinsamkeit jeglicher Strafgesetze hinzuweisen, dass nämlich die Strafwürdigkeit der vorweggenommenen Teilnahme, beispielsweise in der Form der Verschwörung, in der Geschichte nie umstritten war. Später wurde auch die versuchte Anstiftung als Typ der gemeinschaftlichen Vorbereitung im Strafgesetz festgelegt. Es ist bemerkenswert, dass die Geschichte der Strafgesetzgebung in Bezug auf die Vorbereitung noch zwei Ergebnisse gezeitigt hat: Erstens haben die einzelnen Vorbereitungstatbestände bis heute deutlich zugenommen, selbst wenn die Vorbereitung immer noch nur in Ausnahmefällen bestraft wird. Zweitens werden immer mehr Rechtsgüter aus den Vorbereitungstatbeständen vor der Bedrohungsgefahr geschützt. Im germanischen Rechtsdenken war die Planung des Mordes deshalb strafbar, weil der Wert des Lebens nicht antastbar war. Zugleich war das Interesse des Staates sehr wichtig, so dass die Vorbereitung von hochverräterischen Unternehmen und vom Landesverrat zu bestrafen war. Die Majestätsbeleidigung war beispielsweise nach dem *Codex juris Criminalis Bavarici von 1751* ebenfalls strafbar. Mit der Entwicklung der Gesellschaft und der Wirtschaft stärkte sich der staatliche Schutz zur Erhaltung von Sittlichkeit im Staatswesen, im Finanzwesen und seiner Verwaltung. Als Beispiele kann man die Bestrafung der Herstellung der Fälschungswerkzeugen oder unzüchtiger Gegenstände anführen. Im geltenden Strafgesetzbuch hat sich die Strafbarkeit der Vorbereitungshandlung schon weit in Zonen von öffentlichem Interesse, öffentlicher Sicherheit und insbesondere in die Finanzierungszone hinein ausgedehnt. Die einzelnen Vorbereitungstatbestände in den geltenden Strafgesetzen, die die Rechtsgüter von Einzelnen, der Gemeinschaft und auch den Staat selbst schützen, sind viel zahlreicher als früher.

Trotzdem findet sich keine solche Generalklausel der Vorbereitung im Strafgesetzbuch, wie man sie beim Versuch antrifft. Es scheint, dass die Auseinandersetzung über die Vorbereitung meist mit ihrer Unterscheidung vom Versuch, also mit der Unterscheidung zwischen Straffreiheit und Strafbarkeit, zusammenhängt. Diese Problematik wird in der Wissenschaft aufgrund der Theorie des Bestrafungsgrunds des Versuchs viel diskutiert und auch in der Rechtsprechung sehr häufig behandelt. Auf die selbständige Bedeutung der Strafbarkeit der Vorbereitung wird jedoch kein Gewicht gelegt.

Die wesentlichen herkömmlichen Gründe für die allgemeine Straflosigkeit der Vorbereitung, die tatsächlich allgemein anerkannt werden, liegen bei der teleologischen Auslegung in der geringeren Gefährlichkeit, der Schwierigkeit der Nachweiserhebung sowie in kriminalpolitischen Überlegungen. Im Gegensatz dazu sieht man die Gründe für die Strafbarkeit der einzelnen Vorbereitungstatbestände überwiegend in ihrer Gefährlichkeit. Es fehlt allerdings eine tiefe Analyse des Bestrafungsgrunds der Vorbereitung: dass sie nämlich strafbar sind, weil gerade sie als gefährlich betrachtet werden. Zwischen solchen Vorbereitungshandlungen und den bedrohten Rechtsgütern soll ein Verhältnis bestehen, so dass die Vorbereitungshandlungen in diesen Fällen zu bestrafen sind.

## *§ 2 Die gesetzlichen Ausprägungen der Vorbereitung in China*

### A. Die Entwicklung der Strafgesetzgebung bezüglich der Vorbereitung

### I. Die Gesetzgebung in der chinesischen Feudalgesellschaft

In der mehr als 2000 jährigen Geschichte der chinesischer Feudalgesellschaft, die von 220 v. Chr. bis 1911 gedauert hat, lässt sich durchgängig eine unterschiedliche Bestrafung eines Verhaltens nach der Art der Vorbereitungshandlung in den jeweiligen Strafgesetzen finden. Die einschlägige Gesetzgebung ist wie folgt zusammenzufassen:

Das Verhalten, das den Charakter der Vorbereitungshandlung hat, wurde stets bestraft. Jedoch fanden die Begriffe der „Vorbereitung" oder des „Vorbereitungsdelikts" dabei noch keine Verwendung[195]. Im alten Sprachgebrauch traten vielmehr Einzelbegriffe wie „die Planung (*Mou*) i. V. m. Nichttötung (*Wei Sha*) oder Nichttat (*Wei Xing*)" und ähnliches an deren Stelle.

Nicht angenommen werden kann dabei, dass das feudale Strafgesetz auf dem Grundsatz einer generellen Bestrafung von Vorbereitungshandlungen fußte, weil nicht alle solchen, sondern nur die schwerwiegenden Vorbereitungshandlungen, welche die Klassenherrschaft und die soziale Ordnung wesentlich gefährdeten, unter Strafe gestellt wurden[196]. Näher zu erwähnen sind hierbei zwei nur grob charakterisierte Typen von Delikten: Einerseits die sog. „Shi E Zhong Zui (die schwersten zehn Verbrechen)", die als Majestätsverbrechen meistens als den hochverräterischen bzw. landesverräterischen Unternehmen ähnlich angesehen wurden. Unter diese fielen auch die Vorbereitungsdelikte, die auf die Gefährdung der materiellen Symbole der kaiserlichen Macht, beispielsweise den Kaiserlichen Ahnentempel, den Kaiserpalast und die große Grabanlage gerichtet waren. Andererseits sind die neben den „Shi E Zhong Zui" bestehenden normalen schweren Delikte aufzuführen. Dabei nahmen „ Dao" (heute etwa Diebstahl) und „Zei" (heute etwa Totschlag bzw. Mord) eine wichtige Stellung ein.

Wie sich bei der Bestrafung der einzelnen Vorbereitungshandlungen gezeigt hat, scheint es schließlich bei der Bestrafung von Vorbereitungshandlungen den Grundsatz gegeben zu haben, dass die Bestrafung der Vorbereitungsdelikte milder ausfallen muss. Diese mildere Bestrafung bezog sich substanziell nur auf die einfachen Vorbereitungsdelikte, während das Maß der Milderung bei dem „ Shi E Zhong Zui" nur geringfügig ausfiel. Trotzdem bleibt zu konstatieren, dass es auch im Gesetzbuch ausdrücklich kein allgemeines Prinzip der milderen Bestrafung gab. Selbst die konkreten Umschreibungen der einzelnen Vorbereitungsdelikte bieten im Hinblick auf das Maß sowie den Maßstab ihrer milderen Bestrafung kein geordnetes Bild.

Zusammenfassend lässt sich sagen, dass weder der Begriff des Vorbereitungsdelikts noch das Prinzip seiner Strafwürdigkeit in der chinesischen Feudalgesellschaft entwickelt waren, obwohl eine entsprechende Unterscheidung der Vorbereitung vom Versuch und der Vollendung schon andeutungsweise vorgenommen wurde.

### II. Die Gesetzgebung in der Chinesischen Republik ( 1912-1949)

Die Chinesische Republik hat drei Herrschaftsepochen erfahren: die Herrschaft der Übergangsregierung in Nanjing(1911-1912), die der Regierung der Warlords (od. Kriegsgeneräle) in Nordchina (1912-1927) und der Zentralen Regierung der Kuomingtang in Nanjing (1927-1949). In der letztgenannten Epoche wurde 1928 ein sehr wichtiges Strafgesetzbuch in der Chinesischen Re-

---

195 *Xing*, Zhiren, Die Vorbereitungshandlung, 2001, S. 10.
196 *Xing*, Zhiren, Die Vorbereitungshandlung, 2001, S. 11.

publik in Kraft gesetzt, das in Anlehnung an ausländisches Strafrecht, insbesondere an das deutsche und französische, die Vorteile des traditionellen Strafrechts aufgenommen hat. 1935 erlebte es eine bedeutende Revision. Seitdem ist es mit vielen Modifikationen in Taiwan bis jetzt noch gültig.

Ein Blick genügt, um hinsichtlich des Ursprungs folgendes Fazit zu ziehen: die Bestrafung von Vorbereitungshandlungen ist in derselben Weise wie im deutschen StGB geregelt. Es gibt nämlich im AT des StGB dafür keine allgemeine Bestrafungsregel. Ausnahmsweise sind nur die Vorbereitungshandlungen vereinzelter Delikte, wie den hochverräterischen und landesverräterischen Delikten, Allgemeinsicherheitsgefährdungsdelikten und Totschlagsdelikten, im BT ausdrücklich bestraft. Die Zahl der einschlägigen Tatbestände beträgt insgesamt 16 und ist infolgedessen im Vergleich mit der im deutschen StGB um 5 geringer.

## III. Die Gesetzgebung in der Volksrepublik China

Von der Staatsgründung im Jahr 1949 bis zum Erlass des chinesischen StGB von 1979 wurde die Strafbarkeit der Vorbereitungsdelikte im Zuge der Kodifizierung eines Strafesetzbuches durchgehend anerkannt[197]. Dabei spielen die sowjetische Strafrechtstheorie und das sowjetische Rechtsmodell unzweifelhaft eine bedeutsame Rolle. Um diese Wirkung des sowjetrussischen Strafrechts besser zu verdeutlichen, wird hier die entsprechende Fassung des Art.15 Abs.1 StGB RSFSR vom 27.10.1960 zitiert: „Als Vorbereitung einer Straftat gilt das Aussuchen oder Herrichten von Mitteln oder Werkzeugen oder eine sonstige vorsätzliche Schaffung von Bedingung für die Begehung einer Straftat." Hinsichtlich der Vorbereitungshandlung sind zwei Entwürfe zu nennen.

Ursprünglich begann die Bestrafung der Vorbereitungshandlung mit dem „*Programm des Strafrechts der VR China von 1950 (Programm von 1950)*". Laut Artikel 13 des *Programms von 1950* „begeht derjenige ein Vorbereitungsdelikt, wer, vor dem Ansetzen zur Ausführungshandlung des jeweiligen Tatbestandes, das Werkzeug vorbereitet, sich nach der Route erkundigt, das Handlungsobjekt untersucht, oder sich in anderer Weise auf die **Ausführung der Straftat** vorbereitet; die Vorbereitungshandlung ist nur strafbar, wenn das Programm sie ausdrücklich mit Strafe bedroht". Dadurch wird der Begriff des Vorbereitungsdelikts eindeutig gefasst, sein Charakter umrissen und ein Prinzip der Bestrafung von Vorbereitungshandlungen bestimmt, das diese lediglich bei Vorliegen einer ausdrücklichen Regelung im BT vorsieht. Außerdem muss die Bestrafung notwendigerweise milder sein.

Die allgemeine Strafbarkeit der Vorbereitungshandlung verblieb zwar auch im „*Revidierten Entwurf zum Strafrecht von 1963 (Entwurf von 1963)*". Die einschlägige Fassung wich jedoch weitgehend von der Umschreibung des genannten *Programms* ab. Auf drei deutliche Unterschiede ist dabei hinzuweisen: Erstens wurde die Vorbereitungshandlung des Delikts hier als „Vorbereiten des Werkzeugs oder Schaffen der Voraussetzungen, **um eine Straftat zu begehen**" begriffen, so dass die Grenze zwischen der Vorbereitung und der Ausführung des Delikts verschwamm. Zweitens war die Drohung mit der Strafe insofern nicht eingeschränkt, als die Strafe in die Vorbereitungszone für sämtliche Delikte des Besonderen Teils ausgedehnt wurde, sich die Strafbarkeit des Vorbereitungsdelikts also sehr weit erstreckte. Drittens „kann das Vorbereitungsdelikt erleichtert bzw. milder bestraft werden als die vollendete Tat, oder völlig von der Strafe befreit werden". Daher war die Milderung nur fakultativ, was sich deutlich von der obligatorischen Milderung der Bestrafung im Programm unterschied.

---

197 *Xing*, Zhiren, Die Vorbereitungshandlung, 2001, S. 27.

Zu betonen ist, dass die Bestimmung des Vorbereitungsdelikts im Entwurf von 1963 unverändert in das erste chinesische StGB, das 1979 angekündigt wurde und 1980 in Kraft trat, aufgenommen wurde (und bis jetzt noch gilt). Die Modifikation in der Fassung von 1997 berührt diese Bestimmung nicht. Im Einzelnen ist allerdings vieles unbestimmt.

## B. Der Begriff der Vorbereitungshandlung gem. § 22 I StGB

Wie im sowjetischen Strafrecht, werden Vorbereitungshandlungen generell bei allen Straftatbeständen für strafbar erklärt. Die ausdrückliche allgemeine Strafbarkeit der Vorbereitungshandlung wird in China freilich mit einer Begriffsbestimmung verbunden, während im deutschen StGB kein formeller Begriff der Vorbereitungshandlung definiert ist. Wie schon erwähnt, liegt eine Vorbereitungshandlung nach § 22 I vor, „**wenn der Täter sich Werkzeuge vorbereitet, oder die Bedingungen schafft, um eine Straftat zu begehen**". Der Begriff der Vorbereitungshandlung als solcher wird in China im Einklang mit der Tradition durch eine Vereinigung subjektiver und objektiver Maßstäbe gebildet. Auf die dem § 22 immanenten Widersprüche bezüglich des Begriffs der Vorbereitungshandlung wird in § 4 näher eingegangen.

### I. Der Ausgangspunkt der gesetzgeberischen Entscheidung: Die Sozialschädlichkeit als Voraussetzung der Strafwürdigkeit

Wie oben dargelegt, weicht die Bestimmung des Vorbereitungsdelikts im geltenden StGB weitgehend von der im *Programm* von 1950 ab. Zum einen wird die systematische Kombination von Grundsatz im AT und einer Aufzählung im BT des StGB aufgegeben. Damit wurde die Strafbarkeit der Vorbereitungshandlung des Delikts dem Wortlaut des Gesetzes nach auf alle Delikte ausgedehnt. Zum anderen ist ihre Strafmilderung bzw. die mögliche Straffreiheit nur eine fakultative.

Diese Wandlung erzeugt ein völlig anderes Bild des chinesischen Rechts, das an die eingangs erörterten Lehren in Deutschland gerade nicht mehr anknüpft. Der Begriff der Vorbereitungshandlung ist unzweifelhaft dem des Delikts unterzuordnen. Nach dem Begriff des Delikts in § 13 chin. StGB werden die Sozialschädlichkeit, Strafrechtswidrigkeit[198] und Strafwürdigkeit in der chinesischen Strafrechtsdoktrin als die grundlegenden Merkmale des Delikts betrachtet[199]. Sie fungieren nämlich nicht nur als Gegenstand theoretischer Erwägungen, sondern auch tatsächlich als die in Strafgesetzen bestimmten und formulierten Verbrechensmerkmale. Unter anderem gilt die Sozialschädlichkeit als der wesentliche Faktor, der die anderen zwei Merkmale bestimmen soll. Mit anderen Worten: die Sozialschädlichkeit, die als die Vereinigung der subjektiven Bösartigkeit und der objektiven Schädlichkeit betrachtet wird, ist das wesentliche Kriterium zur Statuierung eines Straftatbestandes in der VR China[200]. Es ist für die Strafwürdigkeit der Vorbereitung zwingend erforderlich, dass sie bereits sozialschädlich ist. Denn es ist dieser Begriff der Sozialschädlichkeit, der bestimmt, wann staatliche Strafrechtseingriffe zur Anwendung kommen müssen. Ein sozialschädliches Verhalten liegt nach herrschender Ansicht dann vor, wenn der Täter störend in den gesetzmäßigen Entwicklungsprozess eingreift und damit den Fortschritt in Richtung auf eine sozialistische Gesellschaftsordnung hemmt.

---

198 Die deutschen Strafrechtswissenschaftler sollten insoweit verwirrt sein. Anders als in der deutschen Strafrechtslehre, wo die materielle Strafrechtswidrigkeit auf die Sozialschädlichkeit hinweist, werden in China die Begriffe von Sozialschädlichkeit und Strafrechtswidrigkeit nebeneinander gleichgestellt.

199 Vgl. *Gao*, Mingxuan/*Ma*, Kechang (Hrsg.), Strafrechtswissenschaft, Aufl. 3, 1999; *Gao*, Mingxuan (Hrsg.), Neue Strafrechtswissenschaft, 1998; *Zhao*, Bingzhi (Hrsg.), LB des bearbeiteten Strafrechts, 1997; *Cao*, Zidan/*Hou*, Guoyun, Erläuterung des chin. StGB, 1997.

200 *Chen*, Xingliang, Strafrechtsphilosophie, 1992, S. 126.

Demgemäß liegt die Schädlichkeit von Vorbereitungshandlungen darin, dass sich der Täter mit seinem zielstrebigen Verhalten über seine gesellschaftliche Verantwortung hinwegsetzt, rückständige oder der sozialistischen Gesellschaftsordnung gegenüber feindliche Denk- und Lebensgewohnheiten zum Ausdruck bringt und dabei gleichzeitig in den so genannten gesellschaftlichen Verhältnissen Veränderungen bewirkt, die zu deren Auflösung und Zerstörung führen können[201].

Das ist der Kernsatz dieser Theorie. Auch ohne Kenntnis der fremden Terminologie lassen sich die beiden wesentlichen Bestandteile herauslesen:

Der subjektive Teil besteht darin, dass der Täter einen gesellschaftlich unerwünschten Bewusstseinsstand zu erkennen gibt und damit seinen „ subjektiven Widerspruch" zur Gesellschaftsordnung zeigt. Der andere Bestandteil der Schädlichkeit von Vorbereitung ist ein objektiver. Er wird dadurch bestimmt, dass der Täter „gesellschaftliche Verhältnisse" stört und verletzt. Hier „soll die Vorbereitungshandlung die gesellschaftlichen Verhältnisse praktisch noch nicht verletzen, sondern nur bedrohen "[202].

Obgleich sich dieses Kriterium an die gemischte Theorie anlehnt, zeigt es allerdings auch deutliche Parallelen zur subjektiven Theorie. Das StGB von 1979 beruhte grundlegend auf der subjektiven Theorie, während die Gesetzgeber des StGB von 1997 bewusst die Vorteile der Theorien der beiden Lager kombinieren wollten, indem sie aufgrund der objektiven Theorie die Überlegenheit der subjektiven Theorie differenzierend in Betracht zogen. Leider bleibt diese Vorschrift der Vorbereitungshandlung dennoch auch weiterhin im dem Lager der subjektiven Theorie verhaftet. Ein solcher Zweifel geht auf den in der neuerer Zeit zunehmend umstrittenen Maßstab der Sozialschädlichkeit ein. Seine Entstehung und die jetzige Kritik an ihm sind an dieser Stelle notwendigerweise darzustellen.

### *1 Die Wahl der Terminologie der Sozialschädlichkeit*

Die in den 50er Jahren im Zuge der Kodifizierung eines Strafgesetzbuches geführte Diskussion über die Frage, ob das Charakteristikum einer Straftat die Sozial-„schädlichkeit" (Weihaixing) oder die Sozial-„gefährlichkeit" (Weixianxing) sei, wurde durch den richtungsweisenden Aufsatz *Li, Bangnings* in der „Forschung über Politik & Recht (Zhengfa Yanjiu)" 1956 im Sinne der Befürwortung des Merkmals der Sozialschädlichkeit beendet[203,204].

In der chinesischen Strafrechtswissenschaft der neueren Zeit gilt *Beccaria* als der geistige Schöpfer des Maßstabs der Sozialschädlichkeit. In seinem Werk „Über Verbrechen und Strafe" stellt er fest, dass „der wahre und einzige Maßstab der Größe und Schwere eines Verbrechens lediglich nur der Schaden sei, welcher der Gesellschaft daraus entsteht"[205]. Als wesentlicher Maßstab hat diese Sozialschädlichkeitslehre – aber freilich nicht im Sinne von *Beccarias* Lehre – in der sowjetischen Strafrechtwissenschaft den höchsten Grad der Entfaltung gefunden. Sie beherrscht dort den Begriff des Delikts und sogar die ganze Verbrechenstheorie. Im Anfangsstadium der chinesi-

---

201 *Xing*, Zhiren, Die Vorbereitungshandlung, 2001, S.31

202 *Chen,* Xingliang, Strafrechtsphilosophie, 1992, S. 128.

203 *Klein*, Rechtsentwicklung in der VR China, 1985, S. 132.

204 Obwohl die Straftat seitdem als „sozialschädliche Handlung" definiert ist, wurde dieser Ausdruck in der englisch- und deutschsprachigen Literatur weitestgehend mit „sozialgefährlich" wiedergegeben. Dieser Fehler beruht vermutlich darauf, dass dieser Begriff in Anlehnung an die sozialistische Strafrechtsterminologie, die Verbrechen als „sozialgefährliche Handlung" bezeichnet, übersetzt wurde. Siehe dazu die Ausführung von *Legarth*, Helmut/*Li*, Bangning: Mit dem Ausdruck „Sozialgefährlichkeit" (allein) kann man die wesentlichen Merkmale des Verbrechens nicht erklären. Zitiert nach *Klein*, Rechtsentwicklung in der VR China, 1985, S. 132, Fn. 68.

205 *Beccaria*, Über Verbrechen und Strafen, mit Vorrede von *Hommel*, 1966, S. 51.

schen Strafrechtswissenschaft wurde die komplette sowjetische Strafrechtstheorie von der chinesischen Strafrechtswissenschaft übernommen.

## *2 Gründe für die herrschende Stellung des Maßstabs der Sozialschädlichkeit*

### a) Kriminalpolitische Überlegung

Wie *Roxin*[206] mit Recht gesagt hat, können die leitenden Zwecksetzungen, die das Strafrechtssystem konstituieren, nur kriminalpolitischer Art sein, weil die Voraussetzungen der Strafbarkeit sich natürlich an den Zwecken des Strafrechts orientieren müssen. Unter diesem Gesichtspunkt erweisen sich die tragenden Kategorien des überlieferten Systems als Instrumente kriminalpolitischer Wertung.

Vor der Verkündigung des chinesischen StGB von 1979 traten die Richtlinien der Chinesischen Kommunistischen Partei im Bereich der strafrechtlichen Praxis an die Stelle des Strafrechts, was eine für die westlichen Juristen ungewöhnliche Situation war. In dieser Zeit konnte von einem entwickelten Rechtssystem in der Volksrepublik China keine Rede sein. An der Rechtssetzung bestand von Seiten des Nationalen Volkskongresses als dem zuständigen Organ so gut wie kein Interesse[207]. Auch das StGB von 1979 wurde als ein der Klassenherrschaft dienendes Instrument gekennzeichnet. Einerseits ist damit keinerlei Wert auf den Schutz der Menschenrechte, sondern auf den Schutz der Gesellschaftsordnung gelegt worden ; andererseits hat damit das Strafrecht jegliche eigenständige Qualität verloren, insofern als es nur noch eine Rolle als Vasall der Politik spielt, und zwar in einer solchen Weise, dass letztendlich sogar die Prinzipien der Gesetzlichkeit preisgegeben werden.

Die Delikte wurden jeweils ursächlich auf die Natur bestimmter Klassen zurückgeführt, weil das Verbrechen in China allgemein als das Ergebnis des Klassenkampfs verstanden wurde. Die Aufgabe des Strafrechts wurde kriminalpolitisch als die möglichst strenge und schnelle Bekämpfung des Verbrechens beschrieben. Daher hat der Maßstab der Sozialschädlichkeit die herrschende Stellung gewonnen. Auch die Vorbereitungshandlungen des Delikts wurden bereits als sozialschädlich verstanden. Dem Verzicht auf die gesetzgeberische Konzeption des Grundsatzes im AT kombiniert mit der Aufzählung im BT des StGB lag die Sorge zugrunde, dass sonst „die Durchsetzung einer so ausführlichen und konkreten Vorschrift erschwert werden könnte, ......und die richterliche Praxis eingeschränkt würde“[208]. Hinsichtlich der Bestrafung der Vorbereitungshandlung meldete *Gao,* Mingxuan dementsprechend Bedenken an, dass „den konterrevolutionären Verbrechern Vorschub geleistet werden könnte, wenn die Vorbereitungshandlung von der Strafe befreit würde“[209]. Die Strafbarkeit und die Strafandrohung der Vorbereitungshandlung werden deshalb kriminalpolitisch von dem Maßstab der Sozialschädlichkeit bestimmt.

### b) Mangelnde Eigenständigkeit der Rechtswissenschaft

Anknüpfend an die schon genannte Tatsache, dass die komplette sowjetische Strafrechtstheorie im Anfangsstadium der chinesischen Strafrechtswissenschaft in China implementiert worden war, begnügte sich die chinesische Rechtswissenschaft damit, der sowjetischen Rechtswissenschaft zu folgen, so beispielsweise im Bereich der Verbrechenslehre mit der Bewahrung der dominanten Position der Sozialschädlichkeitstheorie. „Die Fähigkeit der chinesischen Strafrechtswissenschaft

206 *Roxin*, Strafrecht AT, Bd. I, 2006, § 7 E, Rn. 59.

207 *Heuser*, Rechtskapitel, 1987, S. XI.

208 Beijing Zhengfa Xueyuan (Hrsg.), Dokumententensammlung, 1980, S. 122

209 *Gao*, Mingxuan, Gestation und Geburt des Strafrechts, 1981, S. 45.

zum Gegengedanken schrumpfte erheblich"[210]. Selbstverständlich wurde die Sozialschädlichkeitstheorie kaum vernünftig kritisiert. Auch die Notwendigkeit der Strafbarkeit der Vorbereitungshandlung wurde inzwischen nicht mehr bezweifelt.

#### c) Die sachwidrige Verallgemeinerung des Prinzips „die Wahrheit in den Tatsachen suchen"

Schließlich kam es zur herrschenden Position der Sozialschädlichkeitstheorie auch deshalb, weil das Prinzip „die Wahrheit in den Tatsachen suchen" in China zu Unrecht in den Rang einer Ideologie erhoben worden war. Eigentlich gehört dieses wichtige Prinzip der Erkenntnistheorie zur Methode des dialektischen Materialismus. Es dient leider in China der Ideologie und der Rechtfertigung der politischen Herrschaft. Mit seiner Hilfe beherrschte der Gedanke der Sozialschädlichkeit lange Zeit das chinesische Strafrechtssystem, was die Strafbarkeit der Vorbereitungshandlung gewährleistete.

### *3 Kritik am Maßstab der Sozialschädlichkeit*

Die im Jahr 1997 stattgefundene Modifikation des StGB zeigte eine Wandlung des politischen Strafrechts zum bürgerlichen Strafrecht. Daneben verstärkte sich die Unabhängigkeit und Selbstständigkeit der chinesischen Strafrechtswissenschaft, die die angeborenen Mängel der Sozialschädlichkeitstheorie als grundlegend erkannte, das importierte Gesetzlichkeitsprinzip anerkannte und immer größeren Wert auf dieses legte. Folglich wird die Sozialschädlichkeit unter verschiedenen Perspektiven zunehmend heftiger kritisiert.

Zunächst wendet *He*, Bingsong ein, dass „die Sozialschädlichkeit nicht die einzige Eigenart sondern nur eine soziale Eigenart des Delikts ist, dass... Sozialschädlichkeit und gesetzmäßige Strafwürdigkeit zwei Seiten der wesentlichen Eigenart des Delikts sind, und jeweils den sozialen und gesetzlichen Charakter des Delikts reflektieren"[211]. Fast zeitgleich kritisiert *Fan,* Wen den Sozialschädlichkeitsmaßstab unter Berufung auf den Konflikt zwischen dem Gesetzlichkeitsprinzip und dem Begriff des Delikts in §13 StGB von 1997, da letzterer vom Begriff der Sozialschädlichkeit her bestimmt wird[212]. Laut *Chen,* Xingliang/*Liu*, Weibo ist der Begriff der Sozialschädlichkeit aus dem Bereich der teleologischen Strafrechtswissenschaft auszuscheiden[213]. Sie weisen darauf hin, dass sich der Konflikt zwischen der Sozialschädlichkeit und der Strafrechtswidrigkeit praktisch als ein Konflikt zwischen der materiellen und der formellen Gerechtigkeit darstellt. In einer solchen Konstellation soll die formelle Gerechtigkeit den Vorzug verdienen. *Lao,* Dongyan, die Doktorandin von *Chen,* Xingliang, stellt darüber hinaus fest, dass „die strafrechtliche *Nomokratie* früher oder später in der Wiege ermordet würde, wenn die Sozialschädlichkeit weiter an der herrschenden Stelle im Bereich des Strafrechts bleiben würde"[214].

Zusammengefasst beruht die Kritik an der Sozialschädlichkeitstheorie auf den folgenden Argumenten:

#### a) Kritik an der Vagheit des Begriffs Sozialschädlichkeit

Die Sozialschädlichkeit sei für sich ein unbestimmter und vager Begriff. Vielfach wird die Sozialschädlichkeit als ein dem gesellschaftlichen Wandel unterliegender und stets politisch neu zu definierender Begriff betrachtet, so dass sie ein Begriff außerhalb der Norm ist. Aus einem diffe-

---

210 *Chen,* Xingliang, Autobiographie, 1999, S. 51.
211 *He*, Bingsong, LB, 1997, S. 142 ff.
212 *Fan*, Wen, in Rechtswissenschaft (A) 1 (1998).
213 *Chen,* Xingliang/*Liu*, Weibo, in Journal der chinesischen Rechtswissenschaft 1 (2000).
214 *Lao*, Dongyan, in Strafrechtsreview 7 (2000), S. 199 ff.

renzierenden Blickpunkt lässt er sich unterschiedlich verstehen. Die gleiche Handlung kann zu verschiedenen Zeiten unterschiedlich beurteilt werden: einmal erfüllt sie das Merkmal der Sozialschädlichkeit, ein andermal nicht. Ein typisches Beispiel bildet das nach Profit strebende freie Kaufen und Verkaufen der Güter und Materialien von Geschäftleuten, das im Zeitraum der Planwirtschaft vor der Modifikation von 1997 als ein die sozialistische Wirtschaftsordnung sabotierendes Verbrechen verboten und mit Strafe bedroht war[215]. Heutzutage entfällt die Sozialschädlichkeit natürlich bei solchen üblichen Aktionen. Außerdem gilt das Pflanzen jeglicher Pflanzen in einem Gebiet, in dem keine anderen landwirtschaftlichen Kulturpflanzen gut wachsen, als eine der lokalen Wirtschaft nützende und notwendige Tätigkeit, während in einem anderen Gebiet der Anbau von Rauschmittelpflanzen als sozialschädlich angesehen wird.

#### b) Kritik an der übermäßigen Betonung des Sozialschädlichkeitskriteriums

Die Sozialschädlichkeit soll nur dann ein wichtiges Element sein, der für die Gesetzgeber und Wissenschaft eine große Rolle spielt. In Anlehnung an den ersten Punkt entstehen keine Pflichten für die Praxis und den Rechtsadressaten, ihrerseits selbst das Maß der Sozialschädlichkeit zu bewerten. Sonst würde der Maßstab der Sozialschädlichkeit als eine übermäßig strenge Anforderung erscheinen.

#### c) Widerspruch zwischen Sozialschädlichkeits- und Gesetzlichkeitsprinzip

Das Prinzip der Sozialschädlichkeit steht dem Gesetzlichkeitsprinzip gegenüber. Das Gesetzlichkeitsprinzip repräsentiert die Entwicklung der bürgerlichen Gesellschaft und vermittelt den Kern des zeitgenössischen Strafrechts. Auswirkungen des Gesetzlichkeitsprinzips werden herkömmlicherweise in vier Verbote aufgeteilt, von denen sich die ersten beiden an den Richter, die letzten beiden an den Gesetzgeber wenden: das Analogieverbot, das Verbot strafbegründenden und strafverschärfenden Gewohnheitsrechts, das Rückwirkungsverbot und das Verbot unbestimmter Strafgesetze.

Der inhaltlich unbestimmte Begriff der Sozialschädlichkeit bietet keinen praktikablen Maßstab an, so dass die Praxis die Sozialschädlichkeitstheorie ausnutzt, um die beliebige Bestrafung einzelnen Verhaltens zu rechtfertigen, aber ohne die Strafrechtsvorschrift ernsthaft zu beachten, was den Widerspruch zum Gesetzlichkeitsprinzip mit dem Mäntelchen der „Legalität“ umgibt und zur Analogie führt. Mit anderen Worten liegt der Kern des Gesetzlichkeitsprinzips darin, dass „das Strafrecht nicht auf den Verbrecher sondern auf den Staat zielt“, obwohl es Verbrechen und Strafe vorsieht. Hingegen dient der Maßstab der Sozialschädlichkeit überwiegend der Ausweitung der Bestrafungsbefugnis des Staates, was dem Verständnis eines modernen Staates widerspricht.

## *4 Schlusswort*

Unter Sozialschädlichkeit versteht man in China eine Kombination von objektiver Verletzung oder Verletzungsgefahr der Gesellschaft und der subjektiven Boshaftigkeit[216]. In der Vorbereitungshandlung steckt nur die Verletzungsgefahr der Gesellschaft. Der einen Lehre nach ist es dann wesentlich von der persönlichen Boshaftigkeit der Täter abhängig, ob die Sozialschädlichkeit der Vorbereitungshandlung so schwerwiegend ist, dass sie strafrechtlich zu verfolgen ist[217]. Ist der boshafte Wille des Täters geringfügig, so stellt die Vorbereitungshandlung eine geringe Sozialschädlichkeit dar. Mit der Hilfe von § 13 chin. StGB kann eine solche Vorbereitungshandlung

---

215 *Gao*, Mingxuan/*Ma*, Kechang (Hrsg.), Strafrechtswissenschaft, Aufl. 3, 1999, , S.66 f.

216 Vgl. *Qiu*, Xinglong/*Xu*, Zhangrun: Strafetheorie, 1999, S. 247.

206 *Wang*, Zhixiang/*Guo*, Jian, in Politikwissenschaft und Recht 2 (2005), S. 86.

trotz ihrer verbleibenden Gefährlichkeit von dem Verbrechen unterschieden werden. Umgekehrt ausgedrückt soll die Vorbereitungshandlung nur bestraft werden, wenn das Übelwollen des Täters einen solchen Grad erreicht, dass der Staat mit der Strafrechtsgewalt eingreifen muss[218]. Diese Differenzierung scheint objektiv zu sein, wird allerdings tatsächlich von der Subjektiven Theorie beeinflusst, weil die Strafbarkeit des Täters nur vom Willen zur Bosheit abhängt. Insoweit widerspricht dieses Verständnis der Sozialschädlichkeit der Vorbereitungshandlung gerade diametral der Meinung von *Beccaria*, der heftig kritisiert, dass „die verschiedene Größe des Verbrechens von dem boshaften Willen und der Absicht desjenigen abhängt, der es begeht"[219]. „Allein da dieser Wille oder diese Absicht von der Verfassung, worinnen sich die Seele des Sünders damals befunden, abstammt; diese Lage der Seele aber nicht bei allen Menschen einerlei, ja zuweilen selbst bei einem und eben demselben Menschen ebenso abwechselnd ist, als die verschiedenen Auftritte der Ideen, Leidenschaften und Umstände, welche aufeinander folgen, so müsste man ein besonderes Gesetzbuch für einen jeglichen Bürger machen."[220]

So dient die Sozialschädlichkeit bei *Beccaria* zur Einschränkung des Strafgesetzbuchs, um die Freiheit des Bürgers zu sichern und um zu verhindern, dass vom Staat in die Privatsphäre willkürlich eingegriffen wird. Hingegen galt dieser Begriff in China anfangs als ein Instrument des Klassenkampfs, also als ein Mittel, durch das der Antisozialismus des Klassenfeinds zu unterdrücken war. Selbst nach der Modifikation des StGB im Jahre 1997 und mit der jüngsten Entwicklung der chinesischen Strafrechtswissenschaft dient dieser inhaltlich undeutliche Standard noch als beliebige richterliche Strafbemessungsgrundlage. Als eine Konsequenz ergibt sich daraus die Tendenz der Strafausdehnung, die gerade das Anti-Liberalprinzip darstellt, und derzeit endlich auch in China auf den Prüfstand gestellt wird.

Eben gerade aus der Kritik am Begriff der Sozialschädlichkeit folgt die Annahme des Begriffs des Rechtsguts. „Es ist verständlicherweise nötig einen Begriff im materiellen Sinne einzubürgern, also den Begriff des Rechtsguts oder der Rechtsgutsverletzung, um zu vermeiden, dass der dogmatische Begriff des Delikts eine inhaltslose Rechtsfigur würde, wenn der Begriff der Sozialschädlichkeit aus der Strafrechtswissenschaft ausgeschieden wird"[221]. Darauf ist unten (§ 4) zurückzukommen.

## II. Merkmale des allgemeinen Vorbereitungstatbestandes gem. § 22 I chin. StGB

Unter teleologischem Gesichtspunkt wird diesbezüglich auf diejenigen Merkmale hingewiesen, die jeweils beide Faktoren, sowohl die objektiven als auch die subjektiven hervortreten lassen[222].

### *1 Die objektiven Merkmale*

Ausgehend vom gesetzlichen Begriff werden zwei Punkte als objektive Merkmale betrachtet: Der Täter hat bereits mit der Vorbereitungshandlung angefangen, ohne unmittelbar dazu anzusetzen, den Tatbestand zu verwirklichen.

Üblicherweise können die Vorbereitungshandlungen aufgrund der äußerst komprimierten Vorschrift im chinesischen StGB in zwei Gruppen eingeteilt werden. Der in §22 I des chinesischen

218 *Wang*, Zhixiang/*Guo*, Jian, in Politikwissenschaft und Recht 2 (2005), S. 86.

219 *Beccaria*, Über Verbrechen und Strafen, mit Vorrede von *Hommel*, 1966, S. 52.

220 *Beccaria*, Über Verbrechen und Strafen, mit Vorrede von *Hommel*, 1966, S. 52.

221 *Chen*, Xingliang/*Liu*, Weibo, in Journal der chinesischen Rechtswissenschaft 1 (2000).

222 Dazu vergleich nur *Zhao*, Bingzhi/*Wu*, Zhenxing (Hrsg.), Abriss des Strafrechts, 1993, S. 192 f.; *Ma*, Kechang, Strafrechtstheorie, 1995, S. 320.

StGB niedergelegte Begriff zählt allerdings keine typischen Vorbereitungshandlungen auf - wie es im sowjetischen StGB geschah - so dass eine weitergehende Erläuterung durch die Wissenschaft für notwendig erachtet wird. Deswegen findet sich die folgende nähere Einteilung, die an die grundsätzliche Unterscheidung im Gesetzestext anknüpft, lediglich in der Literatur.

**a) Vorbereitung von Werkzeugen**

Unter diese am häufigsten vorkommenden Vorbereitungshandlungen fallen alle denkbaren Methoden, mit denen Tatmittel beschafft oder für die Begehung eines Delikts geändert oder die Deliktswerkzeuge zugänglich gemacht werden. Vielfach wird darunter vor allem Herstellen, Ankaufen, Sammeln, Leihen oder Stehlen bzw. Entreißen von Werkzeugen verstanden. Daneben ist noch die Anpassung der vorhandenen Werkzeuge an die Bedingungen zur Begehung einer Straftat, wie die Reinigung einer Schusswaffe, das Schleifen des Messers, die Zusammenstellung des Gifts, oder das Platzieren des Werkzeugs in der Nähe des Tatorts zu nennen, was teils als Bearbeitung oder Benutzung des Werkzeugs bezeichnet wird[223]. Gegen diese Umschreibung wendet sich *Xing,* Zhiren in seiner Monographie mit dem Argument, dass einerseits Bearbeitung im Sprachgebrauch eigentlich auch zur Beschaffung gehört, und andererseits der Begriff „Benutzung" ohne weitere Zusätze insofern missverstanden werden könnte, dass der Täter schon zum Tatbegehen angesetzt hätte[224].

**b) Vorbereitung der Tatsituation**

Zu diesem Typ gehören alle Vorbereitungshandlungen, die außer der Vorbereitung des Werkzeugs auf die Hervorbringung günstiger Tatbedingungen gerichtet sind. Im einzeln sind die folgenden Formen aufzuzählen[225]:

aa) Der Versuch des Schmiedens eines Komplotts ist eine übliche Vorbereitungshandlung der Teilnahme an einem Delikt. Für das Wesen der Vorbereitung kommt es nicht darauf an, ob der andere zustimmt oder nicht.

bb) Als eine wichtige Vorbereitungshandlung gilt in der chinesischen Literatur auch die Planung. Ebenso bei der Teilnahme ist es abgesehen von Affekttaten auch in der Einzeltäterschaft notwendig, im Voraus mit dem ganzen vorgestellten Geschehensablauf zu rechnen. Um die unverhältnismäßige Ausdehnung der Strafbarkeit der Vorbereitungshandlung auf den vorgelagerten gedanklichen Vorgang zu vermeiden, schränkt *Xing,* Zhiren[226] die Planung in diesem Sinne auf solche objektive Tätigkeiten ein, bei denen das Tatgeschehen vorweg mündlich preisgegeben oder schriftlich niedergelegt wird. Mit anderen Worten: ein Verhalten externalisiert nur dann eine deliktische Planung, wenn der Täter in kommunikativ relevanter Weise vorgeht. Damit weicht die chinesische Lehre erheblich von der deutschen ab, derzufolge die gedankliche Planung einer Tat und sogar der bloße Entschluss, sie zu begehen, üblicherweise zwei der Vorbereitung vorgelagerte straflose Glieder in der Kette einer vorsätzlichen Straftat darstellen[227], solange sie Interna oder bloße Offenbarung bleiben.

cc) Das Einüben gewisser für die Ausführung der Tat erforderlicher oder nützlicher Fertigkeiten ist für manche Delikte unentbehrlich, etwa das gekonnte Aufbrechen einer Tür für den Diebstahl,

---

223 *Jiang*, Wei, Abriss der Verbrechensformen, 1994, S. 142.
224 *Xing*, Zhiren, Die Vorbereitungshandlung, 2001, S. 140.
225 *Xing*, Zhiren, Die Vorbereitungshandlung, 2001, S. 141 ff.
226 *Xing*, Zhiren, Die Vorbereitungshandlung, 2001, S. 142.
227 *Hillenkamp* in LK[11], 2003, vor § 22 Rn. 1.

der gezielte Schuss für den Totschlag oder den Mord, das wiederholte Nachmachen der Handschrift des Verantwortlichen, um ein Korruptionsdelikt oder einen Betrug zu begehen.

dd) Das bloße Auskundschaften der mit der Tatbegehung zusammenhängenden Umstände einschließlich des Tatorts und der Umgebung, beispielsweise auch der Modalität der Aufbewahrung der zu stehlenden Sachen, sowie der Lebensgewohnheiten des Opfers, kann die Tatbegehung erleichtern und ist daher mitunter ebenfalls unentbehrliche Vorbereitungshandlung.

ee) Mit der Beseitigung von Hindernissen, die das Ansetzen zur Tatbegehung, die Erreichung des Tatziels oder die Flucht erschweren könnten, werden verschiedene Handlungen bezeichnet, wie beispielsweise das Unterbrechen einer Telefonleitung zur Verhinderung von Notrufen bei der Polizei, das Ausschalten eines Netzanschlussgeräts, oder die Lockerung einer Türaufhängung.

ff) Das Hingehen oder –fahren an den Tatort ist durchweg eine Vorbereitung. Im Vergleich mit den oben genannten Formen offenbart diese Vorbereitungshandlung eine gesteigerte Gefährlichkeit, weil sie sich dem unmittelbaren Ansetzen zur Straftat sehr annährt.

gg) Das Lauern auf das Opfer kann unauffällig oder auffällig erfolgen. In der Regel bedeutet die erste Form größere Gefährlichkeit, weil der Täter dabei schwer zu entdecken ist.

hh) Die Verfolgung des Opfers dient der Suche nach oder dem Warten auf Gelegenheiten zum unmittelbaren Ansetzen, so dass sie sich von dem in dd) genannten Auskundschaften insofern unterscheidet, als nunmehr zeitlich der Bereich kurz vor dem unmittelbaren Ansetzen betroffen ist.

***2 Subjektive Merkmale***

Es ist nach dieser gesetzlichen Definition schon unstreitig, dass der Täter sich nur dann einer Vorbereitungshandlung widmet, wenn er die Durchsetzung einer Straftat ermöglicht oder erleichtert, und dies mit dem Ziel, die Straftat bis zur Beendigung zu begehen. Der Täter beendet die Vorbereitung aber nicht wegen tätiger Reue, sondern infolge der Hinderung durch ungewollte Momente.

## III. Abgrenzung des Vorbereitungsbereichs

Bevor auf die Abgrenzung der Vorbereitungszone eingegangen wird, soll ein Blick auf die Gliederung der Vorsatztat durch die chinesische Strafrechtswissenschaft geworfen werden. Zusammengefasst finden sich insoweit insgesamt fünf unterschiedlichen Ansichten[228]: a) die **Zwei**-Stadien-Lehre, die das Vorbereitungs- und Ausführungsstadium differenziert; b) die **Drei**-Stadien-Lehre, nach der die Entwicklungsstufen einer Vorsatztat entweder das Vorbereitungs-, Ansetzen- und Beendigungsstadium oder das Vorbereitungs-, Ausführungs- und Nachausführungsstadium enthalten; c) die **Vier**-Stadien-Lehre, wonach es in Verschwörung (*Yin Mou*, einschließlich der einsamen Planung) -, Vorbereitungs-, Ansetzen- und Ausführungsstadium einzuteilen ist; d) die **Fünf**-Stadien-Lehre, die es in Offenbarung der Tatgedanken, Verschwörung, Vorbereitung, Ansetzen und Ausführung aufgliedert; e) die **Sechs**-Stadien-Lehre bestehend aus Tatentschluss, Verschwörung, Vorbereitung, Ansetzen, Beendigung in chinesischem Sinn und Eintritt des Erfolgs.

Die Bewertung dieser Aufgliederungen stellt zwar keine Aufgabe dieser Arbeit dar. Allerdings ist darauf hinzuweisen, dass sich alle Standards bei der Aufgliederung von einander sehr weit unterscheiden. Eine neue **Vier**-Stadien-Lehre[229] wird in der jüngsten Lehre zunehmend befürwortet.

---

228Eine Zusammenfassung der in der chinesischen Lektüre existierenden Auffassungen siehe *Xiong*, Xuanguo, Über die Handlung im Strafrecht, 1992, S. 236 ff.

229 *Chen*, Xingliang, in Forum von Politikwissenschaft & Recht 3 (2000), S. 45. Abweichend davon ersetzt *Xing*, Zhiren das Stadium nach dem Ausführungsstadium durch das Beendigungsstadium, in *Xing*, Zhiren, Vorbereitungshandlung, 2001, S. 48.

Danach soll eine Vorsatztat üblicherweise vier Stadien durchlaufen: Herausbildung des Tatgedankens (Fan Yi), Vorbereitung, Ausführung und schließlich das Stadium nach dem Ausführungsstadium. Zwei Voraussetzungen für eine solche Aufgliederung sollen erwähnt werden: Einerseits werden hier die Entwicklungsstadien eines Delikts in einem weiteren Sinne benutzt, so dass das Stadium der Herausbildung des Tatgedankens ebenso enthalten ist, obwohl die Strafandrohung nicht in diese Zone ausgedehnt wird. Andererseits wird es zwischen den Entwicklungsstadien des Delikts und den Erscheinungsformen der Straftat (Fanzui Xingtai) streng differenziert. Im Unterschied zu den Entwicklungsstadien werden also vier von dem Strafgesetzbuch ausdrücklich vorgeschriebene sog. Erscheinungsformen der Straftat festgestellt[230]: Vorbereitung, Versuch, Rücktritt und Vollendung. Damit versteht man unter „Vorbereitung" entweder eine einzelne Vorbereitungshandlung oder eine Kette von Entwicklungsstadien des Delikts oder auch eine Erscheinungsform der Straftat, je nach dem, unter welchen Umständen man das Wort gebraucht.

In dieser Lehre wird auch ein großer Unterschied zur deutschen Lehre erkennbar, insofern als Planung und Tatentschluss in den Entwicklungsstadien des Delikts meist eine eigenständige Stellung besitzen[231]. Wie die obige Zusammenfassung gezeigt hat, ist es nach den herkömmlichen chinesischen Ansichten über die Aufgliederung der Deliktsentwicklung nötig, die Vorbereitung von der Offenbarung des Tatgedankens einerseits und vom Versuch andererseits zu unterscheiden, um das Gebiet der Vorbereitung klar abzugrenzen. Überdies wird das Verhältnis zwischen Vorbereitung und Verschwörung untersucht, weil die Strafbarkeit der Verschwörung teilweise davon abhängt.

### *1 Der Beginn strafbaren Verhaltens nach dem Vorbereitungsbegriff des § 22 I chin. StGB*

Nun soll zuerst geklärt werden, welchen Umfang die Vorbereitung eigentlich hat. Während über deren Endpunkt einigermaßen Klarheit herrscht, da sich der Beginn des Versuchsstadiums nahtlos anschließt und deshalb schon immer Streitobjekt Nummer eins gewesen ist, hatte man sich in der chinesischen Lehre bisher wenig mit dem anderen, dem Anfangspunkt der Vorbereitung befasst. Andererseits ist die Vorbereitungshandlung des Delikts zwar gesetzmäßig strafbar, wird aber in der Praxis ganz selten bestraft. Dies kann der Grund dafür sein, warum die Feststellung des Anfangs der Vorbereitung in China keine große Aufmerksamkeit bekommen hat.

Bei der Eingrenzung des Beginns der Vorbereitung wird die Abgrenzung von Vorbereitung und Offenbarung des Tatgedankens in der chinesischen Lektüre, vor allem in zwei die Vorbereitungshandlung thematisierenden chinesischen Monographien[232] betont, während die Hervorhebung als solche der deutschen Strafrechtswissenschaft unbekannt ist, denn letztere ist in Deutschland als ein Typ des Tatentschlusses genauso straflos wie die Vorbereitungshandlung im Allgemeinen.

#### a) Die Unterscheidung von der Offenbarung des Tatgedankens

Das Problem der Unterscheidung taucht bei der Behandlung der Vorbereitungshandlung auf. Während sich die Lehre darüber überwiegend einig ist, dass die Offenbarung der Tatgedanken der Vorbereitung vorgelagert ist, ist ihr Begriff selbst umstritten. Der Grund hierfür ist die Ungenauigkeit dieser Terminologie.

---

230 Das chinesische StGB in der Fassung von 1997, § 22 ff.

231 Vgl. nur *Hillenkamp* in LK[12], 2007, vor § 22 Rn.1 m. w. N.

232 Nämlich *Xiao*, Jieqing, Vorbereitungshandlung, 1997; und *Xing*, Zhiren, Die Vorbereitungshandlung, 2001.

Ein Teil der Lehre weist hinsichtlich dieses Begriffs darauf hin, dass die *Tatidee* mündlich bzw. schriftlich auszudrücken ist[233]. Danach liegt die Offenbarung der Tatgedanken vor, „wenn die *Tatintention* in bestimmter Weise nach außen ausgedrückt wird“[234]. Im Band Rechtswissenschaft der chinesischen großen Enzyklopädie bedeutet der Begriff der Offenbarung der Tatgedanken die Offenbarung des Tatvorsatzes in Worten, in schriftlicher Form oder auf andere Weise [235]. Da sowohl *Tatintention* als *auch Tatvorsatz* über die eigentliche Bedeutung dieses Begriffs, der sich nur auf noch ungenaue Gedanken hinsichtlich der Straftat bezieht, weit hinausgeht, verdient die erste Ansicht den Vorzug. So ist unter dem Begriff der mündliche oder schriftliche *Verrat* der ernsthaften *Tatgedanken* zu verstehen. Demnach grenzt er sich einerseits vom scheinbaren Verrat der Tatneigung, mit dem man nur beiläufigen Gefühlen Ausdruck verleihen möchte, und andererseits vom Tatentschluss, der sich als Gedanke und Entwurf im Innern des Täters darstellt und sich aufgrund der Tatvorstellung entwickelt, ab[236].

Es gibt drei Gemeinsamkeiten bei der Vorbereitungshandlung und der Offenbarung der Tatgedanken. Erstens liegen sie in der Geneigtheit zum Ansetzen. Zweitens wird subjektiv eine gewisse Tatvorstellung verraten. Drittens kommt es bei beiden nur zu einer objektiven Manifestation, wodurch die Gesellschaft praktisch nicht geschädigt wird.

Allerdings befinden sie sich in unterschiedlichen Stadien. Es steht schon außer Frage, dass sich die Vorbereitung als ein selbständiges Stadium der Entwicklung der vorsätzlichen Straftat darstellt. Dagegen ist die selbständige Stellung der Offenbarung der Tatgedanken in dieser Entwicklungsstufe zwar noch streitig, wird allerdings streng auf das der Vorbereitung vorgelagerte Stadium eingeschränkt. Beispielsweise wird das Anfangsstadium, das sich vom Tatmotiv bis zum Tatgedanken und Entschluss entwickelt, als ein Bildungsstadium der Tatvorstellung bezeichnet. So ändert sich die Offenbarung der Tatgedanken im eigenen Sinne, wenn sie ins Vorbereitungs- oder Ausführungsstadium tritt. Der Verrat der Tatgeneigtheit ist nämlich im Vorbereitungs- oder Ausführungsstadium nicht mehr als reine Offenbarung der Tatgedanken zu erkennen. Das verweist zugleich auch darauf, dass die Offenbarung der Tatgedanken nicht im Alltagssprachgebrauch bestimmt sondern strafrechtswissenschaftlich verengt definiert wird. Die beiden lassen sich also wesentlich in zweierlei Hinsicht unterscheiden:

aa) Im Hinblick auf ihren subjektiven Inhalt lassen sie sich von einander unterscheiden. Der reine Tatgedanke kann als Einfall oder Idee angereizt von einem Motiv erscheinen. Er ist seiner Natur nach unbeständig. Er ähnelt der Tatgeneigtheit in der deutschen Lehre. Im Vergleich dazu ist die Vorbereitungshandlung subjektiv viel sicherer und konkreter, da sie von dem Tatentschluss ausgeht und sich schon auf die entsprechenden Tatmittel bzw. Tatbedingungen bezieht.

bb) Auch manifestieren sie sich objektiv unterschiedlich. Bei der Offenbarung der Tatgedanken verrät sich die Tatvorstellung in einer einfachen, etwa mündlichen, schriftlichen oder anderen Weise. Sonst kommt diesem Gedanken keine soziale Bedeutung zu[237]. Die Vorbereitung geht über das einfache Verraten der Tatgedanken hinaus und äußert sich in einer Serie von sozialen Tätigkeiten. Das Maß des Ausdrucks der Tatvorstellung liegt bei der Vorbereitung dann höher als bei der Offenbarung der Tatgedanken[238].

---

233 So *Xiong*, Xuanguo, Über die Handlung im Strafrecht, 1992, S. 239f.

234 *Ma*, Kechang, Strafrechtstheorie, 1995, S. 396.

235 Chinesische Enzyklopädie, Bd. Rechtswissenschaft, 1984, S. 121.

236 *Zhang*, Hao, Theorie und Praxis, 1981, S. 181.

237 *Xing*, Zhiren, Die Vorbereitungshandlung, 2001, S. 108.

238 *Xing*, Zhiren, Die Vorbereitungshandlung, 2001, S. 108.

Aufgrund der obigen zwei Gründe ist das höhere Maß der Gefährlichkeit der Vorbereitung einleuchtend. Im Vergleich zur Offenbarung der Tatgedanken, die wegen des bloßen Verratens der Gedanken keine Schädigung herbeiführen kann, zeigt die Vorbereitung einerseits mit der Konsequenz und Entschlossenheit der Tatintention und andererseits mit der Serie von Vorbereitungshandlungen die gesteigerte Gefahr einer Sozialschädigung. Dies gilt in China als ein Grund für die Straflosigkeit der Offenbarung der Tatgedanken.

**b) Die Zuordnung der Verschwörung (*Yin Mou*) in das Entwicklungsstadium**

Im AT des chinesischen Strafgesetzbuches von 1979 war die Verschwörung nicht als ein selbständiges Stadium vorgeschrieben, obwohl Verschwörungsdelikte, beispielsweise die Verschwörung zum Umsturz der Regierung (§ 90, a. F.), im BT des Strafgesetzes als selbständige Tatbestände vorgesehen waren. Solche Delikte wurden als Verschwörungsverbrechen bezeichnet, die allerdings mit den Modifikationen von 1997 geändert wurden. Damit gibt es im geltenden StGB praktisch keine ausdrücklichen Verschwörungstatbestände mehr, die sich bezüglich ihrer Vollendung mit der Verschwörung begnügen[239]. Der Ansicht[240], die das Verschwörungsverbrechen weiterhin als einen speziellen Deliktstyp betrachtet, ist also nicht mehr zuzustimmen.

Bemerkenswert ist aber, dass der Begriff der Verschwörung mittlerweile ganz unterschiedlich verstanden wird. Ein Teil der Lehre sieht die Verschwörung in der sich vor dem unmittelbaren Ansetzen befindenden Beratschlagung von mindestens zwei Personen zur Begehung einer Straftat[241]. Diese Ansicht, wonach Verschwörung auf der Beratschlagung von mindestens zwei Personen beruht, ergibt sich wahrscheinlich aus dem Einfluss des ausländischen Strafrechts. Sie verkennt aber den eigenen traditionellen Sprachgebrauch, den man in oben erörterter geschichtlicher Gesetzgebung, wie in den Vorschriften von *Mou Fan* oder *Mou Dani*, erkennen konnte. Deswegen ist einzuwenden, dass Verschwörung vor allem im Sinne von im Geheimen eingefädelten Intrigen oder Planung zu definieren ist[242]. Danach spielt die Zahl der Teilnehmenden dabei überhaupt keine Rolle. Ein Komplott wird schon gebildet, wenn sich mehr als zwei Personen an der Verschwörung beteiligen. In der Modifikation von 1997 fand jedoch das Verständnis in der Rechtsprechung Anklang[243], das bereits den alleintätigen Angeklagten für die Verschwörung zum Umsturz der Regierung (§ 90, StGB a. F.) schuldig erklärte. Infolgedessen verdient die zweite Auffassung hinsichtlich dieses Begriffs den Vorzug.

Es bleibt also die Frage übrig, ob sich die Verschwörung noch im Stadium der Herausbildung des Tatgedankens befindet[244], oder ob sie ein selbständiges Stadium ist[245], oder ob sie dem Vorbereitungsstadium zugeordnet werden soll[246]. In Bezug hierauf ist meiner Meinung nach insbesondre festzustellen, dass die Verschwörung weiter geht als die Herausbildung des Tatgedankens, indem sie neben dem Tatentschluss auf die Details der Durchführung mehr oder weniger eingeht. Es genügt für die Verschwörung nicht, wenn der Täter lediglich ein bestimmtes Ziel ins Auge gefasst hat und nur allgemeine, vage Vorstellungen über die Tatausführung besitzt. Zweitens liegt das Wesen der Verschwörung in der konkreten Planung. Sie beschränkt sich nicht mehr auf einen

---

239 *Xiao*, Jieqing, Vorbereitungshandlung, 1997, S. 62.

240 So *Chen*, Xingliang, in Forum von Politikwissenschaft & Recht 3 (2000), S. 42; *Xing*, Zhiren, Die Vorbereitungshandlung, 2001, S. 115.

241 *Xing*, Zhiren, Die Vorbereitungshandlung, 2001, S. 112.

242 *Xiao*, Jieqing, Vorbereitungshandlung, 1997, S. 60.

243 Das Urteil von dem Ersten Volksgericht mittlerer Ebene in Peking (1995), Str. Nr. 1944.

244 *Zhang*, Shangxian, Grundriss 1983, S.158, 162.

245 *Han*, Zhongmo ,Grundsatz des Strafrechts, 1982, S.104 f.

246 *Lin*, Zhun (Hrsg.), Materialien, 1986, S. 114; *Ma*, Kechang (Hrsg.): Allgemeine Verbrechenstheorie, 1991, S. 401.

gedanklichen Vorgang, sondern tritt mit dem Ergebnis nach außen, so dass es unnötig ist, die Verschwörung von der Vorbereitung abzugrenzen. Mit anderen Worten: Die Verschwörung ist der Vorbereitung zuzuordnen, weil sie durch die konkrete, geheime Planung unmittelbar der Verwirklichung oder Konkretisierung des Tatplans dient. Wenn dagegen mehr als zwei Personen durch eine Verschwörung ein Komplott bilden, das der Verabredung in § 30 II deut. StGB ähnlich ist, so ist dies fraglos der Vorbereitung zuzuordnen.

## 2 *Die Abgrenzung von Vorbereitung und Versuch nach § 23 I chin. StGB*

### a) Entstehung und Gesetzesfassung des Versuchsbegriffs im chinesischen StGB

Unter die unvollendete Straftat fallen, nach den Vorschriften der §§ 22 ff. chin. StGB von 1997, die Vorbereitung, der Versuch und der Rücktritt, die als selbständige Erscheinungsformen nebeneinander stehen[247]. Der Gesetzgeber von 1997 übernimmt bei der Modifikation die alte Abgrenzungsdefinition aus dem StGB von 1979 unverändert. So wird der Versuch in § 23 I chin. StGB wie folgt beschrieben:

„ Der Versuch liegt vor, wenn der Täter zur Ausführung der Straftat ansetzt und wegen ungewollter Hindernisse das Tatziel nicht erreicht."

Daraus ergeben sich die drei Merkmale des Versuchs: das Ansetzen zur Tatausführung, das Fehlen der Erreichung des Tatziels und die Erfolglosigkeit dabei infolge der Hinderung durch ungewollte Momente. Allein mit diesen drei Merkmalen gelingt jedoch die Abgrenzung des Versuchs zur Vorbereitung – als eines der schwierigsten Probleme auch in China – nicht ohne weiteres.

### b) Die Auslegung in der Lehre

Wegen der bestehenden Strafvorschrift kommt es für die Abgrenzung auf die nähere Auslegung des Ansetzens an, bei der nicht nur die Erkenntnistheorie sondern auch kriminalpolitische Entscheidung eine maßgebliche Rolle spielen können. Wie oben in § 1 B II erörtert, konkurrieren insofern in Deutschland grundlegend drei Maßstäbe: die objektive Theorie, die subjektive Theorie und die gemischte Theorie. Zwar haben sich in China keine solchen Theorien entwickelt, jedoch betont die Strafrechtswissenschaft immerhin die Orientierung an einer Vereinigung des subjektiven- und objektiven Standpunkts. So wird das Ansetzen üblicherweise als „Anfang der Durchführung der im objektiven Tatbestand vorgeschriebenen Handlung"[248] oder als „Anfang der Ausführungshandlung des einzelnen im Besonderen Teil des StGB umschriebenen Delikts"[249] definiert.

In der Tat besteht kein wesentlicher Unterschied zwischen diesen beiden Definitionen. Gerade für die genauere Bestimmung der Tatbestandshandlung oder Durchführungshandlung, ergibt sich allerdings – wie bereits bekannt – kein an beliebige, aber komplizierte Konstellationen angepasstes eindeutiges Kriterium. Deswegen gibt ein Teil der Lehre zu, dass „die Strafrechtstheorie normalerweise lediglich zur Lösung der prinzipiellen empirischen Probleme fähig ist, während sie die einzelne Praxis, die von verschiedenen Richtern beherrscht wird, nicht unmittelbar beeinflus-

247 Damit unterscheidet sich das chinesische StGB vom deutschen StGB, in dem lediglich der Versuch (§ 22 deut. StGB) als Erscheinungsform der unvollendeten Straftat vorgesehen wird, während der Rücktritt vom Versuch (§ 24 deut. StGB) bloß als strafbefreiender Grund gilt. Dies wird von der chinesischen Literatur falsch aufgefasst, da sie der Meinung ist, der Versuch werde im deutschen StGB in zwei Subkategorien eingeteilt, nämlich fehlgeschlagener Versuch und Rücktritt vom Versuch. Dazu vgl. beispielsweise *Zhang*, Mingkai, Grundriss 1999, S. 250 f.

248 *Gao*, Mingxuan (Hrsg.), Strafrechtswissenschaft, 1985, S.176.

249 *Ma*, Kechang (Hrsg.): Allgemeine Verbrechenstheorie, 1991, S. 413. Diese Ansicht ist ähnlich wie die „formal – objektive Theorie" in Deutschland.

sen kann. Daraus ergibt sich die überragende Stellung der Richter"[250]. Eine ähnliche Ansicht[251] kommt zu dem Schluss, dass es keine allgemeinen Abgrenzungslehre geben kann, und daher das einzig richtige Kriterium darin bestehen könne, die Analyse zum einen an der unterschiedlichen Bedeutung der Handlung in verschieden Delikten zu orientieren und sie zum anderen auf die strikte Orientierung der jeweiligen im Einzeltatbestand vorgeschriebenen objektiven Handlung, sowie ihren Charakter zu stützen.

Trotzdem ist es notwendig, auf der Ebene der Strafrechtstheorie zumindest gewisse Standards vorzugeben. In diesem Sinne gelten die folgenden Kriterien bei der Abgrenzung der Vorbereitung zum Versuch als wichtig:

aa) Aus dem jeweiligen Tatbestand, der insbesondere die objektiven Merkmale umschreibt, kann die gesetzgeberische Überlegung zur Beschaffenheit des Tatbestands herausgelesen werden. Dabei soll es bei geschlossenem Tatbestand und Blankettatbestand usw. unterschiedlich behandelt werden.

bb) Aufgrund der Formen der Ausführungshandlung, die sich in einaktige Handlungen, diese wiederum in materiell einaktige, formell einaktige, und mehraktige Handlungen einteilen lässt, ist der Beginn des Ansetzens differenzierend zu bestimmen.

cc) Der Unterschied zwischen den Vorbereitungshandlungen und den Ausführungshandlungen hinsichtlich Wesen bzw. Wirkung wird bei der Abgrenzung zwischen ihnen berücksichtigt. Wie oben gesehen, dient die Vorbereitung der Ermöglichung oder Erleichterung der Tatbegehung, während sich die Ausführungshandlung auf die Verwirklichung des Tatbestands konzentriert.

dd) Mit Hilfe der Einteilung der Vorbereitungshandlungen kann die Abgrenzung etwas erleichtert werden.

Soweit sich allerdings die Vorbereitung auf die Tatmittel bezieht, scheint die Beurteilung bei der Benutzung des Tatmittels schwieriger zu sein. In der Regel stellt sich der Anfang der Benutzung des Mittels als Ansetzen zur Ausführung dar. Das ist allerdings nicht zu verallgemeinern.

Bei der Schaffung einer günstigen Situation für die Begehung der Straftat als Vorbereitungshandlung gibt es einige Grenzfälle, wie:

**(1)** Tatbegehung im Freien. In dieser Konstellation hat der Täter noch nicht angesetzt, das Opfer oder das Tatobjekt zu verletzen. Das Verfolgen des Opfers und das Auflauern durch den Täter ist dabei bezüglich der Zuordnung umstritten. Zu Recht sollte diese Tatbegehung als bloße Vorbereitung beurteilt werden.

**(2)** Tatbegehung in einem Raum. Hier kann der Täter den Raum zum einen gewaltfrei und meistens geheim betreten. Dann sollten die Anforderungen der einzelnen Ausführungshandlung berücksichtigt werden. In einer Konstellation, wie der des Totschlags, des Raubs oder der Vergewaltigung, genügt das Eindringen in den Raum für das Ansetzen zur Ausführung noch nicht. Andererseits ist problematisch, ob das Ansetzen zur Tatbegehung im Fall eines gewalttätigen Eindringens schon vorliegt. Beim Einbruch zeigt das Eindringen schon das Ansetzen zur Verwirklichung des Tatbestandes. In den Konstellationen des Raubs, der Vergewaltigung, des Totschlags und der Körperverletzung ist aber nach einem Teil der Lehre beim gewalttätigen Eindringen noch kein Ansetzen zu bejahen[252]. Dies ist aber im Einzelnen genauer zu bewerten.

250 *Xing*, Zhiren, Die Vorbereitungshandlung, 2001, S. 131.
251 *Xing*, Zhiren, Die Vorbereitungshandlung, 2001, S. 134.
252 *Xing*, Zhiren, Die Vorbereitungshandlung, 2001, S. 136.

#### c) Die Auslegung in der Rechtsprechung

Bisher gibt es in China keine systematische, amtliche Veröffentlichung der Rechtsprechung. Außer den in Lehrmaterialien eingegangenen oder durch Medien der Rechtspropaganda bekannt gewordenen Straffällen sind die in dem vom Obersten Volksgereicht herausgegeben „Bulletin“ (*Zhonghua Renmin Gongheguo Zuigao Renmin Fayuan Gongbao*)[253] und die im „Rechtsalmanach“ bekannt gegebenen Straffälle die einzige offizielle Quelle der Rechtsprechung, wobei die Zahl der dort aufgeführten Fälle sehr begrenzt ist. Daher ist es schwierig, die einschlägige Rechtsprechung darzustellen. Mit anderen Worten: Die Ansicht der Rechtsprechung wird meistens in Lehrmaterialien durch die Annahmen des jeweiligen Verfassers wiedergegeben. Infolgedessen wird sie hier nicht ausführlich dargestellt. Trotzdem wird hier auf die heftigen Auseinandersetzungen über die Abgrenzungskriterien in der Praxis hingewiesen, indem zwei Fälle als Beispiele vorgestellt werden.

**Fall 1**[254]: A und B hatten vor, Frau C zu berauben. A und B wollten als Arbeiter maskiert die Wohnung von C betreten und die Straftat begehen. Dafür kauften sie die Werkzeuge wie beispielsweise Messer, Handschuhe, gefälschte Abzeichen usw. Außerdem beobachteten sie die Tatortsumstände. Schließlich betraten A und B mit den Werkzeugen das Zimmer von C, die schon wachsam geworden war. A und B hatten keine andere Wahl, außer gleich zu fliehen. Unterwegs wurden sie festgenommen. Die Staatsanwaltschaft betrachtet die Tat von A und B als Rücktritt von der Vorbereitung, wohingegen das Gericht A und B wegen des versuchten Raubes zu einer Freiheitsstrafe verurteilte. Laut § 263 chin. StGB verwirklicht man den Tatbestand des Raubes, wenn man unmittelbar ansetzt, jemanden anderen gewalttätig, in nötigender oder anderer Weise zu berauben. In diesem Fall ist es umstritten, ob A und B bereits dadurch, dass sie das Appartement von C betraten, bereits zur Tatbestandsverwirklichung ansetzten.

**Fall 2**[255]: A stellte illegal registrierte Warenzeichen her und wollte sie verkaufen. Als er auf der Suche nach einem eventuellen Käufer war, wurde er festgenommen. Der Gerichtshof verwarf die Ansicht des Verteidigers, dass sich die Tat von A lediglich als Vorbereitung darstellen ließ, indem er darin einen Versuch des Tatbestands des „Verkaufens illegal hergestellter registrierter Warenzeichen (§ 215 chin. StGB) “ sah.

# C . Vorbereitungstatbestand und Vorbereitungsbestrafung gem. § 22 II 2 chin. StGB

## I . Vorbereitungstatbestand

### *1 Die Einführung des allgemeinen Vorbereitungstatbestands*

Wie auch schon vor der Neukodifikation enthielt das chinesische StGB von 1979 in § 22 einen den Vorbereitungsbereich definierenden Generaltatbestand für sämtliche Delikte des Besonderen Teils, was einen Gegensatz zur beispielhaften Aufzählung typischer Vorbereitungshandlungen neben einer Generalklausel in § 15 I StGB RSFSR von 1961 darstellte. In der Reformdiskussion vor 1997 ging es auch gar nicht mehr um die Frage, ob es einen selbständigen Vorbereitungstat-

253 Vgl. hierzu ausführlich *Liu*, Nanping, in Chinesische Rechtswissenschaft 5 (1991), S. 140. Z. Z. können die im „Bulletin „ bekannt gegebenen Straffälle zwar auch auf der Webseite des Obersten Volksgerichts gefunden werden. Außerdem wurden diese Fälle nicht nur von dem Obersten Volksgereicht entschieden. Die Meisten sind vielmehr Fälle, die vor dem niedrigeren Volksgericht verhandelt wurden.

254 Die Quelle dieses Falls ist: http://www.sunlawyer.net/ReadNews.asp?NewsID=2874.

255 Unter dieser Quelle kann man diesen Fall finden: http://www.jscourt.gov.cn/cps/site/jsfy/anlipingxi/xs_content_a 2006120719971.htm

bestand geben sollte oder nicht. Wie schon ausgeführt, war diese von Anfang an bereits zugunsten einer solchen Regelung entschieden. Man lehnte es nicht ab, Vorbereitungshandlungen generell bei allen Straftatbeständen für strafbar zu erklären. Von den verschiedenen Überlegungen erscheinen vor allem zwei als bemerkenswert: zum einen, dass Vorbereitungshandlungen bei allen Delikten bereits als potentiell sozialschädlich anzusehen und damit strafwürdig seien; und zum anderen, dass die verschiedenen Vorbereitungshandlungen in der Praxis flexibel behandelt werden könnten[256].

Das im *„Programm von 1950"* aufgestellte Prinzip, Vorbereitung nur bei einer beschränkten Anzahl von Verbrechen strafrechtlich zu verfolgen, wurde aufgegeben. Der Modifikation liegt das Verständnis zugrunde, dass alle Vorbereitungshandlungen nach dem StGB strafbar sind. Somit wurde „eine positive Einstellung vom Strafgesetzbuch bezüglich der Sozialschädlichkeit aller Vorbereitungshandlungen vertreten"[257]. Als eine Alternative gilt das Argument, dass „es ein Grundprinzip ist, dass die Vorbereitungshandlungen aller vorsätzlichen Delikte vom StGB verboten sind, und der Täter infolgedessen dafür schuldig ist"[258]. Bei der Analyse des Gefährdungsdelikts deutet *Xian,* Tieke an: „Die Bestrafung der Vorbereitungsdelikte ist eine prinzipielle Bestimmung des Strafrechts. Die Vorbereitungshandlung des Gefährdungsdelikts ist insbesondere deshalb strafbar, weil die Folgen unabsehbar sind, wenn sich die Vorbereitung weiterhin entwickelt"[259].

Ob die Strafbarkeit erst mit Vollendung des Delikts, im Versuchs- oder schon im Vorbereitungsstadium einsetzen müsse, soll außerdem von einem bestimmten Grad der Sozialschädlichkeit der jeweiligen Deliktsart abhängig bleiben. Die Auswahl erfolgt nicht schon im Gesetzgebungsverfahren. Die ungefährliche Vorbereitungshandlung kann erst im Wege richterlicher Bewertung (und zwar nach dem materiellen Verbrechensbegriff) der Straflosigkeit zugeordnet werden.

Neuerdings hat sich aber eine Mindermeinung zu Wort gemeldet, die gegen dieses Verständnis argumentiert, dass der Bestrafungsbereich der Vorbereitungshandlung nicht allein unmittelbar aus der Generalvorschrift des § 22 I chin. StGB abzuleiten ist[260]. Danach sei es für die Gesetzgeber leichter, die Strafbarkeit der Vorbereitungshandlung im AT des StGB vorzuschreiben, als die einzelnen Vorbereitungstatbestände im BT des StGB aufzuzählen[261]. Die Anhänger betrachten die Generalvorschrift in § 22 chin. StGB nicht als das Ergebnis der gesetzgeberischen Überlegung, alle Vorbereitungshandlungen der Delikte zu bestrafen[262]. Im Gegensatz dazu erachten sie es für nötig, mit Hilfe der „Dan Shu" Vorschrift in § 13 chin. StGB, die zur Entkriminalisierung dient, den Bestrafungsbereich der Vorbereitung einzuschränken. Als Ergebnis hat sich herausgestellt, dass die Vorbereitungshandlung in China laut Gesetz nicht prinzipiell strafbar ist[263].

Offensichtlich möchten die Anhänger dieser Minderheitsmeinung das geltende Bestrafungsmodell der Vorbereitung dadurch beibehalten, dass sie die Vorschrift des § 22 in Kombination mit der Ergänzungsklausel (so genannten „Dan Shu"[264]) in § 13 chin. StGB völlig neu auslegen. Hier

256 Die Hochschule der Politik und des Rechts in Peking (Hrsg.), Sammlung der Dokumente, 1980, S. 122.

257 *Chen,* Xingliang, Geltung des Strafrechts AT, 1999, S. 409 f.

258 *Xie*, Wangyuan (Hrsg.), Rechtsvergleichung, 1998, S. 193.

259 *Xian,* Tieke, Das Gefährdungsdelikt, 1998, S. 116.

260 *Wang*, Zhixiang/*Guo*, Jian, in Politikwissenschaft und Recht 2 (2005), S. 86.

261 *Wang*, Zhixiang/*Guo*, Jian, in Politikwissenschaft und Recht 2 (2005), S. 86.

262 *Wang*, Zhixiang/*Guo*, Jian, in Politikwissenschaft und Recht 2 (2005), S. 87.

263 *Wang*, Zhixiang/*Guo*, Jian, in Politikwissenschaft und Recht 2 (2005), S. 87.

264 „Dan Shu" ist die Ergänzungsklausel in § 13 chin. StGB: Eine Handlung (Unterlassung), die zwar formal die Merkmale einer in dem vorliegenden Gesetzbuch vorgesehenen Tat enthält, jedoch wegen Geringfügigkeit keine große

spielt der Grad der Sozialschädlichkeit der Vorbereitungshandlungen wieder eine große Rolle. Eine solche Auslegung scheint zwar gut begründet zu sein, widerspricht allerdings den Prinzipien des Rechtsstaats und der Rechtsbestimmtheit. Darauf ist in § 4 noch einzugehen.

### *2 Der Anwendungsbereich des Vorbereitungstatbestandes*

#### a) Der Anwendungsbereich des Vorbereitungstatbestandes gem. § 22 I chin. StGB

Sucht man im Besonderen Teil des chinesischen StGB nach den Tatbeständen, die von der Strafausdehnung betroffen sind, so wird die Tendenz schnell sichtbar: Seiner Absicht entsprechend hat der Gesetzgeber vor allem im politischen Strafrecht (d.h. dem ersten Kapitel des StGB) von der Möglichkeit reichlichen Gebrauch gemacht, die Vorbereitung der Tat unter Strafe zu stellen, obwohl das Wort „Vorbereitung" oder „vorbereiten" nicht ausdrücklich vorgesehen ist. Sieht man einmal vom politischen Strafrecht ab, so betrifft die Strafausdehnung alle anderen Delikte, die die Tatbestände im militärstrafrechtlichen Teil des StGB einschließen.

#### b) Der Anwendungsbereich des Vorbereitungstatbestandes außerhalb von § 22 I chin. StGB

Interessanterweise besitzt das chinesische StGB trotz der allgemeinen Strafausdehnung durch § 22 I auch darüber hinaus noch drei Sondervorbereitungstatbestände, d.h. Tatbestände, in denen bestimmte Vorbereitungshandlungen gesondert unter Strafe gestellt sind. Es ist neben dem Tatbestand „Bildung, Leitung oder Beteiligung krimineller Vereinigung" (§ 294 I 1) derjenige der Entwicklung der kriminellen Vereinigung in Inland (§ 294 II). Ferner dient der Tatbestand des Versicherungsmissbrauchs (§ 198 I Nr. 4, 5) ebenfalls zur Vorbereitung eines Versicherungsbetrugs, wenn der Täter mit der Absicht des Versicherungsbetrugs eine versicherte Sache beschädigt, zerstört oder in ihrer Brauchbarkeit beeinträchtigt (§ 198 I Nr. 4), oder den Versicherten tötet, verletzt, behindert oder in seiner Gesundheit beeinträchtigt (§ 198 I Nr. 5). Hiergegen gibt es in der Lehre nirgends Einwände.

Letztens hat der Gesetzgeber mit § 29 II chin. StGB die Strafbarkeit auf die versuchte Anstiftung zur Tatbegehung ausgedehnt. Dem Wortlaut nach kann die Bestrafung des Anstifters fakultativ gemildert oder herabgesetzt werden, wenn der Aufgeforderte das angestiftete Verbrechen nicht begeht. Hinter dem Versuch, dies als versuchte Teilnahme unter Strafe zu stellen und als Straufausdehnungsgrund zu nutzen, steht die Absicht des Gesetzgebers, wegen des jedenfalls angestrebten Zusammenwirkens mehrerer, die besonders gefährlich erscheinende Vorbereitungshandlung zu unterdrücken.

## II. Die Vorbereitungsbestrafung

### *1 Die Anordnung der Strafbarkeit der Vorbereitung*

Bereits ein flüchtiger Blick auf die Vorbereitungsregelungen des chinesischen StGB lässt erkennen, dass man die Frage der Anordnung der Strafbarkeit der Vorbereitung auf andere Weise als in Deutschland gelöst hat. So existiert im chinesischen Strafrecht die Regelung, dass die Vorbereitung nur kraft allgemeiner Strafandrohung strafbar ist, während sich die betreffenden Regelungen im deutschen StGB zwanglos aus dem Umstand der Sondervorbereitungstatbestände ergeben.

---

gesellschaftliche Gefahr darstellt gilt nicht als Straftat.

## 2 *Das Strafmaß*

### a) Die Strafmilderung

Das chinesische StGB bekennt sich zur bloßen fakultativen Strafmilderung bei der Vorbereitung. So schreibt § 22 II vor: „Die Vorbereitungshandlung eines Delikts kann im Vergleich zur Vollendung milder bestraft, oder es kann ganz von Strafe abgesehen werden". Ferner kann die Strafe der Anstiftung zu dem geplanten Verbrechen gemäß § 29 II angedroht werden, mit der Möglichkeit, die Strafe nach pflichtgemäßem Ermessen zu mildern, wenn der Angestiftete es nicht begeht".

Einer solchen Strafmilderung liegen bestimmte Überlegungen zugrunde: erstens hat die Vorbereitungshandlung der Delikte noch nicht angefangen, die Gesellschaft zu verletzen; zweitens sind sie noch weit vom Deliktserfolg entfernt; drittens ist ihre Sozialschädlichkeit im Vergleich zu derjenigen des Versuchs geringer; und schließlich ist die Vorbereitung des geringfügigen Delikts nicht als strafbar zu behandeln.

Dagegen besteht für das gemeinschaftliche Planen eines Verbrechens gemäß § 30 I 2 deut. StGB ein Milderungszwang. Außerdem steht im deutschen StGB für die Vorbereitungstatbestände jeweils ein gesonderter, milderer Strafrahmen zur Verfügung. D.h. für die anderen strafbaren Vorbereitungshandlungen ergibt sich die Existenz eines eigenen Sonderstrafrahmens zwangsweise aus der Tatsache, dass diese Vorbereitungen in Sondertatbeständen formuliert sind.

Deswegen bleibt die Begründung, mit denen das Festhalten an der fakultativen Milderung gerechtfertigt wird, von Interesse. Dazu ist es notwendig, sich zuvor kurz darüber Klarheit zu verschaffen, was das Gesetz unter dem Begriff „Mildern" versteht.

Nach dem chinesischen StGB bedeutet Mildern i. S. v. § 22 II, dass die Strafe entweder dem vorgeschriebenen, gemilderten Sonderstrafrahmen entnommen wird oder, die Milderbeurteilung der Tat innerhalb des Regelstrafrahmens erfolgt[265]. In diesem Punkt unterscheidet sich das chinesische Recht vom deutschen StGB, worin Mildern i. S. v. § 30 I bedeutet, dass die Strafe nur dem gemilderten Sonderstrafrahmen des § 49 I deut. StGB entnommen wird. Diese Milderung ist außerdem auch obligatorisch.

Für die Entscheidung zugunsten einer fakultativen Milderung spielt der Erfolgsunwert in China eine nicht so große Rolle. Hauptgesichtspunkt ist der Handlungsunwert der Tat, der unter Berücksichtigung verschiedener Faktoren – wie große Nähe zur Ausführung, „zufälliges" Ausbleiben des Ansetzens, hohe Intensität beim Vorgehen des Täters – einen so hohen rechtserschütternden Eindruck vermitteln kann, dass er als nur wenig hinter dem Ansetzen zu einem Verbrechen zurückbleibend angesehen wird und damit die Anwendung einer Strafmilderung nicht stets gerechtfertigt ist[266].

### b) Der Milderungsrahmen

Insoweit ist die Bemessung der Strafe im chinesischen StGB völlig dem Richter überlassen. Ist der Regelstrafrahmen nicht mehr angemessen, so darf das Gericht die Strafe nach den Grundsätzen über die Strafmilderung von § 62 und § 63 I chin. StGB herabsetzen. Einen festen Sonderstrafrahmen wie in § 49 I deut. StGB gibt es im chinesischen StGB aber nicht, was dem chinesischen Richter mehr Freiheit bietet, die Strafe pflichtgemäß zu ermessen. Bei der Unterschreitung

265 *Gao*, Mingxuan/*Ma*, Kechang (Hrsg.), Strafrechtswissenschaft, Aufl. 3, 1999, S. 200.
266 *Gao*, Mingxuan/*Ma*, Kechang (Hrsg.), Strafrechtswissenschaft, Aufl. 3, 1999, S. 200.

ist beispielsweise, wie bei § 49 II deut. StGB, eine Milderung bis auf das zulässige Mindestmaß der Strafart oder die Verhängung einer anderen Strafart möglich. Abweichend vom § 49 II deut. StGB darf von der Strafe sogar nach dem richterlich pflichtgemäßen Ermessen abgesehen werden. Dem Richter sind lediglich die Tatumstände und der Charakter, Intensität sowie die Sozialschädlichkeit des Tatvorgehens als Kriterien an die Hand gegeben (§ 61 chin. StGB). Deshalb muss das möglicherweise höhere Maß an Einzelfallgerechtigkeit, das durch die größere Flexibilität erreicht wird, auf Kosten der Rechtssicherheit gehen.

## D. Zusammenfassung

Die Bestrafung der Vorbereitungshandlungen ist in der chinesischen Strafrechtsgesetzgebungsgeschichte nie aufgegeben worden.

In der mehr als 2000 jährigen Geschichte der chinesischen Feudalgesellschaft ließ sich eine unterschiedliche Bestrafung eines Verhaltens nach der Art der Vorbereitungshandlung stets in den jeweiligen Strafgesetzen finden. Aber nur die Vorbereitungshandlungen der schwerwiegenden Delikte, welche die Klassenherrschaft und die soziale Ordnung wesentlich gefährden, beispielsweise die Majestätsverbrechen, wurden unter Strafe gestellt. In der modernen Zeit ist die Strafgesetzgebung von der Zentralen Regierung der Kuomingtang in Nanjing (1927-1949) hervorzuheben. 1928 wurde nämlich ein wichtiges Strafgesetzbuch in der Chinesischen Republik in Kraft gesetzt, das sich insbesondere an das deutsche StGB anlehnte. 1935 erlebte es eine bedeutende Revision. Es ist bis jetzt mit vielen Modifikationen in Taiwan noch gültig. Im AT des StGB ist aber keine allgemeine Bestrafungsregel auffindbar. Es werden nur die Vorbereitungshandlungen vereinzelter Delikte, wie den hochverräterischen, oder landesverräterischen Delikten, Allgemeinsicherheitsgefährdungsdelikten und Totschlagsdelikten, im BT ausdrücklich bestraft.

Nach der Staatsgründung der VR China ergab sich nur einmal eine solche Strafgesetzgebung, nämlich das „*Programm von 1950*", das eine Generalklausel über die Strafbarkeit der Vorbereitungshandlung in Verbindung mit den einzelnen ausdrücklichen Regelungen ihrer Bestrafung im BT enthielt. Infolge des Einflusses der sowjetischen Strafrechtstheorie und des sowjetischen Rechtsmodells wurde die allgemeine Strafbarkeit der Vorbereitungshandlung im AT des geltenden chinesischen Strafgesetzbuches festgestellt, allerdings ohne dass die einzelnen Vorbereitungstatbestände im BT gesondert vorgesehen wurden.

Im chinesischen StGB werden die Vorbereitung, der Versuch, die Vollendung und der Rücktritt nebeneinander gestellt, die sich als die vier unterschiedlichen Deliktsmodalitäten bezeichnen lassen. Neben dem generellen Vorbereitungstatbestand des § 22 chin. StGB wird die Strafdrohung insoweit noch auf die versuchte Anstiftung § 29 II chin. StGB und drei Tatbestände im BT ausgedehnt: Bildung, Leitung oder Beteiligung krimineller Vereinigung (§ 294 I), Entwicklung der kriminellen Vereinigung in Inland (§ 294 II) und der Versicherungsmissbrauch (§ 198 I Nr. 4, 5), obwohl von Vorbereitung in diesen Tatbeständen keine ausdrückliche Rede ist.

In China ist es üblicherweise notwendig, die Vorbereitung einerseits von der Offenbarung der Tatgedanken und andererseits vom Versuch abzugrenzen. Tatentschluss im Entwicklungsstadium des Delikts ist insoweit im chinesischen Schrifttum kein allgemein bekannter Begriff. Die Unterscheidung zwischen Vorbereitung und Versuch steht in China genau so wie in Deutschland im Mittelpunkt der Diskussion, sowohl in der Wissenschaft als auch in der Praxis. Zwar ergeben sich in China differenzierte Ansätze zu den Abgrenzungskriterien. Anders als in Deutschland, wo es die objektive, subjektive und gemischte Theorie gibt, haben sich im chinesischen Strafrecht keine systematischen und eindeutigen Theorien entwickelt. Indessen gibt es in China keine systematische, amtliche Veröffentlichung der Rechtsprechung, was die nähere Betrachtung der Behandlung dieses Abgrenzungsproblems in der Praxis erschwert. Es ist jedoch richtig, die Analyse zum einen an der unterschiedlichen Bedeutung der Handlung in verschieden Delikten zu orientieren und sie zum anderen auf die strikte Orientierung der jeweiligen im Einzeltatbestand vorgeschriebenen objektiven Handlung sowie ihren Charakter zu stützen. Infolgedessen bleibt ihre Abgrenzung in der Strafrechtswissenschaft und Praxis bedauerlicherweise weiter als eine offene, heftig umstrittene Frage ungelöst, ohne geklärt werden zu können.

Es ist sodann bemerkenswert, dass einerseits die Vorbereitungshandlung nach dem chinesischen StGB prinzipiell strafbar ist, und andererseits mangels einer klaren Abgrenzung zwischen Vorbereitung und Versuch in der Praxis äußerst selten bestraft wird. Daraus ergibt sich auch das Nachdenken über die allgemeine Strafbarkeit der Vorbereitung, die mit dem Verbrechensbegriff im chinesischen StGB eng zusammenhängt. Laut der Definition in § 13 chin. StGB ist Verbrechen das sozialschädliche, strafrechtswidrige und daher strafwürdige Verhalten. Die Sozialschädlichkeit, die aus der Russischen Sozialistischen Föderativen Sowjetrepublik importiert wurde und für sich ein inhaltlich vager Begriff ist, wird als das Wesen des Delikts betrachtet. Der Begriff der Sozialschädlichkeit diente bei *Beccaria* zur Einschränkung des Strafgesetzbuchs, um die Freiheit des Bürgers zu sichern, und um zu verhindern, dass vom Staat in die Privatsphäre willkürlich eingriffen würde. In China galt dieser Begriff hingegen anfangs als ein Instrument des Klassenkampfs, also als ein Mittel, mithilfe dessen der Antisozialismus des Klassenfeinds zu unterdrücken war. Selbst nach der Kodifikation des StGB im Jahre 1997 und mit der jüngsten Entwicklung der chinesischen Strafrechtswissenschaft dient dieser inhaltlich undeutliche Standard noch dem beliebigen richterlichen Ermessen. Als eine Konsequenz ergibt sich daraus die Tendenz der Strafausdehnung, die gerade das Anti-Liberalprinzip darstellt, und derzeit in China auch auf den Prüfstand gestellt wird.

Ob die Vorbereitung nur wegen ihrer Sozialschädlichkeit strafbar bleiben soll, ist deshalb fraglich. Wenn die Bestrafung der Vorbereitungshandlung bejaht werden soll, kommt es außerdem darauf an, wie man die Strafbedrohung als solche legitimieren und gleichzeitig notwendig einschränken kann. Darauf wird später eingegangen.

# Teil 2: Modernisierung des Strafrechts und Vorfeldkriminalisierung im Bereich der Vorbereitungshandlung

## *§ 3 Die Problematik der Legitimität bei den Tatbeständen des modernen Strafrechts*

**Vorbemerkung:**

Als ein wesentliches Ergebnis der obigen Darlegung bleibt festzuhalten, dass auf die Bestrafung der Vorbereitungshandlungen weder in Deutschland noch in China etwa wegen ihrer geringen Gefährlichkeit und der Schwierigkeit der Beweisführung verzichtet wird. Wenn wir vorerst vom unterschiedlichen Grad der Kriminalisierung der Vorbereitungshandlung im deutschen und chinesischen StGB absehen, so ist nicht zu bestreiten, dass die Vorbereitungshandlung wegen ihres Gefährdungspotentials heutzutage weltweit negativ bewertet wird. Es findet sich kein Land, in dem die Vorbereitungshandlung durchwegs der Straffreiheit unterstellt wird. Beispielsweise ist die Vorbereitungshandlung entweder als Versuch[267] oder Konspiration[268] erfasst, auch wenn keine Bestrafung der Vorbereitungshandlung unmittelbar aus dem Wortlaut des englischen oder amerikanischen *Model Penal Code* entnommen werden kann.

Es ist indessen auf die andauernde Zunahme der Vorbereitungstatbestände sowohl in Deutschland als auch in China hinzuweisen. Auf der **deutschen** Seite haben die Vorbereitungstatbestände im StGB und insbesondere im Nebenstrafrecht quantitativ zugenommen, was wesentlich durch die rasche wirtschaftliche und technologische Entwicklung ausgelöst worden ist. Unter anderem werden als drei bedeutende Beispiele dafür die Tatbestände der Vorbereitung zum Insiderhandelverbot (§ 38 I. Nr. 4 i. V. m. § 14 WpHG), Computerbetrug (§ 263a III StGB) und Kennzeichenmissbrauch (§ 22b I 1 Nr. 1 StVG) angeführt. Die Vorschriften dieser drei Vorbereitungstatbestände sind in der jüngsten Vergangenheit und zwar jeweils erst im Jahr 1998, 2003 und 2005 in Kraft getreten. Man kann kaum bezweifeln, dass die Vorbereitungshandlungen der Delikte zunehmend der Strafandrohung durch den deutschen Gesetzgeber unterliegen. Auf der **chinesischen** Seite wird diese Tendenz durch die Hinweise auf die Zunahme sämtlicher Tatbestände im BT des chinesischen StGB verdeutlicht, da die Vorbereitungshandlung der Vorsatzdelikte nach dem chinesischen StGB prinzipiell strafbar ist. Im ersten chinesischen StGB, das 1979 erlassen wurde, betrugen die Vorschriften im Besonderen Teil 103 mit gut 130 Tatbeständen, die allerdings durch die inzwischen erlassenen mehr als zwanzig Gesetzesnovellen, insbesondere durch die Nebenstrafrechte bezüglich der Betäubungsmittel-, Umwelt-, Wirtschafts- und Organisationskriminalität ergänzt wurden. Bis zum im Jahr 1997 modifizierten StGB hat sich die Zahl der Strafvorschriften im Besonderen Teil auf 350 erhöht[269]. Bis zum 29.06.2006 wurden sechs weitere Strafreformgesetze und ein Ergänzungsgesetz erlassen, mit dem Ergebnis, dass es z. Z. 435 Tatbestände

---

267 *Cross/Jones/Card*, Einführung in das englische Strafrecht (chin. F), 1991, S. 384. Auch nach dem „*American Model Penal Code*", das 1962 vom American Law Institute verabschiedet und von zwei Dritteln der amerikanischen Bundesländer übernommen wurde, muss die Handlung zwar einen „ wesentlichen Schritt" ( im Original „substantial step" § 5.01 MPC ) zum Beginn der Ausführung darstellen, die Vorbereitungshandlung ist der Sache nach aber in den aufgezählten Beispielen über die Bestätigung des vom Täter verfolgten kriminellen Zwecks umfasst; dazu siehe *Chu, Huaizhi,* Das amerikanische Strafrecht, 1987, S. 95. Auf der Seite von Amerika sind zahlreiche Beispiele dafür in der Rechtsprechung zu finden; dazu siehe *Mezger/ Schönke/Jescheck* (Hrsg.), Das Ausländische Strafrecht, Bd. 4, 1962, S.181f.

268 *Cross/Jones/Card*, Einführung in das englische Strafrecht (chin. F), 1991, S. 357; *Mezger/ Schönke/Jescheck* (Hrsg. ), Das ausländische Strafrecht der Gegenwart, Bd. 4, 1962, S. 182 f.

269 *Liu*, Yanhong/*Zhang*, Wen. Chinesische Rechtswissenschaft 2 (1992).

in den chinesischen Strafgesetzen gibt[270]. Die meisten Tatbestände beziehen sich auf das vorsätzliche Handeln. Die Bestrafung der Vorbereitungshandlung hat sich dadurch weit ausgedehnt. Diese Ausweitung der strafrechtlichen Steuerung im ganzen Lebensbereich erzeugt eben die gegenwärtige Diskussion, die aber der Einschränkung der Strafgesetzgebungsbefugnisse noch nicht viel dient, da die präventive Orientierung des Gesetzgebers unverändert weiter vorherrscht.

Die sog. Kriminalisierung im Vorfeld einer Rechtsgutsverletzung stößt bereits seit langem auf heftige Kritik[271]. Weil sich die Ausdehnungstendenz der Strafbarkeit der Vorbereitungshandlung im „modernen" Strafrecht eindeutig gezeigt hat, wird diese Zunahme von Vorbereitungstatbeständen in Deutschland auch unter dem Thema „Modernisierung des Strafrechts" mitdiskutiert[272], obgleich die Bestrafung der Vorbereitungshandlung nicht erst in der modernen Gesellschaft aufgetaucht ist. Wie soll nun dieses Faktum der anhaltenden Erweiterung der Strafbarkeit oder des staatlichen Strafeingriffs beurteilt werden? Was gibt dem Strafgesetzgeber Anlass, intensiver in das Gesellschaftsleben einzugreifen und es stärker zu steuern? Können die dahinter stehenden Maßstäbe als gerecht oder müssen sie als unbegründbar gelten? Allen diesen Fragen ist in diesem Abschnitt nachzugehen. Anschließend wird der Versuch unternommen, den Wandel des Strafrechts und den dahinter stehenden Orientierungswechsel der Gesetzgebung zu behandeln. Auf die Legitimationsprobleme, insbesondere im Bereich der Vorbereitungshandlung, wird danach eingegangen. Die Prüfungskriterien der Legitimität solcher Straftatbestände sind erst im nächsten Kapitel zu diskutieren.

Die folgende Untersuchung legt den Schwerpunkt auf die deutsche Seite. Als Gründe dafür sollen zwei Sachverhalte genannt werden. Erstens wird die Vorbereitungshandlung, die vom chinesischen StGB als allgemein strafbar vorgesehen ist, in China kaum als ein Hindernis der Modernisierung des Strafrechts betrachtet, so dass es unmöglich ist, die Einschränkung der Strafbarkeit der Vorbereitungshandlung in die kritische Diskussion des modernen Strafrechts einzubeziehen. Zweitens wird die Terminologie des „modernen" Strafrechts in der chinesischen Strafrechtswissenschaft dem „klassischen" Strafrecht, das jedoch durch die Feudalgesellschaft geprägt wurde, gegenübergestellt. Also hat „Modernisierung" des Strafrechts offensichtlich in China eine andere Bedeutung, als das „moderne" Strafrecht in Deutschland. Sie spiegelt das Bestreben der chinesischen Strafrechtler wider, einerseits eine angemessene Integration ausländischer Strafrechtssysteme ins chinesische StGB und andererseits die Anpassung des chinesischen Strafrechts an den Wandel der Gesellschaft zu erreichen. Der Einblick in den kritischen Diskurs über die moderne Entwicklung des chinesischen Strafrechts kann aber ohne Zweifel dem Nachdenken über die allgemeine Strafbedrohung der Vorbereitungshandlung dienen.

---

270 Die Gesetzgebungstechnik in China unterscheidet sich von der in Deutschland dadurch, dass der Gesetzgeber den Paragraphen keine Überschrift gibt. Infolgedessen überlässt er es den juristischen Organen, beispielsweise dem Obersten Volksgerichtshof oder der Obersten Staatsanwaltschaft, die Tatbestände genau zu benennen. Außer den von diesen beiden Organen im Jahre 1998 bekannt gemachten Erläuterungen zu den Tatbeständen in chinesischen StGB gibt es allerdings keine aktualisierte Erläuterung zu dem durch die sechs Strafreformgesetze reformierten StGB. Unter diesen Umständen ist es schwierig, die Gesamtsumme der Tatbestände im chinesischen StGB explizit zu bestimmen. Nach der einzigen bis jetzt erschienenen Statistik, gibt es im geltenden chin. Strafrecht insgesamt 435 Tatbestände, dazu siehe *Gao*, Mingxuan, in Schriften der Richter 1 (2007), S. 25.

271 Diese hat *Jakobs* schon im Jahre 1985 thematisiert, siehe *Jakobs*, ZStW 97 (1985), S. 751ff.

272 Zwar hat die sog. „Modernisierung" des Strafrechts in China z. Z. eben nicht wenig Aufmerksamkeit auf sich gezogen, jedoch wird die Strafbarkeit der Vorbereitungshandlung ganz selten in diese Diskussion einbezogen. Vielmehr wird „Modernisierung" in China im Sinne der Verbesserung des Strafrechts im Hinblick auf dessen Grundideen, Gesetzgebung und Rechtsprechung aufgefasst. Eine kritische Betrachtung über die Modernisierung des Strafrechts ist insoweit nicht auffindbar. Dazu vgl. vor allem *Tian*, Hongjie, Modernisierung, 2001.

## A. Die Differenzierung des „klassischen“ und modernen“ Strafrecht

Nach dem Ende des II. Weltkrieges erlebte das Strafrecht in Deutschland eine umfassende und kontinuierliche Reform. Während in den Fünfziger- und Sechzigerjahren die Bemühungen des Gesetzgebers um die Reform des Besonderen Teil des Strafrechts vor allem die Entkriminalisierung zum Ziel hatte, zeichnet sich die Reform des Strafrechts seit den siebzigen Jahren durch einen Aufschwung der neuen Strafbestimmungen in den verschiedenen strafrechtlich relevanten Bereichen aus[273]. In den als gesellschaftliche Bedrohungsphänomene ausgemachten Bereichen lassen sich eindeutige Tendenzen zur Ausweitung und Vorverlagerung des Strafrechtsschutzes beobachten, was als ein Faktum unstreitig ist[274]. In diesem Zusammenhang spricht man kritisch von „modernem“ Strafrecht[275]. Im Wesentlichen meint man damit drei Bereiche, die sich teilweise überschneiden[276]. Dazu gehört die erste Gruppe der Vorschriften, die durch den technischen und wissenschaftlichen Fortschritt, wie z. B. die Computertechnik, die Atomtechnik und Gentechnologie, neu entstandenen ist. Die zweite Gruppe dieser Vorschriften bezieht sich auf die Handlungen, die teils bislang schon im Ordnungswidrigkeitsrecht oder Nebenstrafrecht mit Strafandrohung versehen waren. Mit dem Wandel der Gesellschaft haben sie eine Aufwertung und Verschärfung sowie eine Ausdehnung ins Vorfeld erlebt. Zu nennen sind hier insbesondere das Umweltstrafrecht und das Wirtschaftsstrafrecht. In die dritte Gruppe einbezogen sind die Handlungen, deren anwachsende Häufigkeit zu Vorverlagerung und Verschärfungen der Strafbarkeit Anlass gegeben hat. Typisch sind hierfür die Drogenkriminalität und die organisierte Kriminalität.

Demgemäß soll das aktuelle Erscheinungsbild der geltenden deutschen Strafrechtsordnung nach der Frankfurter Schule wesentlich durch ein Nebeneinander von „klassischem“ und „modernem“ Strafrecht geprägt sein.

### I. Charakter des Strafrechts „klassischer“ Prägung

Unter „Klassik“ sollte in diesem Zusammenhang nicht eine bestimmte Epoche zu verstehen sein, sondern vielmehr „ein Ideal, eine Zielvorstellung, an der gemessen werden kann“[277].

Den Begriff des „klassischen“ Strafrechts entwickelt *Hassemer* in Anlehnung an die Philosophie der Aufklärung auf der Grundlage der Idee des Sozialvertrags. Danach habe das „klassische“ Strafrecht lediglich die Aufgabe gehabt, die Verletzung der sozialvertraglich gesicherten Freiheiten abzuwehren und sodann die sozialvertragliche Vereinbarung zu stabilisieren[278]. Es diente der Freiheitsbewahrung des Bürgers gegenüber ungerechtfertigten Belastungen als schützendes Korrektiv. Daraus leitet sich einerseits der Grundsatz der Subsidiarität des Strafrechts als letztes Mittel gesellschaftlicher Problemlösung und andererseits die Konzentration auf den Schutz von Individualrechtsgütern ab. Der strafrechtliche Schutz der Universalrechtsgüter sei im „klassischen“ Strafrecht nur in dem Maße gerechtfertigt, als ihr Schutz Voraussetzung für die freiheitsverbürgende Weiterexistenz des Gesellschaftskonsenses gewesen sei[279]. Im Prinzip stimmt *Nau-*

273 Zu dieser Entwicklung vgl. in erster Linie *Wohlers*, Deliktstypen, 2000, S. 29, und auch *Anastasopoulou*, Deliktstypen, 2005, m. w. N.
274 *Müller-Dietz*, FS Schmitt, 1992, S. 98 ff.; *Herzog*, in Modernes Strafrecht, 1990, S. 105; *Wohlers*, Deliktstypen, 2000, S. 30.
275 *Hassemer*, NStZ 1989, S.554; *ders.*, ZRP 1992, S. 379; *Naucke*, KritV 1990, S.135, 154 ff.; *ders.*, KritV 1993, S.244, 253 ff.; *Seher*, Rechtsgutstheorie, 2003, S. 39.
276 Zu diesen Erscheinungsformen der neuen Strafbestimmungen vgl. *Hefendehl*, Kollektive Rechtsgüter, 2002, S. 2; *Hassemer*, ZRP 1992, S. 381.
277 *Hassemer*, ZRP 1992, S. 379.
278 Vgl. *Hassemer*, ZRP 1992, S. 379 ff. ; *ders.*, Theorie, 1973, S.29 ff.; *ders.* , Produktverantwortung, 1996, S. 3ff.
279 Vgl. *Hassemer*, ZRP 1992, S. 378, 380.

*cke* mit *Hassemer* überein, wenn er das legitime Strafrecht „auf die Repression schweren Unrechts an der Freiheit der Person und der Gemeinschaft" beschränkt[280].

Mit dem gesellschaftlichen und politischen Wandel vom liberalen Rechtsstaat des 19. Jahrhunderts zum Sozial- und Wohlfahrtsstaat des 20. Jahrhunderts sei aber das auf die Steuerung gesellschaftlicher Prozesse abzielende „moderne" Strafrecht entstanden[281].

## II. Charakter des „modernen" Strafrechts

Der Frankfurter Schule zufolge habe sich das „moderne" Strafrecht zum „Zweckstrafrecht"[282], und damit zu einem Mittel gesellschaftlicher Steuerung und infolgedessen zu einem Instrument der Volkspädagogik entwickelt[283]. Die kontinuierlich fortschreitende Kapazitätsausweitung des Strafrechtssystems diene staatlicher Krisensteuerung[284], die im Ergebnis zu einer flächendeckenden Pönalisierung ganzer Bereiche des gesellschaftlichen Lebens führe und eine Auflösung bzw. Flexibilisierung der im Hinblick auf das Ziel eines effizienten Krisenmanagements hinderlichen Zurechnungsstrukturen des „klassischen" Strafrechts zur Folge habe[285]. Im Gegensatz zum bevorzugten Strafrechtsschutz des Individualrechtsguts in der Vergangenheit kehre sich das moderne Strafrecht immer mehr vom Individualrechtsgüterschutz ab. Nunmehr würden immer mehr Institutionen der Gesellschaft oder auch des Staats zu Lasten konkreter Individualrechtsgüter geschützt[286]. Die Kritik der heutigen Entwicklung des Strafrechts richtet sich auch gegen die Kriminalisierung im Vorfeld der manifesten Rechtsgutsbeeinträchtigung, weil diese „Vorfeldkriminalisierung"[287] darauf verzichtet, die Unmittelbarkeit der Rechtsgutsverletzung oder -gefährdung in Betracht zu ziehen. Für das strafrechtliche Unrecht komme es nur auf den Nachweis der Vornahme der gefährlichen Handlungen an[288]. Somit rücke das Strafrecht „in die Nähe polizeilicher Ordnungsmechanismen"[289]. Allgemein werde der Grundsatz der Subsidiarität vom Gesetzgeber missachtet, und die strafrechtliche Intervention werde nicht mehr als ultima, sondern als sola oder prima ratio verstanden[290].

---

280 *Naucke*, KritV 1990, S. 244, 247; *ders.*, KritV 1993, S. 135, 143.

281 *Hassemer*, Produktverantwortung, 1996, S.4 ff.; *Albrecht*, StV 1994, S. 265; *Lüderssen*, StV 2004, S. 98.

282 *Prittwitz*, StV 1991, S. 438.

283 *Hassemer*, NStZ 1989, S. 553, 558; *ders.*, ZRP 1992, S. 380; *Callies*, NJW 1989, S.1340; *Herzog*, Unsicherheit, 1991, S. 146; *Prittwitz*, StV 1991, S. 438.

284 Vgl. *Hassemer*, NStZ 1989, S. 553, 558; *ders.*, ZRP 1992, S. 378, 379; *Naucke*, KritV 1990, S. 244, 253ff.; *ders.*, KriV 1993, S. 135, 154ff.

285 Vgl. *Hassemer*, NStZ 1989, S. 553, 557; *ders.*, ZRP 1992, S. 378, 381; *Appel*, Verfassung und Strafe, 1998, S. 35 ff.

286 *Hassemer*, FS Kaufmann, 1989, S. 86 ff.; *ders.*, Produktverantwortung, 1996, S. 10 ff.; *ders.*, ZRP 1992, S. 381; *Müller-Dietz*, FS Treffterer, 1996, S. 677 ff.; *Hohmann*, Umweltdelikte, 1991, S. 58 ff.; *Weigend*, FS Triffterer, 1996, S. 699 ff.

287 Zum Begriff der Vorfeldkriminalisierung oder des Vorfeldschutzes vgl. zuerst *Jakobs*, ZStW 97 (1985), S.751 ff. und auch *Voß*, Symbolische Gesetzgebung, 1989, S. 144 ff.

288 *Hassemer*, StV 1995, S. 494; *ders.*, NStZ 1989, S. 558; *ders.*, FS Kaufmann, 1989, S. 89; *Herzog*, Unsicherheit, 1991, S. 71; *Müssig*, Abstrakte Rechtsgüter, 1994, S. 199.

289 *Naucke*, KritV 1993, S. 138. In diesem Zusammenhang stimmt *Herzog* mit *Naucke* überein, wenn er darauf hinweist, dass die Position *Feuerbachs*, der aus dem Verständnis des Verbrechens als Rechtsverletzung die Folgerung zog, dass die bloße Gefährdung nicht im Strafgesetzbuch, sondern allenfalls im Polizeistrafrecht einen Platz hätte, in der Folgezeit mehr und mehr ins Wanken geraten sei.

290 *Hassemer*, ZRP 1992, S. 381; *ders.*, StV 1995, S. 486; *ders.*, Freiheitliches Strafrecht, 2001, S. 240; *ders.*, FS Roxin, 2001, S. 1007.

## B. Der Orientierungswechsel der Gesetzgebung von der Vergeltung zu Generalpräventionsansätzen

Die Gegenüberstellung von sog. „klassischem" und „modernem" Strafrecht impliziert den Orientierungswechsel der Gesetzgebung von der Vergeltung zur Generalprävention. Wie *Schünemann*[291] nach einem kurzen Rückblick auf die moderne Entwicklung der Straftheorie in Deutschland treffend darstellt, herrschte die Vergeltungstheorie bis in die Sechzigerjahre hinein, während das Konzept der positiven Generalprävention nunmehr mit imponierender Geschwindigkeit wie ein Phönix aus der Asche steigt. Augenfällig sind die Nachweise zuerst der Änderungsgesetze oder des Nebenstrafrechts, die das Ziel der Gefahrenabwehr haben. Beispielsweise ist im Titel der meisten deutschen Änderungsgesetze zu lesen: „Gesetz zur Bekämpfung..."[292]. Ferner lassen sich in der Entwurfsbegründung der in den letzten Jahrzehnten erlassenen Gesetze zur Reform des Wirtschafts-, Umwelt-, und Betäubungsmittelstrafrechts oft folgende Ausdrücke finden: „Wirksame Bekämpfung...", „Verbesserung vorbeugender Maßnahmen" oder „die Vorschrift ... stärker auf den Kampf gegen die...Kriminalität ausrichten"[293].

Die Diskussion über den gesellschaftlichen Hintergrund des Orientierungswechsels des Strafgesetzgebers ist wesentlich durch die Monographie des Soziologen *Beck*[294] zur „Risikogesellschaft" geprägt worden. Die „Risikogesellschaft" werde mit qualitativ und quantitativ neuartigen und die Existenzbedingungen der Menschheit bedrohenden Gefahren konfrontiert, von denen viele dem unmittelbaren menschlichen Wahrnehmungsvermögen völlig entzogen seien und damit ein Phänomen gesellschaftlicher Unsicherheit erzeugen sollen. *Becks* Thesen über die „Risikogesellschaft" beeinflussten den Diskurs[295] über die Änderung strafrechtlicher Aufgaben und der modernen Kriminalpolitik. Danach ist es einerseits objektiv einzusehen, dass das Strafrecht als ein für die Daseinvorsorge geeignetes Steuerinstrument erscheint, um die Angst und Unsicherheit unter den Bürgern zu bannen. Es ist daher nicht erstaunlich, wenn „der Ruf nach dem Strafgesetzgeber immer öfter und schneller" erschallt[296]. Andererseits wird heftig debattiert, ob das Strafrecht in dieser Weise noch auf dem richtigen Weg ist, weil der Verzicht auf eine Rechtfertigung staatlichen Strafens durch positive Folgen als ein rechtskultureller Rückschritt angesehen werden sollte[297]. Gerade in diesem Sinne stellt *Schünemann* die Frage, „ob das Konzept der positiven Generalprävention die dafür reklamierten Leistungen, nämlich die Letztbegründung und Legitimation des Strafrechts, überhaupt erbringen kann"[298]. Das sog. präventive Strafrecht bereitet der Strafrechtswissenschaft zwei Problembereiche: Zum einen ist das die Rechtsgutsproblematik. Die Gesetzgebung und Rechtsprechung produzieren immer neue „Rechtsgüter", was den Strafrechtlern die Aufgabe gestellt hat, solche neuen Rechtsgüter kritisch zu überprüfen, ob es gerecht ist, sie in den bestehenden Rechtsgutskreis zu integrieren und sie ansonsten gut begründet abzulehnen. Zum anderen besteht ein Problemfeld in der Vorverlagerung der Gefahrenabwehr, insbesondre in den neuen Strafbestimmungen zu abstrakten Gefährdungsdelikten.

291 *Schünemann*, Positive Generalprävention, 1998, S. 109.

292 *Hettinger*, NJW 1996, S. 2263 f.; *Kempf*, NJW 1997, S. 1729, 1731.

293 Ausführlich vgl. *Wohlers*, Deliktstypen, 2000, S. 36.

294 *Beck*, Risikogesellschaft, 1986.

295 Eine verhältnismäßig ausführliche Aufzählung der einschlägigen jüngsten Literatur vgl. wesentlich *Anastasopoulou*, Deliktstypen, 2005, S. 216, Fn. 1361.

296 So *Lagodny*, Grundrechte, 1996, S. 2.

297 *Wohlers*, Deliktstypen, 2000, S. 23.

298 *Schünemann*, Positive Generalprävention, 1998, S. 109 ff.

## C. Vorfeldkriminalisierung im Bereich der Vorbereitungshandlung

Die Vorverlagerung der Gefahrenabwehr im Fall des Strafrechts ist rechtsbegrifflich mit der „Vorfeldkriminalisierung", „Vorfeldverlagerung der Strafbarkeit", „Vorverlegung des Strafrechtsschutzes" oder detaillierter „Kriminalisierung im Vorfeld einer Rechtsgutsverletzung"[299] verbunden. Darunter wird verstanden, dass eine nur mittelbare Beziehung zwischen Verhalten und Rechtsgutsverletzung besteht. Anknüpfend an die obige Darstellung der modernen Entwicklung des deutschen Strafrechts ist zuerst festzustellen, dass der Begriff „Vorfeldkriminalisierung" nicht nur das in der Strafgesetzgebung und Rechtsanwendung verbreitete Faktum vorverlagerter Kriminalisierung bezeichnet. Vielmehr wird damit die Legitimationsbedürftigkeit von Vorfeldnormen in rechtsgutsbezogener Hinsicht verdeutlicht. So hat *Jakobs* im Zusammenhang mit der Vorfeldkriminalisierung eine zentrale Frage vertiefend reformuliert: „Wo (verläuft) die Grenze zwischen dem legitimerweise noch strafbaren und dem nicht mehr strafbaren Vorfeldverhalten…?"[300] Denn Kriminalisierungen im Vorfeld einer Rechtsgutsverletzung werden, wie bereits mehrmals erwähnt, zu weiten Teilen in einem freiheitlichen Staat nicht als legitimierbar angesehen[301].

Der Sache nach ist dieses Bedenken allerdings weder in dogmatischer noch in begriffsgeschichtlicher Hinsicht neu, sondern Grundlage strafrechtswissenschaftlichen Bemühens, soweit es sich der freiheitsgesetzlichen Dimension des Gegenstandes bewusst ist.[302] In einem freiheitlichen Rechtsstaat ist es tatsächlich ein ewiges Thema, wie ein Einsatz strafrechtlicher Mittel zu legitimieren ist. Die frühzeitige und umfassende strafrechtliche Identifikation einer für potentiell gefährlich erachteten Verhaltensweise muss zweifellos vor dem freiheitlichen Rechtsstaatsprinzip bestehen können, wenn und weil die Kriminalisierung des Vorfeldverhaltens im Interesse eines stark optimierten Rechtsgüterschutzes durchaus wünschenswert sein kann[303].

Auf der anderen Seite bedeutet aber die Beschränkung des Strafrechts auf seinen Kernbereich" von alters her überlieferter Delikte eine Rückkehr zum „Klassenstrafrecht", worauf *Lüderssen*[304] mit Recht hingewiesen hat. Auch *Schünemann*[305] wendet ein, dass die Ignorierung der Handlungsbedingungen der modernen Gesellschaft die Rechtsgüterschutzaufgabe des Strafrechts notwendig verfehlen muss, was bedeutet, dass die *Frankfurter Schule* die Modernisierung des Strafrechts in diesem Sinne verweigert. *Frisch* hält es auch für angemessen, wenn „das Strafrecht neuen Angriffsformen Rechnung zu tragen hat oder im Zuge technischer Fortentwicklung neue Objekte sichtbar werden, die als Gegenstände von Rechtsverhältnissen in vergleichbarem Maße des Schutzes bedürfen wie traditionelle, möglicherweise zunehmend an praktischer Bedeutung verlierende Objekte"[306]. Die Anpassung von Straftatbeständen an veränderte Lebensverhältnisses ist – *Frisch* zufolge – am anerkannten Stoff des Strafrechts zu überprüfen und dann gegebenenfalls modifiziert zu praktizieren. Erst dann kann ein angemessener Maßstab gebildet werden, soweit es sich um die Beurteilung von Vorfeldkriminalisierungen oder jener Deliktstypen und Deliktsstrukturen handelt, deren sich der „moderne" Gesetzgeber zunehmend bedient.

Das Vorbereitungsdelikt ist ein Spezialfall der Vorfeldkriminalisierung des Handelns mit Verletzungsvorsatz. Daher ist die gesetzlich festgelegte Pönalisierung bestimmter Vorbereitungshand-

---

299 So bekannte Aussprache vgl. *Jakobs*, ZStW 97, S. 751 ff.

300 *Jakobs*, ZStW 97, S. 753.

301 *Jakobs*, ZStW 97, S. 751 ff.

302 Hierzu aufschlussreich vgl. *Köhler*, Strafe, 1986, S. 134 f.; *Radbruch*, in Der Mensch im Recht, 2. Aufl., 1957, S. 63 ff.; *Gallas*, Beiträge, 1968, S. 1 ff, 16 f.

303 *Voß*, Symbolische Gesetzgebung, 1989, S. 145.

304 *Lüderssen*, Abschaffen des Strafens? 1995, S.11 ff.

305 *Schünemann*, GA 1995, S. 213.

306 *Frisch*, Rechtsgutstheorie, 2003, S. 233.

lungen gegen die Bedenken gegen die Vorfeldkriminalisierung nicht immun. Laut *Rath*[307] sei in jüngster Zeit „die Statuierung solcher Strafbarkeiten –also der „Vorfeldkriminalisierung" – durchaus problematisch. Denn dem Bürger werden bestimmte Handlungen vorzunehmen verboten, obgleich diese Handlungen von dem eigentlichen Angriff auf das Schutzgut und damit grundsätzlich auch dem Bruch des Rechtsverhältnisses noch entfernt seien[308], denn das positive Recht achtet dabei die Schranken nicht, „ die der bürgerliche Status des delinquierenden Subjekts dem Strafrecht zieht"[309] und dann hat „der Täter keine Privatsphäre, keinen Bereich eines noch-nicht-sozial-relevanten Verhaltens, sondern ist nur Gefahrenquelle, mit anderen Worten, Feind des Rechtsguts"[310].

Wie oben dargelegt, kann die Vorfeldkriminalisierung nicht durchaus verweigert werden, wenn die Bürger vor der undurchschaubaren Gefahr der postmodernen Industriegesellschaft zu schützen sind. Vielmehr muss bei der Vorfeldkriminalisierung auf der Prüfungsstufe sichergestellt werden, dass das berechtigte Interesse des Einzelnen an der fraglichen Handlung nicht größer ist, als das Kriminalisierungsinteresse des Staats[311]. Im so genannten liberalen Strafrecht benötigt die Vorverlegung der Strafbarkeit in das Vorbereitungsstadium also einen Legitimationsgrund und zugleich ein Einschränkungskriterium. Ob der materielle Verbrechensbegriff dafür aufschlussreich, und das Rechtsgutsschutzprinzip ein haltbarer Maßstab ist, wird anschließend an erster Stelle behandelt werden. Danach wird darauf eingegangen, was für eine Gefahr die Strafbarkeit der das Rechtsgut nur bedrohenden Vorbereitungshandlung legitimieren kann.

---

307 *Rath*, JuS 1999, S. 35

308 *Rath*, JuS 1999, S. 35. Dazu kritisch auch *Jescheck/ Weigend*, AT$^5$ 1995, S. 523.

309 *Jakobs*, AT$^2$, 1993, S. 708.

310 *Jakobs*, ZStW 97 (1985), S. 753.

311 *Schünemann*, GA 1995, S. 213.

# Teil 3: Beurteilung der Legitimitätsmaßstäbe der Vorbereitungstatbestände

Nach dem oben erlangten Befund, dass die Erweiterung der Bestrafung von Vorbereitungshandlungen in der postmodernen Industriegesellschaft durch den Orientierungswechsel des Strafgesetzgebers nicht verhindert werden kann, soll nach normativen Überprüfungsstandards gesucht werden, um einerseits den strafrechtlichen Schutz im Vorbereitungsstadium zu legitimieren und andererseits zu begrenzen. In diesem Abschnitt werden zwei grundlegende Probleme behandelt: vor allem gilt es die Frage zu beantworten, ob der sich auf das Rechtsgut bezogene materielle Verbrechensbegriff überhaupt oder gegebenenfalls sogar alleine die Vorbereitungstatbestände legitimieren kann. Angesichts der Tatsache, dass einerseits der Rechtsgutsbegriff dem chinesischen Strafrecht fremd ist, und andererseits die Sozialschädlichkeit im chinesischen Verbrechensbegriff einen Angelpunkt innehat, während der Begriff der Soziaschädlichkeit in der deutschen Strafrechtswissenschaft verschiedene Auffassungen erfährt, ist zugleich auf die Beziehung der Rechtsgutstheorie zur Sozialschädlichkeitstheorie einzugehen. Damit lässt sich eine Grundlage für den Vergleich zwischen unterschiedlichen Strafrechtskulturen herstellen. Zuletzt wird die Relation zwischen der Vorbereitungshandlung und dem schadensbedrohten Rechtsgut erörtert. Vom Gesichtspunkt der Deliktsstruktur ausgehend wird versucht, die Begründung der legitimen Bestrafung einiger Vorbereitungshandlungen zu untersuchen.

## *§ 4. Die Rechtsgutstheorie als erster Prüfungsmaßstab für die Legitimität der Vorbereitungstatbestände*

## A. Vorfeldkriminalisierung und der Rekurs auf den materiellen Verbrechensbegriff

### I. Die Bedeutung des materiellen Verbrechensbegriffs für die Strafgesetzgebung

Zwar spielt der Begriff des Rechtsgüterschutzes, wie oben bereits erwähnt, in der deutschen Strafrechtswissenschaft für die Begründung der Staatsbestrafung eine bedeutsame Rolle, es scheint allerdings unausweichlich zu sein, zuerst mit dem materiellen Verbrechensbegriff zu beginnen; denn nicht nur kennt das chinesische StGB den Begriff des Rechtsguts noch nicht, sondern der materielle Verbrechensbegriff bestimmt auch die für eine bestimmte Rechts- und Sozialordnung gültige Auffassung vom Verbrechen [312]. Anders ausgedrückt: die Auffassungen bezüglich der „inhaltlichen Qualität strafbaren Handelns“[313] können aufgrund einer Klärung des materiellen Verbrechensbegriffs aufgeklärt werden. Aufgrund dieser Erläuterung sollen Grund und Grenze des Strafrechtsschutzes im Vorbereitungsbereich begründet werden. Im Folgenden wird ein Blick auf die Aussagekraft des materiellen Verbrechensbegriffs in China und in Deutschland geworfen.

#### *1 Deutschland*

Seit langem wird die überwiegende Rolle des materiellen Verbrechensbegriffs bei der Einschränkung des Strafgesetzgebers festgestellt. Dennoch findet man auch unterschiedliche Einwände.

##### a) Herrschende Meinung

Hier wird „Verbrechen“ als Synonym für strafbare Handlung, Straftat oder Delikt verwendet. Seit dem RStGB 1871 findet sich in der deutschen Strafrechtsgeschichte die Einteilung des Delikts, die eine Änderung der *Trichotomie* (Dreiteilung[314]) zur *Dichotomie* (Zweiteilung) erlebt. Entsprechend ergibt sich im geltenden StGB lediglich eine **formelle** Definition des Verbrechens, die zugleich mit der Einteilung vollzogen und zwar nach dem positiven Strafrecht bestimmt wird. Die Möglichkeit, den Verbrechensbegriff im StGB **materiell** zu bestimmen, wird völlig ausgeschlossen. Im Kommentar zum RStGB bezeichnete *Frank* 1908 das Verbrechen formell bereits als ein Verhalten, das menschlich, gewollt, gesetzlich verboten, rechtswidrig und schuldhaft sein müsse[315]. Heutzutage wird es gemeinhin so ausgedrückt, dass unter dem formellen Verbrechensbegriff die Erfüllung aller wesentlicher Straftatelemente (Tatbestandsmäßigkeit – Rechtswidrigkeit – Schuld) verstanden wird[316]. Beim formellen Verbrechensbegriff geht es um die Zusammenfassung der wissenschaftlichen Einsichten in das positive Recht[317]. Nach der jüngeren Auffassung bezeichnet der formelle Verbrechensbegriff die bestehende strafrechtliche Legalordnung[318]. Trotzdem bringt der formelle Verbrechensbegriff nichts für die Frage, von welchen Erwägungen sich der Gesetzgeber leiten lässt, wenn er eine Handlung zu einem Verbrechen erklärt. Er bietet

---

312 Vgl. *Zheng*, Jinhuo, in Zeitschrift des chinesischen Kriminalrechts 5 (2005), S. 16; der gleiche Ausdruck findet sich bei *Zipf*, Kriminalpolitik², 1980, S. 106.

313 *Roxin*, AT⁴, Bd. I, 2006, A § 2 Rn. 1.

314 Die Dreiteilung des französischen Strafrechts kam über das bayerische StGB 1813 und über das preußische StGB in das *RStGB* von 1871. Dazu siehe *Hilgendorf* in LK¹², §12, Entstehungsgeschichte, m. w. N.

315 Vgl. *Frank*, Strafgesetzbuch, 5. – 7. Aufl., 1908, Anm. I vor § 1.

316 Über diese Beschreibung findet sich Übereinstimmung in umfangreicher Literatur.

317 Zusammenfassend bei *Naucke*, in Naturrecht, 1997, S. 271.

318 So *Zipf*, Kriminalpolitik², 1980, S. 106.

zwar eine wichtige Begrenzung für den Rechtsanwender, stellt aber keine Schranke für den Gesetzgeber dar, der über die Ausgestaltung des positiven Rechts zu entscheiden hat[319].

Die Gegenüberstellung vom formellen und materiellen (normativen – strafrechtlichen) Verbrechensbergriff, die von *Frank* kommentarfähig ausdiskutiert wird, hat zur Folge, dass der materielle Verbrechensbegriff die Aufgabe übernimmt, die Erwägung des Gesetzgebers zu leiten[320]. Bislang herrscht diese Ansicht in der deutschen Strafrechtswissenschaft vor. Abgesehen von der heftigen Diskussion um seinen konkreten Inhalt[321], wird dieses Gewicht des materiellen Verbrechensbegriffs von der deutschen Strafrechtswissenschaft allgemein anerkannt und jedoch geschieht dies mit unterschiedlichen Argumenten.

Beispielsweise wird seine Bedeutung zum einem aufgrund dogmengeschichtlicher Untersuchungen als ein Faktum festgestellt. Als allgemeine Leitlinien für die legitimationsbezogene Begrenzung des Strafrechts, laut *Frisch*, finden sich spätestens seit dem Ausgang des 18. Jahrhunderts vor allem die Grundkriterien des materiellen Verbrechensbegriffs[322]. Das Strafrecht vom 19 Jahrhundert ist ohne einen materiellen, naturrechtsnahen Verbrechensbegriff nicht denkbar[323].

Zum anderen wird auch davon ausgegangen, dass das Grundgesetz einen weiten legislativen Ermessensbereich für den Strafgesetzgeber lässt, und die Ermessensrichtlinie in diesem Bereich deswegen von erheblicher Bedeutung ist[324]. Eine solche Leitlinie für das legislative Ermessen stellt der materielle Verbrechensbegriff dar[325]. Ähnlich argumentiert *Roxin*: der Verfassungsgesetzgeber setzt zwar das Bestehen eines staatlichen Bestrafungsrechtes voraus; es ist allerdings „nichts darüber gesagt, wie ein Verhalten beschaffen sein muss, damit der Staat berechtigt ist, es unter Strafe zu stellen"[326]. Ihm zufolge liefert der materielle Verbrechensbegriff dem Gesetzgeber einen kriminalpolitischen Maßstab dafür, was er bestrafen darf und was er straflos lassen soll[327]. *Zipf*[328] sieht im materiellen Verbrechensbegriff zwar „keine rechtliche Schranke für den Strafgesetzgeber", misst ihm aber „Leitbildfunktion" bei, denn „der materielle Verbrechensbegriff weist über das geltende Recht hinaus und ist der Maßstab für alle strafrechtlichen Reformbemühungen". Diese Formulierung findet sich im Lehrbuch von *Maurach/Zipf*[329] wiederholt: „Die inhaltliche Ausfüllung des materiellen Verbrechensbegriffes ergibt das Leitbild für den Gesetzgeber, nach dem er über die Pönalisierung bestimmter Verhaltensweisen zu entscheiden hat."

Hinsichtlich des Zweifels an der praktischen Leistungsfähigkeit des materiellen Verbrechensbegriffes für das Recht, ist *Zipf* Recht zu geben, wenn er darauf hindeutet, dass man einerseits seine Rolle zwar damit nicht überschätzen dürfe, andererseits aber die Leitbildfunktion einer solchen Aussagen nicht unterschätzen solle, die die jeweilige Rechts- und Sozialordnung im Wesen des Strafrechts erblickt[330]. Man müsse sich darüber klar sein, dass ohne vorherige Erarbeitung eines der Verfassungsordnung adäquaten materiellen Verbrechensbegriffes kein wissenschaftliches Ge-

---

319 *Kuhlen*, Im gesamten Strafrechtssystem, 1996, S.78.
320 *Frank*, Strafgesetzbuch, 5. – 7. Aufl., 1908, Anm. IV vor § 1.
321 Über die Einzelheiten der Diskussion um die Definition des materiellen Verbrechensbegriffs siehe unten § 4 A II.
322 *Frisch*, FS *Stree/Wessels*, 1993, S. 69.
323 *Naucke*, in Naturrecht, 1997, S. 286, 290.
324 *Zipf*, Kriminalpolitik$^2$, 1980, S. 106.
325 *Zipf*, Kriminalpolitik$^2$, 1980, S. 106.
326 *Roxin*, AT$^4$, Bd. I, 2006, A § 2 Rn. 1.
327 *Roxin*, AT$^4$, Bd. I, 2006, A § 2 Rn. 1.
328 *Zipf*, Kriminalpolitik$^2$, 1980, S. 110 f.
329 *Maurach/Zipf*, AT/I$^8$, 1992, S. 170, Rn. 12.
330 *Zipf*, Kriminalpolitik$^2$, 1980, S. 110.

spräch über die Reform des Besonderen Teils geführt werden kann, denn sonst fehlt der sichere Beurteilungsmaßstab für die Schaffung der Strafnormen[331].

**b) Minderheitsmeinungen**

Von den obigen weichen aber die Minderheitsmeinungen ab, die entweder mangelnde Leistungsfähigkeit des materiellen Verbrechensbegriffs monieren, oder sich mit der Einschränkung der Strafgesetzgebung rein durch die aus dem GG abgeleiteten Prinzipien von Strafbedürftigkeit und Verhältnismäßigkeit u. a. beschäftigen.

aa) Bedenken bezüglich der Adäquanz des materiellen Verbrechensbegriffs zur Legitimierung bzw. Begrenzung der Kriminalisierung

Insoweit hängt dieser Einwand meist mit dem Streit um den konkreten Inhalt[332] eines solchen Verbrechensbegriffs und um die Möglichkeit, ihn zu ermitteln, zusammen.

Vor allem hat *Volk* eindeutige Stellung dazu genommen. Ihm zufolge sei ein materieller Verbrechensbegriff, der uns hinreichend genau erklären könne, welches Verhalten bestraft werden dürfe, nicht vorhanden[333]. Was er damit meint, lässt sich bei näherem Betrachten herausfinden, nämlich: dass der materielle Verbrechensbegriff bereits „in den Kategorien von Tatbestandmäßigkeit, Rechtswidrigkeit und Schuld positiviert ist“[334]. Ein Verbrechensbegriff in diesem Sinne fragt ohnehin nicht nach dem Inhalt oder der Substanz, die den Gegenstand des Verbrechens ausmacht. Daher ist es laut *Volk* unzumutbar, durch einen möglichst deutlichen materiellen Verbrechensbegriff den Strafrechtsgesetzgeber bei seiner Erwägung zu leiten und zu begrenzen.

Außerdem beruft sich *Naucke* auf eine Untersuchung des materiellen Verbrechensbegriffs aus dem 19. Jahrhundert, in dem das Verbrechen als sozialschädliche Handlung verstanden wurde[335]. Dieser Begriff sei „Teil einer erkenntnistheoretisch abgesicherten Staats- und Rechtstheorie“[336], und habe zwar am Ende des 18. und am Anfang des 19. Jahrhunderts „eindeutig eine strafrechtskritische, eine strafrechtseinengende Funktion“ gehabt[337]. In der zweiten Hälfte des 19. Jahrhunderts finde jedoch eine Entlassung des materiellen Verbrechensbegriffs aus der Staats- und Rechtstheorie statt[338]. Dieser Wandel habe zum Ergebnis geführt, dass sowohl die einzelnen Fragen des kritischen naturrechtlichen materiellen Verbrechensbegriffs als auch die aus der Staats- und Rechtstheorie abgeleitete Grenze der Strafbarkeit und der Sanktion in den formellen Verbrechensbegriff abgewandert sein[339].

Zuletzt soll es, laut *Maier- Weigt*, neben dem materiellen Verbrechensbegriff noch einen so genannten **materialen**[340] Verbrechensbegriff geben, der gegenüber dem formellen oder **materiellen**

---

331 Vgl. näher *Zipf*, MDR 1969, S. 892.

332 Beispielsweise zweifelt Frisch an der Leistungsfähigkeit des materiellen Verbrechensbegriffs, der mit den Begriffen „Rechtsgut“ und „Sozialschädlichkeit“ verbunden ist, das Strafrecht zu begrenzen. Siehe insbesondere *Frisch*, FS *Stree/Wessels*, 1993, S.69 ff; *ders.*, Von totalitärem zu rechtsstaatlichem Strafrecht , 1993, S. 201 ff. Seine Ansicht findet sich wiederholt zitiert bei *Kuhlen*, Im gesamten Strafrechtssystem, 1996, S.77 ff.

333 *Volk*, ZStW 97 (1985), S. 900.

334 *Volk*, ZStW 97 (1985), S. 900.

335 *Naucke*, in Naturrecht, 1997, S. 274.

336 *Naucke*, in Naturrecht, 1997, S. 276.

337 *Naucke*, in Naturrecht, 1997, S. 277.

338 *Naucke*, in Naturrecht, 1997, S. 276.

339 *Naucke*, in Naturrecht, 1997, S. 290.

340 Hier wird der Ausdruck „material“ unterschiedlich zu anderen Wissenschaftlern benutzt, die „material“ durchaus mit „materiell“ gleichsetzen. Vgl. vor allem *Stratenwerth/Kuhlen*, AT I[5], 2004, S. 29; *Schönke/Schröder*[27], 2006, § 12

Verbrechensbegriff „auf ‚Recht', auf Vorpositives', das diesen Verbrechensbegriff überhaupt strukturiert, verweist"[341]. Anknüpfend an *Volk* , der einen „aus dem jenseits der strafrechtlichen Ideale und naturrechtlichen Ideen in den positivistisch profanierten Alltag des dogmatischen Regelwerkes"[342] herüberzuholenden materiellen Verbrechensbegriff kritisiert, entwickelt *Maier-Wiegt* seinen materialen Verbrechensbegriff, der „bestehende positive Strafgesetze einer Kritik unterziehen"[343] können soll.

bb) Die reine Berufung auf andere kritische Leitkriterien

In den kritischen Auseinandersetzungen über Legitimität und Begrenzung der Strafgesetzgebung werden noch andere Versuche unternommen, die lediglich von einigen Grundprinzipien ausgehen, ohne den materiellen Verbrechensbegriff einzubeziehen.

Diesbezüglich stellt sich die Zusammenfassung von *Stratenwerth/Kuhlen* als ein typisches Beispiel dar. Weil die besondere Einzelausgestaltung des strafrechtlichen Schutzes ohnehin Sache des gesetzgeberischen Ermessens bleiben müsse, werde die Frage nach den Grenzen, die dem Strafrecht durch die Verfassung gezogen sind, dann als ergiebiger angesehen[344]. Aus dem Verfassungsrecht lassen sich mehrere Prinzipien, die die Grunderfordernisse rationaler Strafgesetzgebung gewährleisten, ableiten. Zunächst ist auf explizite Regeln wie die des Art. 103 II GG, das Verbot unbestimmter Strafvorschriften, zu verweisen[345]. Bei der Beantwortung der Frage, ob und inwieweit eine Strafnorm in Grundrechte der Betroffenen eingreifen darf[346], muss auf das Erforderlichkeits- und Verhältnismäßigkeitsprinzip[347] verwiesen werden, da die Strafe den härtesten Eingriff des Staats in die Persönlichkeitsrechte des Betroffenes bedeutet[348].

**c) Beurteilung des Diskurses**

Freilich trifft es zu, dass die aus dem Verfassungsrecht abgeleiteten Prinzipien dem Strafgesetzgeber Schranken bei der Schaffung einer Strafvorschrift setzen sollen. Es kann nur sinnvoll sein, beispielsweise von der abstrakten Erforderlichkeit des Strafeinsatzes zu reden, sofern es bereits klar ist, worauf sich das Erforderliche bezieht[349]. Ein hinreichend geklärter materieller Verbrechensbegriff mag einen nützlichen Bezugspunkt bieten, auch wenn diese Hindeutung bislang immer mit heftiger Kritik konfrontiert wurde, die sich auf die Schwierigkeit, die differenzierten Ansätze des materiellen Verbrechensbegriffs zu vereinigen, bezieht. Trotz der riesigen Mühe soll ein Versuch in diese Richtung nicht von vorneherein aufgeben werden. Darauf wird unten zurückgekommen (§ 4 A II).

## *2 China*

In der chinesischen Strafrechtswissenschaft wird ebenso zwischen formellem und materiellem Verbrechensbegriff unterschieden. Während das Vermögen des materiellen Verbrechensbegriffs

---

Rn. 21.

341 *Maier-Weigt*, Rechts- und Verbrechensbegriff, 1987, S. 5.

342 *Maier-Weigt*, Rechts- und Verbrechensbegriff, 1987, S. 6; *Volk*, ZStW 97 (1985), S. 873.

343 *Maier-Weigt*, Rechts- und Verbrechensbegriff, 1987, S. 6.

344 *Stratenwerth/Kuhlen*, AT $I^5$, 2004, S. 34.

345 *Stratenwerth/Kuhlen*, AT $I^5$, 2004, S. 34.

346 *Stratenwerth/Kuhlen*, AT $I^5$, 2004, S. 34.

347 Eingehend *Lagodny*, Grundrechte, 1996, S179 ff, 344 ff, 367 ff.; *Appel*, Verfassung und Strafe, 1998, S.171 ff.; *Staechelin*, Strafgesetzgebung im Verfassungsstaat, 1998, S. 101 ff., m. w. N. Auch *Rudolphi* in SK- StGB, 6. Aufl. 1997, vor §1, Rn. 12 ff .

348 *Stratenwerth/Kuhlen*, AT $I^5$, 2004, S. 35.

349 So zutreffend *Hefendehl* kollektive Rechtsgüter, 2002, S. 6.

zur Legitimation bzw. Begrenzung des Strafrechts im deutschen Schrifttum noch sehr umstritten ist, sind sich die chinesischen Strafrechtler darüber einig, dass er die strafrechtliche Gesetzgebung leiten, inhaltlich legitimieren und einschränken kann. Sodann wird der formelle Verbrechensbegriff der Rechtsanwendung zugewiesen, der materielle Verbrechensbegriff dem Kriminalpolitiker[350]. Überdies existiert eine breite Übereinstimmung darüber, dass für Strafrechtsystem und -Theorie die eindeutige und richtige Definition des Verbrechens eine zentrale Rolle spielt. Laut *Fan*, Wen gilt eine solche sogar als der schlüssige Beurteilungsstandard dafür, ob das Strafgesetzbuch die Frage nach der Definition des Verbrechens eindeutig beantworten kann, weil diese Frage bereits vor allem bei der Gesetzgebung angetroffen wird[351]. Anschließend deutet *Fan*, Wen darauf hin, dass die explizite Antwort darauf zwei wichtige Aufgaben erfüllen kann: einerseits kann sie die strafwürdige Handlung von der unstrafwürdigen abgrenzen; andererseits stellt sie sich als die Voraussetzung der Durchsetzung des Gesetzlichkeitsprinzips im ganzen Strafgesetzbuch dar[352].

Als ein wichtiges Faktum lässt sich nicht übersehen, dass, im Unterschied zu demjenigen im deutschen StGB, der Begriff des Delikts, der als die Kombination aus formellem und materiellem Verbrechensbegriff gilt, im § 13 chinesischen StGB generalklauselartig fixiert wird[353]. Den materiellen Inhalt des Verbrechensbegriffs hebt *Zhang*, Mingkai als den wesentlichen Standard hervor, der vom Gesetzgeber bei der Kriminalisierung einer Verhaltensweise beachtet werden muss[354]. Allerdings wurde die Leistungsfähigkeit des Verbrechensbegriffs, die Strafgesetzgebung einzuschränken, selten eingehend thematisiert. Erst seit der Reform des chinesischen StGB im Jahre 1997 scheint die vertiefte Unterscheidung zwischen formalem und materiellem Verbrechensbegriff im jüngsten chinesischen Schrifttum ein Lieblingsthema zu sein[355]. In extenso wird die eigentliche Funktion des materiellen Verbrechensbegriffs diskutiert. Selbst wenn *Wang*, Shizhou [356] seine Idee, stattdessen zwischen gesetzgeberischem und strafpflegerischem Verbrechensbegriff zu unterscheiden, darstellt, ändert sich nichts an dem Willen, das Strafrecht durch den materiellen Verbrechensbegriff einzugrenzen, denn *Wang*, Shizhou geht hierbei gerade von der Bedeutung des materiellen Verbrechensbegriffs für die Einschränkung der Strafgesetzgebung aus.

## II. Die Definition des materiellen Verbrechensbegriffs in Deutschland

In der deutschen Strafrechtswissenschaft ist es allgemein anerkannt, dass der materielle Verbrechensbegriff sich vom positiven Begriff des Strafrechts löst und nach den sachlichen Kriterien strafbaren Verhaltens fragt[357]. Diese Unabhängigkeit vom positiven Recht gilt als der einzige Aspekt des materiellen Straftatbegriffs, über den wirklicher Konsens besteht[358]. Der materielle Verbrechensbegriff ist allerdings viel weniger scharf als der formelle. Die genauere und eindeutige Definition des materiellen Verbrechensbegriffs ist problematisch, weshalb seine Rolle bei Begründung und gleichzeitiger Begrenzung der Bestrafung einer Verhaltensweise heftig umstritten bleibt (die Darstellung dazu siehe oben § 4 A I). Obwohl das Gewicht eines solchen Verbre-

350 *Fan*, Wen, in Rechtswissenschaft(A) 1 (1998).

351 *Fan*, Wen, in Rechtswissenschaft(A) 1 (1998). Trotzdem nähert sich *Fan*, Wen in diesem Aufsatz mit seinem normativen Standard dem formalen Verbrechensbegriff der deutschen Strafrechtswissenschaft an.

352 *Fan*, Wen, in Rechtswissenschaft(A) 1 (1998).

353 Die Bedeutung des materiellen Verbrechensbegriffs in der sozialistischen Strafrechtsordnung wirkt aus der rechtsvergleichenden Sicht auch befruchtend für die neue Diskussion um den materiellen Verbrechensbegriff in Deutschland. Siehe dazu *Zipf*, Kriminalpolitik$^2$, 1980, S. 107.

354 *Zhang*, Mingkai, Zur Versuchslehre, 1997, S. 64.

355 Vgl. .*Zheng*, Jinhuo, in Zeitschrift des chinesischen Kriminalrechts 5 ( 2005), S. 16 ff..

356 *Wang*, Shizhou, in Journal der chinesischen Rechtswissenschaft, 5 (1998), S. 119.

357 *Roxin*, AT$^4$, Bd. I, 2006, A § 2, Rn. 1.

358 *Kuhlen*, Im gesamten Strafrechtssystem, 1996, S. 78.

chensbegriffs von der Mehrheitsmeinung akzeptiert worden ist, wurde er eine Zeitlang vernachlässigt. Den Grund dafür sieht *Naucke*[359] darin, dass der materielle Verbrechensbegriff infolge des Wandels des naturrechtlichen Fixpunkts der freiheitlichen Gesellschaft trivial und selbstverständlich werde.

Erst seit den letzten Jahrzehnten erlebt der materielle Verbrechensbegriff im deutschen Schrifttum eine umfangreiche Wiederentdeckung, die verschiedenste Wurzeln berührt[360]. *Zipf* hat schon darauf hingedeutet, dass sich im Wesentlichen die folgenden Gesichtspunkte nennen lassen[361]. 1. Auf strafrechtsdogmatischem Gebiet hat die Problemvertiefung des vielerorts in den Vordergrund der Diskussion um die Strafbarkeitsgrenzen gerückten Rechtsgutsbegriffs befruchtend auf die Erarbeitung des materiellen Verbrechensbegriffs gewirkt. 2. Im kriminologischen Bereich werden die Probleme der Kriminalisierung und damit des materiellen Verbrechensbegriffs stärker beachtet, insofern als das Forschungsinteresse auf die Instanzen der Sozialkontrolle verlagert wurde. 3. Schließlich hat sich das Verfassungsrecht wiederholt mit Fragen nach der strafgesetzlichen Pönalisierungsbefugnis und sogar der Pönalisierungspflicht des Staats befasst, was erneute Reflexionen über den materiellen Verbrechensbegriff angeregt hat[362]

Die obigen unterschiedlichen Ausgangspunkte entscheiden über die Vielfältigkeit der Definition des materiellen Verbrechensbegriffs. Im Folgenden wird zunächst der Dschungel der gegenwärtigen unterschiedlichen Ansätze hinsichtlich der Definition des materiellen Verbrechensbegriffs zusammengefasst, wobei die Auseinandersetzung aus der kriminologischen Perspektive auszuschließen ist. Auf Grundlage einer gesicherten und hinreichend geklärten Definition wird die Legitimität der Vorbereitungstatbestände mit dem Kriterium des materiellen Verbrechensbegriffs überprüft.

## *1 Umrisse der Auseinandersetzung um den materiellen Verbrechensbegriff*

Seit *Beccaria* 1766 eine typische Stellungnahme zum materiellen Verbrechensbegriff formuliert hat, erlebt die Umschreibung des dem positiven Strafrecht vorgegebenen materiellen Verbrechensbegriffs eine umfassende Diskussion, weil es über die Merkmale der Strafbarkeit einer Handlung immer Uneinigkeit gibt. Eine ausführliche Erinnerung an die Geschichte einschlägiger Diskussionen verbietet sich an dieser Stelle. Stattdessen gilt es im Folgenden nur die wesentlichen Gesichtspunkte zu erwähnen.

### a) Gesellschaftstheoretische Ansätze

Wenn man die Überlegung der Sicherung der Gesellschaft als den entscheidenden Nenner setzt, so könnten die folgenden Auffassungen hierher gehören, soweit sie sich des in der Diskussion um die Grenzen des Strafrechts bemühten Begriffs der *Sozialschädlichkeit* bedienen.

Er geht auf die kriminalpolitische Reform der Aufklärung, die mit der Säkularisierung des Strafrechts den Ausgangspunkt einnahm[363], zurück. Das Strafrecht wurde aus der auf die Vernunft

---

359 *Naucke*, in Naturrecht, 1997, S. 290.

360 Siehe *Zipf*, Kriminalpolitik², 1980, S. 107.

361 Eingehend vgl. *Zipf*, Kriminalpolitik², 1980, S. 107.

362 Gerade insoweit stellt *Kuhlen* aber die Frage, ob es neben der „formellen" Beschränkung durch das geltende Verfassungsrecht noch einer Beschränkung des (einfachen) Strafgesetzgebers durch einen materiellen Straftatbegriff bedarf", weil dieser Spielraum für den einfachen Strafgesetzgeber in unserer Rechtsordnung verfassungsrechtlich schon begrenzt sei. Siehe dazu *Kuhlen*, Im gesamten Strafrechtssystem, 1996, S. 78, Fn. 8.

363 Vgl. *Schmidt*, Einführung, 1965, §§ 152 ff.; *Amelung*, Rechtsgüterschutz, 1972, S. 18; sowie *Hefendehl*, Kollektive Rechtsgüter, 2002, S. 9.

gegründeten Lehre vom Sozial- bzw. Gesellschaftsvertrag[364] abgeleitet. Seit dem Ausgang des 18. Jahrhunderts wird dem allgemeinen Verbrechensbegriff der Sozialschaden als sein Verbrechensmerkmal zugeschrieben. Unter Verbrechen versteht man also die sozialschädliche Handlung, die die Freiheit des Individuums beeinträchtigt. *Beccaria* stuft die Verbrechen nach den durch sie verursachten Gesellschaftsschäden ein[365]. Wie *Hefendehl* zutreffend betont, war der Begriff der äußeren Freiheit des Menschen ursprünglich das wesentliche Begründungsmerkmal des materiellen Verbrechensbegriffs[366].

Für *Feuerbach, Grolman, Köstlin, Berner, Binding* und *Frank* gilt, laut *Naucke*, der empirisch wahrnehmbare Sozialschaden auch als Charakteristikum des materiellen Verbrechensbegriffs. *Naucke* hebt allerdings hervor, dass sich die Art und Weise, wie dieser Sozialschaden begründet wird, im Laufe des 19. Jahrhunderts jedoch geändert habe[367]. Das Verbrechen konnte nämlich bei *Feuerbach* und *Grolman* nur als (sozialschädliche) Beeinträchtigung der äußeren Freiheit der Menschen gedacht werden[368]. Dagegen könne man aber bei *Binding, Liszt* und *Frank* die Freiheit als konstituierendes Element des materiellen Verbrechensbegriffs nicht mehr finden[369], weil der „Sozialschaden (...) auf unbestimmte Lebensbedingungen der Gesellschaft bezogen" werde[370]. Der Zusammenhang zwischen Staatstheorie, Rechtsverletzung und Freiheitsbegriff, so schreibt *Naucke*[371], löse sich auf.

*Amelung* schließt sich außerdem nicht der Sozialschadenslehre der Aufklärung an, wenn er als der Vertreter der Sozialschadenslehre der Gegenwart den materiellen Verbrechensbegriff auch als sozialschädliches Verhalten, das durch die Strafbedrohung zu verhindern ist, auffasst. Als Grundlage dieser Lehre fungiert die funktionale soziologische Systemtheorie in ihrer von *Parson, Merton und Luhmann* vermittelten Form in der Weise, dass die Person nicht um ihrer selbst, sondern um der Gesellschaft willen geschützt wird[372]. Eine solche Konzeption ist mit der Sozialschadenslehre der Aufklärung daher nicht vereinbar. Auf eine notwendige und nähere Unterscheidung zwischen beiden wird nachfolgend (§ 4 A II 3 b)) eingegangen[373].

Abgesehen von der grundsätzlichen Verschiedenheit der Ausgangspunkte steht die Theorie der Gesellschaft bezüglich des materiellen Verbrechensbegriffs heute nicht im Vordergrund[374]. Dem Verlust ihrer Einwirkung liegt teils die Verlagerung des Schwerpunkts von der Begründung durch die menschliche Freiheit auf das Bedürfnis der Gesellschaft nach Sicherung vor schädlichen Verhaltensweisen zugrunde, teils aber auch ihre Untauglichkeit, „die Bedingungen menschlicher Vergesellschaftung und den Prozess des sozialen Wandels anders als in hochabstrakten Hypothesen zu beschreiben"[375]. Im Ergebnis führt dieser Ansatz zu einem materialen Verbrechensbegriff

---

364 *Schmidt*, Einführung, 1965, §153; *Hohmann*, Umweltdelikte, 1991, S. 10; *Hassemer*, ZRP 1992, S. 378 f.

365 *Beccaria*, Über Verbrechen und Strafen, mit Vorrede von *Hommel*, 1966, S. 55, § VIII.

366 So bei *Hefendehl,* Kollektive Rechtsgüter, 2002, S. 11.

367 *Naucke*, in Naturrecht, 1997, S. 274 ff.

368 Die ausführliche Aufzählung führt *Naucke* aus, in Naturrecht, 1997, S. 274 ff

369 *Naucke,* in Naturrecht, 1997, S. 278.

370 *Naucke,* in Naturrecht, 1997, S. 278.

371 *Naucke,* in Naturrecht, 1997, S. 280 ff.

372 Vgl. *Amelung*, Rechtsgüterschutz, 1972, S. 389. Kritisch *Hassemer*, ZStW 87 (1975), S. 161 ff; auch *Roxin*, AT$^4$, Bd. I, 2006, S. 51, Rn.116.

373 Hier irren sich *Strenwerth/Kuhlen* , wenn sie diese zwei Überlegungen aus unterschiedlichen Wurzeln einander gleichsetzten, in *Stratenwerth/Kuhlen*, AT I$^5$, 2004, S. 32

374 Nach *Stratenwerth* spielt diese Lehre heute keine Rolle mehr. Dazu siehe *Stratenwerth/Kuhlen*, AT I$^5$, 2004, S. 33.

375 *Stratenwerth/Kuhlen*, AT I$^5$, 2004, S. 32.

über den Verweis auf den in einer bestimmten Gesellschaft bestehenden normativen Konsens prinzipiell nicht hinaus[376].

**b) Die Kriterien der Strafwürdigkeit und Strafbedürftigkeit**

Wenn man von der maßgebenden Bedeutung des Verständnisses der Strafe für die Eingrenzung des Strafrechts ausgeht und die Fragmentarietät des Strafrechts bewusst ins Auge fasst, sollte der Einsatz der Strafe auf das strafwürdige und strafbedürftige Verhalten beschränkt werden.

Diese beiden Begrifflichkeiten der Strafwürdigkeit und Strafbedürftigkeit müssen jedoch voneinander scharf getrennt werden[377]. Bei der Strafwürdigkeit lässt sich „kein feststehender Begriffsinhalt" ausmachen[378]. Dieser Begriff kann auch im Sinne des Rechtsgüterschutzes gebraucht werden[379]. Unter Strafwürdigkeit im engeren Sinne versteht *Sax* ein Verhalten, welches „Strafe verdient, weil ihr Wertbezug hinreichend erkennbar nachhaltig ist, um zu der nachhaltigen Unwertbeurteilung des Täters durch die Strafe in eine erträgliche Proportion zu treten"[380]. Zum Vergleich kann hier auf die Definition *Otto*s hingewiesen werden. Nach ihm ist ein Verhalten strafwürdig, „das deshalb sozialethisch zu missbilligen ist, weil es geeignet ist, die sozialen Beziehungen innerhalb der Rechtsgemeinschaft erheblich zu gefährden oder zu schädigen"[381]. Also ist der Begriff der Strafwürdigkeit zum Teil im Sinne des sozialethischen Unwerturteils zu benutzen. Hingegen scheint die Bestimmung der Strafbedürftigkeit einheitlich zu sein. Sie beschreibt den instrumentellen Teil der Strafrechtspolitik[382]. Mit diesem Begriff wird eine Situation bezeichnet, in der die Reaktion auf ein Verhalten in einer Strafe bestehen muss, „weil Strafe das einzige zweckmäßige Mittel ist, um die Gemeinschaftsordnung ... zu schützen und zu bewahren"[383]. Im Sinne der Zusammenfassung von Strafwürdigkeit und Strafbedürftigkeit bevorzugt *Frisch* den Begriff der Strafadäquität[384].

Wenn man jedoch mithilfe der Begriffe der Strafwürdigkeit und Strafbedürftigkeit die Frage beantworten will, warum als Reaktion auf die Verletzung mancher Interessen mit Strafe reagiert werden können soll[385], muss man anerkennen, dass man damit nur begründen kann, dass eine wertorientierte Auswahl der in Frage kommenden Gesamtzahl der zu schützenden Interessen stattfinden muss, wobei der fragmentarische Charakter des Strafrechts erkennbar bleibt[386].

Daher hat *Hefendehl* Recht, wenn er einwendet, dass der materielle Verbrechensbegriff mit den Hinweisen auf Strafwürdigkeit und Strafbedürftigkeit nur im ersten Schritt präzisiert wird[387]. So missbilligt auch *Wohlers* die Strafwürdigkeitskriterien, deren Prämissen und Ergebnisse „weitge-

---

376 *Stratenwerth/Kuhlen*, AT I[5], 2004, S. 32.

377 *Altpeter* geht von dem Straftatsystem des positiven Strafrechts aus, findet aber kein Bedürfnis nach einer Unterscheidung zwischen Strafwürdigkeit und Strafbedürftigkeit. Dazu siehe *Altpeter*, Strafwürdigkeit, 1990, S. 26 ff, 43. Kritisch zur Unterscheidung der beiden Begriffe im Straftatensystem auch bei *Volk*, ZStW 97 (1985), S. 899 ff.

378 *Voß*, Symbolische Gesetzgebung, 1989, S. 148.

379 V gl. *Otto*, GS Schröder, 1978, S. 54 f.; *Müller-Dietz*, Strafe, 1973, S. 33; *Rudolphi*, ZStW 83 (1971). S. 113.

380 *Sax*, Grundrechte, 1972, S. 923 ff.

381 *Otto*, ZStW 96 (1984), S. 339, 347; ders. *Otto*, GS Schröder, 1978, S. 54 f.

382 *Otto*, GS Schröder, 1978, S. 56 f.; *Müller-Dietz*, Strafe, 1973, S. 33; *Schmidhäusr/ Alwart*, Studienbuch AT[2], 1984, S. 7.

383 *Sax*, Grundrechte, 1972, S. 933.

384 Vgl. *Frisch*, FS *Stree/Wessels*, 1993, S.79f.; *ders*, Von totalitärem zu rechtsstaatlichem Strafrecht , 1993, S. 218. Siehe auch *Hamann*, Strafgesetzgebung, 1963, S. 27.

385 *Stächelin*, Strafgesetzgebung im Verfassungsstaat, 1998, S. 66.

386 Vgl. auch *Stächelin*, Strafgesetzgebung im Verfassungsstaat, 1998, S. 67.

387 So *Hefendehl*, Kollektive Rechtsgüter, 2002, S. 6.

hend beliebig bleiben"[388]. Denn diese zwei abstrakten Begriffe sind „ihrerseits mit einem relativ größeren Bedeutungskern zu substituieren. Entsprechend werden als Variablen der Strafwürdigkeit darüber hinaus der Wert des Rechtsguts, die Gefährlichkeit des Angriffs und die Verwerflichkeit der Tätergesinnung genannt. Die Strafbedürftigkeit wiederum weist u. a. auf die ultima ratio- Funktion des Strafrechts hin"[389]. Es kann auch nur Sinn machen, über die Erforderlichkeit der Strafe zu reden, soweit man weiß, worauf sich das Erforderliche bezieht. Als derartiger Bezugspunkt wird heute üblicherweise der Topos des Rechtsguts und dessen Schutz genannt[390].

**c) Rechtsgutslehren**

In der ersten Hälfte des 19. Jahrhunderts fand die Wendung vom Verbrechen als Rechtsverletzung bei *Feuerbach*[391] zum Verbrechen als Rechtsgutsverletzung statt[392].

1834 führte *Birnbaum*, der der gemäßigt – positivistischen Schule zuzurechen ist[393], den Begriff des „Guts" in die strafrechtliche Diskussion ein[394]. Damit zielte er darauf ab, eine „natürliche", vom positiven Recht unabhängige Definition des Verbrechens zu erhalten[395]. Er versuchte zu erklären, welcher materielle Inhalt durch das Verbrechen verletzt wird[396]. Nach seiner Formulierung sei Verbrechen Güterverletzung. *Birnbaum* gebrauchte den Begriff des Rechtsguts zwar nicht unmittelbar, wohl aber Formulierungen wie „Gut, welches uns zusteht" und „Begriff eines durch die Gesetze zu schützenden Guts"[397]. Er beschränkte die Güter nicht auf die dinglichen –

---

388 *Wohlers*, Deliktstypen, 2000, S. 176.

389 Ausführlich bei *Hefendehl,* Kollektive Rechtsgüter, 2002, S. 6, m. w. N.

390 *Frisch*, FS *Stree/Wessels*, 1993, S.70.

391 Vor dem Hintergrund der Aufklärungsbewegung formuliert *Feuerbach* 1801 in seinem Lehrbuch „das höchste Prinzip des peinlichen Rechts" wie folgt: „Jede rechtliche Strafe im Staate ist die rechtliche Folge eines durch die Notwendigkeit der Erhaltung äußerer Rechte begründeten, und eine Rechtsverletzung mit einem sinnlichen Übel drohenden Gesetzes". Dazu siehe *Feuerbach,* LB, § 23. Nach der in der folgenden Jahren von der Strafrechtswissenschaft allgemein übernommen Definition, war der Kern des Verbrechens die Verletzung der subjektiven Rechte eines anderen. Vgl. hierzu *Sina*, Dogmengeschichte, 1962, S. 10ff. Dennoch hat *Feuerbach* selbst sein Prinzip insoweit nicht konsequent durchgeführt, als er die Handlungen, die keine Verletzungen subjektiver privater Rechte darstellten und trotzdem strafwürdig erschienen und positivrechtlich bestraft wurden, „Polizeivergehen" nannte. In *Feuerbach, LB*, § 27; kritisch dagegen bereits *Birnbaum*, NArchCrim 15 (1834), S. 168; *Sina*, Dogmengeschichte, 1962, S. 10, Fn. 32; *Amelung*, Rechtsgutsverletzung, 1991, S. 35 ff. *Schünemann* sieht in diesen Gedankengängen doch eine starke gemeinsame Basis und kritisiert, dass *Amelung* deren Unterschiede allzu stark akzentuiert hat. Dazu siehe *Schünemann*, in Rechtsgutstheorie, 2003, S. 138.

392 In diesem Übergang sieht *Hefendehl* aber eine Fehlinterpretation des Begriffs der Rechtsverletzung *Feuerbach*s, obwohl *Hefendehl* selbst ein Anhänger der Rechtsgutslehre ist. Einerseits legt er den Schwerpunkt auf *Feuerbach*s Problematik der Legitimität der Pönalisierung mancher Polizeivergehen, worin sich seine Beurteilung von der herkömmlichen Kritik lediglich bei der systematischen Inkonsistenz der Polizeivergehen unterscheidet. Andererseits wendet er ein, dass bei *Feuerbach* von einem subjektiven (privaten) Recht nicht die Rede sei. Dazu siehe *Hefendehl,* Kollektive Rechtsgüter, 2002, S.12ff. Dort weist *Hefendehl* in Fußnote 61 exemplarisch auf die Literatur hin, die durch dieses Missverständnis geprägt ist.

393 So *Sina*, Dogmengeschichte, 1962, S. 23 ff.; *Amelung*, Rechtsgutsverletzung, 1991, S. 11.

394 Dazu siehe *Sina*, Dogmengeschichte, 1962, S. 19 ff.; *Amelung*, Rechtsgutsverletzung, 1991, S. 11, 43 ff., 248ff.;. *Stächelin*, Strafgesetzgebung im Verfassungsstaat, 1998, S. 37 ff..

395 Vgl. *Stratenwerth/Kuhlen*, AT $I^5$, 2004, S. 26.

396 Siehe *Birnbaum*, NArchCrim 15 (1834), S.171 ff., 175 ff.: „Wesentlich ist, dass wenn man das Verbrechen als Verletzung betrachten will, dieser Begriff naturgemäß nicht auf den eines Rechts, sondern auf den eines Gutes bezogen werden muss."

397 *Birnbaum*, NArchCrim 15 (1834), S. 172, 176.

konkreten Gegenstände. Jedoch bemühte er sich nicht um eine nähere Definition des „Guts“ und differenzierte nur zwischen Individual- und Gemeingütern[398].

Da der *Hegel*sche dialektische Idealismus, der den Inhalt des Verbrechens in der bewussten Auflehnung gegen den allgemeinen Willen sah, im zweiten Drittel des 19.Jahrhunderts die Strafrechtswissenschaft stark beeinflusste [399], enthüllte sich die dogmatische Bedeutung des von *Birnbaum* eingeführten Gutsbegriffes erst nahezu vierzig Jahre später, als sich *Binding*, der damalige führende Kriminalist, um 1870 bei der Begründung des Rechtsgutsbegriffs auf den Beitrag von *Birnbaum* berief. In den „Normen“ formulierte *Binding* zum ersten Mal den Begriff des Rechtsguts[400]. Daher galt er als eigentlicher „Schöpfer des Rechtsgutsbegriffs“[401]. Auch *v. Liszt* stellte das Rechtsgut ins Zentrum seines Strafrechtssystems und gemeinsam mit *Binding* verhalf er dem Dogma vom Rechtsgüterschutz auf diesem Wege maßgeblich zum Durchbruch[402].

*Binding* unterschied sich dennoch von Birnbaum, indem er allein die Entscheidung des Gesetzgebers für maßgeblich hielt, einem Gut rechtlichen Schutz zu gewähren[403]. Hingegen wurde vor allem bei *v. Liszt* und der neukantianischen Strafrechtslehre versucht, die „vorgesetzlichen“ Maßstäbe zu entwickeln, und zwar in zwei unterschiedlichen Richtungen. *V. Liszt* definierte die Rechtsgüter als „menschliche Interessen“, die das Leben selbst hervorbringe[404]. Die neukantianische Strafrechtslehre, repräsentiert etwa durch *M.E. Mayer* und *Honig*, hat sich demgegenüber bei der inhaltlichen Bestimmung des Rechtsguts auf kulturell vorgegebene Wertvorstellungen bezogen und damit normative Gesichtspunkte wieder stärker zur Geltung gebracht[405].

Trotz der wechselnden Erklärung und Beurteilung durch die Strafrechtswissenschaft des 19. und des Beginns des 20. Jahrhunderts hat sich der Rechtsgutsbegriff einen festen Platz im strafrechtlichen Begriffsarsenal gesichert. Sowohl für den materiellen Verbrechensbegriff, als auch für das deutsche Strafrechtssystem hat der Rechtsgutsbegriff eine überragende Bedeutung gewonnen. Die rechtsgutsorientierte Ansicht hat heutzutage eine zentrale Stellung in der deutschen Strafrechtswissenschaft[406]. So besteht nach der fast einhelligen Auffassung in der Strafrechtsliteratur die zentrale Aufgabe und materielle Legitimationsgrundlage des Strafrechts im Rechtsgüterschutz[407].

---

398 *Birnbaum*, NArchCrim 15 (1834), S. 177 ff.

399 *Hegel*, Grundlinien, 1972, §§ 90 ff.

400 Vgl. *Binding*, Normen, Bd. I[1], 1872, S. 189: „Alle diese Zustände, die durch Änderung nicht verdrängt werden sollen, sind für das Recht von Wert: Mann kann sie Rechtsgüter nennen.“

401 *Kaufmann*, Lebendiges und Totes, 1954, S. 69.

402*v. Liszt*, ZStW 6 (1886), S. 672 ff.. Dazu vgl. *Sina*, Dogmengeschichte, 1962, S. 40; *Amelung*, Rechtsgutsverletzung, 1991, S. 52.

403 *Binding*, Handbuch, Bd. I, 1885, S. 169.

404 Vgl. *v. Liszt*, Lehrbuch[10], 1900, S. 53; *ders.* Aufsätze und Vorträge, Bd. I, 1905, S. 223.

405 *Mayer*, AT[2], 1923, S. 22 ff.; *Honig*, Einwilligung, 1919, S. 93 f.

406 *Dubber*, ZStW117 (2005), S. 501. Aus Sicht dieses amerikanischen Strafrechtswissenschaftlers nimmt das Rechtsgut eine Schlüsselstellung im System des deutschen Strafrechts ein. Es sei von so grundlegender Bedeutung, dass sich deutsche Juristen das Strafrecht kaum noch ohne Rechtsgutsprinzip vorstellen können. Also erscheint der Blick „von außerhalb“ grundsätzlich vielversprechend. Zu bemerken ist allerdings, dass *Dubber* den Begriff des Rechtsguts lediglich anhand der Vorgaben von *Roxin* und *Jescheck/Weigend* kritisiert, so dass es, ihm zufolge , beispielsweise keine Einigkeit darin gibt, „dass die Funktion des Strafrechts in nichts anderem als dem Schutz von Rechtsgütern besteht“, siehe *Dubber*, ZStW117 (2005), S. 501. Die ausführlichere Würdigung des Beitrags von *Dubber* vgl. *Hefendehl*, GA 2007, S. 4, Fn. 17.

407 Vgl. nur *Baumann/Weber/Mitsch*, AT[11], 2003, § 3 Rn. 10 ff., § 9 Rn. 68 ff.; *Hassemer* in NK-StGB[2], 2005, vor § 1 Rn. 108 ff.; *ders.*, Theorie, 1973, S. 87; *ders.*, in Rechtsgutstheorie, 2003, S. 57 ff. ; *Jescheck/ Weigend*, AT[5] 1995, § 1 III, S. 7; *Maurach/Zipf*, AT/I[8], 1992, § 19 Rn. 4; *Otto*, Grundkurs[6], 2000, §1 Rn. 22; *Roxin*, ZStW 81 (1969), S. 622; *ders.*, AT[4], Bd. I, 2006, S. 16, Rn. 7; *Rudolphi* in SK- StGB, Bd. I[6], 1997, vor § 1, Rn. 2; *ders.*, FS Honig, 1970, S. 154; *Schönke/Schröder*[27], 2006, vor §§ 13 ff. Rn. 8; *Schünemann*, in Rechtsgutstheorie, 2003, S. 133. Ihnen stehen

Wo es an einer Rechtsgutsverletzung oder -gefährdung fehlt, ist der Gesetzgeber zum Erlass strafrechtlicher Normen nicht legitimiert. In diesem Sinne stellt sich die Theorie zu Begriff und Funktion des Rechtsguts als „das materiale Substrat einer Theorie des Verbrechens" dar[408]. In der Rechtsgutslehre sollen alle diese Faktoren aufgezeigt werden, die menschliches Verhalten als Verbrechen erscheinen lassen und daher Aufschluss darüber geben, welche Verhaltensweisen legitimerweise als strafwürdiges Kriminalunrecht angesehen werden können[409]. Ein auf der Rechtsgutslehre beruhender materieller Verbrechensbegriff ist daher allgemein vorauszusetzen. **Danach werden Verbrechen als diejenigen Handlungen bezeichnet, die geeignet sind, in strafwürdiger Weise Rechtsgüter zu verletzen und gefährden,.**

## *2 Der rechtsgutsorientierte materielle Verbrechensbegriff*

Um die Aufgabe, die Erwägung des Gesetzgebers zu leiten[410], zu erfüllen, muss der materielle Verbrechensbegriff handhabbare und materiale Grundkriterien anbieten. Im Zuge der Materialisierung eines rechtsgutsorientierten Verbrechensbegriffs spielt der Begriff des Rechtsguts als der Ausgangspunkt und Mittelpunkt eine Schlüsselrolle. Was nicht als Rechtsgut betrachtet werden kann, fällt aus dem Zugriff des Strafrechts heraus. Anders ausgedrückt, ist ein Tatbestand, der nicht wenigstens den Schutz von Rechtsgütern intendiert, prima facie ungerechtfertigt. Also ist das Rechtsgut Leitbild der Tatbestandbildung und stellt den materiellen Kern der ihnen zugrunde liegenden Verhaltensnormen dar.

Es ergeben sich in der Literatur vielfältige Versuche, den Rechtsgutsbegriff mit materiellem Inhalt zu füllen. Jedoch ist es nicht zu übersehen, dass, im Gegensatz zu seiner Bedeutung und trotz seiner gut 170jährigen Geschichte, keine gesicherten und unstrittigen Erkenntnisse über den Inhalt des Rechtsgutsbegriffs vorliegen. Ein Gesamtüberblick über die Diskussion um den Inhalt des Rechtsgutsbegriffs kann im Rahmen dieser Darstellung nicht in jeder ihrer Verzweigungen nachgezeichnet werden. Es soll daher lediglich eine Darstellung der aktuellen Rechtsgutsdiskussion erfolgen. Dabei sind die Aspekte, die für die vorliegende Untersuchung von besonderem Interesse sind, hervorzuheben: die Frage nach den Trägern des Rechtsguts und diejenige nach dessen systematischen Potential.

### a) Die aktuelle Entwicklung der Rechtsgutsdiskussion

Die Zeit nach dem zweiten Weltkrieg war zuerst durch eine Stagnation der Diskussion um das Rechtsgut gekennzeichnet. Der Rechtsgutsbegriff und die diesbezüglichen Fragen wurden nur sehr stiefmütterlich behandelt[411]. Erst seit den 1960er Jahren und zwar insbesondere durch die 1957 erschienene Arbeit *Jägers*[412] und die Mitte der 60er Jahre publizierten Gedankengänge[413] vom so genannten institutionellen Rechtsgutsbegriff wurde das Rechtsgut wieder ins wissenschaftliche Bewusstsein gerückt. Seit dem Beginn der 70er Jahre ist die strafrechtliche Diskussion um den Rechtsgutsbegriff in eine neue Phase eingetreten[414]. Und anlässlich der laufenden Straf-

---

aber beispielsweise *Welzel* und *Jakobs* mit der m. M. entgegen. Für *Welzel* ist die „primäre Aufgabe des Strafrechts", die Befolgung „der Aktwerte rechtlicher Gesinnung sicherzustellen"; dazu siehe *Welzel*, Strafrecht[11], 1969, S. 3. *Jakobs* sieht die primäre Aufgabe des Strafrechts nicht im Rechtsgüterschutz, sondern in der Verhinderung eines Normgeltungsschadens; dazu vgl. *Jakobs*, FS Saito, 2003, S. 17.

408 *Hassemer*, Theorie, 1973, S. 16.

409 *Hassemer*, Theorie, 1973, S. 133, 140. Dazu vgl. auch *Wohlers*, Deliktstypen, 2000, S. 91.

410 *Frank*, Strafgesetzbuch, 5. – 7. Aufl., 1908, Anm. IV vor § 1.

411 Siehe *Worms*, Bekenntnisbeschimpfung, 1984, S. 31.

412 *Jäger*, Sittlichkeitsdelikte, 1957.

413 *Krümpelmann*, Bagatelldelikte, 1966, S.68.

414 Unter ihnen haben *Marx, Roxin, Rudolphi* und *Sax* den Versuch unternommen, die Legitimation des strafrechtli-

rechtsreform erschien in diesem Zeitraum eine ganze Reihe von Untersuchungen zum Rechtsgut. Hierbei war es das allgemeine Bestreben, den Rechtsgutsbegriff durch Rückbesinnung auf seine historischen Grundanliegen für die „richtige" Auswahl und Bestimmung der mit strafrechtlichen Mitteln schutzwürdigen Güter fruchtbar zu machen[415]. Vor dem Hintergrund dieses Neuansatzes erfuhr die Rechtsgutsdiskussion wichtige Impulse und weiterreichende Perspektiven.

Als ein typisches Beispiel stellte sich der von den Strafrechtswissenschaftlern entworfene Alternativentwurf von 1966 dar, in dem das Rechtsgutsdenken programmatisch formuliert wurde[416]. Zwar hat der Gesetzgeber den programmatischen Satz nicht übernommen, dass „die 1973 abgeschlossene Reform des Sexualstrafrechts die Rechtsgutstheorie auf den Höhepunkt ihrer Anerkennung in Deutschland" brachte[417], obwohl die Lehre des Rechtsgüterschutzes im Gesetzbuch sachlich nicht ausdrücklich formuliert wurde. Somit erzeugte die Rechtsgutslehre Anfang der 70er Jahre eine lebendige Diskussion[418]. In der Zeit danach wurde sie nicht eingehend behandelt bis dieser Begriff in den letzten Jahren in der Debatte um die Kritik und Rechtfertigung des modernen Strafrechts wieder in den Vordergrund trat[419].

Die Auseinandersetzungen berühren zwei grundlegende Punkte, wie Roxin zusammengefasste. Erstens könne bisher keine auch nur annähernde Einigkeit darüber erzielt werden, was unter einem Rechtsgut zu verstehen sei. Und zweitens sei es strittig geblieben, ob der Begriff des Rechtsguts nur als Hilfsmittel der Auslegung dienen kann oder ob er darüber hinaus auch geeignet ist, die Eingriffsbefugnis des Gesetzgebers abzugrenzen. Diese zwei Punkte stehen in engem Zusammenhang zueinander, da ein Rechtsgutsbegriff, der grenzenlos und flexibel ist, dem Strafrecht keine Grenzen ziehen kann.

In dem ersten Punkt gehen die Meinungen in der deutschen Literatur weit auseinander. Was Rechtsgüter sind, wird sehr unterschiedlich beschrieben[420]: beispielsweise als „Inbegriff der auf ein besonderes ... Freiheitsdasein und dessen Existenzbedingungen bezogenen rechtlichen Ver-

---

chen Verbots über den Rechtsgütergedanken unter Einbeziehung der Wertentscheidungen des Grundgesetzes herzuleiten. Dazu vgl. *Marx*, Rechtsgut, 1972, S. 8 ff., 31 ff., 60 ff.; *Roxin*, JuS 1966, S. 381 ff.; *ders.*, JA 1980, S. 545 ff.; *Rudolphi*, FS Honig, 1970, S. 158 ff.; *Sax*, Grundrechte, 1972, Bd. 3, S. 913ff.; *ders.*, JZ 1976, S. 9 ff. *Hassemer* (Theorie, 1973, S. 15 ff.) zieht sozialwissenschaftliche Kriterien und solche aus Völker- und Tiefenpsychologie heran; *Amelung* (Rechtsgüterschutz, 1972, S. 350 – 361, 368 ff., 394 ff.) will den Rechtsgütergedanken zumindest im Himblick auf die Strafrechtslegtimation durch eine Systemtheorie ersetzen und stellt den Gedanken der Sozialschädlichkeit in den Mittelpunkt seiner Überlegung, welche Güter schützenswert sind.

415 So *Worms*, Bekenntnisbeschimpfung, 1984, S. 32.

416 Eine nähere Vorstellung führt Roxin an, in *Roxin*, FS Schünemann, 2005, S. 135 ff.

417 *Roxin*, FS Schünemann, 2005, S.136.

418 Vgl. *Hassemer*, Theorie, 1973; *ders.*, ZStW 87 (1975), S. 146ff.; *Marx*, Rechtsgut, 1972; *Rudolphi*, FS Honig, 1970.

419 Unter den zahllosen Literaturen vgl. nur *Amelung*, in Recht und Moral, 1991, S. 269 ff.; *ders.*, Begriff des Rechtsguts, 2003, S. 160 ff.; *Anastasopoulou*, Deliktstypen, 2005; *Appel*, Verfassung und Strafe, 1998; *Bottke*, in FS Lampe 2003, S. 207 ff.; *Hassemer*, NStZ 1989, S. 553 ff.; *ders.*, FS Kaufmann, 1989, S. 85 ff.; *ders.*, Recht und Moral, 1991, S. 329 ff.; *ders.*, in Rechtsgutstheorie, 2003, S. 57 ff.; *Hefendehl*, Kollektive Rechtsgüter, 2002; *ders.*, GA 2002, S. 21 ff.; *ders.*, in Rechtsgutstheorie, 2003, S. 119 ff.; *ders.*, GA 2007, S. 1 ff.; *Herzog*, in Kritik und Rechtfertigung des Strafrechts, 2005, S. 117 ff.; *Hesel*, Untersuchungen 2004; *von Hirsch*, Verbrechen und Strafe, 2005; *der.*, FS Eser, 2005, S. 189 ff.; *Hohmann*, Umweltdelikte, 1991; *ders.*, GA 1992, S. 76 ff.; *Hörnle*, Grob anstößiges Verhalten, 2005; *Jakobs*, FS Saito, 2003, S. 17 ff.; *Klimpel*, Bevormundung oder Freiheitsschutz? 2003; *Lagodny*, Grundrechte, 1996; *Möller*, Paternalismus und Persönlichkeitsrecht, 2005; *Prittwitz*, in Kritik und Rechtfertigung des Strafrechts, 2005, S. 131 ff.; *Schünemann*, in Rechtsgutstheorie, 2003, S. 133 ff.; *Stächelin*, Strafgesetzgebung im Verfassungsstaat, 1998; *Wohlers*, Deliktstypen, 2000; *ders.*, GA 2002, S: 15 ff.; *v. Hirsch/Wohlers*, Die Rechtsgutstheorie, 2003, S. 196 ff.

420 Vgl. die Auflistung bei *Rudolphi* in SK- StGB$^6$ 1997, vor § 1, Rn. 8; und auch bei *Stratenwerth*, FS Lenckner 1998, S. 378.

haltensnormen"[421], als „verletzbare, schützbare Zustände"[422], als „werthafter Zustand der äußeren Lebenswirklichkeit"[423], als soziale „Funktionseinheiten, ohne die unsere staatliche Gesellschaft in ihrer konkreten Ausprägung nicht lebensfähig wäre"[424], als „Partizipationschancen in der Gesellschaft"[425], als „rechtlich zumindest schutzwürdiges Gut"[426], als „strafrechtlich geschützte Interessen"[427], als „rechtlich geschützter abstrakter Wert der Sozialordnung"[428], als „vergeistigter ideeller Wert"[429], oder als „ideelle Sozialwerte"[430]. Wie *Stratenwerth* zutreffend kommentiert, wird für keinen anderen Grundbegriff des Strafrechts eine solche Vielfalt an zumeist nicht näher begründeten Definitionen angeboten[431]. Diese Auflistung zeigt auch drei Paare von Begriffen, die zueinander im Gegensatz stehen und den zweiten Punkt entscheiden: die ideale gegenüber der realen Rechtsgutsauffassung, die Individual- gegenüber den Kollektivrechtgütern und letztlich der systemimmanente gegenüber dem systemtranszendenten Rechtsgutsbegriff. Bevor auf diese drei Begriffspaare eingegangen wird, ist vor allem anzumerken, dass angesichts des zweiten Punkts schon weitgehende Einigkeit darüber besteht, dass die Auslegung der Tatbestände sich an dem jeweils geschützten Rechtsgut orientieren muss. Beschränkt man die Bedeutung des Rechtsgutsbegriffs auf diese Funktion, wird die **Bedeutung des Rechtsgutsbegriffs für den materiellen Verbrechensbegriff** aber auf diese Weise gänzlich preisgegeben. Im Folgenden wird auf die drei einander gegenüber stehenden Begriffspaare, die seit langem bereits im Konzept des Rechtsgutsbegriffs vorhanden sind, eingegangen.

#### b) Ideelle und reale Rechtsgutsauffassung - Materialisierung des Rechtsguts

Seit der Herausbildung des Rechtsgutskonzepts haben sich zwei Grundströmungen entwickelt: ideale und reale Rechtsgutsauffassung. Ihr Unterschied liegt darin, ob man die Bedeutung der Rechtsgüter „in (platonischen) Universalien mit ideeller Seinsweise sieht und Rechtsgüter mit diesen Universalien identifiziert, oder ob man im Sinne einer ontologisch sparsameren pragmatischen Semantik Rechtsgüter nur als die jeweils Personen, Institutionen usw. zugeschriebenen konkreten Eigenschaften begreift"[432]. Gerade bei der Beurteilung der Rechtsgutstheorie als Prüfungsmaßstab der Vorbereitungstatbestände ist es von Bedeutung, die ideelle Rechtsgutsauffassung zu verwerfen.

##### aa) Die reale Rechtsgutsauffassung

Nach der realen Rechtsgutsauffassung stellen sich Rechtsgüter als reale Gegenstände oder Zustände, also reale Gegebenheiten dar, die sinnlich wahrnehmbar und kausal veränderbar sind[433]. Bei realen Gegebenheiten handelt es aber nicht um das bloße Verständnis von „dinglich-konkreten" Gegenständen wie Person oder Sache, denn die Realität beschränkt sich nicht auf eine

---

421 *Köhler*, Strafrecht AT 1917, S. 25.
422 *Köhler*, Strafrecht AT 1917, S. 25.
423 *Mayer*, AT, 1953, S. 53.
424 *Rudolphi*, FS Honig, 1970, S.163.
425 *Callies*, Theorie der Strafe, 1974, S. 143.
426 *Fruend* in MK-StGB, Bd. I, 2003, vor §13 Rn. 43.
427 *Maurach/Zipf*, AT/I$^{8}$, 1992, § 19 Rn. 4.
428 *Jescheck/ Weigend*, AT$^{5}$ 1995, S. 257.
429 *Baumann/Weber/Mitsch*, AT$^{11}$, 2003, § 3 Rn. 18.
430 *Wessels/Beulke*, AT$^{34}$, 2004, S. 2, Rn. 8.
431 *Stratenwerth*, FS Lenckner 1998, S. 378.
432 *Kindhäuser*, GA 1993, S. 372.
433 So *Binding*, Normen, Bd. I$^{3}$, 1916, S. 339 ff.; *Welzel*, ZStW 58 (1938), S. 509 ff.; *Roxin*, JuS 1966, S. 381 ff.; *Rudolphi*, FS Honig, 1970, S. 158 ff.; *Otto*, in Strafrechtsdogmatik, 1971, S. 5 ff.; *Amelung*, Rechtsgüterschutz, 1972, S. 350 ff.; *Marx*, Rechtsgut, 1972, S. 60 ff.

bloße Ansammlung beziehungslos nebeneinander stehender körperlicher Gegenstände[434]. Nach diesem Verständnis ist z. B. das Eigentum kein ideeller, abstrakter Begriff[435], sondern eine reale, kausal veränderbare Herrschaftsbeziehung einer Person zu einer Sache.

Schon bei *Binding*, dem eigentlichen Schöpfer des Rechtsgutsbegriffs, wurde der reale Charakter der Rechtsgüter nie in Frage gestellt. So hat er die Rechtsgüter als reale Gegenstände oder Zustände körperlicher und nicht körperlicher Art (z. B. Freiheit der Willenbestätigung[436]) erfasst, „die wirklich verletzbar sind, d. h. entweder zerstört oder durch Angriff in ihrem Güterwerte gemindert werden können“[437]. *Binding* vertrat die Auffassung, dass das, was Gegenstand eines verbrecherischen Angriffs sein könne, vielmehr die Norm sei. Und Norm sei das dem Strafgesetz zugrunde liegende rechtliche Verbot oder Gebot als solches[438]. Für *Binding* bildet das Ungehorsamsmoment die „Schale“, die formale Kategorie, in der das Rechtsgut als der materielle „Kern“ des Verbrechens erscheint[439].

Ferner beruht der reale Rechtsgutsbegriff auch wesentlich auf den Erkenntnissen *Welzel*s. *Welzel* bezeichnet Rechtsgüter als psyschophysische Objekte (z. B. das Leben), ideell-geistige Objekte[440] (wie z. B. die Ehre), reale Zustände (z. B. der Hausfrieden), ein Rechtsverhältnis (z. B. das Eigentum) oder auch das Verhalten Dritter, die nicht direkt von der Norm angesprochen sind[441]. Als Grundlage der Tatbestandsbildung findet dieses reale Begriffsverständnis heute weitgehend Annerkennung[442]. Jedoch unterschied *Welzel* zwischen dem durch die Strafsanktion geschützten Gegenstand, der Normgeltung, und dem durch die Norm geschützten Gegenstand, dem Rechtsgut. Die kausale Verletzung oder Gefährdung des Rechtsguts bilde den Erfolgs- oder Sachverhaltsunwert, während die in dem normwidrigen sozialunethischen Verhalten als solchem enthaltene Verletzung der Norm, den Handlungs- oder Aktunwert darstelle[443]. Auf dieser Weise erzielte *Welzel* seine strenge Differenzierung von Erfolgs- und Handlungsunwert und ferner die Ausscheidung der reinen Normverstöße aus dem Begriff der Rechtsgutsverletzung. Indem er als Rechtsgut nicht das durch die Sanktion, sondern das durch die Norm geschützte Rechtsgut bezeichnete, stimmte *Wezel* mit *Binding* darin überein, dass die durch Normen geschützten Güter Gegenstände seien, die durch das Verbrechen nachhaltig beeinflusst und unter Umständen auch vernichtet werden können[444].

In der jüngeren Diskussion verdient der Beitrag von *Hefendehl* besondere Erwähnung. Bei der Abgrenzung der realen Rechtsgutskonzeption von der ideellen Rechtsgutsauffassung ist *Hefen-*

---

434 So bemerkt *Hefendehl* zutreffend in kollektive Rechtsgüter, 2002, S. 28.

435 *Jescheck* vertritt aber eine andere Meinung. Bei ihm werden die durch den Diebstahlstatbestand geschützten Rechtsgüter Eigentum und Gewahrsam beispielsweise als abstrakte rein geistige Phänomene aufgefasst, die kausal nicht veränderbar und sinnlich nicht wahrnehmbar sein sollen. Vgl. *Jescheck/ Weigend*, AT[5] 1995, S. 260.

436 *Binding*, Normen, Bd. I[1], 1872, S. 346 ff.

437 *Binding*, Handbuch, Bd. I, 1885, S. 170.

438 *Binding*, Normen, Bd. I[1], 1872, S. 3 ff., 7, 42, 45.

439 *Binding*, Normen, Bd. I[1], 1872, S. 365.

440 Damit ist keineswegs etwas Irreales, sondern immer nur die Ehre gemeint, soweit *Welzel* vom Rechtsgut als einem ideell – geistigen Objekt spricht. So vgl. *Welzel*, Strafrecht[11], 1969, S. 4; *ders.*, ZStW 58 (1938), S. 511: „Dem Substrat nach kann es (scil. das Rechtsgut) in verschiedenster Art auftreten: als psychophysisches oder als ideell – geistiges Objekt (jenes z. B. das Leben – dieses die Ehre)...“. Dazu siehe auch *Graul*, Präsumtion, 1991, S. 44, Fn. 127; *Schmidt*, Untersuchung, 1999, S. 16, Fn. 67 und *Anastasopoulou* Deliktstypen, 2005, S. 20.

441 *Welzel*, Strafrecht[11], 1969, S. 4 f.; *ders.*, ZStW 58 (1938), S. 509 ff.

442 So insbesondere *Schmidhäusr/Alwart*, Studienbuch AT[2], 1984, S. 83 f.; *Schmidhäuser*, FS Engisch, 1969, S. 443 ff.

443 *Welzel*, Strafrecht[11], 1969, S. 62; *ders.*, ZStW 58 (1938), S. 513, Fn. 30.

444 Vgl. *Welzel*, Strafrecht[11], 1969, S. 62; *Binding*, Normen, Bd. I[3], 1916, S.340, 364.

*dehl* den Feststellungen von *Graul*[445] und *Kargl*[446] gefolgt und hat eine gut begründete terminologische Klarstellung getroffen. *Hefendehl* sagt, dass die Alternative zu „ideell" nicht „materiell" oder „körperlich", sondern „real" sei[447]. Realität bestehe „nicht nur aus körperlichen Gegenständen, sondern ebenso aus seelisch – geistigen Phänomen"[448]. Die körperlichen wie die vergeistigten Gegenstände bildeten Teilmengen der Realität. Und die Phänomene seien Sachverhalte, die verletzbar seien. Jedoch hält *Hefendehl* Vergeistigung und Idealisierung des Rechtsgutsbegriffs für unterscheidbar. Er kritisiert nur die Idealisierung des Rechtsguts[449].

bb) Ideelle Rechtsgutsauffassung und die Kritik daran

Die Vertreter des ideellen Rechtsguts abstrahieren die geschützten realen Gegenstände oder Zustände zu einem allgemeinen Achtungs- bzw. Geltungsanspruch, die sinnlich nicht wahrnehmbar und kausaler Veränderung nicht zugänglich sind. Als derartige Rechtsgüter werden die folgenden bezeichnet[450]: rechtlich geschützte abstrakte Werte der Sozialordnung[451], objektive Werte[452], ideelle Sozialwerte[453], abstrakte, nur gedanklich fassbare Wertgattungen[454], oder ideelle Achtungsansprüche[455]. Ausgangspunkt der ideellen Rechtsgutsauffassung ist aber ein reales Verständnis von den den Tatbeständen zugrunde liegenden Objekten, die *Schmidhäuser* beispielsweise als Rechtsgutsobjekte bezeichnet[456].

Die ideelle Rechtsgutskonzeption geht auf den von *v. Liszt* begründeten extrem physikalistischen Handlungsbegriff zurück[457]. *v. Liszt* unterschied zwischen Rechtsgut und Handlungsobjekt. Seiner Ansicht nach ist das Rechtsgut nichts anderes als ein Begriff, der „als solcher unsterblich, mithin auch unverletzlich" ist[458]. Kausale Folgen einer Handlung seien nicht dem Rechtsgut, sondern

---

445 *Graul,* Präsumtion, 1991, S. 57.

446 Vgl. *Kargl,* ARSP 82 (1996), S. 493.

447 *Hefendehl,* Kollektive Rechtsgüter, 2002, S. 28f. In diesem Zusammenhang kritisiert er die Verwendung des Terminus Entmaterialisierung, was ihm missverständlich scheint, weil es den falschen Anschein erweckt, es müsse sich um materielle Rechtsgüter handeln. Dazu siehe auch dort, S. 28, Fn. 156. Ausgehend von dieser Feststellung verteidigt *Hefendehl* überdies das von ihm kreierte ***Vertrauensrechtsgut***, indem er festhielt, das Vertrauen sein kein ideeller Sachverhalt, sondern ein Zustand, der auf bestimmten vertrauensbegründenden und -erfordernden Umständen aufbaut, die sich aber wiederum ändern oder abbauen können. Ihm gegenüber steht aber *Amelung*, der einen Kritikpunkt anbringt: Der Begriff des Vertrauens bezeichne keinen Zustand, für den besondere psychische Symptome wesentlich seien, sondern eine Bewusstseinslage, die gerade umgekehrt durch das Fehlen eines bestimmten Bewusstseinsinhalts gekennzeichnet sei. Dazu siehe *Amelung*, in Rechtsgutstheorie, 2003, S. 172.

448 *Hefendehl,* Kollektive Rechtsgüter, 2002, S. 28; auch *Kargl*, ARSP 82 (1996), S. 493.

449 Hier findet *Hefendehl* Gegner, die „Vergeistigung" und „Idealisierung" parallel verwenden. Dazu vgl. *Graul,* Präsumtion, 1991, S. 57; *Meyer*, Gefährlichkeitsdelikte, 1992, S. 132; *Baumann/Weber/Mitsch,* AT[11], 2003, S. 15 Rn. 18; und auch *Anastasopoulou*, Deliktstypen, 2005, S. 21 ff.;

450 Die Auflistung erfolg t in *Anastasopoulou*, Deliktstypen, 2005, S. 21 ff

451 *Jescheck/ Weigend*, AT[5] 1995, S. 257.

452 *Blei*,AT[12], 1996, S. 89. Dort wird Rechtsgut als gedankliches Gebilde beschrieben. „Es ist der auf seine einfachste Formel gebrachte objektive Wert, den das geschützte Gut in sich schließt."

453 Vgl. *Wessels/Beulke*, AT[34], 2004, § 1 Rn. 8; *Bloy*, ZStW 100 (1988), S. 490; und auch *Kuhlen*, ZStW 105 (1993), S. 713 Fn. 78.

454 *Jäger*, Sittlichkeitsdelikte, 1957, S. 14ff. Dennoch wird *Jäger* kritisiert, weil er bei der Beschreibung des Rechtsgutsbegriffs unlogisch ist, da er das Rechtsgut auf Seite 13 noch als verletzbare, schützbare Zustände ansah. Zu der Kritik an *Jäger* vlg. insoweit *Amelung*, Rechtsgüterschutz, 1972, S. 139, 302ff.; und *Anastasopoulou*, Deliktstypen, 2005, S. 21 Fn. 167.

455 Insbesondere bei *Schmidhäuser*, AT[2], 1975, S. 37.

456 *Schmidhäuser*, FS Engisch, 1969, S. 443 ff.; *Schmidhäusr/ Alwart*, Studienbuch AT[2], 1984, S. 83 ff.

457 So *Amelung*, Rechtsgüterschutz, 1972, S. 92 ff., 95, 106, 175, 199.

458 *v. Liszt*, ZStW 6 (1886), S. 675; *ders.*, ZStW 8 (1888), S. 153.

der „sinnfälligen Verkörperung des Rechtsguts“, also dem Handlungsobjekt zuzuordnen[459]. Von der Verletzung oder Gefährdung eines Rechtsguts könne deshalb lediglich im übertragenen Sinne gesprochen werden[460].

Die nach *v. Liszt* folgende Zeit ist durch eine zunehmende Tendenz gekennzeichnet, das Rechtsgut von seinem Bezug zur realen Welt zu lösen und es als etwas zu verstehen, das der Kausalbetrachtungsweise unmöglich zu unterwerfen sei. Der Rechtsgutsbegriff hat sich also unter dem Einfluss des Neukantianismus völlig vergeistigt. Unter anderem hat *Honig* eine geisteswissenschaftliche Betrachtung des Rechtsgutsbegriffs vollzogen. Wie auch *v. Liszt* hielt *Honig* das Kausalgesetz nur bezüglich des Handlungsobjekts für gültig, aber nicht bezüglich der Rechtsgüter[461].

In jüngerer Zeit wird die ideelle Rechtsgutsauffassung hauptsächlich von *Schmidhäuser* vertreten, der vor allem zwischen kausal verletzbarem ideellem Rechtsgutsobjekt und bloß durch Missachtung/Zuwiderhandlung verletzbarem ideellem Rechtsgut unterscheidet. Rechtsgutsobjekt sei materielles Objekt, an dem der Wert, der Achtungsanspruch, haftet[462]. Tatobjekt sei aber der Mensch oder der Gegenstand, auf den sich eine Tat beziehe, ohne dass man vom Rechtsgutsobjekt sprechen könne. In diesem Sinne ist der Begriff des Rechtsgutsbegriffs bei *Schmidhäuser* im Wesentlichen mit dem realen Rechtsgutsbegriff *Welzel*s identisch[463]. Vom realen Rechtsgutsobjekt gehe ein gegenüber jedermann gültiger, ideell zu verstehender Achtungsanspruch aus. Und dieser abstrahierte Achtungsanspruch stellt sich bei *Schmidhäuser* als das eigentliche Rechtsgut dar[464]. Mithin ist eine Rechtsgutsverletzung nach *Schmidhäuser* eine „Verletzung“ des Achtungsanspruches.

Hinsichtlich der Begriffe von Rechtsgutsverletzung und – gefährdung sind sich die Anhänger der ideellen Rechtsgutskonzeption über die Präzisierung nicht einig. Bei *Schmidhäuser* ergibt sich keine Rechtsgutsgefährdung, sondern nur eine Rechtsgutsverletzung, denn gefährdet werden kann nur ein konkretes Tatobjekt, nicht aber ein ideeller Anspruch[465]. Hingegen verwendet *Sax* Rechtsgüter im Sinne von „abstrakte Werte“ oder „ideelle Sachverhalte“, die immer nur gefährdet werden können[466].

Im Verlauf der Dogmengeschichte des Rechtsgutsbegriffs wird die begriffliche Vielfalt erkennbar. Als gesichert kann auch gelten, dass das Rechtsgut als ideeller Wert zumindest in einer bestimmten Epoche beständig und unantastbar zu sein scheint. Eine ideelle Rechtsgutstheorie ist funktionslos, „weil unvergängliche Ideen oder ewige Werte verletzungsunanfällig und dem unmittelbaren Zugriff des Täters entzogen sind“[467]. Außerdem leistet diese Theorie der Gefahr sinnloser Schutzgesetze Vorschub. Nur wenn man die Rechtsgüter als reale, kausale veränderbare Gegenstände/Sachverhalte körperlicher, wie nicht körperlicher Art auffasst, kann sowohl von einer Rechtsgutsverletzung als auch von einer Rechtsgutsgefährdung gesprochen werden[468]. Für die vorliegende Untersuchung ist die Erkenntnis von besonderer Bedeutung, dass die Vorbereitungs-

---

459 *v. Liszt*, ZStW 8 (1888), S.151 ff.

460 *v. Liszt*, ZStW 8 (1888), S. 675.

461 *Honig*, Einwilligung, 1919, S. 109 ff.

462 *Schmidhäuser*, AT$^2$, 1975, S. 37 ff.

463 Dazu vgl. *Amelung*, Rechtsgüterschutz, 1972, S. 174; *Graul*, Präsumtion, 1991, S. 58, 65; *Müssig*, Abstrakte Rechtsgüter, 1994, S. 56; *Schmidt*, Untersuchung, 1999, S. 137.

464 *Schmidhäuser*, FS Engisch, 1969, S. 445f.; *ders.*, *Schmidhäuser*, AT$^2$, 1975, S. 25; *Schmidhäusr/ Alwart*, Studienbuch AT$^2$, 1984, S. 83 f.

465 *Schmidhäuser*, FS Engisch, 1969, S. 446.

466 *Sax*, JZ 1976, S. 432. Diese Ansicht wird jedoch als widersprüchlich kritisiert, weil die Gefährdung denknotwendig auch die Möglichkeit der Verletzung in sich birgt. Dazu siehe *Anastasopoulou*, Deliktstypen, 2005, S. 25.

467 *Hefendehl*, Kollektive Rechtsgüter, 2002, S.29, m. w. N.

468 *Graul*, Präsumtion, 1991, S. 79; *Anastasopoulou*, Deliktstypen, 2005, S. 26.

handlung der Delikte allgemein zu bestrafen sein würde, wenn ihre Bestimmung aus einer ideellen Rechtsgutsauffassung hervorgegangen wäre; denn erstens würde sich nach dieser Lehre die Vorbereitungshandlung auf die Übertretung der Norm und mithin die Missachtung des Beachtungsanspruches richten, denen bereits vorgebeugt werden müsste; und zweitens könnte die Strafbarkeit der Vorbereitungshandlung auch durch den ideellen Rechtsgutsbegriff ausgedehnt werden, wobei es zu gefährlichen aber sinnlosen Schutzgesetzen kommen könnte. Ob die Strafbarkeit der Vorbereitungshandlung der Delikte durch diesen Rechtsgutsbegriff legitimiert werden kann, ist deshalb sehr zu bezweifeln.

**c) Individual- und Kollektivrechtsgüter - zugleich eine Behandlung der personalen Rechtsgutslehre**

Die Unterscheidung der Subkategorien der Individualrechtsgüter und Überindividualrechtsgüter hat sich schon seit langem und zwar seit der Entwicklung der Gedanken des Rechtsguts ergeben[469]. Als Differenzierungsmaßstab gelten die Rechtsgutsträger oder besser die Dispositionsbefugnisse über das Rechtsgut[470]. Dient ein Rechtsgut den Interessen einer Person oder einer bestimmten Personengruppe, wird es Individualrechtsgut genannt. Unter diese Kategorie fallen die klassischen Rechtsgüter, die sich im Verlauf der Geschichte des Strafrechts erhalten haben und Grundlage nahezu jeder Strafrechtsordnung sind, wie Leben, körperliche Unversehrtheit, persönliche Freiheit, Ehre, Eigentum, Vermögen etc. Dienen die Rechtsgüter den Interessen beliebig vieler Personen – der Allgemeinheit[471] –, werden sie Kollektiv-[472], Überindividual-, Universal-[473], Gemeinschafts-[474], Gesamtrechtsgüter,[475]oder überindividuelle[476], überindividualistische[477], abstrakte[478], nicht – individuelle[479] Rechtsgüter genannt (z. B. der Bestand des Staates, die rechtsstaatlich- demokratische Ordnung, die Rechtspflege, die Sicherheit des Geldverkehrs, die Reinheit der Amtsführung usw. ). Ohne sie, beispielsweise ohne eine funktionierende Rechtspflege, eine intakte Währung, oder auch ohne die Erhebung von Steuern ist eine moderne Gesellschaft nicht lebensfähig[480]. Kollektivrechtsgüter zeichnen sich durch zwei Eigenschaften aus[481]: Erstens ihre Allgemeinheit: jedermann darf die Kollektivrechtsgüter nutzen, ohne von dieser Nutzung ausgeschlossen zu werden. Zweitens ihre Nichtteilbarkeit: es ist faktisch bzw. normativ unmöglich, das Kollektivrechtsgut zu teilen und den Individuen die Anteile zuzuordnen.

---

469 Vgl. *Birnbaum*, NArchCrim 15 (1834), S. 177 ff.; sowie die Bestätigung von *Naucke* in Naturrecht, 1997, S. 281, Fn. 40.

470 *Hassemer*,. in NK-StGB$^2$,2005, vor § 1 Rn. 126.

471 *Hefendehl,* Kollektive Rechtsgüter, 2002, S. 19.

472 Beispielhaft: *Hefendehl,* Kollektive Rechtsgüter, 2002, S. 1; *Anastasopoulou*, Deliktstypen, 2005, S. 27 ff.

473 Vgl. nur *Stratenwerth*, ZStW 105 (1993), S. 687; *Müssig*, Abstrakte Rechtsgüter, 1994, S. 1; *Baumann/Weber/Mitsch,* AT$^{11}$, 2003, § 3 Rn. 13; *Hassemer/Neumann* in NK-StGB$^2$, 2005, vor § 1 Rn. 126; *Schönke/Schröder*$^{27}$, 2006, vor §§ 13ff. Rn. 9. Lampe hat den Begriff des Universalrechtsguts kritisiert. Laut ihm erweckt er den Eindruck, nämlich seien diese Rechtsgüter universal verbreitet, obwohl sie doch gerade weitaus kulturabhängiger seinen, als die personalen Rechtsgüter. Daher spricht Lampe stattdessen von sozialen Rechtsgütern. Dazu siehe *Lampe*, FS Schmitt, 1992, S. 87, Fn. 32.

474 *Schmidhäuser*, AT$^2$, 1975, S. 38; *Lagodny*, Grundrechte, 1996, S. 2, 21.

475 *Hassemer*, Theorie, 1973, S. 77.

476 *Baumann/Weber/Mitsch,* AT$^{11}$, 2003, § 3 Rn. 13; *Tiedemann*, Tatbestandsfunktionen, 1969, S. 125.

477 *Marx*, Rechtsgut, 1972, S. 79.

478 *Müssig*, Abstrakte Rechtsgüter, 1994, S. 2.

479 *Heinrich,* GA 1999, S. 262.

480 *Roxin*, AT$^4$, Bd. I, 2006. S. 17 Rn. 9.

481 Dazu vgl. *Kuhlen*, ZStW 105 (1993), S. 704; *Wittig*, ZStW 107 (1995), S. 262 ff.; *Baurmann*, Markt, 1996, S. 154; *Koriath*, GA 1999, S. 564; *Hefendehl,* Kollektive Rechtsgüter, 2002, S. 19; *ders.*, GA 2002, S. 126; *Hefendehl*, in Rechtsgutstheorie, 2003, S. 126.

Im Hinblick auf die systemimmanenten Funktionen der Rechtsgutstheorie wird allgemein eine solche Unterscheidung als unverzichtbar anerkannt. Abgesehen davon jedoch wird die Unterscheidung von kollektivem und individuellem Rechtsgut teilweise als überflüssig angesehen[482]. Insbesondere die Bedeutung dieser Differenzierung für die systemkritische Funktion der Rechtsgutstheorie wird bezweifelt. Diesem Zweifel liegt das unterschiedliche Verständnis des Verhältnisses von Individual- und Kollektivrechtsgütern zugrunde. Ihr Verhältnis gehört zu den grundlegenden Problemen der Rechtsgutslehre und stellt sich keineswegs als bloße belanglose akademische Streitfrage dar. Die Einwilligung, als ein typisches Beispiel dafür, bezieht sich nur auf Individualrechtsgüter[483]. Aber in der Sichtweise *Wohlers*' könne weder die *dualistisch*e Rechtsgutslehre noch die *monistisch*e Rechtsgutsauffassung zu einem solchen Ergebnis führen, aufgrund dessen die Unterscheidung zwischen Individual- und Kollektivrechtsgütern zur systemkritischen Funktion der Rechtsgutslehre beitragen könne[484]. Vertreter der dualistischen Rechtsgutstheorie würden die Individual- und Kollektivrechtsgüter als gleichberechtigte Subkategorien anerkennen, während die monistische – personale Rechtsgutslehre beispielsweise die Universalrechtsgüter als eine eigenständige Kategorie ablehne. Den realen Grund dafür sieht *Wohlers* in der nicht überzeugend durchführbaren Abgrenzung beider Subkategorien[485].

Jedoch ist es offensichtlich, dass *Wohlers* die beiden Auffassungen über das Verhältnis von Individual- und Kollektivrechtsgütern radikal interpretiert hat, weshalb er die Bedeutung der Abgrenzung zwischen beiden Subkategorien für die systemkritische Funktion der Rechtsgutslehre leugnet. Der Fokus des Streits zwischen der monistischen und der dualistischen Rechtsgutslehre liegt darin, wie weit eine solche Unterscheidung reichen und wie sie im Einzelnen aussehen soll[486]. Im Folgenden wird auf diese zwei Auffassungen eingegangen.

aa) Die monistisch - personale Rechtsgutslehre

Die Monisten finden sich nicht mit einer bloßen Unterscheidung zwischen Kollektiv- und Individualrechtsgütern ab. Sie wollen nach einem gemeinsamen Oberbegriff suchen und eine Präzisierung des Rechtsgutsbegriffs treffen. Ein Monist kann den Rechtsgutsbegriff entweder vom Staat her[487] oder von der Person her konzipieren. Nach der letzteren seien die Universalrechtsgüter nur insoweit legitim, als sie der personalen Entwicklung des Individuums dienen[488]. Die Person gilt nämlich als Ausgangspunkt und oberster Wert jeder Staatsordnung und jeder Rechtsordnung. Dabei wird dem Staat gegenüber dem Menschen nur eine dienende Funktion zugewiesen[489], womit die Freiheitsräume des Individuums zu sichern sind und der status negativus des Bürgers gegenüber dem Staat durch eine Beschränkung der Gesetzgebungsmacht zu erhalten ist.[490] Das ist die

482 Aus strafrechtlicher Sicht *Arzt/Weber*, BT, Bd. 5, 1982, § 1 Rn. 27 und § 42 Fn. 8; aus verfassungsrechtlicher Sicht *Lagodny*, Grundrechte, 1996, S. 427; *Vogel*, StV 1996, S. 110 f.

483 Dazu vgl. *Hassemer*, Theorie, 1973, S. 83 ff.; *Weigend*, ZStW 98 (1986), S. 53; *Hohmann*, Umweltdelikte, 1991, S. 58; *Jescheck/ Weigend*, AT[5] 1995, S. 259; *Wohlers*, Deliktstypen, 2000, S. 221.

484 Ausführlich vgl. *Wohlers*, Deliktstypen, 2000, S. 221 f., „Als Maßstab für eine sachgerecht ausgestaltete systemkritische Rechtsgutstheorie scheidet die Unterscheidung von Individual- und Universalrechtsgütern aus." Weiter kritisiert *Wohlers* in S. 222, Fn. 57, „dass die Differenzierung für die oben angesprochenen systemimmanenten Funktionen mehr zu leisten vermag, als eine rein begriffliche Umschreibung, ist nach dem Gesagten durchaus zweifelhaft..."

485 *Wohlers*, Deliktstypen, 2000, S. 221.

486 *Hassemer*,. in NK-StGB[2], 2005, vor § 1 Rn. 127.

487 Dann wird dieser Bezug zur Sphäre des Individuums vernachlässigt, „wenn die kollektiven Interessen am Bestand derartiger Rechtsgüter entweder als Rechtsgüter der Gemeinschaft oder aber – als Ausdruck einer mehr etatistischen Sichtweise – als Rechtsgüter des Staates gedeutet werden", in *Wohlers*, Deliktstypen, 2000, S. 222.

488 Insb. siehe dazu *Marx*, Rechtsgut, 1972, S. 79 ff.; und auch *Otto*, in Strafrechtsdogmatik, 1971, S. 5, 8.

489 *Hohmann*, Umweltdelikte, 1991, S. 66, 70 ff.; *ders.*, GA 1992, S. 77; *Marx*, Rechtsgut, 1972, S. 31 ff.

490 *Hassemer*, Theorie, 1973, S. 69; *Hohmann*, Umweltdelikte, 1991, S. 61, 66.

„monistisch-personale" Rechtsgutslehre. In dieser Betrachtungsweise gibt der Rechtsgutsbegriff im Spannungsverhältnis von Individuum und Gesellschaft bzw. Staat ein „deutliches Votum" zugunsten des Individuums ab[491].

*Wohlers* hat jedoch die Bezeichnung „monistisch– personale" Rechtsgutslehre verfehlt verwendet, wenn er beobachtet, dass die monistisch – personale Rechtsgutslehre ein *unmittelbares Ableitungsverhältnis* und ein darauf begründetes *Hierarchieverhältnis* entwickelt[492], weil er damit die Standpunkte der personalen Rechtsgutslehre noch nicht vollständig überblickt hat. Ein extremes Verständnis der personalen Rechtsgutslehre, an der *Wohlers* Kritik übt, findet sich beispielsweise in der jüngeren Diskussion bei *Marx* und *Hohmann*, während *Hassemer* einen gemäßigten Standpunkt einnimmt. Eine nähere Betrachtung der monistisch- personalen Rechtsgutslehre wird deswegen als notwendig angesehen.

*(1) Das unmittelbare Verhältnis zwischen Kollektiv- und Individualrechtsgütern*

Nach *Marx* sind Rechtsgüter „diejenigen Gegenstände, die der Mensch zu seiner freien Selbstverwirklichung braucht"[493]. Die Gesamtrechtsgüter hätten lediglich eine abgeleitete Funktion und seien nur insoweit gerechtfertigt, als sie Interessen des einzelnen schützen, als sie einen „konstitutiven Bezug zum Menschen"[494] aufwiesen. Daher will *Marx* einen prinzipiellen Unterschied zwischen Individual- und Universalrechtsgütern nicht anerkennen. Ferner betont er, dass die überindividuellen Rechtsgüter unmittelbar aus den individuellen deduziert werden müssten[495].

Aufgrund von *Marx*' Konzeption hat *Hohmann,* der Schüler von *Hassemer*, am Anwendungsfall der Umweltdelikte eine Hierarchie, nach der die Rechtsgüter des einzelnen denen der Gemeinschaft übergeordnet sind, entwickelt[496]. Darauf aufbauend versucht *Hohmann*, die Ordnungswidrigkeiten und Kriminalstraftaten abzugrenzen. Nach *Hohmann* sind die Strafnormen, die nicht unmittelbar klassische Individualrechtsgüter schützen, zwingend aus dem Kernstrafrecht zu entfernen und im Nebenstrafrecht bzw. Ordnungswidrigkeitenrecht zu lozieren[497].

*(2) Das vermittelte Ableitungsverhältnis zwischen Kollektiv- und Individualrechtsgütern – Rechtsgutskonzeption Hassemers*

*Hassemer*, auf den die personale Rechtsgutslehre zurückgeht, vertritt eine gemäßigte Variante der personalen Rechtsgutslehre. Vor allem stellt er nicht in Frage, dass es außer den im Kernstrafrecht schutzwürdigen Individualrechtsgütern auch Universalrechtgüter gibt, die elementare Garantien für die Gewährleistung der Rechtssphäre des einzelnen darstellen und deren Beeinträchtigung aus diesem Grunde als strafwürdiges Unrecht anzuerkennen ist[498]. Er bemüht sich also, den „Schlussstein über den beiden Säulen" zu finden[499]. Die Universalrechtsgüter seien nur „Medien"[500] und

491 *Hassemer*, FS Kaufmann, 1989, S. 91. Bereits *v. Liszt* hat den ausdrücklichen Bezug der Rechtsgutslehre auf ein personales Rechtsverständnis festgestellt, indem er das Rechtsgut als menschliche Interessen definiert. Dazu siehe *v. Liszt*, ZStW 8 (1888), S. 673.

492 *Wohlers*, Deliktstypen, 2000, S. 222.

493 *Marx*, Rechtsgut, 1972, S. 62. Daran übt *Schmidt* jedoch Kritik, wenn er bemerkt, es bleibe unklar, wer entscheidet, welche äußeren Bedingungen zur freien Entfaltung der Person notwendig sind. *Schmidt*, Untersuchung, 1999, S. 154.

494 *Marx*, Rechtsgut, 1972, S. 80.

495 *Marx*, Rechtsgut, 1972, S. 79.

496 *Hohmann*, Umweltdelikte, 1991, S. 189.

497 *Hohmann*, Umweltdelikte, 1991, S. 199ff.; *ders.*, GA 1992, S. 85 ff.

498 *Hassemer*, FS Kaufmann, 1989, S. 91 ff.; *der.*, ZRP 1992, S. 383; *ders.*, in Rechtsgutstheorie, 2003, S. 57.

499 *Hassemer*,. in NK-StGB$^2$,2005, vor § 1 Rn. 128.

500 *Hassemer*, FS Kaufmann, 1989, S. 92; *Stächelin*, Strafgesetzgebung im Verfassungsstaat, 1998, S. 100.

auch nur derivative geschützte Interessen. Die Rechtsgüter der Allgemeinheit sind nur insoweit anzuerkennen, als sie – vermittelt – auch Interessen von Personen sind[501]. Allgemeinheit und Staatsinteresse seien vom Individuum her zu funktionalisieren, nicht umgekehrt[502]. Damit können die Universalrechtsgüter nur als vermittelte und abgeleitete Rechtsgüter verstanden werden[503].

Aufgrund dieses Verständnisses schreibt *Hassemer* der monistisch-personalen Rechtsgutslehre einige Bedeutung für das Strafrecht zu. Beispielsweise sind Umweltdelikte danach nicht Verletzungsdelikte (i. S. eines Rechtsguts „saubere Umwelt") im strengen Sinne, sondern Gefährdungsdelikte (hinsichtlich Gesundheit und Leben), so dass die Verletzung der Umwelt im Verhältnis zur Verletzung personaler Rechtsgüter nur mit Zurückhaltung und den gebotenen Erleichterungen inkriminiert werden darf[504]. Ferner kann diese Rechtsgutslehre schlüssig begründen, wieso die sog. „Kumulationsdelikte" in einem StGB nichts zu suchen haben[505].

*(3) Würdigung der monistisch-personalen Rechtsgutslehre*

Zum einen kann man sehen, dass das Interesse der monistisch-personalen Rechtsgutslehre darin liegt, nicht nur eine Unterscheidung zwischen Kollektiv- und Individualrechtsgütern, die von gewiss pragmatischer Bedeutung ist, zu erlangen, sondern auch einen konsistenten Begriff für das Rechtsgut zu finden. Wie *Hassemer* hervorhebt, muss die Strafrechtstheorie staatstheoretische Farbe bekennen, wenn sie das Strafrecht und seine Aufgabe politisch und philosophisch fundieren will[506].

Zum anderen bleibt festzustellen, dass diese personale Rechtsgutslehre, insbesondere die Variante von *Hassemers* vermittelnder Ableitungstheorie, die besondere Gruppierung der Kollektivrechtsgüter nie leugnet. Ebenso wenig wird von der monistisch-personalen Rechtsgutslehre die Tatsache verneint, dass die Universalrechtsgüter die jüngste Strafrechtspolitik beherrscht haben[507]. Darin liegt die „Modernisierung" des Strafrechts im Sinne seiner Anpassung an die gesellschaftliche Entwicklung, bzw. an den sozialen Wandel. Jedoch erblickt die personale Rechtsgutslehre in dieser Modernisierungstendenz einen Anspruch darauf, dass das Strafrecht die Interessen der Personen gegenüber den Interessen von Gesellschaft und Staat favorisieren soll[508], weil sich diese Lehre auf eine liberale Staatskonzeption beruft. Es ist deshalb anzuerkennen, dass die personale Rechtsgutslehre eine kritische Auslegungsfunktion gegenüber dem positiven Recht entfalten kann. Auf das kritische Potenzial der personalen Rechtsgutslehre wird unten (§ 4 A II 2 d)) näher eingegangen.

Der monistisch-personalen Rechtsgutslehre wird allerdings auch von *Kuhlen* vehement entgegenhalten, dass es unmöglich sei, ein Universalrechtsgut auf bestimmte spezielle Individualrechtsgüter zurückzuführen[509]. Am Fall der Umweltdelikte stellt *Kuhlen* die Frage, welche Individualrechtsgüter infolge einer Beeinträchtigung unserer natürlichen Lebensgrundlagen langfristig be-

---

501 *Hassemer*,. in NK-StGB²,2005, vor § 1 Rn. 133.

502 *Hassemer*, Theorie, 1973, S: 232 ff.; *ders.*, in NK-StGB², 2005, vor § 1 Rn. 128, 131; zustimmend auch *Heinrich*, Amtsträgerbegriff, 2001, S. 264; *Hefendehl*, Kollektive Rechtsgüter, 2002, S. 60 betontt, „Es gibt keine Rechtsgüter der Allgemeinheit ohne Individualbezug".

503 *Hassemer*,. in NK-StGB²,2005, vor § 1 Rn. 134.

504 *Hassemer*,. in NK-StGB²,2005, vor § 1 Rn. 137. Er hält das auch für den Abusus von Betäubungsmitteln für gültig.

505 *Hassemer*,. in NK-StGB²,2005, vor § 1 Rn. 137.

506 *Hassemer*,. in NK-StGB²,2005, vor § 1 Rn. 128; und auch *Ingelfinger*, Tötungsverbot 2004, S. 25

507 *Hassemer*,. in NK-StGB²,2005, vor § 1 Rn. 131.

508 *Hassemer*,. in NK-StGB²,2005, vor § 1 Rn. 131

509 *Kuhlen*, ZStW 105 (1993), S. 704.

troffen sein werden. Im Ergebnis erklärt er: „diese diffuse Beziehung, die nichts mit einer diffusen Bestimmung des jeweiligen Universalguts zu tun hat, verbietet eine Rückführung universeller auf individuelle Rechtsgüter"[510]. *Kuhlen* beruft sich jedoch, wie *Wohlers*, nur auf ein Extremmodell der monistisch-personalen Rechtsgutskonzeption[511], da seine Kritik lediglich aus der unmittelbaren Ableitungskonzeption (von *Marx* und *Hohmann*), einer Variante der personalen Rechtsgutslehre, ausgeht. Wie oben schon ausgeführt, stellt sich aber die Variante der vermittelten und abgeleiteten Konzeption von *Hassemer* als besser begründet dar. Denn wenn sich einem Straftatbestand unmittelbar individuelle Rechtsgüter zugrunde legen lassen, besteht kein Anlass, kollektive Rechtsgüter zu hypostasieren[512]. *Hassemer*, der die personale Rechtsgutslehre maßgeblich entwickelt hat, sieht diesen unmittelbaren Ableitungszusammenhang nicht und tritt nicht dafür ein, die kollektiven Rechtsgüter unmittelbar aus den individuellen zu deduzieren[513].

bb) Die dualistische Rechtsgutsauffassung *Tiedemann*s

Die Konzeption des Dualismus von Individual- und Überindividualrechtsgütern hat die beiden Subkategorien als qualitativ verschiedene Rechtsgutskategorien gleich berechtigt[514]. Diese dualistische Abspaltung von Individual- und Universalrechtsgütern wird insbesondere von *Tiedemann* unternommen. Sein Ausgangspunkt ist die Entgegensetzung von Rechtsgütern der Individual- und Sozialsphäre. Individual- und Kollektivrechtsgüter werden von *Tiedemann* unverbunden, selbständig und gleichberechtigt gegenübergestellt, wie sie etwa im Staatschutzrecht oder im Wirtschaftsstrafrecht geschützt werden. Seine Darstellung berührt hauptsächlich die überindividuellen Rechtsgüter des Wirtschaftsstrafrechts, „die mit steigender Sozialdichte der Rechts- und Wirtschaftsordnung immer schwer greifbar werden und in dem System der staatlich überwachten, geordneten und gestalteten Gütererzeugung und –Verteilung, ja in dem gesamten Interesse des Staates an Bestand und Funktionieren der Wirtschaftsordnung nur gewaltsam und um bestimmter Ideologien willen unmittelbar und ausschließlich auf den einzelnen Menschen mit seinen elementaren Bedürfnissen und Interessen bezogen werden können"[515]. Die Lebensinteressen des Einzelnen stünden in einer komplexen, vielfach überlagerten und sich durchdringenden Schichtung rechtlich nur mittelbar „hinter" und „über" den Interessen der Allgemeinheit an einem geordneten Wirtschaftsablauf.

Eine solche Rechtsgutskonzeption leugnet den Bezug der Kollektivrechtsgüter zu individuellen Interessen zwar nicht, ist in der Sicht *Hassemer*s aber nur pragmatisch akzeptabel, jedoch ohne Interesse, nach einem Metabegriff, der die beiden Gruppen von Rechtsgütern zusammenfasst, zu suchen[516]. Daher kann diese Lehre keine Auskunft über die Funktion des Rechtsguts bei der Bestimmung des Verbrechens geben, da die Frage nach dem Wesen des Verbrechens nur einheitlich beantwortet werden könne[517].

---

510 *Kuhlen*, ZStW 105 (1993), S. 704; zustimmend auch *Anastasopoulou*, Deliktstypen, 2005, S. 43.

511 Bei *Hefendehl* ist ein solches Extremmodell auch abzulehnen, in *Hefendehl*, Kollektive Rechtsgüter, 2002, S. 76.

512*Hefendehl*, Kollektive Rechtsgüter, 2002, S. 82; ders., GA 2002, S. 122; *Schünemann*, in Alte Strafrechtsstrukturen, 2000, S. 27. In diesem Sinne auch *Hohmann*, wistra 1992, S. 85, 86.

513 *Hassemer*, FS Kaufmann, 1989, S. 85, 91; *Hefendehl*, Kollektive Rechtsgüter, 2002, S. 62.

514 Vgl. *Riklin*, AT², Bd. I, 1997, § 4 Rn. 4; *Tiedemann*, Tatbestandsfunktionen, 1969, S.113 ff., 120.

515 *Tiedemann*, Tatbestandsfunktionen, 1969, S. 119. In diesem Sinne ist auch der Ausgangspunkt bei der dualistischen Rechtsgutskonstruktion, wie *Hefendehl* zutreffend kommentiert, - trotz missverständlicher Formulierung im Detail- die durch das Grundgesetz vorgegebene zentrale Rolle des Individuums. Dazu siehe *Hefendehl*, Kollektive Rechtsgüter, 2002, S. 75.

516 *Hassemer*,. in NK-StGB², 2005, vor § 1 Rn. 128. Danach bleibe das innere Verhältnis der beiden unterschiedlichen Rechtsgutsbegriffe ungeklärt.

517 *Hassemer*, Theorie, 1973, S. 77 ff.; *Hohmann*, Umweltdelikte, 1991, S. 60; *Stächelin*, Strafgesetzgebung im Ver-

cc) Systematisierung der Kollektivrechtsgüter bei *Hefendehl*

Es trifft wohl zu, wofür *Hefendehl* eintritt, nämlich, dass die Grenze zwischen Individual- und Kollektivrechtsgütern nicht identisch mit der derjenigen zwischen personalen und nicht personalen Interessen ist[518], weil sich Universalrechtsgüter ohne Individualbezug nicht ergeben[519]. *Hefendehl* beruft sich in seiner Auffassung aber auf die rekonstruierte dualistische Rechtsgutslehre und die von ihm entwickelte Systematisierung der Kollektivrechtsgüter.

*(1) Das gewandelte Staatsverständnis als der Ausgangspunkt seiner Systematisierung der Kollektivrechtsgüter*

Vor allem hält *Hefendehl* den Kern der Kritik, den die personale Rechtsgutslehre an der dualistischen Rechtsgutkonzeption übt, fest, nämlich dass die dualistische Rechtsgutslehre staatstheoretisch indifferent ist, weil jeder eine transpositvie Bestimmung des Verbrechensobjekts Vornehmende implizit oder explizit eine Gesellschaftstheorie voraussetzt. Diesen Vorwurf hat *Hefendehl* auszuräumen versucht, indem er die der dualistischen Rechtsgutslehre zugrunde liegende Staatstheorie rekonstruiert hat[520].

Nach dem Verfassungsmodell des 19. Jahrhunderts musste die Verfassung die allumfassende monarchische Staatsgewalt beschränken und dem Bürger sowie der Gesellschaft im Ganzen selbst verantwortliche Freiheit gewährleisten. In der heutigen Staats und Gesellschaftsverfassung geht die Aufgabe des Staates auch vor allem dahin, „die Ordnung des politischen Prozesses funktions- und leistungsfähig zu erhalten sowie unter den modernen Bedingungen Freiheit und Leben in menschlicher Würde wirksam zu gewährleisten“[521]. Das Leben des Bürgers werde jedoch nicht durch seine individuelle Freiheitssphäre, sondern viel mehr durch das Funktionieren der gesellschaftlichen und staatlichen Versorgungssysteme definiert. Also seien die Bürger zwingend vom Funktionieren der Systeme Staat und Wirtschaft abhängig[522].

*(2) Systematisierung der Kollektivrechtsgüter bei Hefendehl*

Ausgehend von diesem gewandelten Staatsverständnis hat er die Rekonstruierung der dualistischen Rechtsgutslehre und damit eine erstmalige Systematisierung der kollektiven Rechtsgüter vorgenommen. In Übereinstimmung mit *Tiedemann* verlegt *Hefendehl* den Kern der dualistischen Rechtsgutskonzeption in die Relativierung der unmittelbaren Rückbezüglichkeit eines jeden Rechtsguts auf personale Interessen.

Er verknüpft zunächst eine „grobe“ Systematik der kollektiven Rechtsgüter an die Differenzierung von Staat und Gesellschaft, die er im Sinne einer Wechselbeziehung zwischen Staat und Gesellschaft erfasst[523]. Dieser Differenzierung wird primär nur eine staatsbegrenzende Funktion im Hinblick auf die individuelle und gesellschaftliche Freiheit beigemessen. Der Staat stehe nicht etwa über der Gesellschaft, sondern sei zunächst die Organisation, die sich die Gesellschaft selbst nach innen gibt und geben müsse, um die Bedingungen des Zusammenlebens festzulegen und dem widerstrebenden Willen einzelner notfalls mit Gewalt begegnen zu können[524]. Der Staat ist

---

fassungsstaat, 1998, S. 68.

518 *Hefendehl,* Kollektive Rechtsgüter, 2002, S. 81 ff.; *ders.*, GA 2002, S. 24. Dazu siehe auch *Anastasopoulou*, Deliktstypen, 2005, S. 43, 171.

519 *Hefendehl,* Kollektive Rechtsgüter, 2002, S. 60.

520 *Hefendehl,* Kollektive Rechtsgüter, 2002, S. 75 ff.

521 *Hefendehl,* Kollektive Rechtsgüter, 2002, S. 76.

522 *Hefendehl,* Kollektive Rechtsgüter, 2002, S. 77; *Kratzsch*, Verhaltenssteuerung und Organisation, 1985, S. 378 f.

523 *Hefendehl,* Kollektive Rechtsgüter, 2002, S. 115.

524 *Schmidhäuser*, BT$^2$, 1983, vor 18/1; auch *Böckenförde*, in Staat und Gesellschaft, 1976, S. 395, 412.

ein Produkt der Gesellschaft, wirkt aber zugleich auf sie zurück, indem er ihre Rahmenbedingungen sichert, sie durch seine Gesetzgebung ordnet und durch seine Verwaltung steuert und gestaltet. Die Systematisierung erfolgt danach, welche Funktion die kollektiven Rechtsgüter jeweils für ein beliebiges Mitglied der Rechts- und Gesellschaftsordnung haben. Somit wird der unterschiedliche Ausgangspunkt der überindividuellen Güter deutlich: Entweder knüpfen sich unmittelbar an die Freiheitsverwirklichung der Person an oder haben die Funktionsfähigkeit des Staatswesens selbst zum Gegenstand[525].

In der ersten Gruppe sind diejenigen Rechtsgüter zusammengeführt, die wie Individualrechtsgüter ständig präsent das Leben der Gesellschaftsmitglieder flankieren. Bei den Rechtsgütern zum Schutz staatlicher Rahmenbedingungen als dem zweiten großen Komplex sind drei verschiedene Hierarchieebenen zu unterscheiden: diejenigen zum Schutz des Staates an sich (z. B. § 81 I Nr. 1 StGB, Hochverrat), der Funktionsbedingungen bestimmter Verfassungsorgane (z. B. § 105 StGB, Nötigung von Verfassungsorganen) sowie der unmittelbaren staatlichen Tätigkeit im Kontakt mit dem Bürger (z. B. § 113 StGB, Widerstand gegen Vollstreckungsbeamte). Die Freiheitsräume für die Individuen schaffenden Rechtsgüter werden damit von den Rechtsgütern zum Schutz staatlicher Rahmenbedingungen getrennt.

In der soeben erwähnten Systematisierung treffen sich außerdem die unterschiedlichen Strukturtypen kollektiver Rechtsgüter, die *Hefendehl* herausarbeitet: das gesellschaftsrelevante Vertrauensrechtsgut[526], für das paradigmatisch das Vertrauen in die Unbestechlichkeit des Beamtenapparates genannt ist; die Rechtsgüter als aufzehrbare gesellschaftsrelevante Kontingente[527], die sich im Kern im Umweltstrafrecht finden; die Rechtsgüter zum Schutz der staatlichen Rahmenbedingungen, die wiederum in Funktionsbedingungen und endliche aufzehrbare staatliche Kontingente[528] aufzuspalten sind. *Hefendehl*[529] macht ferner darauf aufmerksam, dass jede Rechtsgutsgruppe zugleich spezifische Strukturmerkmale aufweist: Während die Vertrauensrechtsgüter und die Rechtsgüter als aufzehrbare gesellschaftliche Kontingente die Freiheitsräume für die Gesellschaftsmitglieder sichern bzw. erweitern, geht es bei den staatlichen Funktionsrechtsgütern sowie den aufzehrbaren staatlichen Kontingenten um die kollektiven Rechtsgüter zum Schutz der staatlichen Rahmenbedingungen.

Des Weiteren hat *Hefendehl* die scheinbaren Kollektivrechtsgüter gesondert behandelt. Sie sind die zwischen individuellen und überindividuellen Rechtsgütern anzusiedelnden Sonderkonstellationen[530], etwa in Gestalt der sog. Volksgesundheit im Betäubungsmittelstrafrecht, der sog. Sicherheit des Verkehrs bei den Straßenverkehrsdelikten oder der öffentlichen Sicherheit bzw. dem staatlichen Gewaltmonopol im Waffenrecht. Bei dieser Gruppe kommt *Hefendehl* zwar zur richtigen Aussage, dass die scheinbar kollektiven Rechtsgutskonstruktionen zu eliminieren sind, um die tatsächlichen, den Schutz von individuellen Rechtsgütern betreffenden Legitimationsbedingungen offen zu legen. Er beruft sich jedoch auf die Grundlage des Vertrauensrechtsguts, das von ihm als das eigentliche Rechtsgut in den betreffenden Konstellationen angesehen wird.

525 *Hefendehl,* Kollektive Rechtsgüter, 2002, S. 115.
526 *Hefendehl,* Kollektive Rechtsgüter, 2002, S. 124 ff.
527 *Hefendehl,* Kollektive Rechtsgüter, 2002, S. 132 ff.
528 *Hefendehl,* Kollektive Rechtsgüter, 2002, S. 135 ff.
529 *Hefendehl,* Kollektive Rechtsgüter, 2002, S. 123 f.
530 *Hefendehl,* Kollektive Rechtsgüter, 2002, S.139: „Nur scheinbar handelt es sich bei ihnen um Kollektivrechtsgüter traditioneller Prägung".

*(3) Würdigung der Rechtsgutslehre von Hefendehl*

*Hefendehl* weist darauf hin, dass ein Paradigmenwechsel vom Einzelnen hin zum Staat nicht mit der Wandlung der Staatstheorie verbunden ist[531]. Denn es geht nach wie vor in erster Linie um die Interessen des Einzelnen, die aber heute regelmäßig nicht mehr direkt, sondern nur über Institutionen mediatisiert zur Entfaltung gelangen können. Nach *Hefendehl* mögen solche Wandlungen der Staats- und Verfassungstheorie der Anlass für die dualistische Rechtsgutsauffassung gewesen sein, die traditionelle Beschränkung auf den status negativus aufzugeben. Insoweit ergibt sich die Gefahr, dass jede gesellschaftliche Nützlichkeit zu einem Rechtsgut aufgewertet wird, obwohl eine dualistische Rechtsgutslehre nicht zwingend die Interessen des Einzelnen aus dem Auge verlieren muss[532]. Der Ausführung *Hefendehl*s ist zu entnehmen, dass er insoweit *Hassemer* sehr nahe steht, als er das Paradigma vom Einzelnen hin zum Staat ausdrücklich weiterhin anerkennt. Seine Kritik, dass ein über die Person konstituiertes Staatswesen statisch bleibe, bezieht sich jedoch, wie bei *Wohlers*[533] und *Kuhlen*[534], nur auf die Extremvariante der personalen Rechtsgutskonzeption.

Sein besonderer Beitrag liegt in der erstmaligen Systematisierung der Kollektivrechtsgüter. Durch *Hefendehl*s Systematisierung der kollektiven Rechtsgüter kann die Bedeutung ihrer Kenntnis bei Handlungen gegen Überindividualrechtsgüter klarer verdeutlicht werden. Zugleich stößt seine Systematik aber auch auf Kritik, die gerade an den scheinbaren Kollektivrechtsgütern geübt wird. So erklärt *Roxin* das vor allem von *Hefendehl*[535] propagierte Vertrauensrechtgut als Grundlage von Rechtsgütern der Allgemeinheit für nicht überzeugend, da „solche sozialpsychologischen Befunde“ zu vage sind, als dass ihnen Rechtsgutsqualität zugesprochen werden könnte[536]. Ferner könne Vertrauen nur erschüttert werden, sofern die vertrauenserschütternden Umstände bekannt würden. Wenn Taten unentdeckt blieben, oder die Bevölkerung das Vertrauen in die Unbestechlichkeit des Beamtenapparates schon verloren habe, müsste man konsequenterweise eine Rechtsgutsverletzung in Frage stellen[537]. Sofern nur das Vertrauen der Allgemeinheit und nicht der Schutz vor der Verfälschung des Staatswillens das geschützte Rechtsgut bei den Bestechungsdelikten sei, wäre es am konsequentesten, die Bestechungsdelikte aus dem Strafgesetzbuch zu streichen[538]. Laut *Hassemer* sei das Abstellen auf das Vertrauen als Rechtsgut auch deshalb gefährlich, weil es eine zu hohe, zu abstrakte Ebene verkörpere, die als solche nicht Gegenstand strafrechtlichen Schutzes sein dürfe[539]. In ähnlicher Weise wendet auch *Amelung* ein, dass das Vertrauen nicht zum Rechtsgut von Verhaltensnormen erhoben werden könne[540].

Aus der überzeugend begründeten Kritik kann man zwar bemerken, dass es weiterhin schwierig ist, die Individualrechtsgüter von den Überindividualrechtsgütern zu unterscheiden. Die Möglichkeit, sie voneinander abzugrenzen, besteht aber dennoch. Dabei muss man stets darauf achten, dass man sich nicht zu oft auf tendenziell diffuse Belange der Allgemeinheit beruft, und dann diese angeblichen Allgemeininteressen zu Rechtsgütern erklärt. Sonst setzt man die strafbarkeits-

531 *Hefendehl*, Kollektive Rechtsgüter, 2002, S. 78.
532 *Hefendehl*, Kollektive Rechtsgüter, 2002, S. 79.
533 *Wohlers*, Deliktstypen, 2000, S. 222.
534 *Kuhlen*, ZStW 105 (1993), S. 704.
535 *Hefendehl*, Kollektive Rechtsgüter, 2002, S. 124 ff.
536 *Roxin*, AT$^4$, Bd. I, 2006, S. 39, Rn. 84.
537 *Roxin*, AT$^4$, Bd. I, 2006, S. 39, Rn. 84.
538 Vgl. *Anastasopoulou*, Deliktstypen, 2005, S. 177; *Jaques*, Bestechungstatbestände, 1996, S. 46 ff.
539 *Hassemer*, in Rechtsgutstheorie, 2003, S. 300.
540 *Amelung*, in Rechtsgutstheorie, 2003, S. 172.

begrenzende Funktion des Rechtsgutsbegriffs im Bereich der Vorfeldkriminalisierung außer Kraft[541].

Deswegen gilt es als möglich und notwendig, die von *Hefendehl* unternommene Strukturbildung gewissermaßen zu modifizieren, indem der Typus des Vertrauensrechtsguts aus der Systematik zu eliminieren ist. Im Ergebnis ist eine modifizierte Systematik der Kollektivrechtsgüter zu bilden: die Rechtsgüter als aufzehrbare gesellschaftsrelevante Kontingente und die Rechtsgüter zum Schutz der staatlichen Rahmenbedingungen. Damit wird später (§4 B I) eine Prüfung der Legitimationsbegründung der Vorbereitungsdelikte de lege lata möglich.

d) Der systemimmanente und der systemtranszendente Rechtsgutsbegriff

Im Rahmen der Bemühungen um die Rechtsgutstheorie stehen sich außerdem zwei weitere grundsätzlich voneinander abweichende Konzeptionen gegenüber: die systemimmanenten bzw. methodischen oder systematischen Rechtsgutslehren einerseits und die systemtranszendenten bzw. materialen oder systemkritischen Rechtsgutslehren andererseits[542]. Diese Differenzierung ist mit den oben geschilderten zwei Unterscheidungen verbunden[543].

aa) Das systemimmanente Rechtsgutskonzept

Ausgehend von *Binding*[544] entwickelte sich innerhalb der Rechtsgutslehre eine positivistische Betrachtungsweise. Danach wird dem Rechtsgutsbegriff nur eine dogmatisch- hermeneutische Funktion zugewiesen. Hier dient er methodischen bzw. systematisierenden Interessen bei der Aufarbeitung der im positiven Recht vorgefundenen „rationes legorum“[545]. Also leistet diese Theorie lediglich eine hilfreiche Funktion für die Auslegung und Anwendung der de lege lata geltenden Strafrechtsnormen. Und sie überschreitet den Horizont einer gegebenen, positiveren Rechtsgüterordnung nicht.

bb) Der systemtranszendente Rechtsgutsbegriff

Grundlegend anders als bei den behandelten Theorien verhält sich die Rechtsgüterproblematik bei der systemkritischen[546] Rechtsgutslehre, die über einen reinen begriffsanalytischen Ansatz hinaus verfügt, um die Entwicklung von Prinzipien, die die Konstitution und Auswahl strafrechtlicher Schutzgüter vor dem Hintergrund einer bestimmten Gestalt der Gesellschaft rechtfertigen zu können. Diese Rechtsgutskonzeption versucht, nicht nur ein methodisches Prinzip für die Auslegung

---

541 *Roxin*, AT[4], Bd. I, 2006, S. 37, Rn.75.

542 Die Unterscheidung systemimmanenter und systemtranszendenter bzw. systemkritischer Rechtsgutsbegriffe geht auf *Hassemer* zurück, in *Hassemer*, Theorie, 1973, S. 19 ff. Ferner vgl. *Müssig*, Abstrakte Rechtsgüter, 1994, S. 9; *Stächelin*, Strafgesetzgebung im Verfassungsstaat, 1998, S. 32 m. w. N.; *Wohlers*, Deliktstypen, 2000, S. 218; *Baratta*, FS Kaufmann, 1993, S. 393 ff, insb. S. 398 mit dem Hinweis darauf, dass es sich nicht um zwei voneinander getrennte Bereiche, sondern um „zwei Momente eines Kontinuums“ handele.

543 So stellt *Wohlers* die Unterscheidung von Individual- und Universalrechtsgütern einerseits und die Substanzhaftigkeit von Rechtsgütern andererseits unter dem Titel „Das Systemkritische Potential der Rechtsgutstheorie“ vor, in *Wohlers*, Deliktstypen, 2000, S. 218 ff.

544 *Binding*, Handbuch, Bd. I, 1885, S. 169, 353ff. Dort definierte Binding das Rechtsgut als „alles, was in den Augen des Gesetzgebers als Bedingung gesunden Lebens der Rechtsgemeinschaft für diese von Wert ist, an dessen unveränderter und ungestörter Erhaltung sie nach seiner Ansicht ein Interesse hat und das er deshalb durch seine Normen vor unerwünschter Verletzung oder Gefährdung zu sichern bestrebt ist“.

545 *Müssig*, Abstrakte Rechtsgüter, 1994, S. 9.

546 Laut *Roxin* „sollte man statt von ‚systemkritisch' besser von ‚gesetzgebungskritisch' sprechen, denn dieser Rechtsgutsbegriff bewegt sich innerhalb des verfassungsmäßigen Systems, will aber der Eingriffsbefugnis der Gesetzgeber Grenzen setzen“. Siehe *Roxin*, AT[4], Bd. I, 2006, S. 18, Fn. 27.

des positiven Rechts zu liefern, sondern zugleich sachliche Kriterien gerade für die Aufstellung von Strafrechtsnormen und Kritik daran aufzuzeigen. Das Rechtsgut soll nämlich hier als vorstrafrechtlicher Topos dem Gesetzgeber bei der Ausübung seines Bestrafungsrechts Grenzen setzen und insofern eine strafbarkeitslimitierende Funktion wahrnehmen. Von dieser Erfassung wird erwartet, dass man die bedenklichen Tatbestände im Besonderen Teil des Strafgesetzes kritisch analysieren und die Bestrafungsbefugnis klar und stabil begrenzen kann.

Eine so aufgefasste systemkritische Rechtsgutslehre stößt auf die Kritik, dass „innerhalb der systemkritischen Rechtsgutslehren keine konsensfähigen Kriterien und Maßstäbe zur begrifflichen Konturierung des Rechtsgutsbegriffs ersichtlich sind“[547]. Ausgehend von diesem Einwand werde bei näherer Betrachtung ein Dilemma ersichtlich[548]: einerseits würde der Verzicht auf reale Gegenständlichkeit das kritische Potenzial der Rechtsgutstheorie tendenziell minimieren, während andererseits eine Beschränkung auf gegenständliche Schutzobjekte das kritische Potenzial des Rechtsgutsbegriffs erhöhen und bei einer Beschränkung auf „handfeste“ Rechtsgutsobjekte möglicherweise tatsächlich die von den Kritikern des „modernen“ Strafrechts befürwortete weitgehende Beschränkung auf einen relativen kleinen Kreis klassischer Individualrechtsgüter erzwingen könnte. Eine derartige Kritik am kritischen Potenzial der Rechtsgutslehre erweist sich zum Einen nicht als neu, weil sie stets mit der Kritik an einem handfest-greifbaren Rechtsgut zusammenhängt, und zum Anderen aber als widerlegbar: diese Kritik sieht nur die reale Gegenständlichkeit als handfeste Rechtsgutsobjekte an und beruft sich deshalb auf ein verengtes Verständnis der oben (§ 4 A II 2 b b)) schon aufgeführten realen Rechtsgutskonzeption, nach der Rechtsgüter reale Gegenstände oder Zustände, also reale Gegebenheiten sind, die sinnlich wahrnehmbar und kausal veränderbar sind. Realität bestehe „nicht nur aus körperlichen Gegenständen, sondern ebenso aus seelisch – geistigen Phänomenen“[549]. Außerdem wird ein Begriff des Rechtsgutsobjekts, der von *Schmidhäuser* entwickelt wurde, in diese Kritik einbezogen. *Schmidhäuser* vertritt die ideelle Rechtsgutslehre und fasst das Rechtsgut als ideellen Achtungsanspruch auf. Ihm zufolge seien Rechtsgutsobjekte materielle Objekte[550]. Die systemkritische Rechtsgutslehre beschränkt sich offensichtlich aber gar nicht auf einen körperlichen Gegenstand. Daher ist zu konstatieren, dass die Kritik an der systemkritischen Rechtsgutslehre von einem Begriff der ideellen Rechtsgutsauffassung ausgeht, während sich die systemtranszendente Rechtsgutskonzeption auf eine reale Rechtsgutslehre beruft.

cc) Die systemkritische Rechtsgutsauffassung von *Schünemann*[551]

*Schünemann* geht von der Feststellung aus, dass die Rechtsgutskonzeption im Grundgedanken einer aus der Idee des Gesellschaftsvertrags abgeleiteten Strafrechtsbegrenzung wurzelt[552]. Bei ihm steht es außer Zweifel, dass das Rechtsgüterschutzprinzip den harten Felsen des liberalen Denkens repräsentiere[553].

547 So *Wohlers*, Deliktstypen, 2000, S. 219.

548 *Wohlers*, Deliktstypen, 2000, S. 220.

549 *Hefendehl,* Kollektive Rechtsgüter, 2002, S. 28.

550 *Schmidhäuser*, AT$^2$, 1975, S. 37 ff.; auch *Berz*, Formelle Tatbestandsverwirklichung, 1986, S. 35.

551 *Schünemann* behauptet: „die Unverzichtbarkeit der Kategorie des Rechtsguts bei der Interpretation der Straftatbestände wird in Wahrheit auch von seinen schärfsten Kritikern (die sowohl seine Bestimmtheit als auch eine den Gesetzgeber einschränkende verfassungsrechtliche Bedeutung bestreiten) nicht nur anerkannt, sondern sogar akzentuiert“. Vgl. *Schünemann*, in Rechtsgutstheorie, 2003, S. 133.

552 *Schünemann*, in Rechtsgutstheorie, 2003, S. 137 f.

553 *Schünemann*, in Rechtsgutstheorie, 2003, S. 154.

Obwohl der Grundgedanke des Rechtsgutsschutzes in den 250 Jahren unterschiedliche Ausdrucksformen gesucht hat, stellen die verschiedenen Redeweisen aber eine starke gemeinsame Basis dar[554]. Den Vorwurf von *Amelung*, dass *Birnbaums* Theorie vom Schutz rechtlicher Güter die Erstreckung der staatlichen Zwangsgewalt auf die Erhaltung der Sittlichkeit ermögliche, versucht *Schünemann* durch den treffenden Nachweis auszuräumen, dass sich *Birnbaum* bei den Sittlichkeits- und Religionsdelikten in einer gewissen Verlegenheit befand, weil nicht klar erkennbar wird, worin hier das „Gut" des einzelnen oder der Allgemeinheit bestehen soll, weshalb *Birnbaum* in nicht völlig klarer Weise auf eine Verletzung der gemeinsamen religiösen Anschauungen rekurriert – freilich scheint er damit auch die Sittlichkeit als strafrechtlich zu schützendes Gut keineswegs schlechthin anzuerkennen[555]. *Schünemann* hält ferner fest, dass die Bindung des Gesetzgebers an das Rechtsgüterschutzprinzip für die Strafrechtstheoretiker von *Beccaria* bis *Birnbaum* ebenso selbstverständlich war[556].

Somit wird *Schünemanns* Standpunkt der systemkritischen Rechtsgutskonzeption deutlich. Er findet sich jedoch nicht mit dieser einfachen Aussage ab, sondern weist auf die angemessene Einschränkungsfähigkeit der Rechtsgutslehre exemplarisch hin. Am Beispiel der Auslegung vierer Tatbestände, in denen er zum Teil die Hypostasierung von scheinbaren Kollektivrechtsgütern erblickt, zeigt *Schünemann* die Überprüfung ihrer Legitimierbarkeit anhand einer Analyse von Rechtsgut und Deliktsstruktur auf. ***Zuerst*** gelte z.B. beim Subventionsbetrug die Planungs- und Dispositionsfreiheit des Subventionsgebers zu Recht als das von § 264 StGB geschützte Rechtsgut. Sie wird aber durch eine bloße Unaufrichtigkeit oder eine „einfache schriftliche oder mündliche Erklärung" tatsächlich nicht beeinträchtigt[557], wenn man in Rechnung stellt, dass dieses Delikt nach überwiegender Meinung als abstraktes Gefährdungsdelikt[558] oder als Tätigkeitsdelikt[559] angesehen wird. Aber die Interpretation des Tatbestandsmerkmals der „Vorteilhaftigkeit" der unrichtigen subventionserheblichen Tatsache durch den BGH[560] führt dazu, dass eine bloße Täuschungshandlung für § 264 genügt. Eine dadurch entstandene Überkriminalisierung sei hier vor dem Seziermesser der Rechtsgutsanalyse mitsamt der daran anknüpfenden Deliktsstrukturanalyse nicht zu verbergen[561]. Daher sei der Tatbestand des Subventionsbetrugs nur legitimierbar – und in diesem Sinne auch die Überkriminalisierung korrigierbar –, sofern die BGH-Interpretation der „Vorteilhaftigkeit" zu korrigieren sei. Anders zeigt aber die Rechtsgutsanalyse im ***zweiten*** Beispiel, nämlich bei Auslegung des Kapitalanlagebetrugs (§ 264 a StGB), dass die bloß falschen Angaben „gegenüber einem größeren Kreis von Personen" legitim strafbar sind, denn „es geht hier um Geschäfte mit dem Publikum, für dessen Anlageentscheidungen die „Transparenz des Kapitalmarktes" als eigenständiges kollektives Rechtsgut qualifiziert werden kann[562]. Im ***dritten*** Beispiel kritisiert *Schünemann* das häufig angeführte kollektive Rechtsgut der „Leistungsfähigkeit des Versicherungswesens"[563] als ein Scheinrechtsgut des § 265 StGB (Versicherungsmissbrauch), weil sich dahinter die Klasse des individuellen Vermögens der einzelnen

---

554 *Schünemann*, in Rechtsgutstheorie, 2003, S. 138.

555 *Schünemann*, in Rechtsgutstheorie, 2003, S. 140.

556 *Schünemann*, in Rechtsgutstheorie, 2003, S. 141.

557 Vgl. *Schünemann*, in Rechtsgutstheorie, 2003, S. 150; *Tröndle/Fischer*, Strafgesetzbuch[54], 2007, § 264 Rn. 23ff.; *Tiedemann* in LK[11], 1997, § 264 Rn. 84, beide m. w. N.

558 *Tröndle/Fischer*, Strafgesetzbuch[54], 2007, § 264 Rn. 4 m. w. N.

559 *Tiedemann*, Wirtschaftsstrafrecht und Wirtschaftskriminalität, Bd. I, 1976, S. 83f.; *ders.* in LK[11], 1997, § 264 Rn. 17.

560 BGHSt 36, 374.

561 *Schünemann*, in Rechtsgutstheorie, 2003, S. 150 f.

562 *Schünemann*, in Rechtsgutstheorie, 2003, S. 151. Zum umstrittenen Rechtsgut des § 264 a vgl. *Tiedemann*, in LK[11], 1997, § 264 a Rn. 13ff.; und auch *Tröndle/Fischer*, Strafgesetzbuch[54], 2007, § 264 a Rn. 4.

563 *Tiedemann*, in LK[11], 1997, § 265 Rn. 6 m. w. N.

Versicherungsgesellschaften verbirgt[564]. In diesem Fall stelle sich die Tathandlung des § 265 StGB nur als eine selbständige strafbare Vorbereitungshandlung zum Versicherungsbetrug (§ 263 III Nr. 5) dar. Dass der Versuch der Vorbereitungshandlung in § 265 II für strafbar erklärt wird, sei ihm zufolge auch als hemmungslose Überkriminalisierung anzusehen und deshalb auf der Basis der Rechtsgutskonzeption als verfassungswidrig zu brandmarken. Ähnliches gelte für das ***vierte*** Beispiel, in dem es sich bei den Straßenverkehrsdelikten (§ 315c und 316 StGB) nicht um das angebliche Kollektivrechtsgut der „Verkehrssicherheit“[565], sondern um das Rechtsgut der Klasse der Sicherheit der Verkehrsteilnehmer“ handele, so dass es dabei um eine Vorverlagerung der Strafbarkeit zum Zweck des wirksamen Schutzes von Individualrechtsgütern gehe. Diese Vorverlagerung könne durch den Gesichtspunkt des Kontrollverlustes gerechtfertigt werden[566]. Deshalb sollte § 316 StGB als Eignungs- bzw. Gefährlichkeitsdelikt interpretiert werden, wofür die Rechtsprechung mit Recht das bloße Anlassen nicht hat genügen lassen[567] und die Tatbestandsverwirklichung sogar auf die Erreichung einer zur Verletzung anderer geeigneten Geschwindigkeit eingeschränkt hat. Was § 315c StGB anbetrifft, zeige die Rechtsgutsanalyse, dass die Einwilligung des Mitfahrers sowohl den Zurechnungszusammenhang als auch die Rechtswidrigkeit ausschließe[568].

Mit den oben geschilderten typischen Beispielen der kritischen Überprüfung der Legitimierbarkeit der umstrittenen Tatbestände durch die Rechtsguts- sowie Deliktsstrukturtheorie hat *Schünemann* gegenüber dem modernen Strafrecht auch verdeutlicht, dass er sich nie auf den Kern klassischen Strafrechts beschränken will. Vielmehr erzielt er die Einschränkung des Strafbarkeitsbereiches dadurch, dass er für die umstrittenen Tatbestände die eigentlichen Rechtsgüter und die daran anknüpfenden legitimerweise strafbaren Tathandlungen zu finden versucht. Seine Ansicht wird am Beispiel der Umweltdelikte dergestalt interpretiert, dass die Rechtsgutstheorie nicht nur zur Kritik sondern auch umgekehrt zur Legimitierung umstrittener Straftatbestände dienen kann[569]. Für ihn habe man hier ohne weiteres das Urgestein des Verbrechens vor sich[570].

Ferner hat *Schünemann* den Ausdruck *„Zwischenrechtsgut“*, den er insbesondere für das Betäubungsmittelstrafrecht entwickelt, geprägt[571]. In diesem Sinne halte er das Betäubungsmittelstrafrecht in einem reduzierten Umfang für legitimierbar, insofern zum Schutz Jugendlicher die Begründung einer staatlichen Drogenverkehrshoheit als ein solches Zwischenrechtsgut legitim wäre, so dass man einerseits in Umänderung der heutigen Vorschrift für verantwortlich handelnde Menschen eine Möglichkeit zum Erwerb von Cannabis in geringem Mengen zum Eigenverbrauch schaffen müsste, andererseits einen außerhalb dieses Wegs erfolgenden Handel weiterhin mit den Mitteln des Strafrechts abwehren könnte[572]. Sodann erfordere die Ausdehnung der Strafbarkeit in den Vorbereitungsbereich hinein eine ausdrückliche Umschreibung, wenn es sich um ungenehmigten Wechsel des Drogenbesitzers handelt[573]. Laut *Schünemann* sei diese Konstellation von scheinbaren Kollektivrechtsgütern zu unterscheiden.

---

564 *Schünemann*, in Rechtsgutstheorie, 2003, S. 151.

565 Vgl. *Tröndle/Fischer*, Strafgesetzbuch[54], 2007, § 316 Rn. 2; *König* in LK[11], 2001, § 313 Rn. 3, § 315 c Rn. 3 sowie § 315 Rn. 4 m. w. N; BGH NJW 1989, S. 1228, 2550.

566 *Schünemann*, in Rechtsgutstheorie, 2003, S. 152.

567 BGHSt **35**, S. 394f.

568 Zum Streitstand siehe *Schünemann*, in Rechtsgutstheorie, 2003, S. 152 Fn. 81 m. w. N.

569 *Schünemann*, in Rechtsgutstheorie, 2003, S. 153.

570 *Schünemann*, FS Triffterer, 1996, S. 452 ff.; *ders.*, GA 1995, S. 205 ff.; *ders.*, in Buffalo Criminal Law Review, 1 (1997), S. 175, 180 ff.; *ders.*, in Rechtsgutstheorie, 2003, S. 153.

571 *Schünemann*, JA 1975, S. 798; *ders.*, in Rechtsgutstheorie, 2003, S. 152

572 *Schünemann*, in Rechtsgutstheorie, 2003, S. 153.

573 *Schünemann*, in Rechtsgutstheorie, 2003, S. 153.

*Schünemann* bemüht sich darum, nicht die Modernisierung des an die veränderte Gesellschaft angepassten Strafrechts zu reklamieren, sondern es durch die kritische Überprüfung der umstrittenen Tatbestände anhand der Rechtsgutskonzeption und Deliktsstrukturtheorie angemessen einzuschränken. Seine systemkritische Rechtsgutslehre beruft sich also auf die geistigen Ressourcen der Aufklärung und steht der Optimierung der staatlichen Eingriffsbefugnisse entgegen.

### *3 Das Verhältnis der Rechtsgutstheorie zur Sozialschädlichkeitslehre*

Eine nicht zu umgehende Problematik ergibt sich aus der Art, wie sich das Rechtsgutskonzept zur Sozialschädlichkeitslehre verhält. Wie oben ausgeführt, geht die vorliegende Untersuchung von einem Rechtsgutsbegriff aus, der seine geistesgeschichtlichen Wurzeln in der Epoche der Aufklärung (vornehmlich in der zweiten Hälfte des 18. Jahrhunderts) hat[574]. Deshalb ist der enge Zusammenhang[575] zwischen der Rechtsgutslehre und dem Strafrecht der Aufklärung ersichtlich , das sich bemüht hatte, die Strafbarkeit auf „Sozialschäden" einzuschränken, obwohl dieser im 19. Jahrhundert entwickelte Rechtsgutsbegriff nicht als Mittel der kriminalpolitischen Reformbewegung der Aufklärung fungieren konnte[576]. Dagegen wendet sich aber *Amelung*,[577] der vor allem *Sina*[578] und die ihm Folgenden kritisiert und eine eigene Sozialschädlichkeitslehre[579] entwickelt hat. Normalerweise ist die Sozialschädlichkeit als Synonym für den rechtsgutsberührenden Charakter des Verhaltens zu verstehen[580]. Sozialschädlichkeit wird nämlich zu einem Gegenbegriff zu „Rechtsgut". In diesem Sinne pflichtete *Birnbaum*, der als Schöpfer des Rechtsgutsbegriffs gilt, ausdrücklich *Carmignani* bei[581], der gänzlich im Gefolge *Beccaria*s das Wesen des Verbrechens im „gesellschaftlichen Schaden" erblickte.

Infolgedessen ist eine nähere Untersuchung des Verhältnisses zwischen der Rechtsgutstheorie und der Sozialschädlichkeitslehre nicht sinnlos, insbesondere vor dem Hintergrund, dass die Vorbereitungshandlung der Delikte in China, wo die Sozialschädlichkeitslehre bei der Wesensbestimmung des Verbrechensbegriffs eine zentrale Stellung einnimmt[582], allgemein strafbar ist. Die Frage, ob jegliche Sozialschädlichkeitslehre, welche in sozialistischen Strafgesetzbüchern – einschließlich der Strafgesetze der früheren DDR und der Sowjetunion – vorgeschrieben ist, mit der in der Aufklärung entstandenen Sozialschädlichkeitslehre identisch ist, ist im Folgenden zu klären. Damit sollen zwei Ziele erreicht werden: Zum einen kann nur das richtige Verständnis der aus der Aufklärung entstandenen Sozialschädlichkeitslehre zur Einschränkung der Strafwürdigkeit von Vorbereitungshandlungen im *chinesisch*en Strafgesetzbuch entscheidend beitragen; zum anderen bedarf das verwirrende Verständnis, das auch im *deutsch*en Schrifttum über die Sozialschädlichkeit besteht, ebenso einer Überprüfung, denn die Sozialschädlichkeitslehre einiger Strafrechtler – beispielsweise von *Amelung* – hat sich schon weit von der liberalen Wurzel entfernt, so dass ihr kritisches Potential verringert wird.

---

574 Vgl. *Roxin*, AT[4], Bd. I, 2006, S. 16, Rn. 8; *Schünemann*, GA 1995, S. 206; *ders.*, in Rechtsgutstheorie, 2003, S. 137 f.;

575 Die Annahme einer nahen Verwandtschaft zwischen der Sozialschadenslehre und dem Rechtsgutsprinzip wird jüngstens insbesondere von *Schünemann* vertreten, in Rechtsgutstheorie, 2003, S. 137 ff.; auch *Spendel* (in FS Weber, 2004, S. 3) hat den rechtsstaatlich - liberalen Gehalt des Rechtsgutsbegriffs energisch verteidigt; ähnlich beurteilt dies auch *Lüderssen*, FS Hanack, 1999, S. 490ff.

576 *Hefendehl*, Kollektive Rechtsgüter, 2002, S. 9.

577 *Amelung*, Rechtsgüterschutz, 1972.

578 *Sina*, Dogmengeschichte, 1962.

579 Darauf wird unten in § 4 A II 3 b) eingegangen.

580 *Frisch*, FS *Stree/Wessels*, 1993, S. 72.

581 *Birnbaum*, NArchCrim 15 (1834), S. 176; dazu vgl. auch *Schünemann*, in Rechtsgutstheorie, 2003, S. 140.

582 Es ist bereits oben in § 2 B I berührt worden.

**a) Entwicklung des Begriffs der Sozialschädlichkeit der Aufklärung**

aa) Der Ursprung der Sozialschädlichkeitslehre bei *Beccaria*

Wie allgemein anerkannt gilt *Beccaria*[583], der Pionier moderner Kriminalpolitik, als der Schöpfer des Begriffs der Sozialschädlichkeit (siehe auch oben § 2 B I). Bei ihm wird der Begriff des Verbrechens als sozialschädlicher Handlung erstmals entfaltet[584]. Im Kapitel „Vom Maßstabe der Größe der Verbrechen" erläuterte er: „der wahre und einzige Maßstab der Größe und Schwere eines Verbrechens sei lediglich nur der Schaden, welcher der Gesellschaft daraus entsteht"[585]. „Der größere oder mindere Schaden, welcher aus einem Verbrechen der Gesellschaft entsteht, ist angezeigtermaßen dasjenige, wonach ich die Strafe abwiegen muss"[586].

Er stellt die in der Gesellschaft vorkommenden Unordnungen als eine Leiter dar, auf deren oberster Stufe diejenigen Verbrechen stehen, welche auf die Zerrüttung und den Untergang der ganzen Gesellschaft unmittelbar abzielen; auf der untersten befindet sich die geringe Beleidigung, die man einzelnen Mitgliedern der Gesellschaft zufügt. „Zwischen diesen beiden stehen alle dem gemeinen Besten auf mancherlei Weise sonst zuwiderlaufenden Handlungen und steigen durch unmerkliche Stufen von der höchsten zur niedrigsten herab."[587]

Damit verwarf er entschieden den Gedanken, dass bei der Abmessung des Grades eines Verbrechens auch die Größe und Schwere der hiermit begangenen Sünde gegen Gott und die Würde des Beleidigten berücksichtigt werden müsste.[588] Zugleich ließ er die Ansicht nicht gelten, dass „die verschiedene Größe der Verbrechen von dem boshaften Willen und der Absicht desjenigen abhängt, der es begeht"[589] . Den folgerichtigen Schluss aus der Ablehnung einer irrationellen Bestimmtheit des Verbrechens hatte *Hommel* in einer Anmerkung gezogen, die den folgenden klassischen Satz enthielt: „Den bloßen Willen, so böse er auch sein mag, wenn er noch nicht in öffentliche Tathandlung ausgebrochen ist, bestraft kein bürgerliches Gesetz"[590]. Die Ablehnung des Gesinnungsstrafrechts war indes Allgemeingut der bürgerlichen Strafrechtsaufklärung geworden. In ähnlicher Weise wie *Hommel* hatte bereits früher *Hobbes* gesagt: „Wegen Absichten, die niemals durch eine äußere Handlung in Erscheinung treten, ist eine menschliche Anklage unmöglich"[591]. Diese Gedanken sind später durch *Karl Marx* in seinen Reflektionen über das Gesinnungsstrafrecht aufgenommen worden und sind auch heute zu bewahren.

---

583 In seiner wichtigsten Schrift hat *Cesare Beccaria* nicht nur den für jene Zeit sensationellen Versuch unternommen, die Unzulässigkeit der Todesstrafe nachzuweisen, sondern er hat auch das nahezu vollständige Programm eines aufgeklärten Straf- und Strafprozessrechts entwickelt. Obwohl sein Werk unmittelbar nach seinem Erscheinen übersetzt worden ist und vor allem in *Karl Ferdinand Hommel* einen begeisterten Verfechter in Deutschland gefunden hat, ist nicht zu übersehen, dass die Aufnahme des Werks und seine anregende Kraft kaum etwas mit der von Beccaria vertretenen allgemeinen Verbrechenslehre zu tun hatte, sondern vor allem mit seiner Forderung nach Strafproportionalität und der (weitgehenden) Abschaffung der Todesstrafe in Zusammenhang stand. Siehe dazu *Hommels* mit Anmerkungen und einer Vorrede versehene Übersetzung von *Beccarias* Buch; ferner *Hommel*, Gedanken, 1784; *Amelung*, Rechtsgüterschutz, 1972, S. 16; *Murmann*, Selbstverantwortung, 2005, S. 42.

584 *Reuter* behauptet allerdings, dass der Verbrechensbegriff von *Beccaira* nicht definiert, sondern philosophisch – politisch erfasst wurde. Vgl. *Reuter*, in *Cesare Beccaria*, 1989 S,67, 71.

585 *Beccaria*, Über Verbrechen und Strafen, mit einer Vorrede von *Hommel*, 1966, S. 51.

586 *Beccaria*, Über Verbrechen und Strafen, mit einer Vorrede von *Hommel*, 1966„ im Kapitel „Von der Verschiedenheit und den Folgen der Verbrechen", S. 55.

587 *Beccaria*, Über Verbrechen und Strafen, mit einer Vorrede von *Hommel*, 1966, S. 48.

588 *Beccaria*, Über Verbrechen und Strafen, mit einer Vorrede von *Hommel*, 1966, S. 52f.

589 *Beccaria*, Über Verbrechen und Strafen, mit einer Vorrede von *Hommel*, 1966, S. 52.

590*Beccaria*, Über Verbrechen und Strafen, mit einer Vorrede von *Hommel*, 1966, S. 52.

591 *Hobbes*, Leviathan, 1974, S. 249.

Eine zweiseitige Annahme ist aus *Beccarias* Verbrechensverständnis zu ziehen. Erstens tritt bei der Bestimmung der Aufgabe des Strafrechts der Schutz der Individualinteressen immer in den Vordergrund. Zweitens gründet sich die dem Oberhaupt gegebene Gewalt auf die Notwendigkeit, das anvertraute öffentliche Wohl wider die Eingriffe des Einzelnen zu verteidigen. Mit dem Maßstab der „Sozialschädlichkeit" wollte *Beccaria* die Strafgewalt dadurch einschränken, dass jegliche Ausübung der Strafgewalt, welche nur vom boshaften Willen, von der Würde des Betroffenen und von der gegen Gott begangenen Sünde abhängt, aus der Praxis ausgeräumt werden sollte. Für *Beccaria* ist das Verhältnis zwischen Mensch und Mensch einerlei und sich immer gleich. „Die einander sich stoßenden Leidenschaften und der eintrachtswidrige Eigennutz haben den Begriff vom gemeinen Besten hervorgebracht"[592].

*Beccaria* war offenbar insbesondere von *Montesquieu* und *Rousseau* beeinflusst[593]. Wie diese entwickelte auch er sein Verbrechensverständnis in einem Ableitungszusammenhang, der vom menschlichen Naturzustand ausgehend über Gesellschaft und Staat zur Notwendigkeit des Strafrechts führte[594]. Die ihrer Freiheit im Kriegszustand unsicheren Menschen entschließen sich dazu, einen Teil ihrer Freiheit zu opfern, „um den noch sich vorbehaltenen Rest in Sicherheit und Ruhe zu genießen. Demnach besteht die höchste Gewalt aus der Summe dieser zum Teil abgetretenen Freiheit, die ein jeder für seine sicherere Wohlfahrt einem einzigen aufgetragen und hingegeben hat. Sie ist also ein heiliges Depositum, den Händen eines Beherrschers und seiner Verwaltung anvertraut"[595] *Beccarias* Konzeption des Gesellschaftsvertrags weicht nicht nur in entscheidender Weise vom *Hobbes*schen[596] Unterwerfungsvertrag, sondern auch vom Inhalt des Gesellschaftsvertrags bei *Rousseau*[597] ab. Weil jedermann nur einen Teil – und zwar den geringstmöglichen Teil – seiner privaten Freiheit dem Souverän aufopfert, bleibt ihm ein Rest von Freiheit, auf den Gesellschaft und Staat keinen Anspruch haben. Für *Beccaria* ist es also nicht die Unverfügbarkeit von Rechten, die den Menschen an deren Übertragung auf die Staatsgewalt hindert, sondern ein rationalistischer Schluss von der fehlenden Notwendigkeit ihrer Übertragung zur Erreichung des Staatszweckes auf das Unterbleiben unnötiger Freiheitseinschränkung. Nicht Unmöglichkeit, sondern Unnötigkeit steht der umfassenden Übertragung von Rechten an den Staat entgegen[598].

Bei *Beccaria* könnte man unter sozialschädlichem Handeln alle dem gemeinen Besten zuwiderlaufenden Handlungen verstehen. Aber nur wenn man an der oben dargestellten philosophischen Basis von *Beccarias* Verbrechensverständnis festhält, kann einem potenziellen falschen Eindruck vorgebeugt werden, dass sich der Umfang der Verbrechen unter der Maske der „Sozialschädlichkeit" grenzenlos erweitern würde. Insoweit darf man die anderen wichtigen Aussagen von *Beccaria* nicht übersehen. Und zwar ist im Kapitel „Von dem Befugnisse zu Strafen" der Satz zu fin-

---

592 *Beccaria*, Über Verbrechen und Strafen, mit einer Vorrede von *Hommel*, 1966, S. 54.

593 Dazu vgl. *Radbruch*, in Elegantiae juris criminalis², 1950, S.184; *Fischl*, Einfluss, 1973, S.37; und auch *Murmann*, Selbstverantwortung, 2005, S. 38.

594 Zu diesem Ableitungszusammenhang bei Beccaria vgl. *Naucke*, in Naturrecht, 1997, S. 270.

595 *Beccaria*, Über Verbrechen und Strafen, mit einer Vorredevon *Hommel*, 1966, S. 35.

596 So *Ranft*, Individualschutz, 1969,S. 102.

597Für *Rousseau* folgte aus dem Abschluss des Gesellschaftsvertrags ein vollständiges Aufgehen der Freiheit in der Gesellschaft. Dagegen bemühte sich *Beccaria* um eine Einschränkung, die zur Begrenzung staatlicher Macht eingesetzt wird, indem er darauf hinwies, dass der Einzelne nur einen Teil seiner ganzen Freiheit in den Vertrag bringt, um sich am Rest in Sicherheit und Ruhe zu erfreuen (in *Beccaria*, Über Verbrechen und Strafen, mit einer Vorredevon *Hommel*, 1966, §XXVIII.). Zu diesem Unterschied vgl. *Deimling*, in *Cesare Beccaria* 1989, S.168; *Küper*, JuS 1968, S. 552; *Murmann*, Selbstverantwortung, 2005, S. 39, Fn. 210.

598 Zum Kriterium der „Effektivität" der Strafrechtspflege in *Beccarias* Strafrecht grundlegend *Naucke*, in *Cesare Beccaria*, 1989, S. 51ff.; Kritisch zu dieser Sichtweise *Weis*, Cesare Beccaria, 1992, Anm. 36; der Gedanke der Humanität wird von *Cattaneo* stärker hervorgehoben, siehe *Cattaneo*, in Rechtsphilosophie der Aufklärung, 1982, S.322f.

den, „Je heiliger also die Freiheit ist, welche der Beherrscher seinen Untertanen gewähren muss, desto gerechter sind die Strafen"[599]. Die aus der Übertragung der Rechte des Einzelnen entstandenen Bestrafungsbefugnisse dürfen nie vom Staat her durch ein Kriterium der „Sozialschädlichkeit" die grundlegende Freiheit des Volks einschränken.

bb) Kritik am Missverständnis bezüglich *Beccaria*s Verbrechenskonzeption

Die obigen Behauptungen *Beccarias* müssen in enger Beziehung zueinander aufgefasst werden. Sonst besteht die Gefahr, dass seine Sichtweise missverstanden wird. Auch würde dies den Status dieses großen liberalen Gelehrten beeinträchtigen. So kritisiert zum Beispiel *Naucke* die seiner Ansicht nach bestehende so genannte zwiespältige Wirkung des Verbrechensbegriffs als sozialschädliche Handlung. Er geht davon aus, das nicht festgelegte Sozialtechnische an *Beccaria*s Konzept mache den Begriff der Sozialschädlichkeit offen und mache zugleich das Strafrecht offen für unterschiedliche politische Strukturen[600]. In den Augen *Naucke*s wird das Kriterium der Sozialschädlichkeit dann zu einem Mittel, mit dem der Strafgesetzgeber die Bestrafungsbefugnisse willkürlich einsetzen könne. So müsse eine Tat – selbst wenn sie zugestandenermaßen eine Bagatelle sei –zuerst der Sozialschädlichkeit zugeordnet werden, bevor man das Strafrecht anwenden könne. Denn der Begriff der Sozialschädlichkeit sei einfach handhabbar[601], so dass es für den Gesetzgeber keine große politische Leistung sei, die Tat zur sozialschädlichen Tat aufzustufen. Ferner würden die Individualdelikte gegen Leben und Freiheit das staatliche aufgeklärte Strafrecht nur interessieren, soweit sie das öffentliche Wohl berühren, was nach *Beccaria*s Auffassung allerdings nur mittelbar der Fall sei[602]. Bei *Naucke* wird der liberale Inhalt der Sozialschädlichkeitslehre *Beccaria*s entleert, genauso wie es in sozialistischen Ländern geschehen ist.

In diesem Zusammenhang findet *Naucke*, dessen Ansichten zu den typischen Missverständnissen von *Beccarias* Sozialschädlichkeitslehre zählen, bei *Reuter* Beifall. *Reuter* behauptet aber zuerst mit Recht, dass *Beccaria* immer wieder darauf verweist, dass von einem Verbrechen nur die Rede sein kann, wenn der Gesellschaft ein Schaden entstanden sei[603]. *Reuter* stellt leider das Individuum der Gesellschaft gegenüber, wenn er zu einem weiterem Ergebnis kommt: „Für *Beccaria* ist Maßstab des Verbrechens, sein Wesen, jedoch nicht die Individualbeeinträchtigung, sondern der gesellschaftliche Schaden"[604].

*Naucke* und *Reuter* verkennen das aufklärerische Postulat und stehen dementsprechend im Widerspruch zum Ausgangspunkt von *Beccaria*s Verbrechenskonzept, weil nach *Beccaria* die Grundrechte der einzelnen Menschen die Gemeinbasis der Gesellschaftsentwicklung begründen und die Individualbeeinträchtigung demgemäß zur Sozialschädlichkeit gehört. *Beccaria* unterscheidet sogar drei Arten von Verbrechen: solche, die geraden Weges auf den gänzlichen Untergang der Gesellschaft und dessen, der sie vorstellt, abzielen (die Majestätsverbrechen); solche, die in der Verletzung eines einzigen Mitgliedes der Gesellschaft, in Ansehung der Sicherung seiner Person, seiner Güter, und seiner Ehre bestehen und damit nur mittelbar gegen die Gesellschaft

599 *Beccaria*, Über Verbrechen und Strafen, mit einer Vorredevon *Hommel*, 1966, S. 37.

600 *Naucke*, in *Cesare Beccaria*, 1989, S. 46.

601 *Naucke*, in *Cesare Beccaria*, 1989, S. 46 f.

602 So *Naucke*, in *Cesare Beccaria*, 1989, S. 47.

603 *Hommel* interpretiert diesen Gedanken vereinfacht in einer Anmerkung:„Verbrechen ist nur dasjenige, wodurch ich dem Nächsten etwas entziehe.", in *Beccaria*, Über Verbrechen und Strafen, mit einer Vorredevon *Hommel*, 1966, S. 54.

604 *Reuter*, in *Cesare Beccaria*, 1989, S. 68.

gerichtet sind; schließlich solche, die Gesetze in mancherlei Rücksicht auf das gemeine Beste gebieten oder verbieten[605].

Darüber hinaus weist *Reuter* aber auch treffend darauf hin, dass man von diesem Ausgangspunkt her auch die verschiedenen Gattungen der Verbrechen darstellen könne[606]. Was hieran wesentlich war und ist, könne, nach *Reuter*, als materielle Bestimmtheit des Verbrechens bezeichnet werden. Sie kommt noch bei *Hegel* vor, gehe aber bei den Strafjuristen immer mehr verloren. Schon bei *Feuerbach* sei der Verbrechensbegriff seines materiellen Inhalts verlustig gegangen, denn Verbrechen ist bei ihm nur noch „eine unter einem Strafgesetz enthaltene Beleidigung, oder eine durch ein Strafgesetz bedrohte, dem Recht eines Andern widersprechende Handlung"[607]. Laut *Reuter* sei diese Inhaltsentleerung des Verbrechensbegriffs charakteristisch für die ganze bürgerliche Strafrechtswissenschaft[608].

*Reuter* hat wahrscheinlich die Anwendung des Sozialschädlichkeitskriteriums in sozialistischen Ländern bereits beobachtet. An dieser Stelle ist *Reuter*s Ansicht jedoch verfehlt, wenn er den Zentralstand der Sozialschädlichkeitslehre in den sozialistischen Strafgesetzen irrtümlich positiv würdigt. So betone die sozialistische Strafrechtswissenschaft ihm zufolge[609] gerade den materiellen Inhalt des Verbrechens, und knüpfe sie damit an das aufklärerische Denken an. Ob der Sozialschädlichkeitsbegriff in den sozialistischen Ländern genauso, wie er behauptet, mit dem aufklärerischen Ansatz verwandt ist, wird in § 4 A III 3 erläutert.

cc) *Müller – Emmert*s Auslegung des Begriffs der Sozialschädlichkeit

Im deutschen Schrifttum ist die Auffassung von *Müller – Emmert* über den Begriff der Sozialschädlichkeit nicht zu übersehen. Im Jahre 1976 hat *Müller – Emmert*, der damals Vorsitzender des Sonderausschusses des Bundestags war, seine Gedanken über das Verhältnis zwischen Sozialschädlichkeit und Strafbarkeit verdeutlicht.

Anknüpfend an den der Aufklärung entstammenden Gedanken der Freiheitsgarantie durch das Recht kommt er zur treffenden Feststellung, dass das Strafgesetz Garantie für die individuelle Freiheit sei[610]. Das Strafgesetz solle durch Verbot und Sanktion die Gemeinschaft und ihre Mitglieder vor Übergriffen Einzelner schützen. Dieser Schutz durch das Strafgesetz werde jedoch nur erreicht – oder soll wenigstens erreicht werden – auf Kosten der Freiheit dieses Einzelnen. Diesbezüglich teilt er mit *v. Liszt* die Auffassung, „die Strafe ist Rechtsgüterschutz durch Rechtsgüterverletzung"[611]. Der Einsatz von Strafe könne nur zulässig sein, wenn die Spannung zwischen Gemeinschaft und Individuum nicht zuungunsten der einen oder der anderen Seite aufgelöst werde. Diesen Konflikt gelte es zu lösen oder wenigstens zu mildern, wenn es darum gehe, die Aufgaben und Grenzen des Strafrechts abzustecken. Anschließend betont *Müller - Emmert,* dieser Aufgabe werde der Staat gerecht, wenn er sich darauf beschränke, sozialschädliches Verhalten unter Strafe zu stellen, da sozialschädliches Verhalten stets Verletzung eines Rechtsguts bedeute [612]. Für ihn sei der Begriff ‚sozialschädlich' geeignet, strafwürdiges Unrecht von nicht strafwürdi-

605 *Beccaria*, Über Verbrechen und Strafen, mit einer Vorrede von *Hommel*, 1966, S. 56.

606 *Reuter*, in *Cesare Beccaria*, 1989, S. 68.

607 *Feuerbach*, LB², 1803, S. 45 (§21).

608*Reuter*, in *Cesare Beccaria*, 1989, S. 69.

609 *Reuter*, in *Cesare Beccaria*, 1989, S. 69.

610*Müller - Emmert*, GA 1976, S. 291.

611 *v. Liszt*, Zweckgedanke², 1948, S. 142.

612 *Müller -Emmert*, GA 1976, S. 291. Von dieser Darstellung ausgehend ergibt sich bei *Müller- Emmert* die gleiche Ansicht wie die bei *Frisch*, FS *Stree/Wessels*, 1993, S. 72, der die Sozialschädlichkeit für gleichbedeutend mit dem rechtsgutsberührenden Charakter des Verhaltens hält.

gem abzugrenzen und für den Gesetzgeber einen Maßstab darzustellen[613]. Somit steht seine Ansicht der von *Arndt* deutlich gegenüber, der einwendet: „Jedenfalls in einer offnen Gesellschaft ist die Legitimität eines staatlichen Strafens allein aus der Sozialschädlichkeit abzuleiten, wobei wir abstrakt zwar billigenswerte Definitionen der Sozialschädlichkeit vorfinden, die mit starken Worten ein Maximum an Erfordernissen verlangen, konkret historisch jedoch in Zweifel zu ziehen ist, ob diese Begriffsbestimmungen wirklich Sicherheit bieten und einen praktikablen Maßstab setzen, oder ob nicht Sozialschädlichkeit letzten Endes ein politisches Werturteil darstellt und die Übersetzung davon, was denn nur so sozialschädlich sei, dass es ein Verbrechen darstelle, bis in unsere Gegenwart unvereinbar auseinander gehen."[614] Um *Arndts* Zweifel zu beseitigen unternimmt *Müller – Emmert* den Versuch, die diesem Begriff der Sozialschädlichkeit zugrunde liegende Vorstellung zu verdeutlichen.

In Übereinstimmung mit *Roxin* betont er, dass in einem sozialen Rechtsstaat alle Macht vom Volke ausgeht, so dass jeder einzelne Bürger an der Staatsgewalt gleichberechtigt Anteil hat[615]. Daher sei die Legitimation für staatliches Handeln, die Zielsetzung des Staates notwendig eine weltliche, eine menschliche[616]. *Müller – Emmert* weist weiter darauf hin, der Freiheitsraum, der der Einwirkung der öffentlichen Gewalt entzogen sei, sollte nicht nur auf den engsten Intimbereich, auf den „letzten unantastbaren Bereich menschlicher Freiheit" beschränkt werden, er sollte besser alles das umfassen, was gemeinhin als „Geheimsphäre" bezeichnet werde[617]. Der räumliche Privatbereich bilde eine für das Zusammenleben der Gemeinschaft ungefährliche Zone der Entlastung vom Konformitätsdruck der umgebenden Gesellschaft[618]. Zu den Bedingungen menschlichen Zusammenlebens gehört im sozialen Rechtsstaat natürlich auch die Garantie der daseinsnotwendigen öffentlichen Leistungen[619], denn durch die Einbeziehung der Sozialstaatlichkeit in die Staatszielbestimmung erhält die „Wohlfahrt" im Gefüge des Staates einen besonderen Stellenwert. Zusammengefasst seien sozialschädlich die Handlungen, „die die Existenz des Staats – nach innen wie nach außen – selbst bedrohen, die rechtlich geregelten Funktionsabläufe der Daseinsvorsorge im weitesten Sinne stören oder in die individuellen Interessen eingreifen und damit das Nebeneinander der Interessen aus dem Gleichgewicht bringen"[620]. Solche oben beschriebenen Handlungen sind nämlich als sozialschädlich anzusehen, weil die Bedingungen menschlichen Zusammenlebens gestört werden. Gleichwohl schreibt *Müller – Emmert* dem Sozialschädlichkeitsstandard eine begrenzte Wirkung zu. So bedeute die Feststellung der Sozialschädlichkeit einer Handlung ihm zufolge nicht, dass die staatliche Reaktion notwendig eine Strafandrohung sein müsse. Denn es komme vielmehr auch darauf an, wie intensiv, massiv oder handgreiflich der Schaden für das menschliche Zusammenleben sei[621]. Dabei wollte *Müller – Emmert* den Grundsatz der Verhältnismäßigkeit einführen, „der nicht erst für die Zumessung einer Strafe, sondern schon bei der Entscheidung, ob eine Strafe überhaupt angedroht werden darf, gilt"[622].

---

613 *Müller -Emmert*, GA 1976, S. 293.

614 *Arndt*, DJT Bd. II, 1968, S. 18.

615 Vgl. *Roxin*, in Grundlagenprobleme, 1973, S. 12; *Müller - Emmert*, GA 1976, S. 294.

616 *Müller - Emmert*, GA 1976, S. 294.

617 *Müller - Emmert*, GA 1976, S. 297f. Hier hat er *Amelung* zugestimmt. Siehe auch *Amelung*, Rechtsgüterschutz, 1972, S.322.

618 *Müller - Emmert*, GA 1976, S. 298.

619 Vgl. *Müller - Emmert*, GA 1976, S. 300; *Roxin*, in Grundlagenprobleme, 1973, S. 13.

620 *Müller - Emmert*, GA 1976, S. 301.

621 *Müller - Emmert*, GA 1976, S.301.

622 *Müller - Emmert*, GA 1976, S. 302.

Bei der Bestimmung einer Sozialschädlichkeit der Handlung nähert sich *Müller – Emmert* bereits *Beccaria*, der die Verbrechen nach deren unterschiedlicher Sozialschädlichkeit in drei Kategorien einstufte[623]. Außerdem hat *Müller – Emmert* für die Notwendigkeit des strafrechtlichen Einsatzes – neben den Standards von Intensivität und Massivität des Schadens – noch ein Kriterium von Greifbarkeit, das die strafprozessualen Forderungen berührt, erstellt. In diesem Sinne erblickt *Müller – Emmert* in der Sozialschädlichkeit einer Handlung keine selbstverständliche Notwendigkeit dafür, dass die Strafe angewendet werden muss. Eine ähnliche Meinung gilt auch in China, da in § 13 des chinesischen Strafgesetzbuches ausdrücklich vorgeschrieben wird: „Die deutlich geringfügigen Handlungen mit unbedeutenden sozialschädlichen Auswirkungen sind von dem Verbrechen ausgeschlossen". Hier ist allerdings darauf aufmerksam zu machen, dass der chinesische Gesetzgeber von einer anderen Gedankengrundlage ausgeht, als derjenigen bei *Müller – Emmert*. Zwar zitiert *Müller – Emmert* keine Aussagen von *Beccaria*, aber er hat *Beccaria*s aufklärerische Gedanken offenbar übernommen, die sich hauptsächlich in den Kapiteln „Befugnis zum Strafen" und „Die Folgerung und Verschiedenheit des Verbrechens" finden lassen. In Bezug auf die Funktion des Sozialschädlichkeitsbegriffs stimmt *Müller – Emmert* also weitgehend mit *Beccaria* überein.

**b) Kritik an *Amelung*s systematischer Sozialschädlichkeitstheorie**

Im Gegensatz zu *Müller – Emmert* stellt *Amelung* 1972 in seiner Dissertation die Frage, ob die Lehre vom Rechtsgüterschutz das gleiche besagt wie jener von den Aufklärern entwickelte Gedanke[624]. Bei ihm ist die Einführung des „Guts"- begriffs durch Birnbaum im Bereich der Religions- und Sittlichkeitsdelikte insbesondere gegen die aufklärerisch frühliberale Sozialschadenslehre gerichtet, die die Aufgabe des Strafrechts in der Gewährleistung der Bedingungen des menschlichen Zusammenlebens sah[625]. Als ein spezieller Einwand gegen die Rechtsgutslehre ist *Amelung*s Theorie der Sozialschädlichkeit kurz vorzustellen und zu würdigen.

aa) Darstellung der Sozialschädlichkeitslehre von *Amelung*

Zuerst hat *Amelung* den Versuch unternommen, den Gedanken des Rechtsgüterschutzes aufgrund von dessen angeblich mangelnder Leistungsfähigkeit zumindest teilweise durch eine Theorie der Sozialschädlichkeit zu ersetzen. Er folgt dem weiten Bogen wissenschaftlicher Bemühungen, die Kriminalisierung menschlichen Handelns zu rechtfertigen und an Prinzipien zu binden, vom Sozialvertragsmodell der Aufklärung über die verschiedenen Güter- und Interessenlehren bis hin zur Systemtheorie[626]. In seiner umfassenden Nachzeichnung und kritischen Analyse der bisherigen Diskussion um Rechtsgut und Sozialschaden hat er die Hinwendung von der aufklärerischen Konzeption des Verbrechens als Rechtsverletzung zum Verbrechen als Rechtsgutsverletzung insgesamt als gleichbedeutend mit einer Ausweitung des Strafrechts gesehen[627]. Sehr viel skeptischer als die breite Mehrheit in der Strafrechtstheorie beurteilt *Amelung* die Fruchtbarkeit der Rechtsgutslehren: Mit der Entstehung des Rechtsgutsbegriffs beginne „die lange Reihe der Versuche, die sozialen Folgen des Verbrechens ohne eine präzise Vorstellung vom Sozialen selbst, d.

---

623 Vgl. *Beccaria*, Über Verbrechen und Strafen, mit einer Vorrede von *Hommel*, 1966, S. 51.

624 *Amelung*, Rechtsgüterschutz, 1972, S. 1.

625 *Amelung*, Rechtsgüterschutz, 1972, S. 37. Kritisch aber *Schüenmann* in Rechtsgutstheorie, 2003, S. 140. Dazu siehe bereits oben § 4 A II 2 a) cc).

626 So zusammengefasst von *Hassemer*, ZStW 87 (1975), S. 146.

627 *Amelung*, Rechtsgüterschutz, 1972, S.38- 51. Vgl. aber insbesondere auch *Sina*, Dogmengeschichte, 1962, S. 27, der die Güterlehre *Birnbaums* mit derjenigen der aufklärerischen Naturrechtler für weitgehend identisch hält.

h. vom menschlichen Zusammenleben, zu beschreiben: schädlich ist, was Güter antastet und nicht: was menschliches Zusammenleben unmöglich macht"[628].

Danach entwickelt *Amelung* ein Gesellschaftsmodell, „das eine sozialwissenschaftliche Kontrolle der Folgen der Gesetzgebung und der Strafrechtsanwendung erlaubt"[629]. Als zentrale These der Untersuchung wird angesehen, dass die „Aufgabe" des Strafrechts nicht vom Prinzip des Rechtsgüterschutzes, sondern vom systemtheoretisch verarbeiteten Postulat der Aufklärung her bestimmt werden sollte: es gehe um die Sicherung der Bedingungen menschlichen Zusammenlebens; und die Herstellung der Bedingungen menschlicher Koexistenz sei eine Frage der Organisation menschlicher Handlungen und Interessen und nicht eine Frage des Schutzes abzählbarer wertvoller Objekte, wie die Rechtsgutslehre meint[630]. *Amelung* knüpft an die maßgeblich von *Parsons* geprägte soziologische Systemtheorie[631] an und sucht sie für die Strafrechtswissenschaft fruchtbar zu machen. Auf Basis der soziologischen Systemtheorie sei die Gesellschaft als soziales System zu beschreiben, das aufgrund innerer Gesetzmäßigkeit auf seinen Fortbestand hinstrebe[632]. An dieser Systemtheorie entwickelt *Amelung* seine Theorie der Sozialschädlichkeit, nach der ein Verbrechen nicht als Rechtsgutsverletzung, sondern als Störung des sozialen Systems zu verstehen sei. Sozialschädlich sei danach eine dysfunktionale Erscheinung, genauer ein Sozialphänomen, das es verhindere oder erschwere, die Probleme des Fortbestandes der Gesellschaft zu bewältigen. Das Verbrechen bilde nur einen Spezialfall dysfunktionaler Phänomene und stelle sich als Widerspruch gegen eine institutionale Norm heraus, die für die für die Bewältigung der Bestandsprobleme der Gesellschaft nötig sei. Die Funktion des Strafrechts bestehe darin, als ein Mechanismus der sozialen Kontrolle dem entgegenzuwirken[633]. Somit hat *Amelung* das aufklärerische Postulat, das Strafrecht allein auf die Sicherung der Bedingungen menschlichen Zusammenlebens zu beziehen[634], in systemtheoretischen Kategorien reformuliert.

Wie *Amelung* ausführt, solle für die Prüfung der Legitimität von Strafnormen auf eine funktionale Betrachtung ankommen. Er forderte erstens, dass nur ein solcher Straftatbestand legitim sei, dessen Ahndung etwas zur Erhaltung des bundesrepublikanischen Sozialsystems beitrage, und zweitens, dass die Struktur dieses Sozialsystems durch das Verfassungsrecht legitimiert werde[635].

Indes zielt *Amelung* nicht darauf ab, den Rechtsgüterschutzgedanken durch die Sozialschädlichkeitstheorie völlig zu ersetzen. Für das „Rechtsgutsdogma" bleibt in *Amelung*s Konzept nur die Aufgabe „verstehender Ermittlung der Vorstellungen eines zweckhaft handelnden Gesetzgebers"[636]. Darin bestehe der spezifische Vorteil des Rechtsgüterdogmas. Denn das strafrechtliche Verbot sei von einem Werturteil, das stets auf ein wertendes Subjekt zurückweise, getragen. In besonderem Maße ermögliche das Rechtsgüterdogma die Auslegung der Straftatbestände, indem es die Ermittlung des Willens des Gesetzgebers zulasse. Daher seien beide Ansätze, sowohl das Rechtsgutsdogma als auch die Systemtheorie, dergestalt miteinander zu verknüpfen, dass die Funktionsbedingungen der Sozialordnung als Wertungsgrundlage für die Bestimmung von

628 *Amelung*, Rechtsgüterschutz, 1972, S. 48.
629 *Amelung*, Rechtsgüterschutz, 1972, S. 7f.
630 *Amelung*, Rechtsgüterschutz, 1972, S. 7ff.; 264.
631 Im Einzelnen siehe *Parsons*, Social system, 1968, Kapitel 1- 5; auch *Amelung*, Rechtsgüterschutz, 1972, S. 350 ff.; und *Schall*, Hausfriedensbruch, 1974, S. 82ff.
632 *Amelung*, Rechtsgüterschutz, 1972, S. 350ff.
633 *Amelung*, Rechtsgüterschutz, 1972, S. 361, 387.
634 *Amelung*, Rechtsgüterschutz, 1972, S. 20.
635 *Amelung*, Rechtsgüterschutz, 1972, S. 363, Rn. 67.
636 *Amelung*, Rechtsgüterschutz, 1972, S. 394.

Rechtsgütern heranzuziehen seien[637]. Dementsprechend will *Amelung* die Systemtheorie zur Legitimation von Strafrecht und den Rechtsgutsbegriff nur zur Auslegung der Straftatbestände in ihrer Anwendung heranziehen[638].

bb) Kritische Würdigung

Zunächst gelingt es *Amelung* nicht, die Frage nach den Legitimationskriterien umfassend im soziologischen Kontext zu reformulieren und damit in ein theoretisch fundiertes Gesamtkonzept einzubeziehen. Wenn man die Rechtsgutslehre durch eine soziologisch fundierte Theorie der Sozialschädlichkeit ersetzen will, muss diese Theorie dogmatisch leistungsfähig und in der Lage sein, eine materielle Legitimationsgrundlage für das Strafrecht zu bieten. *Amelungs* Konzeption zur Bestimmung der Sozialschädlichkeit, nämlich die Identifikation von Sozialphänomenen mit der generellen Geeignetheit zur Dysfunktionalität, sieht sich aber der Schwierigkeit gegenüber, dass viele auch schwerstwiegende dysfunktionale Sozialphänomene von der gesellschaftlichen Verbrechensdefinition gar nicht erfasst werden[639], da Verbrechen unter bestimmten Bedingungen durchaus funktional erscheinen können. Seine These, dass das Strafrecht ein soziales Kontrollinstrument sei und die sozialschädlichen Handlungen verbiete, hat deshalb keine erkennbare dogmatische Leistungsfähigkeit und ist demnach kaum greifbar[640].

Zum zweiten wird *Amelungs* Konzept berechtigterweise vorgeworfen, dass er systematisches Gedankengut aufs Strafrecht übertragen will, ohne es vorsichtig spezifischen Problemen des Strafrechtssystems anzupassen[641]. Das Abstellen auf die Systemfunktionalität führt dazu, dass nicht der Einzelne, sondern die Gesellschaft in den Vordergrund tritt. Das Individuum wird lediglich als Systembestandteil angesehen und das Unrecht ihm gegenüber auf das Problem der bewirkten Dysfunktionalität des Systems reduziert. Konsequenterweise kommt *Amelung* zum Ergebnis, dass der Einzelne nicht um seiner selbst willen, sondern nur um der Gesellschaft willen geschützt wird[642], ihr also auch aufgeopfert werden dürfe, wenn nur das soziale Gesamtsystem unbeeinträchtigt bleibe[643]. Das steht allerdings im Widerspruch zur liberalen Stoßrichtung des Rechtsgutsgedankens[644]. Mit dieser Lehre können die strafrechtlichen Verbote ohne Begrenzung gerechtfertigt werden, die alleine dem Erhaltungsstreben des jeweiligen Gesellschaftssystems – sogar eines totalitären Regimes – dienen. Dieses Problem sieht *Amelung* auch. Und er versucht,

---

637 *Amelung*, Rechtsgüterschutz, 1972, S. 394.

638 Vgl. *Schmidt*, Untersuchung, 1999, S. 164.

639 Beispielsweise manche wirtschaftlichen Fehlentscheidungen, die zum Zusammenbruch ganzer Regionen führen, dazu vgl. ausführlich *Müssig*, Abstrakte Rechtsgüter, 1994, S. 65. Es wird hier auch auf die Formulierungen von *Durkheim* und *Coser* hingewiesen. Verbrechen ist nämlich unter bestimmten Gesichtspunkten durchaus funktional. Dazu vgl. auch *Coser*, Kriminalsoziologie², 1974, 1974, S. 21ff.; *Durkheim*, Teilung, 1977, S. 85, 148ff, 159ff.

640 *Müssig*, Abstrakte Rechtsgüter, 1994, S. 64 f.; *Schmidt*, Untersuchung, 1999, S. 163. Außerdem hat *Hassemer* in einer Rezession von *Amelungs* Thesen kritisch auf dessen Ableitung von Legitimationskriterien aus einer funktionalen Theorie verwiesen. Seine Kritik bezieht sich zum einen auf die dezisionistische Verarbeitung der Legitimationsfrage bei *Amelung*, zum anderen auf die nahezu mechanistische Deutung der Sozialschädlichkeit. Beides verweist auf eine nur verkürzte soziologische Rekonstruktion der Sozialschädlichkeitsproblematik in *Amelungs* Thesen. Dazu vgl. *Hassemer*, ZStW 87 (1975), S. 162.

641 Dazu vgl. *Anastasopoulou*, Deliktstypen, 2005, S: 15; *Hassemer*, ZStW 87 (1975), S. 146, 162; *Hefendehl*, Kollektive Rechtsgüter, 2002, S. 71f.; *Koriath*, GA 1999, S. 572 ff.; *Müssig*, Abstrakte Rechtsgüter, 1994, S. 64ff.; *Schmidt*, Untersuchung, 1999, S. 163; *Stächelin*, Strafgesetzgebung im Verfassungsstaat, 1998, S. 47.

642 *Amelung*, Rechtsgüterschutz, 1972, S. 389. In diesem Sinne kritisiert *Hefendehl* zu Recht, dass dieses Modell von *Amelung* es nicht vermag, die Individualrechtsgüter widersrpuchsfrei in sich aufzunehmen. Dazu siehe *Hefendehl*, Kollektive Rechtsgüter, 2002, S. 72.

643 So kritisch *Roxin*, AT⁴, Bd. I, 2006, S. 51, Rn. 116.

644 *Meyer*, Gefährlichkeitsdelikte, 1992, S. 97; *Roxin*, AT⁴, Bd. I, 2006, S. 51, Rn. 116; *Zaczyk*, Unrecht, 1987, S. 123.

seine systemtheoretischen Erwägungen durch die fundamentalen Wertentscheidungen des Grundgesetzes (vor allem Art. 1 und 2 GG) einzuschränken, insofern sie die Erfordernisse des Persönlichkeitsschutzes festlegen. Das wird aber von *Amelung* als Korrektiv im Sinne unumgänglicher „Kosten" bezeichnet[645]. Eine solche Einschränkung steht jedoch im Widerspruch zu *Amelungs* Ausgangspunkt und verdeckt die Einsicht, dass der Staat für den Einzelnen da ist, der um seiner selbst willen und nicht nur als Teil des sozialen Gesamtsystems geschützt werden muss[646]. Somit erweist sie sich entweder als nicht konsistent begründbar oder bei systemtheoretischer Interpretation als wirkungslos. Außerdem ist eine Unterscheidung zwischen vorsätzlichen und fahrlässigen Tötungsdelikten nach *Amelungs* Lehre nicht plausibel zu machen, da seine Bestimmung der „sozialen Funktion" der „Strafnorm" nur negativ – bezogen auf die Folgen der Handlungsweise – erfolgt[647]. Schließlich bleibt unklar, warum sich die Legitimität des Sozialsystems aus der Verfassung, also einem Subsystem, ergeben soll[648]. Daher vermag die *Amelungsche* Version der soziologischen Systemtheorie nicht, die Probleme eines modernen Strafrechtssystems in einer demokratischen Gesellschaft präzise zu erfassen und letztlich zu lösen.

Zum dritten versteht *Amelung* das Rechtsgut, das zum Kern seiner relevanten Fragestellung gehört, im Sinne von *Welzel* als realen Gegenstand[649], der durch eine gesetzgeberische Wertentscheidung zum Rechtsgut erhoben werde und der nicht durch einen vorpositiven Rechtsgutsbegriff begrenzt sei. Beschränkungen ergäben sich aus den Wertentscheidungen des Grundgesetzes und aus den Funktionsbedingungen des Gesellschaftssystems, die Legitimationsgrundlage des Strafrechts sowie Leitbild und Auslegungsmaxime der Straftatbestände seien. Wie sich oben in der Auseinandersetzung mit den verschiedenen Rechtsgutslehren zeigt, ist der Rechtsgutsbegriff als eine vorpositive und systemkritische Terminologie aufzufassen. *Amelung* misst dem Rechtsgutsbegriff nur eine sehr begrenzte Funktion und zwar zur Auslegung der Straftatbestände bei, weil er gerade von einem Missverständnis des Rechtsgutsbegriffs ausgeht, was heute allgemein abgelehnt wird.

Als Ergebnis ergibt sich dann, dass sich *Amelung* mit seiner Sozialschädlichkeitslehre gerade von der Aufklärung, von *Beccarias* Gedanken entfernt. *Hassemer* [650] kommentiert: hätte *Amelung* nicht eine falsche Trennwand zwischen Aufklärung und Rechtsgutsgedanken errichtet, wäre es ihm wohl unmöglich gewesen, neueren Theoretikern des Rechtsguts deren Berufung auf die Aufklärung zu verwehren, sondern dieser Berufung konstruktiv nachzugehen.

#### c) Die Übereinstimmung der Rechtsgutstheorie und der aufklärerischen Sozialschädlichkeitslehre

Aufgrund der obigen Ausführung ist jetzt festzustellen, wie sich das Rechtsgüterschutzprinzip zur aufklärerischen Sozialschädlichkeitslehre verhält, wenn die beiden Theorien zur Wesenbestimmung des Verbrechens und sodann der Beschränkung der Strafgesetzgebung dienen.

Vor allem ist es unumstritten, dass sie beide aus der großen kriminalpolitischen Reformbewegung der Aufklärung entstammen[651], die in der zweiten Hälfte des 18. Jahrhunderts ganz Europa erfass-

645 *Amelung*, Rechtsgüterschutz, 1972, S. 390.

646 *Hassemer*, ZStW 87 (1975), S. 161ff.

647 *Amelung*, Rechtsgüterschutz, 1972, S. 370f, 386.

648 *Beck*, Vorfeldkriminalisierung, 1992, S. 49; *Hassemer*, ZStW 87 (1975), S. 161.

649 *Amelung*, Rechtsgüterschutz, 1972, S. 394, 200.

650 *Hassemer*, ZStW 87 (1975), S. 156.

651 Dazu ist insbesondere zu bemerken, dass es zwar zu einer eigentlichen Sozialbetrachtung erst im liberalistischen 19. Jahrhundert gekommen war; dennoch ist die prinzipielle Zuordnung der Rechtsgutslehre zur Aufklärung nicht zu widerlegen. Siehe nur *Jäger*, Sittlichkeitsdelikte, 1957, S. 7; *Maurach,* AT[1], 1954, S. 179; *Sina*, Dogmengeschichte, 1962, S. 8.

te. Dadurch, dass sie dem bis dahin maßgebenden Weltbild, das von göttlicher Offenbarung, Autorität und Tradition bestimmt war, den Gedanken von der Vernunft des Menschen als allgemeingültigen Wertungsmaßstab entgegensetzte, brachte die Epoche der Aufklärung in den Bereichen der Geisteswissenschaften eine grundlegende Neuorientierung der Begriffswelt. Angestrebtes Ziel dieser Aufklärungsphilosophie ist die Überwindung der Unmündigkeit des Menschen und der Bedingungen, die seine Selbständigkeit und Freiheit beeinträchtigen[652], was besonders deutlich in dem viel zitierten programmatischen Satz *Kant*s hervortritt: „Aufklärung ist der Ausgang des Menschen aus seiner selbstverschuldeten Unmündigkeit“[653].

Diese Entdeckung der Selbstverantwortlichkeit des Menschen für seine Lebensverhältnisse führte zu Veränderungen im Bereich des Rechts, insbesondere des Strafrechts, das die für den Menschen einschneidenden Normen der Rechtsordnung enthält[654]. Während man sich mit den Normen eines übermenschlichen Gesetzgebers, also einer metaphysischen Autorität, fraglos abfinden konnte, musste nun die menschliche Normsetzung ständig und immer aufs Neue, auf ihre Richtigkeit und Legitimität geprüft werden[655]. Dieser Legitimationszwang findet Ausdruck in der Suche der Strafrechtswissenschaft nach einem allgemeinen, inhaltserfüllten Verbrechensbegriff[656].

Von der Forderung nach einem allgemeinen Verbrechensbegriff bis zu dem Versuch, diesen zu gewinnen, ist kein weiter Weg. Vor allem trat *Beccaria* 1776 mit seiner Sozialschädlichkeitstheorie, nach der die Größe und Schwere eines Verbrechens an dem Sozialschaden gemessen werden müsse, hervor[657], obgleich, wie oben ausgeführt, *Beccaria* selbst den Begriff der Sozialschädlichkeit nicht eingehend definiert hatte. Anknüpfend an den Sozialschädlichkeitsgedanken *Beccarias* stellt *Müller- Emmert* bezüglich des Inhalts der Sozialschädlichkeit zwei Jahrhunderte später fest, dass eine Handlung soziaschädlich ist, wenn sie in die individuellen Interessen eingreift und die Bedingungen menschlichen Zusammenlebens stört (siehe oben § 4 A II 3 a) aa)). Demgegenüber scheint mir die Sozialschädlichkeitslehre von *Amelung* wegen ihrer Abweichung von der aufklärerischen und liberalen Wurzel fragwürdig zu sein.

In Deutschland entwickelt sich der Rechtsgutsbegriff aus der Kritik an der Rechtsverletzungstheorie *Feuerbach*s, die eigentlich von der Gesellschaftsvertragslehre ausgeht, deren ausführliche Darstellung hier leider nicht geleistet werden kann. Eine kurze Untersuchung der Dogmengeschichte des Rechtsguts liegt bereits vor und ist hier entbehrlich[658]. Trotz der unterschiedlichen Vorstellungen über Begriff und Funktion des Rechtsgutsbegriffs besteht eine Vielzahl allgemein akzeptierter Prämissen und Einschätzungen. Überragende Bedeutung kommt hierbei der Orientierung der

---

652 *Hassemer*, Theorie, 1973, S. 32 f.

653 *Kant*, Beantwortung, 1964, S. 53. Er fährt dort: „Unmündigkeit ist das Unvermögen, sich seines Verstandes ohne die Leitung eines anderen zu bedienen. Selbstverschuldet ist diese Unmündigkeit, wenn die Ursache derselben nicht am Mangel des Verstandes, sondern der Entschließung und des Mutes liegt, sich seiner ohne die Leitung eines anderen zu bedienen. Sapere aude! Habe Mut, Dich Deines eigenen Verstandes zu bedienen! ist also Wahlspruch der Aufklärung.“

654 Zur Übernahme der Aufklärungsphilosophie des deutschen Idealismus in die Rechtstheorie vgl. *Amelung*, Rechtsgüterschutz, 1972, S. 16ff.; *Hassemer*, Theorie, 1973, S. 29 ff.; *Jäger*, Sittlichkeitsdelikte, 1957, S. 7 ff.; *Sina*, Dogmengeschichte, 1962, S. 3 ff.

655 Vgl. *Hassemer*, Theorie, 1973, S. 30; *Hohmann*, Umweltdelikte, 1991, S. 9.

656 *Hohmann*, Umweltdelikte, 1991, S. 9; *Sina*, Dogmengeschichte, 1962, S.8. *Feuerbach*s Forderung, „den allgemeinen Begriff eines jeden einzelnen Verbrechens bestimmt klar und erschöpfend darzustellen, und dann die einzelnen Arten eines jeden Verbrechens aus dem Begriffe abzuleiten“, bezeichnet den entscheidenden Schritt, den die Strafrechtswissenschaft gegenüber der früher unbestimmten willkürlichen Art getan hatte. Dazu vgl. *Feuerbach*, Kritik, 1963, S. 34.

657 *Beccaria*, Über Verbrechen und Strafen, mit einer Vorrede von *Hommel*, 1966, S. 51

658 Siehe oben § 4 A II 1 c).

verschiedenen Rechtsgutskonzeptionen an der Bestimmung des Menschen als auf freie Selbstentfaltung angelegtes Wesen und der vom Staate und der Gesellschaft als Bedingungen dieser Entfaltung des Menschen zu. In diesem Zusammenhang ist es daher verfehlt, eine Trennwand zwischen Aufklärung und Rechtsgutsgedanken zu errichten[659].

Ferner stimmt das Rechtsgüterschutzprinzip mit der Sozialschädlichkeitslehre der Aufklärung auch bezüglich der Funktionen überein. Die Bestimmung des Verbrechens als Verletzung oder Gefährdung eines Rechtsguts beantwortet nicht nur die Frage nach dem materiellen Kern des Verbrechens. Dieser Rechtsgutsbegriffs zielt auch darauf ab, ein den Gesetzgeber anleitendes und beschränkendes vorpositives Kriterium darzustellen. Wo es an einer Rechtsgutsverletzung- oder Gefährdung fehlt, liegt kein Verbrechen vor, es fehlt dem Gesetzgeber dann die Legitimation für eine strafrechtliche Norm[660]. Die weitere Entwicklung der Rechtsgutslehre zeichnete sich zwar bis 1945 durch zunehmende Skepsis gegenüber dem Selbstverständnis der Rechtsgutslehre aus, den materiellen Gehalt des Verbrechens zu bestimmen und damit einhergehend dem Gesetzgeber ein kritisches Potential entgegen zu setzen. Sie ist allerdings in der Zeit nach 1945 von der Rückbesinnung auf den aufkärerischen – liberalen Ursprung des Rechtsguts gekennzeichnet. Ein grundsätzlicher Konsens steht mithin fest: Der auf einem personalen Staats- und Rechtsverständnis gegründete Rechtsgutsgedanke orientiert sich an der Person und ihrer freien Entfaltung. Dieses Wertverständnis des Rechtsguts und die wesensmäßige Bestimmung des Menschen führen zu der Einsicht, dass das Rechtsgut von der jeweiligen kulturhistorischen Situation abhängig ist. Damit stimmt die Rechtsgutstheorie mit der Sozialschädlichkeitslehre überein, deren Inhalt nicht ewig unverändert bleibt, sondern von der Gesellschaftssituation abhängig ist.

Trotzdem ist die sozialwissenschaftlich „aufgeklärte" Rechtsgutslehre der Sozialschädlichkeitslehre vorzuziehen. Die Rechtsgutslehre öffnet nämlich eine Tür zum Nachweis der Sozialschädlichkeit, wodurch das Rechtsgüterschutzprinzip der Verhinderung der sozialschädlichen Verhandlungen dient. Ein Grund, der Rechtsgutslehre den Vorzug zu geben, ist die bessere Handhabbarkeit der Rechtsgutslehre.

Nachdem sie von *Beccaria* entwickelt wurde, hat sich die Sozialschädlichkeitslehre der Aufklärung in Deutschland, abgesehen von ihrer Entwicklungsgeschichte in der DDR, bis heute nicht völlig durchgesetzt. Entweder wird von ihrer aufgeklärten- liberalen Ausrichtung, beispielsweise durch *Amelung*, abgewichen, oder sie erfährt, so wie bei *Müller-Emmert*, keine wesentliche Vervollständigung„ selbst wenn *Müller – Emmert* treffend sagt, der Begriff „sozialschädlich" sei geeignet, strafwürdiges Unrecht von nicht strafwürdigem abzugrenzen und für den Gesetzgeber einen Maßstab darzustellen[661]. *Müller- Emmert* gelingt es zwar, die Vorstellungen des Begriffs darzustellen und auf die kurze Dauer dieser Vorstellungen hinzuweisen[662]. Er kann aber weder einen ausführlichen Katalog der Sozialschädlichkeit skizzieren noch überzeugend subsumieren, was alles unter Sozialschädlichkeit fällt. Bei ihm bleibt der Sozialschädlichkeitsbegriff nur auf der Ebene einer ephemeren Definition.

---

659 So aber grundlegend bei *Amelung*, Rechtsgüterschutz, 1972, S. 46ff. Kritik; kritisch insbesondere *Hassemer*, ZStW 87 (1975), S. 156.

660 Das kritische Potenzial des Rechtsgutsbegriffs trat bei *Binding* zwar vorübergehend in den Hintergrund, kommt allerdings bei *v. Liszt* wiederum zur vollen Entfaltung. Dazu vgl. *Binding*, Handbuch, Bd. I, 1885, S. 169; *ders.*, Normen, Bd. II, Hälfte 1, 1914, S. 353ff.; *v. Liszt*, ZStW 8 (1888), S. 141.; *ders.*, LB$^{21/22}$, 1919, S. 4.

661 *Müller - Emmert*, GA 1976, S.293. Außerdem sagt auch *Neumann*: „Diese Entscheidung wird heute in der Bundesrepublik Deutschland überwiegend dahingehend getroffen, der Gesetzgeber dürfte in einer pluralistischen Gesellschaft nur sozialschädliches Verhalten pönalisieren", in *Neumann/Schroth*, Neuere Theorien, 1980, S. 41.

662 *Müller - Emmert*, GA 1976, S. 298 f., 301.

Im Gegensatz dazu hat sich die Rechtsgutslehre in Deutschland zu einem geschlossenen System entfaltet. An dem Begriff wird eine dreifache Differenzierung vorgenommen. So gelangt man zu einer Unterordnung von Individual- und Universalrechtsgütern. Die systemkritische Rechtsgutslehre trägt sowohl zur Auslegung der Tatbestände, als auch zur Einschränkung der Strafgesetzgebung bei. Die Rechtsgutslehre ist keine ideelle, sondern eine reale Konzeption. In diesem Zusammenhang tritt die Sozialschädlichkeitslehre heutzutage in der deutschen Strafrechtswissenschaft hinter der Rechtsgutslehre zurück. Aber durch den Rückbezug auf den Begriff Sozialschädlichkeit lässt sich ein Vergleichspunkt mit der sozialistischen Strafrechtswissenschaft finden. Anschließend wird der Stand der Sozialschädlichkeitslehre in China vorgestellt.

## III. Der materielle Verbrechensbegriff in China

### *1 Der Verbrechensbegriff im chinesischen StGB*

Lange vor dem Inkrafttreten des chinesischen Strafgesetzbuches im Jahr 1979, und zwar bereits vor 1957, fing die chinesische Strafrechtswissenschaft an, den Verbrechensbegriff zu untersuchen. Im Anfangsstadium der chinesischen Strafgesetzgebung und Strafrechtswissenschaft war es für die Strafrechtswissenschaftler dringend notwendig, die zu bestrafenden Handlungen zu charakterisieren und einen allgemeinen Begriff dafür festzulegen[663]. Dieser Diskussionsprozess wurde von der sowjetrussischen Strafrechtstheorie sehr beeinflusst, die von der chinesischen Strafrechtswissenschaft jedoch nicht mechanisch eingeführt worden war. Beispielsweise wurde der in der Sowjetunion in den 50er Jahren weit verbreitete „Dualismus" der Trennung zwischen Verbrechensbegriff und Straftatbestand, im Rahmen dessen dem Verbrechensbegriff ein Charakter der politischen Beurteilung und dem Straftatbestand eine juristische Prägung zugemessen wurde, von den chinesischen Wissenschaftlern abgelehnt[664]. Aufgrund der Kombination der zwei Begriffe entwickelte die chinesische Strafrechtswissenschaft einen eigenen Verbrechensbegriff, der zur Festlegung des Verbrechensbegriffs im chinesischen Strafgesetzbuch entscheidend beitrug.

Zwischenzeitlich fand in China eine intensive Auseinandersetzung über die Unterschiede zwischen dem formellen und dem materiellen Verbrechensbegriff statt, die wahrscheinlich die Entwicklung der sowjetrussischen Strafgesetzgebung begleitete.

Die Festlegung eines materiellen Verbrechensbegriffs im Strafgesetzbuch, als ein einschneidender Unterschied zwischen dem sozialistischen und kapitalistischen Strafgesetzbuch[665], wurzelt in den Strafgesetzbüchern Sowjetrusslands. In den Strafgesetzen, nämlich den „*Leitenden Grundsätzen des Strafgesetzes der Russischen Sozialistischen Föderativen Sowjetrepublik* (RSFSP)" von 1919 bis zu den jeweils 1922 und 1926 erlassenen Strafgesetzbüchern, fand sich ein rein materieller Verbrechensbegriff, der später allerdings als das Ergebnis des damaligen rechtlichen Nihilismus verworfen wurde[666], denn angeblich spielte nur die Sozialschädlichkeit bei der Feststellung der Strafbarkeit einer Verhaltensweise eine Rolle, ohne dass das Kriterium der Strafrechtswidrigkeit

663 Unter den frühesten publizierten strafrechtlichen Aufsätzen nach der Begründung der VR China ist der Aufsatz von *Zhang*, Xiangen diesbezüglich bemerkenswert: *Zhang*, Xiangen, in Zeitschrift der ostchinesischen Universität der Politik- und Rechtswissenschaft 2 (1956).

664 Dazu vgl. *Gao*, Mingxuan (Hrsg.), Theorie des Strafrechts Bd. I, 1993, S. 455; *Wang*, Shizhou, in Zeitschrift der chinesischen Rechtswissenschaft 5 (1998), S.119.

665 *Zheng*, Jinhuo, in Zeitschrift des chinesischen Kriminalrechts 5 ( 2005), S. 21.

666 Dazu vgl. *Li*, Lizhong/ *Ke*, Sailong, in Rechtswissenschaft(A) 2 (1999); *Zheng*, Jinhuo, in Zeitschrift des chinesischen Kriminalrechts 5 ( 2005), S. 21.

herangezogen worden wäre[667]. Somit wurde der materielle Verbrechensbegriff durch einen gemischten Begriff im Strafgesetzbuch der RSFSP von 1960 ersetzt.

Dieser so genannte formell- materielle Verbrechensbegriff wurde auch in den Strafgesetzbüchern anderer sozialistischer Länder eingeführt. Die chinesischen Strafgesetzbücher von 1979 und später von 1997 beherrscht der gemischte Verbrechensbegriff[668]. Dort heißt es in § 13 chin. StGB von 1997:

„Verbrechen sind alle sozialschädlichen Angriffe gegen die souveräne und territoriale Vollständigkeit und den Frieden, die volksdemokratische Diktatur, das sozialistische System, die Straftaten gegen die Gesellschafts- und Ökonomieordnung, das Volks-, Kollektiv– oder Privateigentum, die Straftaten gegen die persönlichen, demokratischen Rechte und andere Rechte der Bürger, und andere sozialschädliche Handlungen, die deshalb rechtsgemäß strafbar sind. Eine Handlung (/Unterlassung), die zwar formal die Merkmale einer in dem vorliegenden Gesetzbuch vorgesehenen Tat enthält, jedoch wegen Geringfügigkeit keine große gesellschaftliche Gefahr darstellt gilt nicht als Straftat."[669]

In aller Knappheit wird das Verbrechen im chinesischen Strafgesetzbuch als eine sozialschädliche, strafrechtswidrige und strafbedürftige Handlung definiert. Wenn man unter Verbrechen die sozialschädlichen Handlungen versteht, dann tritt der materielle Verbrechensbegriff in den Vordergrund[670]. Zugleich wird das Gesetzlichkeitsprinzip mit dem Analogieverbot zum ersten Mal durch Artikel 3 ins chinesische Strafgesetzbuch eingefügt[671]. Wie in § 2 B schon dargestellt, unterscheiden sich im chinesischen Strafgesetzbuch Verbrechen und Vergehen nicht. In diesem Zusammenhang steht das chinesische Strafrecht in Opposition zum deutschen Strafgesetzbuch, in dem die Straftaten in die Untergruppen der Verbrechen und Vergehen zerfallen und sich folglich keine allgemeine Vorschrift über den Verbrechensbegriff findet[672].

### *2 Der Streit um den Verbrechensbegriff in der Strafrechtswissenschaft*

Zwar bildet der Verbrechensbegriff im chinesischen Schrifttum stets einen Zentralpunkt, erfährt aber erst seit der Revision des Strafgesetzbuches im Jahre 1997 eine immer heftigere Diskussion, die bis heute noch weiter fortgeht. Diesbezüglich sind zwei Faktoren von Bedeutung: Erstens hat China eben eine riesige wirtschaftliche und politische Entwicklung erlebt, so dass den chinesischen Wissenschaftlern immer mehr wissenschaftliche Freiheit zugestanden wird und sie die wesentlichen Themen der Strafrechtswissenschaft eher aus rein rechtlichem Gesichtspunkt als aus politischem und ideologischem Blickwinkel kritisch behandeln dürfen; zweitens wird die Rechtsvergleichung, insbesondere bezüglich der westlichen Rechtstheorien, nach der politischen Änderung in Osteuropa im Jahre 1989 auf einer neutraleren Grundlage fortgesetzt. Vom Streit um den Verbrechensbegriff sind zwei Punkte berührt: Einerseits stellt sich die Frage, ob es notwendig ist, einen materiellen Verbrechensbegriff im Strafgesetzbuch explizit/speziell vorzuschreiben. Hieran

---

667 Zur Vorstellung der Kritik vgl. *Zheng*, Jinhuo, in Zeitschrift des chinesischen Kriminalrechts 5 ( 2005), S. 21.

668 Das Strafgesetzbuch *Yugoslav* von 1976 (§ 8) zählte auch zur diesen Art.

669 Vor 1997 fand sich sogar der Ausdruck „konterrevolutionäre Hetze und Wühltätigkeit gegen die VR China" als Inhalt des Verbrechensbegriffs im chin. StGB von 1979.

670 Das Wesen einer verbrecherischen Handlung war in Sowjetrussland auch durch die moralische und politische Verwerflichkeit der Handlung mitbestimmt. Dazu siehe *Gerats/Lekschas/Renneberg*, AT, 1957, S.263.

671 Im chinesischen Schrifttum ergibt sich bedauerlicherweise die falsche Ansicht, das Gesetzlichkeitsprinzip sei bereits im Strafgesetzbuch von 1979 eingeführt worden, obgleich die Analogie zugleich ausdrücklich vorgeschrieben wurde. Dazu vgl. *Li*, Lizhong/ *Ke*, Sailong, in Rechtswissenschaft(A) 2 (1999), S.60.

672 In einigen vormalig kommunistisch regierten Staaten wie der DDR, der Sowjetunion, Polen und Ungarn ergab sich aber eine ähnliche Unterscheidung zwischen Verbrechen und Vergehen im Strafgesetzbuch. Vgl. *Lekschas/Renneberg*, AT, 1978, S. 171.

schließt sich das Problem an, ob der Verbrechensbegriff neu gefasst werden soll; Andererseits wird über den Inhalt und die Rolle der Terminologie „Sozialschädlichkeit“ nachgedacht. Da der zweite Punkt unten in § 4 A III 3 behandelt wird, gehe ich direkt auf den ersten Punkt ein.

Bis 1997 wurde die Frage, ob nicht ein formeller, sondern ein materieller Verbrechensbegriff im Strafgesetzbuch festzulegen sei, nur vereinzelt gestellt. Gegen die Rolle der geltenden Vorschrift in § 13 chin. StGB wendeten die Strafrechtswissenschaftler gleichfalls nichts ein. In der Regel werden dem im chinesischen Strafgesetzbuch festgelegten Verbrechensbegriff drei wesentliche Funktionen zugemessen: *Erstens* legt der materielle Verbrechensbegriff die Eigenschaft von Delikten, also ihre Klasseneigenschaft[673]. „Das Wesen des Verbrechens liegt darin, dass es die Staats- und Volksinteressen und damit die Gesellschaft beeinträchtigt.“[674] Dieses Verständnis stammt ursprünglich aus dem Gedankengut *Marx* und *Engels'*, deren bekannteste Aussagen lauten: „Ebenso wenig wie das Recht geht das Verbrechen, d.h. der Kampf des isolierten Einzelnen gegen die herrschenden Verhältnisse, aus der reinen Willkür hervor. Es hat vielmehr dieselben Bedingungen wie jene Herrschaft“[675]. „Die Nichtachtung der sozialen Ordnung tritt am deutlichsten in ihrem Extrem, im Verbrechen auf“[676]. Das chinesische Schrifttum wurde wahrscheinlich weitgehend davon beeinflusst. *Zweitens* wurde damit ein Generalmaßstab für die Unterscheidung zwischen strafbaren und nicht strafwürdigen Handlungen geliefert[677]. *Drittens* wurde die Grundlage und Voraussetzung für die weitere Untersuchung anderer theoretischer Fragen, beispielsweise der Frage nach den Verbrechenselementen, der Strafe, sowie anderer einzelner Fragen aus dem Besonderen Teil des Strafgesetzbuches gelegt[678].

Trotzdem entstanden Zweifel an der gesetzlichen Definition des Verbrechens. Vor der Revision im Jahre 1997 fragte *Cheng* Xingliang nach der strafgesetzlichen Festlegung des Verbrechensbegriffs. Laut ihm soll der materiell- formelle Verbrechensbegriff im Strafgesetzbuch durch eine formelle Definition ersetzt werden, was dann dem Gesetzlichkeitsprinzip entspreche[679]. Diese Ansicht findet bereits bei vielen chinesischen Wissenschaftlern der neuen Generation Beifall, die die westliche Strafrechtsgeschichte aus einem aufgeschlossenen Blickwinkel betrachten können, und die bürgerliche Strafrechtstheorie philosophisch und strafrechtswissenschaftlich analysieren möchten[680]. Sie greifen auf den aufklärerischen Hintergrund des westlichen formellen Verbrechensbegriffs zurück und erkennen den Vorteil eines gesetzlich festgelegten formellen Verbrechensbegriffs an. Aufgrund der vergleichenden Untersuchung überprüfen sie ihrerseits die Richtigkeit und Notwendigkeit des materiell-formellen Verbrechensbegriffs im chinesischen Strafgesetzbuch. Es dürfte sinnvoll sein, hier kurz darüber zu berichten, um für die westlichen Strafrechtswissenschaftler ein Fenster zu der chinesischen Strafrechtswissenschaft zu öffnen.

---

673 Hier ist einerseits zu bemerken, dass es nach § 2 chin. StGB von 1979, die Aufgabe des Strafrechts war, mit der Strafe gegen die Konterrevolutionen und alle anderen strafbaren Handlungen zu kämpfen. Die Handlung gegen die volksdemokratische proletarische Diktatur wurde durch §10 chin. StGB von 1979 in den materiellen Verbrechensbegriff miteinbezogen. Andererseits wird auch um die Klasseneigenschaft und die Sozialität des Verbrechens lebhaft gestritten. Im Schrifttum fand sich eine völlige Ablehnung der Klassenbestimmung des Verbrechens aber noch nicht. Zu einem ähnlichen Ergebnis kommt auch *Wang*, Shizhou, in Zeitschrift der chinesischen Rechtswissenschaft 5 (1998), S. 118.

674 *Gao*, Mingxuan (Hrsg.), Strafrecht, 1990, S.73.

675 *Marx*, in MEW, Bd. 5, S. 339 f.

676 *Engels*, in MEW, Bd. 2, 1958, S. 225 ff .

677 *Xiao*, Yang (Hrsg.), Neue Strafrechtslehre, 1997, S.50.

678 Vgl. *Gao*, Mingxuan (Hrsg.), Strafrecht, 1990, S. 68; *Ma*, Kechang(Hrsg.), Allgemeine Verbrechenstheorie, 1991, S.11; *Yang*, Dunxian (Hrsg.), Strafrechtstheorie, 1985, S. 74.

679 *Chen*, Xingliang, Menschlichkeitsgrundlage, 1996, S.342.

680 Dazu vgl. nur *Di*, Shishen, in Zeitschrift des Verwaltungsinstituts der Politik- und Rechtswissenschaft in Guangxi 3 (2003); *Fan*, Wen, in Rechtswissenschaft(A) 1 (1998); *Li*, Haidong, Autobiographisches Vorwort, 1998.

Laut *Chen*, Xingliang und *Liu*, Shude betrachteten die Kritiker des westlichen formellen Verbrechensbegriffs dessen historischen Hintergrund unter einer verzerrten Perspektive[681]. Die bürgerlichen Strafrechtswissenschaftler entwickelten den formellen Verbrechensbegriff, der die Anforderungen der damaligen historischen Umstände erfüllte, und der nationalen Denkweise entsprach. Wichtiger sei die Beschränkung auf den Verbrechensbegriff durch das Gesetzlichkeitsprinzip[682]. *Chen*, Xingliang und *Liu*, Shude verteidigen die Festlegung des formellen Verbrechensbegriffs in bürgerlichen Strafgesetzbüchern mit den folgenden Argumentationen: a) Es gebe dafür historische Gründe. Vor der französischen Revolution entwickelte der aufstrebende Bourgeois Grundsätze wie „Gesetzlichkeit", „Strenge Regeln", „Humanitäre Strafe", um gegen die übertriebene richterliche Willkür und die tyrannische Strafe zu kämpfen. b) Außerdem gebe es quasi idealistische Gründe. Unter Verbrechen verstanden die Denker der Aufklärung nur die rechtswidrigen Handlungen. Diesbezüglich gilt den chinesischen Wissenschaftlern die Aussage von *Hobbes* als ein sehr guter Beleg: „Ein Verbrechen ist eine Sünde, die im Begehen dessen (durch Tat oder Wort) bestehet, was das Gesetz verbietet, oder in der Unterlassung dessen, was es befohlen hat"[683]. c) Zudem existierten epistemologische Gründe. Die Franzosen waren fanatische Verfechter der Rationalität, wobei sie die Absolutheit der Wirklichkeit überschätzten und so zum Glauben gelangten, mit Hilfe der Rationalität ein ideales Rechtssystem finden zu können. Daher versuchten sie, differenzierte naturrechtliche Regelungen und Grundsätze in einem Gesetzbuch zusammenzufassen. Das Verbrechen sei dementsprechend formell definiert[684], was die staatliche Gewalt einschränken und dem Strafgesetz eine Garantiefunktion zuweisen könne[685]. Die jüngere Generation der chinesischen Strafrechtler, die so argumentiert, wirft dem vormals existierenden Vorurteil gegen den formellen Verbrechensbegriff eine Argumentation aus politischen Gesichtspunkten vor, mit der Betonung darauf, dass beim Verstehen des bürgerlichen formellen Verbrechensbegriffs der rechtskulturelle Hintergrund miteinbezogen werden sollte[686].

Diese Ansicht erkennt einerseits den engen und folgerichtigen Zusammenhang zwischen dem Gesetzlichkeitsprinzip und dem formellen Verbrechensbegriff im Strafgesetzbuch an. Andererseits überprüft sie den materiellen Verbrechensbegriff ernsthaft und kommt zu dem Ergebnis, dass eine Überschätzung des materiellen Verbrechensbegriffs zur Verletzung des Gesetzlichkeitsprinzips führen müsse, wenn die Strafrechtswissenschaft nicht in der Lage sei, die Sozialschädlichkeitslehre objektiv und richtig zu verdeutlichen[687]. Daher könne der materielle Verbrechensbegriff für die Strafrechtspflege nur eine scheinbare theoretische Grundlage bilden, die das Prinzip „Regierung nach dem Gesetz" beeinträchtigen würde[688].

Gleichwohl stößt der formelle Verbrechensbegriff zurzeit weiter auf heftige Kritik, die besagt, dass er eigentlich nicht vermöge, die Strafgesetzgebung einzuschränken[689]. Damit wollten die Kritiker, die keinen Widerspruch zwischen dem Gesetzlichkeitsprinzip und dem materiellen Verbrechensbegriff sehen, den im chinesischen Strafgesetzbuch geltenden materiell-formellen Verbrechensbegriff verteidigen. Sie weisen an erster Stelle darauf hin, dass das Gesetzlichkeits-

---

681 *Chen*, Xingliang/*Liu*, Shude, in Rechtswissenschaft(A) 6 (1999), S. 93.

682 *Feng*, Yadong, Rationalismus und Strafrechtsmode, 1999, S.6f.

683 Der Originaltext lautet: „A crime is a sin, consisting in the committing (by deed, or words) of that which the law forbids, or the comission of what it has commanded". *Hobbes* ging vor allem von dem Unterschied zwischen Verbrechen und Sünde aus, als er diese Meinung vertrat. Vgl. dazu *Hobbes*, Leviathan, 1959, S. 154f..

684 Vgl. *Gao*, Ge, Vergleichende Untersuchung, 1985, S. 56.

685 Vgl. *Lin*, Shantian, Straftheorie, 1986, S.62.

686 *Chen*, Xingliang/*Liu*, Shude, in Rechtswissenschaft(A) 6 (1999), S. 93.

687 *Li*, Haidong, Autobiographisches Vorwort, 1998, S.6ff.

688 *Li*, Haidong, Autobiographisches Vorwort, 1998, S.6ff.

689 *Li*, Lizhong/ *Ke*, Sailong, in Rechtswissenschaft(A) 2 (1999).

prinzip die wesentliche Aufgabe übernehmen soll, die Strafgesetzgebung einzuschränken. Aus dieser Sichtweise könne nur ein materieller Verbrechensbegriff mit der Wesensbestimmung der Sozialschädlichkeit diese Funktion erfüllen, weil nur diese Wesensbestimmung einen objektiven Standard liefern kann, woran das berechtigte Ausmaß strafbarer Handlungen und die Gerechtigkeit des Strafrechtsinhalts gemessen werden muss. Ferner scheint ihnen der geltende Verbrechensbegriff eine ideale Kombination des formellen und materiellen Verbrechensbegriffs zu sein[690], der die Strafgesetzgebung einschränken und die richterlichen Befugnisse begrenzen könne. Allerdings ist diese Ansicht nicht gut begründet, denn das Problem der expliziten Erklärung der Sozialschädlichkeit bleibt bei der chinesischen Strafrechtswissenschaft tatsächlich ungelöst.

Neben diesen zwei gegensätzlichen Stellungnahmen ergab sich Ende 90er Jahre ein vermittelnder Gesichtspunkt, nach dem der Verbrechensbegriff umzuformulieren sei[691]. Ihm zufolge soll es Verbrechensbegriffe jeweils im Sinne von Gesetzgebung oder Rechtspflege geben. Für den ersteren spielt der Standard der Sozialschädlichkeit eine entscheidende Rolle, für den letzteren das Kriterium der Strafrechtswidrigkeit und Strafwürdigkeit. Diese Ansicht erscheint als ein neuer Weg zur Problemlösung, so dass sie schon nach kürzester Zeit nicht wenige Verfechter gefunden hat[692].

Aufgrund der oben dargestellten Übersicht über die Auseinandersetzungen um den formellen und materiellen Verbrechensbegriff, besteht der Brennpunkt des Streits eindeutig in Inhalt und Bedeutung der Rechtsfigur der Sozialschädlichkeit. Darauf wird anschließend eingegangen.

### *3 Die Rolle der Sozialschädlichkeit im chinesischen Strafrechtswesen*

Wie ausgeführt ist die Terminologie der Sozialschädlichkeit, die den spezifischen antisozialistischen Charakter des Verbrechens zum Ausdruck bringen soll, in § 13 chin. StGB von 1997 näher charakterisiert. Ungeachtet dessen ist jedoch die Sozialschädlichkeit bei den einzelnen Arten der Verbrechen wiederum durch unterschiedliche Qualität bestimmt, was sich aus der Differenziertheit ihrer Ursachen und Angriffsrichtungen, sowie aus den tatsächlichen bzw. möglichen Auswirkungen ergibt. Mit dem vieldeutigen Begriff der Sozialschädlichkeit soll eine „materielle" Wesensbestimmung der Straftat gegeben werden, die sich vom rein „formellen" Deliktsbegriff der „kapitalistischen Strafrechtswissenschaft" vorteilhaft abheben soll[693].

Obwohl in China wenig auf die Entwicklungsgeschichte der Terminologie der „Sozialschädlichkeit" eingegangen wird, ist unstreitig, dass dieser materielle Deliktsbegriff aus dem sowjetischen Strafrecht übernommen wurde, wo er vornehmlich in der Revolutionszeit dazu diente, beliebige Verhaltensweisen, die als gesellschaftsgefährlich angesehen wurden, ohne Rücksicht auf ihre Tatbestandsmäßigkeit strafrechtlich zu ahnden[694]. Im ersten Strafgesetzbuch eines kommunistisch

---

690 Vgl. nur *Di*, Shishen, in Zeitschrift des Verwaltungsinstituts der Politik- und Rechtswissenschaft in Guangxi 3 (2003); *Li*, Juquan, in Rechtswissenschaft(C) 2 (1998); *Li*, Lizhong/ *Ke*, Sailong, in Rechtswissenschaft(A) 2 (1999); *Zeng*, Yuexing/*Wang*, Zhixiang, in Rechtsforum 6 (2003).

691 Siehe dazu *Wang*, Shizhou, in Zeitschrift der chinesischen Rechtswissenschaft 5 (1998), S. 117ff.

692 Vgl. nur *Di*, Shishen, in Zeitschrift des Verwaltungsinstituts der Politik- und Rechtswissenschaft in Hunan 12 (2002); *Fu*, Liqing, in Zeitschrift des Verwaltungsinstituts der Politik- und Rechtswissenschaft in Henan 3 (2003). Mit Vorbehalt zustimmend auch *Li*, Hong, in Rechtswissenschaft (C) 4 (2002).

693 *Gao*, Mingxuan(Hrsg.), Theorie des Strafrechts Bd. II, 1993, S. 374.

694 *v. Lingelsheim-Seibicke*, Der „materielle Verbrechensbegriff", 1963; *Lyon*, Verbrechensbegriff, 1960, S. 10 ff. Darin wird auch der Unterschied zwischen der Sozialschädlichkeitslehre in den sozialistisch regierten Ländern und derjenigen der Aufklärung aufgezeigt.

regierten Staates, den „Leitenden Grundsätzen des Strafrechts der Russischen Sozialistischen Föderativen Sowjetrepublik" von 1919 heißt es[695]:

6. Die Straftat als eine für das gegebene System der gesellschaftlichen Verhältnisse gefährliche Handlung oder Unterlassung ruft die Notwendigkeit des Kampfes der Staatsgewalt gegen diejenigen hervor, die derartige Handlungen oder Unterlassungen begangen haben (Täter).

Diese „Leitenden Grundsätze" enthielten gar keine Umschreibung der einzelnen strafbaren Handlungen, sondern überließen die Ermittlung der Gefährlichkeit einer Handlung „für das gegebene System der gesellschaftlichen Verhältnisse" den Richtern.

In China ist es ähnlich. Zwar sind alle gesetzlich schützenswerten Interessen durch §13 chin. StGB aufgezählt und festgestellt, der Verbrechensbegriff mit der abstrakten Wesensbestimmung der „Sozialschädlichkeit" kann sich aber eine ausführliche Beschreibung der strafbaren Handlungen nicht leisten. Die Behandlung einer strafbaren Verhaltenweise soll zuerst mit Erfüllung des Tatbestands verfolgt werden, vorausgesetzt dass die Beschreibung des Tatbestands von dem Verbrechensbegriff abhängt. Daher wird es der Rechtspflege überlassen, festzustellen, ob ein Verbrechen bereits entstanden ist. Somit besitzt der sehr abstrakte Begriff „Sozialschädlichkeit", der den Richtern ihre Ermessensmacht nicht einschränkt sondern ermöglicht, eine Zentralstellung. Im Einzelnen wird anschließend die Rolle der Sozialschädlichkeitslehre im chinesischen Strafrechtswesen analysiert, um Antwort auf die Frage zu finden, ob in China dem Begriff „Sozialschädlichkeit" eine einschränkende Funktion zur Strafgesetzgebung fehlt.

#### a) Die Widerspiegelung der Sozialschädlichkeitslehre im Gesetz

Aus diesem Verbrechensbegriff wird eine Aufteilung des Delikts in vier Elemente (Objekt, objektive Seite, Subjekt, subjektive Seit) gefolgert. Eine klare Trennung von Tatbestandsmäßigkeit, Rechtswidrigkeit und Schuld ist demzufolge kaum möglich. Im Unterschied zu den Elementen des Verbrechens besteht die Eigenschaft des Verbrechens in den Beziehungen der gesamten verbrecherischen Handlung zur Staats- und Gesellschaftsordnung und ihren Entwicklungsgesetzen, worin sich der Klassencharakter des Verbrechens äußert. Eine Handlung ist dann sozialschädlich, wenn sie die von dem Strafgesetz für das Vorliegen eines bestimmten Delikts festgestellten Merkmale aufweist, denn Sozialschädlichkeit resultiert aus der Gesamtheit der objektiven und subjektiven Tatmerkmale und –umstände. Dazu gehört auch, dass keine Umstände vorliegen dürfen, die nach dem geltenden Gesetz die Sozialschädlichkeit ausschließen (z.B. Geringfügigkeit §13, Notwehr oder Notstand § 20f chin. StGB). Sozialschädlichkeit wird also durch alle Merkmale des gesetzlichen Tatbestandes der Straftat zusammengefasst und wiedergegeben. Ob und in welchem Maße eine Handlung verbrecherisch ist, ergibt sich m. a. W. nur aus den Elementen der Handlung, aus allen objektiven und subjektiven Umständen der Handlung. Das Vorliegen der Eigenschaften des Verbrechens ist also keine Frage subjektivistischer, idealistischer Spekulationen, sondern eine Tatsachenfrage. Es kommt im Prozess der Untersuchung und Aburteilung eines Verbrechens darauf an, diese Tatsachen festzustellen und vom Standpunkt des sozialistischen Rechtsbewusstseins richtig zu würdigen.

Außer der Feststellung des Vorliegens der im Strafgesetz enthaltenen Merkmale eines Verbrechens und ggf. des Nichtvorliegens von Gründen, welche die Sozialschädlichkeit ausschließen, bedarf es keiner weiteren Festestellungen. Damit wird das Verhältnis der Sozialschädlichkeit zu

695Die Terminologie der Sozialschädlichkeit wird auch im geltenden russischen Strafgesetzbuch von 1996 beibehalten, allerdings ohne dass auf die einzelnen schützenswerten Interessen hingewiesen wird. Es heißt dort in §14 StGB Russlands: „Das Verbrechen ist die von dem Strafgesetzbuch verbotene und mit Strafe bedrohte sozialschädliche Handlung, die schuldhaft begangen wird".

den Verbrechenselementen als das „des Abstrakten zum Spezifischen" oder das „des Wesens zu den Phänomen" bezeichnet[696].

**b) Der Inhalt der Sozialschädlichkeit** [697]

Die Sozialschädlichkeit ist eine materielle Eigenschaft der verbrecherischen Handlung und gleichzeitig die entscheidende Eigenschaft des Verbrechens. Unter Sozialschädlichkeit versteht man vorwiegend die Beeinträchtigung der gesellschaftlichen Beziehungen oder der Privat-, Sozial- oder Staatsinteressen, die jeweils von der Lehre der Beeinträchtigung der Sozialverhältnisse und der Lehre der Beeinträchtigung der Rechte ausgeht[698].

Die Lehre der Beeinträchtigung der gesellschaftlichen Beziehungen wird als die Lehre der Faktizität abgekürzt, damit sie von der Lehre der Rechtsinteressen abgegrenzt werden kann[699]. Nach dieser Ansicht stellt jede verbrecherische Handlung einen Angriff auf die im „Aufbau des Sozialismus" begriffenen, durch das Strafrecht geschützten gesellschaftlichen Verhältnisse dar[700]. Näher werden die Angriffe auf diese Verhältnisse in zwei Typen differenziert: Zur ersten Gruppe zählen deren Verletzungen, beispielsweise die Verletzung des Privatlebens, Zerstörung des Staats- oder Privateigentums. In die andere Gruppe fällt die Gefährdung der gesellschaftlichen Verhältnisse. Die Sozialschädlichkeit eines Verbrechens ergibt sich hier daraus, dass durch das Handeln die Möglichkeit des Eintritts eines materiellen oder ideellen Schadens, d. h. ein bestimmter realer Gefahrenzustand, geschaffen wird. Als Beispiele dafür stehen die im Allgemeinteil des chinesischen Strafgesetzbuches beschriebenen Vorbereitungsdelikte, Versuch und Rücktritt sowie die im Besonderen Teil festgelegten Gefährdungsdelikte[701].

Die Lehre der Rechtsverletzung[702] entfaltet *He*, Bingsong, der das Verbrechen wie folgt definiert: „Das Verbrechen ist die Handlung, die Privat-, Sozial- oder Staatsinteressen verletzt oder zu verletzen droht."[703]

Ob es einschneidende Unterschiede zwischen den beiden Definitionen gibt, analysiert *Li*, Hong anhand der Auslegungen einiger einzelnen Tatbestände durch diese beiden Lehren und kommt zu dem Ergebnis, dass „sich diese beiden trotz ihres unterschiedlichen Ausdrucks inhaltlich nicht un-

---

696 Diese Bezeichnung wurde in fast alle chinesischen Strafrechtslehrbücher übernommen. Manche deuten eingehender darauf hin, dass die Verbrechenselemente den Verbrechensbegriff konkretisieren und näher verdeutlichen. Dazu siehe *Ma*, Kechang(Hrsg.), Allgemeine Verbrechenstheorie, 1991, S. 70 f.; *Yang*, Dunxian (Hrsg.), Strafrechtstheorie, 1985, S. 80

697 Hier wird ein Abschnitt des Lehrbuches von *Gerats/Lekschas/Renneberg*, AT, 1957, S. 266 zitiert, um einen Vergleich zu machen: „Die Gesellschaftsgefährlichkeit der verbrecherischen Handlung besteht also in der Verletzung, Zerrüttung oder gar Zerstörung gesellschaftlicher Verhältnisse in der Deutschen Demokratischen Republik und somit in der Schädigung des plangemäßen sozialistischen Aufbaus, der Interessen des werktätigen Volkes und des einzelnen Bürgers, kurzum in einer Störung der gesetzmäßigen Entwicklung der volksdemokratischen Ordnung in der Deutschen Demokratischen Republik, die für den Arbeiter- und Bauernstaat die Notwendigkeit hervorrufen, solche Handlungen durch die Anwendung von Strafen zu bekämpfen".

698 Dazu vgl nur *Li*, Hong, in Rechtswissenschaft (C) 4 (2002), S. 14 f.

699 Diese Bezeichnung geht auf *Li*, Hong zurück. Dazu vgl. *Li*, Hong, in Rechtswissenschaft (C) 4 (2002), S.14 f.

700 Diese Ansicht wird in China allgemein anerkannt. Dazu vgl. *Gao*, Mingxuan (Hrsg.), Theorie des Strafrechts, 1993 Band I, S. 389; *Ma*, Kechang (Hrsg.), Allgemeine Verbrechenstheorie, 1991, S.20. Ähnlich auch *Qing*, Feng, Untersuchung des Verbrechenswesens, 1994, S. 95.

701Siehe *Gao*, Mingxuan/*Ma*, Kechang (Hrsg.), Strafrechtswissenschaft, Aufl. 3, 1999, S. 72.

702Die Terminologie „Rechtsverletzung" wird hier nicht dem Rechtverletzungsbegriff von *Feuerbach* gleichgesetzt. Interessanterweise wird diese Lehre allerdings von *Li*, Hong abgekürzt als Rechtsgutslehre erfasst, „Da die Terminologie ‚Rechtsgut' der chinesischen Strafrechtswissenschaft noch fremd scheint, wird der Ausdurck ‚Rechtsgut' hier im Text nicht direkt übernommen". Dazu siehe *Li*, Hong, in Rechtswissenschaft (C) 4 (2002), S. 14f.

703*He*, Bingsong, LB, 1997, S. 145. Ähnlich auch *Zhou*, Zhenxiang, Lehrbuch,1997, S.50.

terscheiden lassen"[704]. Denn beiden zufolge sind die Schutzgüter insoweit gleich, als die Lehre der Faktizität bei der Auslegung der einzelnen Tatbestände auch den Begriff „Interesse" gebrauche. Ferner sei das Schutzgut auch nach den zwei Lehren vom Handlungsobjekt scharf zu trennen. Am Beispiel des § 102 chin. StGB (Landesverrat) sind sich die beiden Lehren darüber einig, dass die souveräne und territoriale Vollständigkeit und der Frieden als Schutzgut gelten. Sie stimmten miteinander darin überein, dass nicht das Handlungsobjekt, sondern das vom Verbrechen angegriffene Schutzgut über den Grad der Sozialschädlichkeit entscheidet[705].

#### c) Der Einfluss der Sozialschädlichkeitslehre auf die Strafzumessung

Diesbezüglich weist *Wang*, Shizhou darauf hin, dass diese Wesensbestimmung des materiell-formellen Verbrechensbegriffs die fundamentalen Gesichtspunkte und Methoden liefert, die von der Strafrechtsjustiz bei der Verfolgung des Verbrechens übernommen werden sollen[706]. Denn „die Feststellung der Eigenschaft des Verbrechens ist wichtig für die Einschätzung der Schwere des begangenen Verbrechens und für die Festlegung der Höhe der zu verhängenden Strafe"[707].

Jedoch kann die Sozialschädlichkeit im Einzelfall ein sehr unterschiedliches Ausmaß annehmen. Das findet seinen Niederschlag in den verschiedenen Arten der angedrohten Strafen[708]. Die Feststellung der individuellen strafrechtlichen Verantwortlichkeit und die Festsetzung der strafrechtlichen Maßnahme nach Art und Maß erfordern die genaue Prüfung und Bestimmung des Grades der Sozialschädlichkeit als wesentliche Voraussetzung der Individualisierung der strafrechtlichen Verantwortlichkeit. Zur Individualisierung der strafrechtlichen Verantwortlichkeit ist es also erforderlich, die Sozialschädlichkeit jedes einzelnen Verbrechens in concreto festzustellen. Es darf nicht bei der generellen Sozialschädlichkeit der jeweiligen Art von Verbrechen stehengeblieben werden, die bereits in der Strafandrohung der entsprechenden Strafrechtsnorm zum Ausdruck gelangt. Das Ausmaß der Sozialschädlichkeit hängt von der konkreten Beschaffenheit der einzelnen Elemente der begangenen Straftat und von deren Wechselverhältnis zueinander ab. Zur Sozialschädlichkeit gehören nur Umstände, die tatbezogen sind, und tatsächlich Einfluss auf den sozial-negativen Charakter des Verbrechens haben.

§ 13 chin. StGB stellt auch insofern eine Auswirkung des materiell-formellen Verbrechensbegriffs dar, als ihm zufolge eine Straftat trotz Tatbestandmäßigkeit überhaupt nicht vorliegt, wenn die Schuld des Täters und die Auswirkungen der Tat auf die Rechte und Interessen der Bürger oder der Gesellschaft gering sind. In diesem Fall ist aber eine Verfolgung als Ordnungswidrigkeit oder Disziplinarverstoß möglich.

Den ersten und entscheidenden Maßstab der Strafzumessung bildet dann das konkrete Ausmaß der Sozialschädlichkeit der begangenen Tat, wie sie sich aus der Gesamtheit ihrer objektiven und subjektiven Umstände und Zusammenhänge ergibt. Welchen Grad an Sozialschädlichkeit die einzelne Handlung aufweist, muss unter Berücksichtigung ihrer gesellschaftlichen Zusammenhänge an Hand der konkreten Tatsachen der begangenen Handlung und ihrer gesellschaftlichen Wirkungen bestimmt werden[709]. Denn der mit der Strafe gegenüber einem Straftäter ausgeübte Zwang muss sich notwendig an der sozial-negativen Qualität, der Intensität und der Tiefe des mit der Straftat objektivierten Konflikts messen, in den sich der Täter gegenüber der sozialistischen

---

704*Li*, Hong, in Rechtswissenschaft (C) 4 (2002), S. 15.

705*Li*, Hong, in Rechtswissenschaft (C) 4 (2002), S. 15.

706 *Wang*, Shizhou, in Zeitschrift der chinesischen Rechtswissenschaft 5 (1998), S. 117f.

707 *Gerats/Lekschas/Renneberg*, AT, 1957, S.263.

708 Beispielsweise können die Sanktionen nach §115 chin. StGB bei schwerer Brandstiftung von einer Freiheitsstrafe von 10 Jahren bis zu lebenslanger Freiheitsstrafe reichen.

709 *Gerats/Lekschas/Renneberg*, AT, 1957, S.263, S. 269.

Gesellschaft versetzt hat und dessen sozial-negativer Gehalt sich in der Sozialschädlichkeit der Tat ausdrückt. Einen anderen objektiven Maßstab für die Anwendung strafrechtlichen Zwangs gegenüber einem Menschen kann es nicht geben, weil der mit jeder Strafe verbundene Eingriff in elementare Rechte und Interessen des Bestraften seinen einzigen Grund in jenem „Eingriff" findet, mit dem der Straftäter selbst die sozialistischen gesellschaftlichen Verhältnisse und Beziehungen verletzt und beschädigt hat.

Jedoch ist der Maßstab der Sozialschädlichkeit keineswegs durchaus objektiv wie oben ausgeführt. Er vermag auch nicht, die gerechte Strafrechtspflege durchweg zu garantieren. Dieser Maßstab wird durch die einzelnen Richter durchgesetzt, die in den Einzelfällen wegen ihrer Ausbildungshintergründe und sozialen Erfahrungen nicht selten willkürlich entscheiden, während sie über ziemlich viel Zumessungsfreiheit verfügen[710]. Der materielle Verbrechensbegriff mit der Wesensbestimmung „Sozialschädlichkeit" wandelt sich in der Praxis zum flexibelsten und effektivsten Ausrede für die Ungerechtigkeit der Strafrechtspflege.

**d) Diskurs über das Verhältnis der Sozialschädlichkeit zur Strafrechtswidrigkeit[711]**

Nach dem Gesetzlichkeitsprinzip, das seinen Niederschlag nicht in der Verfassung, sondern in § 3 chin. StGB von 1997 gefunden hat, ist eine Handlung nur dann ein Verbrechen, wenn sie durch den Staat zu einem Verbrechen erklärt worden ist. Der sozialistische Staat verlangt in den Strafrechtsnormen von jedem Bürger, dass er sich der im Tatbestand der Strafrechtsnorm bezeichneten Handlungen wegen ihrer sozialschädlichen Verwerflichkeit enthält. Der in den Strafrechtsnormen staatlich normierte Wille des Volkes hat das Verbot solcher Handlungen zum Inhalt. Jedes Verbrechen tritt somit in Widerspruch zu diesem strafrechtlichen Verbot und ist daher strafrechtswidrig. Obgleich sich die *Strafrechtswidrigkeit* als formeller (weil von der rechtlichen Normierung abhängiger) Charakter des Verbrechens darstellt, erweist sie sich auf keinen Fall als inhaltsleer. Sie hebt hervor, dass nur strafrechtlich verbotene Handlungen Verbrechen darstellen und als solche verfolgt werden dürfen. Demzufolge spiegelt die Strafrechtswidrigkeit die rechtlich-politische Seite des Klassencharakters des Verbrechens wider und ist zugleich ein Ausfluss des Gesetzlichkeitsprinzips.

Nach den Prinzipien eines sozialistischen Strafrechts wird eine Handlung nur dann zum Verbrechen erklärt, wenn sie sozialschädlich ist. Somit verhält sich die Sozialschädlichkeit zur Rechtswidrigkeit einer Straftat wie der (materielle) Inhalt zur (juristischen) Form. Hier ist von der formellen „Strafrechtswidrigkeit" die Rede, vornehmlich wenn das Verbrechen in § 13 chin. StGB als sozialschädliche, strafrechtswidrige und strafbedürftige Handlung materiell definiert ist.

---

710 Im Unterschied zu den Zugangsvoraussetzungen zum juristischen Beruf in Deutschland müssen die chinesischen Richter und Staatsanwälte erst seit 2001 das vereinheitlichte Staatexamen bestehen, um sich für ihren Beruf zu qualifizieren. Vorher mussten sie nur die Prüfungen, die gesondert für Richter oder Staatsanwälte stattfanden, bestehen. Infolge vielfältiger Einschränkungen galten diese einfachen Prüfungen allerdings eher als formelle Anforderung, da die sich auf die Prüfung Vorbereitenden die gezielte Unterrichtung mit ausführlichen Hinweisen auf den Prüfungsstoff bekamen. Seit 2001 müssen alle, die als Richter, Staatsanwälte oder Anwälte berufstätig sein wollen, dasselbe sehr strenge alljährliche staatliche Qualifikationsexamen bestehen. Die Bestehensquote liegt bei ungefähr 7%. Abgesehen davon müssen die Geprüften nicht unbedingt ein Jurastudium abgeschlossen haben.

711 Eine solche gesonderte Analyse benötigt eine besondere Argumentation dahingehend, dass, wie oben in § 4 A III 1 schon dargestellt, das Verbrechen in § 13 chin. StGB als sozialschädliche, strafrechtswidrige und strafbedürftige Handlung definiert ist, während in der deutschen Strafrechtsdogmatik und zwar in der Analyse des Verbrechensaufbaus die materielle Strafrechtswidrigkeit als gleichbedeutend mit der Sozialschädlichkeit der Straftat betrachtet wird. Dazu vgl. beispielsweise *Roxin*, AT[4], Bd. I, 2006, § 7 D, S. 214, Rn. 42, „Daraus lässt sich folgern, dass die dem rechtswidrigen Verhalten zugrunde liegende inhaltliche Gemeinsamkeit, die sog. materielle Rechtswidrigkeit, in der Sozialschädlichkeit eines Verhaltens liegt".

Vor der Modifikation des Strafgesetzbuches im Jahre 1997 wurde fast nie bezweifelt, dass der materielle Charakter des Verbrechens (nämlich die Sozialschädlichkeit) dem formellen Charakter (also der formellen Strafrechtswidrigkeit) vorrangig sein sollte. Dieses Verständnis ergab sich aus zwei wesentlichen Gründen: Erstens geht der Inhalt der Form vom dialektisch-materialistischen Standpunkt aus vor; zweitens herrschte, wie oben dargestellt, in der chinesischen Strafrechtswissenschaft die Sozialschädlichkeitslehre, seit sie aus der ehemaligen Sowjetunion, wo sie eine entscheidende Rolle in der Verbrechensdefinition und somit in der Strafrechtswissenschaft spielte, in China eingeführt wurde. Nicht nur für die Strafgesetzgeber, sondern auch für die Strafrechtspflege war der Maßstab der Sozialschädlichkeit von großer Bedeutung. Der inhaltlich nicht genügend verdeutlichte Begriff der Sozialschädlichkeit vermochte allerdings zur willkürlichen Kriminalisierung oder auch Entkriminalisierung zu dienen, da die chinesische Strafgesetzgebung nicht entwickelt war und, die Tatbestände im Besonderen Teil des chinesischen Strafgesetzbuches meistens nicht genau vorgeschrieben waren. Daher trat der Charakter der Strafrechtswidrigkeit in den Hintergrund. Nachdem das Gesetzlichkeitsprinzip im Jahre 1997 ins chinesische Strafgesetzbuch eingefügt worden ist, fragen die chinesischen Strafrechtswissenschaftler zunehmend nach der Vernachlässigung des Charakters der Strafrechtswidrigkeit und dem Widerspruch zwischen dem Gesetzlichkeitsprinzip und der in dem materiell(en)–formellen Verbrechensbegriff festgelegten Wesensbestimmung der Sozialschädlichkeit. Die formelle Strafrechtswidrigkeit wird danach stärker hervorgehoben, während man sich fragt, ob der Charakter der Sozialschädlichkeit im Strafgesetzbuch notwendigerweise festzulegen sei[712]. Insbesondere strittig ist die „*Dan Shu*" Vorschrift in § 13 chin. StGB, nach der die sozialschädliche, strafrechtswidrige und strafbedürftige Handlung wegen ihrer geringeren Sozialschädlichkeit vom Verbrechen ausgeschlossen werden kann. Hierdurch sei der Widerspruch zwischen dem Gesetzlichkeitsprinzip und dem Maßstab der Sozialschädlichkeit entstanden[713].

*Chen*, Xingliang ist Recht zu geben, wenn er darauf hinweist, dass der Diskurs über das Verhältnis zwischen Sozialschädlichkeit und Strafrechtswidrigkeit mit der Frage eng zusammenhängt, ob eine materielle – formelle Verbrechensdefinition im Strafgesetzbuch festgelegt werden soll, während zugleich das Gesetzlichkeitsprinzip im Strafgesetzbuch steht. Nach seiner Ansicht ist der materielle Verbrechensbegriff vom Strafgesetzbuch auszuschließen, damit die formelle Bewertung eines Verbrechens im Einklang mit dem Gesetzlichkeitsprinzip stehen könne[714].

Im Streit um das Verhältnis, oder genauer die Rangfolge von Sozialschädlichkeit und formeller Strafrechtswidrigkeit greifen die chinesischen Strafrechtswissenschaftler auch auf die von *v. Liszt*[715] entwickelte Unterscheidung zwischen materieller und formeller Strafrechtswidrigkeit zurück. Sie heben die dem Gesetzlichkeitsprinzip entsprechende formelle Strafrechtswidrigkeit

---

712 Zur unterschiedlichen Hervorhebung diesbezüglich vor und nach der Modifikation des Strafgesetzbuches im Jahre 1997 vgl. *Zhao*, Bingzhi, in Tageszeitung der Staatsanwaltschaft, 21. 03. 2005.

713So *Fan*, Wen, in Rechtswissenschaft(A) 1 (1998); *Zheng*, Jinhuo, in Zeitschrift des chinesischen Kriminalrechts 5 ( 2005), S. 16, 24 f.

714 *Chen*, Xingliang, in Chinesische Rechtswissenschaft, 4. (2006), S. 11 f.

715 Bei ihm heißt es: „Materiell rechtswidrig ist die Handlung als gesellschaftsschädliches (antisoziales oder (doch) asoziales) Verhalten. Die rechtswidrige Handlung ist...Verletzung oder Gefährdung eines Rechtsguts... Daraus folgt: Die Verletzung oder Gefährdung eines Rechtsgutes ist nur dann materiell rechtswidrig, wenn sie den Zwecken der das Zusammenleben regelnden Rechtsordnung widerspricht..." Dazu siehe *v. Liszt*, $LB^{21/22}$, 1919, S. 132 f. Vorher hat *v. Liszt* schon in der 3. Aufl. seines Lehrbuches (1888) der „formellen" Rechtswidrigkeit als Übertretung einer staatlichen Norm ein materielles Unrecht als Angriff auf rechtlich geschützte Interessen gegenüber gestellt. Dazu siehe *v. Liszt*, $LB^3$, 1888, S. 140ff.

hervor und erkennen zugleich auch die gesetzgeberische und praktische Bedeutung der materiellen Rechtswidrigkeit an[716]. So gestatte es die materielle Strafrechtswidrigkeit, Unrechtsabstufungen vorzunehmen. Ferner ermögliche sie es, das den Unrechtsausschließungsgründen zugrunde liegende Prinzip zu formulieren und ihren Zusammenhang sowie ihre Reichweite zu bestimmen[717].

### *4 Bewertung der chinesischen Sozialschädlichkeitslehre*

#### a) Der Unterschied zwischen der chinesischen Sozialschädlichkeitslehre und der der Aufklärung

Mehr als alle anderen Rechtsgebiete und Lebensbereiche überhaupt, ist das Strafrecht die Visitenkarte eines politischen Systems. Der Gegensatz zwischen Individuum und Gemeinschaft spitzt sich hier zu einem Konflikt zu, bei welchem die Gemeinschaft die schärfsten Eingriffe in die Freiheit des einzelnen verhängt, über die sie verfügt. Damit zeigt das Strafrecht mit unübertrefflicher Deutlichkeit, welchen Wert das jeweilige politische System dem Individuum einräumt, wie es um die „juristische Lebensqualität" in diesem System bestellt ist. Das Strafrecht bringt die Auffassung des jeweiligen politischen Systems von den Ursachen der Kriminalität und seine Einschätzung der Möglichkeiten der Erziehung zum Ausdruck und legt zugleich seine Zukunftsplanung auf dem Gebiet der Behandlung abweichenden Verhaltens offen.

Dass das chinesische Strafgesetz, ausgehend von der Wesensbestimmung der Sozialschädlichkeit des Verbrechens, die Vorbereitungshandlungen aller Delikte prinzipiell unter Strafe stellt, stellt einen deutlichen Gegensatz zwischen dem Einzelnen und dem Staat dar. Demzufolge erweist sich die chinesische Strafgesetzgebung als ziemlich streng. Es scheint daher notwendig und auch sinnvoll, die chinesische Sozialschädlichkeitslehre mit der der Aufklärung zu vergleichen. Zwar entwickelte *Beccaria* in der zweiten Hälfte des 18. Jahrhunderts den Begriff der „Sozialschädlichkeit", aber das Gedankensgut von *Beccaria* und der ihm Folgenden wird von der sozialistischen Strafrechtswissenschaft weder ernsthaft gewürdigt noch übernommen. Während die chinesischen Strafgesetzgeber die Sozialschädlichkeit als das Wesen des Verbrechens im Strafgesetzbuch feststellen, knüpfen sie nicht an den Gedanken der Aufklärung an, sondern berufen sich auf das sowjetrussische Modell und die Strafrechtsdogmatik im ehemaligen Sowjetrussland. Im chinesischen Schrifttum finden sich zwar auch die Vorstellungen der aufklärerischen Sozialschädlichkeitslehre, in denen aber die Entwicklungshintergründe der aufklärerischen Sozialschädlichkeitslehre vernachlässigt werden. Die beiden stimmen freilich nur im Terminus überein. Von mehreren Seiten her – nämlich vom philosophischen Hintergrund bis zur Leistungsfähigkeit, die Strafgesetzgebung einzuschränken – lassen sich diese beiden Sozialschädlichkeitslehren sehr deutlich unterscheiden.

Die Sozialschädlichkeitslehre der Aufklärung stammte aus dem aufgeklärten Staats- und Rechtsdenken, das Freiheit, Gleichheit und Persönlichkeit der Menschen fördern möchte. Die legitime staatliche Aufgabe erschöpft sich nach diesem Gedanken im Schutz und in der Sicherung der Rechte der rechtsunterworfenen Bürger. Das liberale Gedankengut räumt dem Volk immer viel Freiheit ein. Die chinesische Sozialschädlichkeitslehre stammt dagegen aus dem Marxismus-Leninismus, aus dem Gedankengut des Klassenkampfs. Die Staats- oder Gesamtheitsinteressen werden zugunsten des Klassenkampfes den Individualinteressen gegenüber vorrangig geschützt.

---

716 *Zhao*, Bingzhi, in Tageszeitung der Staatsanwaltschaft, 21. 03. 2005; *Zheng*, Jinhuo, in Zeitschrift des chinesischen Kriminalrechts 5 ( 2005), S. 19.

717 Vgl. *Zhao*, Bingzhi, in Tageszeitung der Staatsanwaltschaft, 21. 03. 2005.

Die aufklärerische Sozialschädlichkeitslehre ist von ihren Anfängen an dem Gesetzlichkeitsprinzip untergeordnet. Statt von dem sittlichen, moralischen und göttlichen Urteil wird eine verbrecherische Handlung von dem Grad ihrer soziale Auswirkung her, die von dem liberalen Rechtssystem bestimmt wird, beurteilt. In China ging dem Strafgesetzbuch innerhalb von 48 Jahren der Fundamentsatz der Gesetzlichkeit verloren. Von 1949 bis 1997 formierte sich die Analogieinstitution parallel zu dem Maßstab der Sozialschädlichkeit, und trug eher als politische Beurteilung zur Analogie bei. Nachdem dem Gesetzlichkeitsprinzip im Jahre 1997 eine eigenständige Stellung im Strafgesetzbuch eingeräumt worden war, haben die chinesischen Strafrechtswissenschaftler erst angesetzt, die Sozialschädlichkeitslehre erneut und zwar, statt aus der idealistischen Sichtsweise, von einem rechtsstaatlichen Gesichtspunkt aus zu erläutern. Das Verhältnis zwischen dem Gesetzlichkeitsprinzip und der Wesensbestimmung der Sozialschädlichkeit wird auch in diese Überprüfung miteinbezogen.

Die Funktionen der beiden Sozialschädlichkeitslehren sind auch bezüglich der Strafgesetzgebung zu unterscheiden. Die Sozialschädlichkeitslehre der Aufklärung dient, dank ihrer zumindest theorieimmanenten Selbstbeschränkung staatlicher Gesetzgebung dazu, die staatliche Bestrafungsbefugnis verhältnismäßig zu begrenzen. Hingegen hat die chinesische Sozialschädlichkeitslehre in der rechtlichen Entwicklung häufig die Funktion übernommen, die Möglichkeiten des staatlichen Eingriffs zu erweitern, nämlich als ein Instrument zur ausdehnenden Sicherung des sozialen und politischen status quo.

**b) Kritik an der Wesensbestimmung der Sozialschädlichkeit und ihrer Bedeutung**

Angesichts der oben schon geübten Kritik an der chinesischen Sozialschädlichkeitslehre genügt hier nur eine kurze Zusammenfassung.

*Li*, Haidong kritisiert die Abstraktheit des Begriffs der Sozialschädlichkeit. Seiner Ansicht nach findet dieser Begriff in China keine neutrale und explizite Verdeutlichung, denn die Sozialschädlichkeitslehre biete nur eine scheinbare strafrechtliche Grundlage an, so dass das Gesetzlichkeitsprinzip schwerwiegend beeinträchtigt werden könne[718]. Ferner richtet sich die Kritik auch auf den durch ideelle und politische Erwägungen geprägten Inhalt der sozialistischen Sozialschädlichkeitslehre, die aus der Hermeneutik der Strafrechtswissenschaft auszuschließen sei[719].

Die Kritiker sehen in der chinesischen Sozialschädlichkeitslehre die Gefahr, dass eine ideelle, inhaltlich sehr vage Gestaltung der Terminologie eine übermäßige richterliche Willkür ermöglichen und zum Überschreiten der Schwelle in Richtung des Gesinnungsstrafrechts führen könnte[720]. In diesem Falle würde die Freiheit des Einzelnen für das Gemeinschaftsinteresse ebenfalls geopfert werden. Diese Kritik hat eine verblüffende Ähnlichkeit mit der an nationalsozialistischen Tendenzen. Hier ist auf die Ausführung von *Takikawa*[721] hinzuweisen. In seinem Lehrbuch „Einführung in die Verbrechenslehre“ fasste er im Jahre 1938 die Rechtsgedanken des Nationalsozialismus wie folgt zusammen:

---

718 *Li*, Haidong, Autobiographisches Vorwort, 1998, S.6ff.

719 Auch *Chen*, Xingliang/*Liu*, Weibo, in Zeitschrift der chinesischen Rechtswissenschaft 1 (2000); *Zheng*, Jinhuo, in Zeitschrift des chinesischen Kriminalrechts 5 ( 2005), S. 23.

720Hier ist ein Abschnitt aus dem Lehrbuch des Strafrechts DDR zu zitieren: „Die sozialistische Strafrechtswissenschaft verwirft jedoch nicht nur die imperialisitisch-faschistischen Theorien vom ‚Gesinnungs- oder Willensstrafrecht‘, sondern ebenso auch alle Theorien von der ‚objektiven Erfolgshaftung‘“. Dazu siehe *Gerats/Lekschas/Renneberg*, AT, 1957, S. 262.

721 *Takikawa*, Verbrechenslehre, 1938..

Die Gesetzlichkeit, die aus dem Gedanken des Rechtsstaats stammt, gilt dem Nationalsozialismus bereits als überholt. Heutzutage ersetzt der Nationalstaat, in dem jeder um des Volksinteresses willen die gesamte Pflicht übernimmt, den Rechtsstaat[722]. Aber was ist Nationalstaat? Er ist doch gerade der „autoritäre Staat". Die nationalsozialistischen Wissenschaftler bieten keine klare Antwort auf die Gesellschaftsgrundlage eines autoritären Staats. Vielfach benutzen die Leute die Wörter wie „Volk", „Nation" und „Gemeinschaft", die die Verdeutlichung der Gesellschaftsgrundlage des autoritären Staats allerdings nicht leisten können. „Der ‚autoritäre Staat' oder das 'Autoritätsstrafrecht' gilt dem Bourgeois wahrscheinlich als ein Triumphsignal im Kampf gegen den Proletarier."

Wie *Radbruch* kritisiert, führen aber eben diese Gedanken den Bourgeois in die Sackgasse der Autorität[723].

## IV. Zwischenergebnis

Beim formellen Verbrechensbegriff geht es um die Zusammenfassung der wissenschaftlichen Einsichten in das positive Recht. Ein im Strafgesetzbuch festgelegter formeller Verbrechensbegriff steht im Einklang mit dem Gesetzlichkeitsprinzip und dient zur Auslegung der Tatbestände. Im Vergleich zum formellen Verbrechensbegriff ist ein materieller Verbrechensbegriff in der Lage, die Bestrafung von abweichenden Verhaltensweisen zu begründen und zugleich einzuschränken, aber nur unter der Voraussetzung, dass er von den liberalen Gedanken des Rechtsstaats ausgeht und das Wesen des Verbrechens bloß aus dem rechtlichen Gesichtswinkel explizit bestimmt. Im deutschen Strafgesetzbuch findet sich der formelle Verbrechensbegriff, während der materielle Verbrechensbegriff sowohl in der Strafgesetzgebung als auch in der Strafrechtswissenschaft eine wesentliche Rolle spielt.

Im Gegenteil hierzu gilt im chinesischen Strafgesetzbuch eine eher durch die politischen und idealistischen Überlegungen geprägte Terminologie der Sozialschädlichkeit als Ausgangspunkt für die Definition des materiellen Verbrechensbegriffs. Denn die chinesische Sozialschädlichkeitslehre, die von der ehemaligen sowjetrussischen Strafrechtswissenschaft übernommen worden ist, unterscheidet sich von der Sozialschädlichkeitslehre der Aufklärung, die per se von dem liberalen Gedanken ausging. Das Festlegen des materiellen Verbrechensbegriffs mit dem Schwerpunkt auf der idealistischen Sozialschädlichkeit im chinesischen Strafgesetzbuch erzeugt zweifache Probleme: Zuerst dient der Bewertungsmaßstab der Sozialschädlichkeit zur Ausdehnung der staatlichen Strafgewalt, während zugleich die Gefahr, dass das Strafrecht gerade in der Nähe des Gesinnungsstrafrechts gerät, besteht; Zum zweiten wird ein Widerspruch zwischen dem Bewertungsmaßstab der Sozialschädlichkeit und dem Gesetzlichkeitsprinzip deutlich. Dann wird das Verhältnis von Sozialschädlichkeit und Strafrechtswidrigkeit fragwürdig.

Um diese Probleme zu beseitigen, sollten die chinesischen Strafrechtler die herkömmliche sozialistische Sozialschädlichkeitslehre kritisch überprüfen. Es ist zu empfehlen, dass die chinesischen Strafrechtler an die Sozialschädlichkeitslehre der Aufklärung anknüpfen. Die deutsche Rechtsgutslehre erweist sich als übereinstimmend mit der Sozialschädlichkeitslehre der Aufklärung. Diese beherrscht die Diskussion über den materiellen Verbrechensbegriff in Deutschland und ist für die deutsche Strafgesetzgebung von großer Bedeutung. Seit ihrer Entwicklung durch *Birnbaum* hat diese Lehre verschiedene heftige Diskussionen erlebt. Die reale, personale und systemkritische Rechtsgutslehre dient nicht nur zur Legitimierung der Tatbestände sondern auch zur

722 Der einschlägige Ausdruck kommt ursprünglich aus *Nicolai*, Rassengesetzliche Rechtslehre, 1934.

723 *Radbruch*, in Der Mensch im Recht, 2. Aufl., 1957, S. 63 ff.

Einschränkung der Strafbefugnisse. Wie die Rechtsgutslehre als erster Maßstab der Legitimität der Vorbereitungstatbestände funktioniert, ist im Anschluss zu behandeln.

## B. Die Rechtsgutstheorie als erster Maßstab der Legitimität strafrechtlicher Normen – zur Ausfilterung der illegitimen Schutzinteressen

Wie oben ausgeführt, konzentrieren sich die heutigen Bemühungen der deutschen Strafrechtswissenschaft, den materiellen Gehalt strafwürdigen Verhaltens zu erfassen, auf die Rechtsgutslehre[724]. Es stellt sich also als selbstverständlich dar, dass eine Strafvorschrift, die kein Rechtsgut schützt, als unangemessen und als übermäßiger Eingriff in die Freiheit der Bürger anzusehen ist. Allerdings kann die verbindliche Festlegung der strafrechtlich geschützten Interessen in einer gewaltengeteilten Demokratie lediglich durch den Gesetzgeber erfolgen[725]. Es fragt sich deshalb weiter, ob es bei den de lege lata durch den Gesetzgeber festgelegten bzw. bei den de lege ferenda erwogenen Schutzobjekten um legitimerweise schützenswerte, insbesondere strafrechtlich schutzwürdige Belange geht. Mithilfe der zuvor dargestellten systemkritischen Rechtsgutstheorie wird im Folgenden ein Versuch unternommen, die durch die Vorbereitungstatbestände im geltenden deutschen Strafgesetzbuch geschützten Rechtsgüter zu analysieren und die illegitimen Zielsetzungen auszufiltern. Den ersten Schritt stellt die Kategorisierung dieser Rechtsgüter dar, die von der Unterscheidung zwischen Individual- und Kollektivrechtsgütern ausgeht. Danach wird nicht bloß der analytische Einsatz der Rechtsgutsdoktrin erwartet. Vielmehr übernimmt die Rechtsgutstheorie hier eine wichtige Aufgabe bei der Kritik an den scheinbaren Kollektivrechtsgütern.

## I. Kategorisierung der Tatbestände nach dem Typus geschützter Rechtsgüter im geltenden deutschen StGB

### *1 Kategorisierung der Tatbestände nach dem Typ geschützter Rechtsgüter*

Hier wird je nach Rechtsgutsgruppe zu differenzieren sein. Die Kategorisierung wird nämlich in einem ersten Schritt unternommen, indem die von den betreffenden Delikten geschützten Rechtsgüter in drei Gruppen eingeteilt werden. Die sich im geltenden StGB ergebenden Vorbereitungstatbestände können entweder die Individualrechtsgüter oder (primär) die Überindividualrechtsgüter oder beide gefährden. In einem zweiten Schritt ist die Gruppe, die auf den Schutz der Kollektivrechtsgüter ausgerichtet wird, weiter auszudifferenzieren. Ungeachtet der Streitigkeit über die von den de lege lata geltenden Vorbereitungstatbeständen geschützten Rechtsgüter wird die Ausdifferenzierung vorerst auf die Weise unternommen, bei der von der herrschenden Meinung oder dem gesetzgeberischen Anlass auszugehen ist.

#### a) Auf individuelle Rechtsgüter gerichtete Tatbestände

Nach der oben vorgegebenen Definition des Individualrechtsguts gehören hierzu die Tatbestände des Inverkehrbringens von Mitteln zum Abbruch der Schwangerschaft (§ 219b), der vorbereitenden Verschleppung (§ 234a III), der Vorbereitung des Computerbetrugs (§ 263a III, IV) und der Vorbereitung eines Explosions- oder Strahlungsverbrechens (§ 310).

aa) Die Vorschrift des § 219b ist mit § 219c a. F. wortgleich übereinstimmend. Die jetzige Bezeichnung als § 219b erhielt sie im SFHG 1992. Ihr Bestreben liegt darin, die Gefahr illegaler Schwangerschaftsabbrüche schon weit im Vorfeld des § 218 zu bekämpfen, insbesondere Laien-

724 So auch *Wohlers*, Deliktstypen, 2000, S. 213.

725 *Wohlers*, Deliktstypen, 2000, S. 213; auch *Worms*, Bekenntnisbeschimpfung, 1984, S. 79.

abbrüche und das mit ihnen regelmäßig verbundene hohe Risiko für Gesundheit und Leben schwangerer Frauen auszuschalten[726]. Daher ist eine doppelte Funktion dieses Tatbestandes festzustellen: einerseits Leben und Gesundheit Schwangerer zu schützen, andererseits das ungeborene Leben vor verbotenen Eingriffen zu bewahren[727].

bb) § 234a ist durch das Gesetz zum Schutz der persönlichen Freiheit vom 15. 07. 1951 eingeführt worden[728]. Als Schutzgüter werden darin ausdrücklich die Individualrechtsgüter Leib oder Leben, Freiheit und freie berufliche oder wirtschaftliche Betätigung genannt[729]. Somit ist das Schutzgut weder allein die Menschenwürde noch ausschließlich die Freiheit, noch allgemeiner die Schutzmöglichkeit der Person durch Gemeinschaft und Rechtsstaat, sondern die Gesamtheit dieser Rechtsgüter[730].

cc) Die Vorbereitung des Computerbetrugs wird in § 263a III, IV geregelt. Diese zwei Absätze wurden durch das 35. StrÄndG vom 22.12. 2003 hinzugefügt[731]. Damit soll ausschließlich das Vermögen als geschütztes Rechtsgut vor Beeinträchtigungen durch Eingriffe in vollautomatisierte Computersysteme gesichert werden[732].

dd) Durch das 6. StrRG vom 26. 01. 1998 [733] ist § 311b a. F. zu § 310 (Vorbereitung eines Explosions- oder Strahlungsverbrechens) geworden, der darauf abzielt, Leben, Gesundheit und Sachgüter zu schützen.

**b) (Primär) auf überindividuelle Rechtsgüter gerichtete Tatbestände**

Wenn man die oben (§ 4 A II 2 c) bb)) modifizierte Systematik von *Hefendehl*[734] heranzieht, zerfällt diese Gruppe von Tatbeständen, die Überindividualrechtsgüter schützen sollen, in zwei Untergruppen:

aa) Schutz der die Freiheitsräume für die Individuen schaffenden Rechtsgüter

Unter diese Gruppe fallen im Allgemeinen die Geldfälschungsdelikte, Wirtschaftsdelikte, Urkundendelikte und die Friedensschutzdelikte. Die von diesen Delikten betroffenen Rechtsgüter sind hier zuerst hermeneutisch darzustellen. Im Einzelnen treten die folgenden Vorbereitungstatbestände ein:

(1) Die Vorbereitung der Fälschung von Geld und Wertzeichen (§ 149). Nach der einhelligen Meinung ist die Sicherheit des nationalen und internationalen Geld- und Wertzeichenverkehrs hier als das geschützte Rechtsgut anzusehen. Ergänzende Schutzvorschriften erstrecken den Anwendungsbereich von § 149 auf geldähnliche Wertpapier (§ 151), fremde Währung (§ 152), Zahlungskarten ohne Zahlungsgarantie, Schecks und Wechsel (§152a V), Zahlungskarten mit Zahlungsgarantie und Euroscheckvordrucke (§ 152b V). Damit zielte der Gesetzgeber darauf ab, die Strafbarkeitslücken schließen[735].

---

726 Bericht BT – Drs. 7/1981 [ neu], S. 18.

727 Vgl. *Merkel* in NK-StGB², 2005, § 219b Rn. 1.

728 Dazu vgl. BT – Drs. 1/2344; BGHSt. **30**. 1, 2.

729 Vgl. BGH NJW **60**. 1211.

730 Vgl. nur *Sonnen* in NK-StGB², 2005, § 234a Rn. 3; und *Eser* in *Schönke/Schröder*²⁷, 2006, § 234a Rn. 1 m. w. N.

731 BGBl. I, S. 2839.

732 Dazu vgl. nur *Kindhäuser* in NK-StGB², 2005, § 263a Rn. 2; *Cramer/Perron* in *Schönke/Schröder*²⁷, 2006, § 263a Rn. 1; und *Hoyer* in SK- StGB § 263a Rn. 2.

733 BGBl. I S. 164.

734 *Hefendehl*, Roland: Kollektive Rechtsgüter im Strafrecht. 2002, S.123 ff.

735 BT – Drs. 7/550, S. 228.

ii) Die Vorschrift über den Subventionsbetrug (§ 264) wurde durch das 1. WiKG[736] vom 29. 07. 1976 ins Strafgesetzbuch eingeführt. Über das Schutzgut des Paragraphen besteht aber Uneinigkeit. Nach h. M. sei das Schutzgut der Vorschrift das Allgemeininteresse an einer effektiven öffentlichen Förderung der Wirtschaft einerseits und das staatliche (bzw. öffentliche) Vermögen[737]. Andere sehen allerdings entweder – unter Berufung auf den Willen des Gesetzgebers[738] – das Interesse der Allgemeinheit an einer wirksamen staatlichen Wirtschaftsförderung und damit die Planungs- und Dispositionsfreiheit des Subventionsgebers[739] oder das staatliche Vermögen[740] als alleiniges Schutzgut des § 264 an.

(3) Der Kapitalanlagebetrug (§ 264a) wurde durch das 2. WiKG vom 15. 05 1986 ins Strafgesetzbuch eingeführt. Das Schutzgut dieses Tatbestandes ist ebenfalls streitig[741]. Nach h. M. weist diese Vorschrift auf eine doppelte Schutzrichtung hin. Es geht nämlich primär um das Allgemeininteresse an der Funktionsfähigkeit des Kapitalmarkts und in zweiter Linie um das Vermögen der Anleger. Teils wird aber lediglich das Vermögen der Individuen als Rechtsgut angesehen. Nur wenige sehen das Rechtsgut ausschließlich im Vertrauen in die Lauterkeit des Kapitalmarktes[742].

(4) Die Vorschrift des § 265 (Versicherungsmissbrauch) wurde durch das 6. StrRG vom 26. 1. 1998 völlig verändert[743]. Die Unklarheit hinsichtlich des Schutzguts ist allerdings durch die Neufassung nicht beseitigt worden[744]. Nach der überwiegenden Meinung gelten sowohl die soziale Leistungsfähigkeit des Versicherungswesens als auch das individuelle Vermögen als Schutzgut dieser Vorschrift. Andere erblicken aber lediglich im Vermögen der betroffenen Versicherung das schützenswerte Rechtsgut[745].

(5) Der Kreditbetrug (§ 265b) wurde durch das 1. WiKG vom 29. 07. 1976 ins Strafgesetzbuch eingeführt. Hier besteht wieder Streitigkeit über das geschützte Rechtsgut[746]. Laut Sonderschuss schützt § 265b gleichrangig die Kreditwirtschaft und das Vermögen des Kreditgebers insgesamt. Teils wird die Funktionsleistungsfähigkeit der Kreditwirtschaft vorrangig als Schutzgut des § 265b betrachtet. Manche sehen aber lediglich das Vermögen des Kreditgebers als zu schützendes Rechtsgut an, wobei der Schutz des Kreditwesens ein bloßer Reflex ist[747].

(6) Urkundenfälschung (§ 267) beeinträchtigt – nach h. M. – die Sicherheit und Zuverlässigkeit des Beweisverkehrs. Demgegenüber wird aber auch die individuelle Dispositionsfreiheit oder das

---

736 BGBl. I 1976, S. 2034.
737 Vgl. *Lackner/Kühl/Dreher/Maassen*, StGB[26], 2007, § 264 Rn. 1 m. w. N.
738 BT – Drucks. 7/5291, S. 5.
739 OLG Hamburg NStZ 1984, S. 218; OLG Karlsruhe NJW 1981, S. 1383; *Geerds*, Wirtschaftsstrafrecht und Vermögensschutz, 1990, S. 244, 247, 250; *Heinz*, GA 1977, S. 225; *Tiedemann* in LK[11], 2003, § 264 Rn. 14.
740 *Hack*, Subventionsbetrug, 1982, S. 19, 73; *Hellmann* in NK-StGB[2], 2005, § 264 Rn. 10; *Sannwald*, Rechtsgut und Subventionsbegriff, 1982, S. 59; *Schultze*, Betrugsnatur des Subventionsbetrugs, 2006.
741 Zum Streit um das Rechtsgut des § 264a vgl. ausführlich *Lackner/Kühl/Dreher/Maassen*, StGB[26], 2007, § 264a Rn. 1; *Cramer/Perron* in *Schönke/Schröder*[27], 2006, § 264 a Rn. 1.
742 *Bottke*, wistra 1991, S. 8; *Geerds*, Wirtschaftsstrafrecht und Vermögensschutz, 1990, S. 212 f.; *Knauth*, NJW 1987, S. 28.
743 Dazu vgl. *Cramer/Perron* in *Schönke/Schröder*[27], 2006, § 265 Rn. 1; *Hellmann* in NK-StGB[2], 2005, § 265 Rn. 1.
744 Zum Streit um das Rechtsgut dieses Tatbestandes vgl. nur *Cramer/Perron* in *Schönke/Schröder*[27], 2006, § 265 Rn. 1; *Hellmann* in NK-StGB[2], 2005, § 265 Rn. 1
745 Vgl. *Hellmann* in NK-StGB[2], 2005, § 265 Rn. 1 m. w. N. So auch *Schünemann* in Rechtsgutstheorie, 2003, S. 151, der anhand der Theorie der Deliktsstruktur das Schutzgut des § 265 kritisch analysiert.
746 Dazu vgl. nur *Lenckner/Perron* in *Schönke/Schröder*[27], 2006, § 265b Rn. 3; *Lackner/Kühl/Dreher/Maassen*, StGB[26], 2007, § 265b Rn. 1 m. w. N.
747 *Hellmann* in NK-StGB[2], 2005, § 265b Rn. 9 m. w. N.

Beweisführungsinteresse der am Rechtsverkehr Teilnehmenden oder sogar das Vertrauen am Rechtsverkehr als das einzige Rechtsgut dieser Vorschrift angesehen[748].

(7) Nach h. M. schützt die Vorschrift des § 268 (Fälschung technischer Aufzeichnungen) – insoweit in Übereinstimmung mit § 267 – die Sicherheit und Zulässigkeit des Beweisverkehrs mit technischen Aufzeichnungen. Auch hier finden sich ähnliche Streitigkeiten über das Rechtsgut wie bei § 267[749].

(8) Die Vorschrift des § 269 (Fälschung beweiserheblicher Daten) wurde durch das 2. WiKG vom 15. 05 1986 ins Strafgesetzbuch eingeführt. Nach h. M. schützt sie – in Übereinstimmung mit den §§ 267, 268 – die Sicherheit und Zuverlässigkeit des Rechts- und Beweisverkehrs, bezogen auf den Umgang mit beweiserheblichen Daten[750].

(9) § 275 (Vorbereitung der Fälschung von amtlichen Ausweisen) in seiner heutigen Fassung wurde durch das EGStGB vom 02. 03. 1974 eingeführt und durch das VerbrBG vom 28. 10. 1994[751] ergänzt. Es geht um die Sicherheit des Rechtsverkehrs, soweit sie durch das Vorhandensein von Fälschungsmitteln für die Herstellung amtlicher Ausweise betroffen ist.

(10) Die Vorbereitung des Insiderhandels (§ 38 I Nr. 4 i. V. m. § 14 WpHG[752]) schützt neben der Funktionsfähigkeit[753] des Kapitalmarkts auch das Vermögen des einzelnen Anlegers[754].

(11) Durch die Strafvorschrift des § 22b I Nr. 3 StVG, die am 18.08.2005 in Kraft getreten ist und § 263a III StGB nachgebildet[755] wurde, wird die Vorbereitung zum Kennzeichenmissbrauch, nämlich das Verfälschen der Messung eines Wegstreckenzählers oder eines Geschwindigkeitsbegrenzers, mit dem ein Kraftfahrzeug ausgerüstet ist, unter Strafe gestellt. Somit werden das Herstellen, Verschaffen, Feilhalten und Überlassen der geeigneten Computerprogramme „in Vorbereitung auf Manipulationen an Wegstreckenzählern oder Geschwindigkeitsbegrenzern" als ebenso vorwerfbar wie das Manipulieren selbst angesehen[756]. Durch diesen Tatbestand, wie durch die anderen Delikte im Straßenverkehr, wird vor allem die Sicherheit des Verkehrs geschützt. Ferner soll dadurch der Beeinträchtigung des Individualrechtsguts des Vermögens potentieller Käufer, Versicherungen und Leasingfirmen vorgebeugt werden.

---

748 Zum Streit über das geschützte Rechtsgut vgl. nur *Lackner/Kühl/Dreher/Maassen*, StGB[26], 2007, § 267 Rn. 1 m. w. N; *Lenckner/Perron* in *Schönke/Schröder*[27], 2006, § 267 Rn. 1.

749 Dazu vgl. nur *Cramer/Heine* in *Schönke/Schröder*[27], 2006, § 268 Rn. 3; *Lackner/Kühl/Dreher/Maassen*, StGB[26], 2007, § 268 Rn. 1 m. w. N.

750 Vgl. zu diesem Streit: *Cramer/Heine* in *Schönke/Schröder*[27], 2006, § 269 Rn. 4; *Lackner/Kühl/Dreher/Maassen*, StGB[26], 2007, § 269 Rn. 1 m. w. N.

751 BGBl. I S. 3186.

752 Das Wertpapierhandelsgesetz wurde am 26. 07. 1994 ausgefertigt und ist am 01. 08. 1994 in Kraft getreten. Siehe BGBl. I S. 1749.

753 *Hefendehl*, Kollektive Rechtsgüter, 2002, S. 281; *Otto*, in Madrid-Symposium, 1994, S. 450; *Tiedemann*, in FS Miyazawa 1995, S. 681.

754 *Hefendehl*, Kollektive Rechtsgüter, 2002, S. 281; *Tiedemann*, Wirtschaftsstrafrecht und Wirtschaftskriminalität, Bd. II, 1976, S. 141. Teils wird auch das Vertrauen des Unternehmens, für das der Insider tätig wird, als Rechtsgut angesehen sowie das Vertrauen der Anleger in einen fairen – auf dem Prinzip eines gleichberechtigten Zugangs der Marktteilnehmer zu kursbeeinflussenden Informationen basierenden– Wertpapier- und Derivatemarkt. Dazu vgl. *Dingeldey*, Insider-Handel, 1983, S. 70 f.; *Hefendehl*, Kollektive Rechtsgüter, 2002, S. 281; *Otto*, in Madrid-Symposium, 1994, S. 450.

755 *König* in *Hentschel*, Straßenverkehrsrecht[39], § 22b Rn. 9, 2007.

756 BT – Drucks 15/5315, S. 10.

bb) Schutz der Rechtsgüter zur Sicherung staatlicher Funktionsbedingungen

Darunter befinden sich zahlreiche Staatsschutzdelikte, die den Staat und seine Rahmenbedingungen schützen.

(1) Die Vorschrift des § 80 (Vorbereitung eines Angriffskrieges) wurde durch das 8. StRÄndG vom 31. 03. 1961 ins Strafgesetzbuch eingeführt. Damit werden der Frieden der Bundesrepublik mit anderen Völkern und die äußere Sicherheit geschützt[757].

(2) § 83 wendet sich gegen die Vorbereitung eines hochverräterischen Unternehmens und dient dem Schutz der territorialen und verfassungsmäßigen Integrität des Bundes bzw. der Länder[758].

(3) Durch das 8. StrRÄndG vom 25. 06. 1968[759] wurde der Tatbestand der Agententätigkeit zu Sabotagezwecken (§ 87) ins Strafgesetzbuch eingeführt. Diese Vorschrift schützt den Bestand und die Sicherheit der Bundesrepublik sowie ihre verfassungsmäßige Ordnung gegen Sabotagehandlungen von Agenten[760].

(4) Der Tatbestand der landesverräterischen Agententätigkeit (§ 98) dient dem Schutz der in §§ 94 ff. erfassten Rechtsgüter, nämlich der äußeren Sicherheit der Bundesrepublik Deutschland[761]. Die aktuelle Fassung dieser Vorschrift entstammt Art. 1 Nr. 29 des 1. StrRG vom 25.06.1969[762], Art. 1 Nr. 4 des 2. StrRG vom 04.07.1969[763] und Art. 19 Nr. 20 EGStGB vom 02.03.1974[764].

(5) Der Tatbestand des § 99 (Geheimdienstliche Agententätigkeit) wurde durch das 8. StrÄndG vom 25. 06. 1968 ins Strafgesetzbuch eingeführt. Zusammen mit § 98 ist § 99 der früheren Vorschrift über die verräterischen Beziehungen (§ 100 e a. F.) nachgefolgt. Sie schützt sowohl die Staatssicherheit in außen- und sicherheitspolitischer Hinsicht, also auch die Informationen, die Geheimdienste interessieren.

**c) Auf Individual- oder Überindividualrechtsgüter gerichteter Tatbestand**

Nach der h. M.[765] stellt sich § 30 StGB in systematischer Hinsicht nicht als ein selbständiger Tatbestand, sondern als ein in den Allgemeinen Teil gehörender, auf Verbrechen beschränkter Strafausdehnungsgrund dar[766], weil § 30 keinen selbständigen Strafrahmen aufweist. Die in dieser Vorschrift beschriebenen Handlungsvarianten können das Rechtsgut des jeweils bedrohten Tatbestandes gefährden, das sich im einzelnen Tatbestand als Individual- oder Kollektivrechtsgut darstellt. Ein „eigentümliches, selbständiges" Rechtsgut ergibt sich im § 30 nicht[767]. Selbst wenn die

---

757 Zur verschiedenen Meinungen zum Rechtsgut vgl. nur *Stree/Sternberg-Lieben* in *Schönke/Schröder*[27], 2006, § 80 Rn. 2; *Lackner/Kühl/Dreher/Maasen*, StGB[26], 2007, § 80 Rn. 1 m. w. N.; *Paeffgen* in NK-StGB[2], 2005, § 80, Rn. 1.
758 *Paeffgen* in NK-StGB[2], 2005, § 80, Rn. 2.
759 BGBl. I S. 741, 746.
760 Vgl. nur *Paeffgen* in NK-StGB[2], 2005, § 87, Rn. 2.
761 Vgl. nur *Paeffgen* in NK-StGB[2], 2005, § 98, Rn. 3.
762 BGBl. I S. 645, 652.
763 BGBl. I S. 717, 740.
764 BGBl. I S. 469, 479.
765 Statt aller: *Busch*, Teilnahme, 1964, S. 117; *Cramer/Heine* in *Schönke/Schröder*[27], 2006, § 30 Rn. 1; *Schünemann* in LK[12], 2007, § 30 Rn. 1; *Zaczyk* in NK-StGB[2], 2005, § 30 Rn. 2.
766 Hingegen wurde der frühere § 49a RStGB vielfach als selbständiger Tatbestand betrachtet, obwohl er in den Abschnitt Teilnahme im Allgemeinen Teil eingefügt wurde. Durch diese Vorschrift wurde das Rechtsgut der „Autorität der Staatsgewalt" (so.: *Wachenfeld*, Lehrbuch, 1914, § 139 III; *v. Liszt*, LB[21/22], 1919, § 175 IV), oder der „Rechtstreuen Gesinnung des Bürgers" (so *Binding*, BT, Bd. II[2],1904, S. 838; *Mayer*, AT, 1953, S. 341) oder der „Sicherheit der Person" (so RGSt **37**, 46) geschützt. Diese Auffassungen sind heute aber nicht mehr vertretbar.
767 So *Schüenmann* in LK[12], 2007, § 30 Rn. 1.

Rechtsprechung des BGH die Bestimmung „als selbständig strafbare Vorbereitungshandlung" charakterisiert[768], wird damit nicht auf einen selbständigen Tatbestand mit eigenem Rechtsgut" hingewiesen. Vielmehr ist gemeint, dass es sich um eine selbständige Strafbarkeit bestimmter Formen der Verbrechensvorbereitung unter (mindestens angestrebter) Beteiligung mehrerer handelt[769]. In diesem Zusammenhang wird *Hefendehl* vorgeworfen, er stelle ausgehend von dem Unterschied zwischen dem vorverlagerten Rechtsgutsschutz und dem Schutz von Institutionen lediglich die Individualrechtsgüter als die Rechtsgüter des § 30 fest[770].

### *2 Zusammenfassung der Kategorisierung*

Die Einordnung der Rechtsgüter, die von den Vorbereitungstatbeständen im geltenden Strafrecht geschützt werden, hat gezeigt, dass die Normen in diesem Bereich nur dann auf den Schutz der Individualrechtsgüter klassischer Prägung (wie z. B. Leben, Leib, Vermögen) abzielen, wenn bestimmte Verhaltensweisen im Vorfeld der Beeinträchtigung konkreter Individualrechtsgüter pönalisiert werden. Beispielhaft sind die Tatbestände der §§ 219b, 234a III, 263a III, IV, 310. In der Regel zielen die Vorbereitungstatbestände allerdings auf den Schutz von Interessen ab, die nicht Bestandteil der unmittelbar–individuellen Rechtssphäre einzelner Person sind, vielmehr geht es um Belange, an denen grundsätzlich alle Mitglieder der Gesellschaft ein gleichgerichtetes und gesamthänderisches Interesse haben. Beispiele bilden die kollektiven Interessen an der Funktionsfähigkeit der für die Bedarfsdeckung notwendigen Institutionen der Wirtschaftsordnung (§§ 264, 264a, 265b). Die Verweise auf das Datum der Einführung solcher Tatbestände ins Strafgesetzbuch verdeutlichen die jüngste gesetzgeberische Bestrebung, seit den 1960er Jahren größeres Gewicht auf den Schutz der Kollektivrechtsgüter zu legen.

Allerdings kann diese schlichte Systematisierung der Rechtsgüter für sich gesehen keinen vollständigen Erkenntnisgewinn bringen, was die Legitimität der Vorbereitungstatbestände angeht. Vielmehr besteht der Sinn der Systematisierung darin, die erste für die Legitimation der Strafandrohung relevante Fragestellung deutlicher hervortreten zu lassen. Diese von Vorbereitungstatbeständen de lege lata geschützten Rechtsgüter sollen anhand der oben dargestellten Rechtsgutstheorie dahingehend überprüft werden, ob sich darin illegitime Rechtsgüter verbergen.

## II. Die von den Vorbereitungstatbeständen im deutschen StGB geschützten illegitimen Rechtsgüter

Eine wie oben durchgeführte Kategorisierung der Vorbereitungstatbestände wird die Diskussion über ihre Legitimität im Hinblick auf die Rechtsgüter freilich nicht beenden. Das gesetzgeberische Bemühen, die strafrechtliche Gesellschaftssteuerung weiter im Vorfeld der Rechtsgüterverletzung vorzunehmen, stößt auf die Kritik, dass der an der Prävention orientierte Gesetzgeber das Strafrecht so ausgestaltet, dass die praktischen Beweisschwierigkeiten vermieden werden können, indem er sich in erster Linie der Methode der Veränderung der Definition des relevanten Rechtsguts bedient[771]. Die als maßgebende Strafbarkeitsgrenze angesehene Rechtsgutslehre wird somit in Mitleidschaft gezogen, wenn sie auf dem Weg zu einem möglichst lückenlosen Rechtsgüterschutz die strafrechtskritische, entkriminalisierende Funktion in ihr Gegenteil verwandelt. Es ist daher nicht erstaunlich, dass die Rechtsgutslehre insbesondere „in den letzten Jahren unter schwe-

---

768 BGHSt **9** 131, 134; BGHSt **14** 378, 379.

769 *Roxin*, AT, Bd. II, 2003, § 28 I Rn. 2; *Schüneann* in LK[12], 2007, § 30 Fn. 10.

770 *Hefendehl,* Kollektive Rechtsgüter, 2002, S. 37 f. So sollten ihm zufolge (auf S. 38 a. a. O.) letztlich die entsprechenden Individualrechtsgüter vor gefährlichen konspirativen Bindungen geschützt werden, wenn durch § 30 die Verbrechensverabredung unter Strafe gestellt werde.

771 *Anastasopoulou*, Deliktstypen, 2005, S. 275.

ren Beschuss funktionalistischen Denkens geraten ist, der sie bisweilen schon als anachronistisch erscheinen lässt“[772] und sich seit geraumer Zeit in der Defensive befindet[773]. Es ist allerdings darauf hinzuweisen, dass die Kraft einer systemkritischen Rechtsgutslehre gerade darin liegt, der Strafausdehnung durch die Erfindung vager und extrem generalisierter Rechtsgüter zu entgegenwirken, selbst wenn ihr kritisches Potential vom Gesetzgeber vernachlässigt wird.

### *1 Die Unterscheidung zwischen scheinbaren und echten kollektiven Rechtsgütern*

Wie oben bereits gezeigt, zielen die Vorbereitungstatbestände in der Regel auf den Schutz der allgemeinen Interessen ab. Die Zunahme der Vorbereitungstatbestände findet sich seit den 1970er Jahren vornehmlich im Bereich des Wirtschaftsstrafrechts, das typischerweise vor allem die Kollektivrechtsgüter schützen soll. Geschützt werden beispielsweise das Allgemeininteresse an einer effektiven öffentlichen Förderung der Wirtschaft (§ 264), das Allgemeininteresse an der Funktionsfähigkeit des Kapitalmarkts (§ 264a), die soziale Leistungsfähigkeit des Versicherungswesens (§ 265), die Kreditwirtschaft (§ 265b) und die Funktionsfähigkeit des Kapitalmarkts(§ 38 I Nr. 4 i. V. m. § 14 WpHG). Jedoch ist das Wirtschaftsstrafrecht ein Bereich, in dem sich die Tendenz, vage und diffuse „Universalrechtsgüter“ zu formulieren, in besonderem Maße zeigt. In den Wirtschaftsstraftatbeständen erblickt man sehr oft die nach Lust und Laune der Gesetzgeber vorgenommene Hypostasierung scheinbarer Kollektivrechtsgüter, die in fast der gesamten Strafrechtslehre Kritik findet[774]. Denn man kann unter Berufung auf vage Belange der Allgemeinheit, die allerdings nicht selten eine rechtsstaatlich problematische Vorverlagerung der Strafbarkeit kaschieren[775], für alle denkbaren Interessen eine argumentative Deckung des strafrechtlichen Schutzes erreichen. Die Kritik an den vagen Universalrechtsgütern bedeutet natürlich nicht, die systemkritische Rechtsgutskonzeption beschränke sich darauf, einen abschließenden Katalog der legitimen Universalrechtsgüter zu erstellen, da diese Rechtsgutslehre einem sich den gewandelten Gesellschaftsverhältnissen anpassenden Strafrecht nicht entgegensteht. Umgekehrt werden bei der Feststellung der strafrechtlich schützenswerten Interessen die jeweiligen kulturellen, historischen und politischen Verhältnisse miteinbezogen. Vielmehr soll anhand der systemkritischen Rechtsgutslehre zwischen den echten Universalrechtsgütern und den scheinbaren Kollektivrechtsgütern der heutigen Strafgesetzgebung unterschieden werden.

Der *erste* Schritt der Unterscheidung zwischen echten und scheinbaren Kollektivrechtsgütern besteht darin, zu überprüfen, ob sich hinter den sog. Kollektivrechtsgütern Individualrechtsgüter verbergen. Dies hängt zuerst von der genaueren Unterscheidung zwischen individuellen und überindividuellen Rechtsgütern ab. Wenn es nicht um ein jedermann offenstehendes und nicht distributierbares Gut, sondern um eine Vielzahl von individuellen Gütern geht, werden hier lediglich die Individualrechtsgüter festgestellt. Dann erfolgt der *zweite* Schritt, der auf die Prüfung der Legitimität der sog. Kollektivrechtsgüter gerichtet ist. Dazu kann die monistisch–personale Rechtsgutslehre, die vom legitimatorischen Vorrang der Individualrechtsgüter ausgeht und die Legitimität der Kollektivrechtsgüter insoweit anerkennt, als diese – mittelbar – auch Interessen von Personen darstellen[776], viel beitragen. Echte Kollektivrechtsgüter sind die fundamentalen

---

772 *Hassemer*, FS Kaufmann, 1989, S. 86.

773 *Seher*, Rechtsgutstheorie, 2003, S. 39 ff.

774 *Schünemann*, in Alte Strafrechtsstrukturen, 2000, S. 25.

775 *Roxin*, AT$^4$, Bd. I, 2006, § 2 H Rn. 75.

776 *Hassemer*,. in NK-StGB$^2$,2005, vor § 1 Rn. 133. In diesem Zusammenhang ist gegen die Kritik von *Anastasopoulou*, Deliktstypen, 2005, S. 237 einzuwenden, dass sie die Leistungsfähigkeit der monistisch–personalen Rechtsgutslehre bei der Unterscheidung zwischen scheinbaren und echten Kollektivrechtsgütern unterschätzt, da sie diese zwei Schritte bei der Unterscheidung nicht getrennt vornimmt. Beispielsweise erledigt sie nur den ersten Unterscheidungsschritt, wenn sie am Beispiel der Gesetzgebung im Bereich Wirtschaftsstrafrecht verdeutlicht, dass die modernen Uni-

Funktionsbedingungen des gesellschaftlichen Zusammenlebens. Ihre Verletzung bedeutet zwar nicht die Vernichtung der Institution, beispielsweise der Wirtschaft. Sie erschüttert aber das kollektive Bewusstseins gravierend und im Ergebnis gefährdet sie eine Vielzahl von unterschiedlichen, von vornherein nicht mit Sicherheit zu bestimmenden Individualrechtsgütern. Die scheinbaren Kollektivrechtsgüter sind hingegen dadurch gekennzeichnet, dass entweder beim Versuch, den Zeitpunkt ihrer Verletzung zu erfassen, ihr verborgener Individualcharakter aufgedeckt wird, oder dass aufgrund der Vagheit und Vielfältigkeit der zur Anreicherung ihres Inhalts herangezogenen Interessen die näheren Überlegungen zum Zeitpunkt ihrer Verletzung von vornherein unmöglich sind[777].

## *2 Kritik an den scheinbaren Kollektivrechtsgütern im deutschen StGB*

Aufgrund der oben erworbenen Erkenntnisse werden die viel diskutierten Derivate des allgemeinen Betrugstatbestandes (§ 263 StGB), also die Tatbestände des Subventionsbetrugs (§ 264), des Kreditbetrugs (§ 265b), und der durch das 6. StrRG völlig geänderte Tatbestand des Versicherungsmissbrauchs (§ 265) einer Überprüfung unterzogen.

Die bei der praktischen Anwendung des § 263 aufgetauchten Schwierigkeiten, die sich wiederum aus den hohen tatbestandlichen Anforderungen und den damit verbundenen Beweisproblemen ergeben, haben den Gesetzgeber veranlasst, diese Sondertatbestände einzuführen, um die Bekämpfung wirtschaftsdelinquenter Verhaltensweisen im Rahmen solcher Tatbestände zu intensivieren[778]. Durch die Schaffung von Sondertatbeständen im Vorfeld des Betrugs sollen diese Schwierigkeiten gesetzestechnisch zum größten Teil ausgeräumt werden, indem die tatbestandliche Umschreibung des strafwürdigen Unrechts in den §§ 264, 265b auf die vorsätzliche – bzw. im Falle des Subventionsbetrugs sogar leichtfertige – Abgabe einer wahrheitswidriger Erklärung auf eine bloße Täuschungshandlung beschränkt wird. Bei § 265 reicht es für die Tatbestandsverwirklichung aus, dass jemand eine ihm gehörende Sache beschädigt bzw. zerstört oder einem anderen zu überlassen versucht und dabei den bösen Gedanken hat, sie der Versicherung als gestohlen zu melden. In § 265 wird außerdem sogar der Umstand einbezogen, dass ein Dritter zwar im Interesse, aber ohne Wissen des Versicherungsnehmers einen Brand legt und der Versicherungsnehmer seinen Anspruch gegen die Versicherung behält[779].

Wenn man in diesen Tatbeständen einen weit vorverlagerten Strafrechtsschutz im Vorfeld einer spürbaren Rechtsgutsbeeinträchtigung sieht, erscheint die Vorverlagerung der Strafbarkeit unter Berufung auf das Vermögen allerdings problematisch, weil der strafrechtliche Schutz des Vermögens vor bloß abstrakter Gefährdung nach h. M. illegitim ist[780]. Erst das Hinzukommen eines weiteren überindividuellen Rechtsguts – so laut *Lenckner/Perron* – rechtfertigt die Schaffung eines

---

versalrechtsgüter „einen so direkten und eklatanten Bezug zu bestimmten Individualrechtsgütern aufweisen, dass ihnen die Qualität eines Universalrechtsguts nicht zukommt". Siehe dazu *Anastasopoulou*, Deliktstypen, 2005, S. 239. Hier wird die Leistungsfähigkeit der personalen Rechtsgutslehre für die weitere Unterscheidung zwischen scheinbaren und echten Kollektivrechtsgütern tatsächlich aber noch nicht berührt. Abgesehen davon überzeugt es auch nicht, dass man – laut *Anastasopoulou* Deliktstypen, 2005, S. 239 – „an dem von der dualistischen Rechtsgutskonzeption aufgestellten Kriterium feshalten soll, nach dem ein überindividuelles Rechtsgut illegitim ist, wenn damit nichts mehr als der Schutz eines speziellen individuellen Rechtsguts bezweckt wird". Denn aus dieser Formulierung kann man seinen Unterschied zu dem Kriterium der personalen Rechtsgutskonzeption nicht erkennen.

777 *Anastasopoulou*, Deliktstypen, 2005, S. 304.

778 Vgl. zum Subventionsbetrug BT – Drs. 7/3441, S. 15 ff.; zum Kreditbetrug BT – Drs. 7/5291, S. 14; zum Versicherungsmissbrauch BT – Drs. 13/8587, S. 65, BT – Drs. 164/2/97, S. 28 f., BT – Drs. 164/97, S. 23.

779 BT – Drs. 13/9064, S. 19.

780 Dazu vgl. *Tiedemann* in LK[11], 2003, § 265 Rn. 6, § 265b Rn. 12. Auch *Bottke*, wistra 1991, S. 7 ff.; *Lenckner/Perron* in *Schönke/Schröder*[27], 2006, § 265b Rn. 4.

im Vorfeld individueller Vermögensschädigung liegenden abstrakten Gefährdungstatbestandes und macht die Tat überhaupt erst zur Wirtschaftsstraftat[781]. Durch den Rückgriff auf ein zumindest mitgeschütztes Universalrechtsgut ließe sich die Vorverlagerung der Strafbarkeit also legitimieren.

Ausgehend von der systemkritischen Rechtsgutslehre kann man jedoch gegen den obigen Kompromiss mit dem Gesetzgeber einwenden, dass die Rechtsgüter dieser Tatbestände lediglich aus der Summierung vieler Individualrechtsgüter (dem Vermögen diverser Subventionsgeber, Versicherer und Kreditgeber) bestehen und daher keine eigentlichen Universalrechtsgüter sind[782]. Das Hinzukommen eines Universalrechtsguts unter Berufung auf das diffuse Allgemeininteresse an einer effektiven öffentlichen Förderung der Wirtschaft, der Leistungsfähigkeit des Versicherungs- oder Kreditwesens lässt sich insofern beanstanden, als es nur um die scheinbaren Kollektivrechtsgüter geht, denn die näheren Überlegungen zum Zeitpunkt ihrer Verletzung sind von vornherein unmöglich und im Ergebnis ist es unmöglich, den Zeitpunkt ihrer Verletzung vom Stadium ihrer Gefährdung zu unterscheiden[783]. Die Feststellung des Charakters dieser Tatbestände bringt ihre Legitimität deshalb in Zweifel und gelangt zum umgekehrten Ergebnis: Diese Strafdrohungen sind illegitim[784].

## III. Exkurs: Kritik am unberechtigten übermäßigen Rechtsgüterschutz im chinesischen StGB

Die Terminologie der Rechtsgüter und die Rechtsgutslehre sind der chinesischen Strafrechtswissenschaft zwar noch fremd. Es herrscht in der chinesischen Gesetzgebung und Rechtsprechung aber eine vergleichbare Interessenlehre vor. Im chinesischen Strafrecht sind die geschützten Interessen im Regelfall in einer Hierarchie, von oben nach unten, entsprechend den Staatsinteressen, Allgemeinheitsinteressen und Individualinteressen geordnet. Es wird einerseits sowohl politisch als auch wissenschaftlich anerkannt, dass das Allgemeinheitsinteresse vor den individuellen Rechtsgütern Vorrang hat, wenn ein Konflikt zwischen Kollektiv- und Individualrechtsgütern denkbar ist. Zwar gilt es als gesichert, dass eine beliebige Vorbereitungshandlung, die die Allgemeinheitsrechtsgüter bedroht, vom Staat oder der Gesellschaft her zu bestrafen ist, was nicht selten zum vermittelten Schutz der Individualrechtsgüter erklärt wird. Andererseits werden die Individualrechtsgüter nach der Strafrechtsvorschrift schon im frühen Vorbereitungsstadium weit vor der Gefährdung geschützt, wenn es nicht um die Konflikte zwischen Individual- und Überindividualrechtsgütern sondern nur um Individualrechtsgüter geht.

Daher spielt die Unterscheidung von Individualrechtsgütern und Überindividualrechtsgütern für die strafbarkeitsbegrenzende Bedeutung der Rechtsgutslehre keine Rolle. Die Rechtsgutslehre dient nur als Auslegungsmittel zur Ausdehnung des Strafrechts.

Ein derartiger übertriebener Vorfeldschutz ist in der übermäßigen Orientierung des Strafgesetzgebers am Präventionsgedanken verankert. Die grundlegenden Prüfungsmaßstäbe, wie das Prinzip der ultima ratio, das Erforderlichkeits- und Verhältnismäßigkeitsprinzip, werden nicht selten vernachlässigt. Daraus ergibt sich zwangsläufig die uferlose Ausdehnung der Bestrafung der Vorbereitungshandlungen, damit irgendeine potenzielle Rechtsgutsverletzung vermieden werden kann.

781 *Lenckner/Perron* in *Schönke/Schröder*[27], 2006, § 265b Rn. 3.
782 *Roxin*, AT[4], Bd. I, 2006, § 2 H Rn.79.
783 *Anastasopoulou*, Deliktstypen, 2005, S. 304.
784 *Roxin*, AT[4], Bd. I, 2006, § 2 H Rn.79.

## *§ 5 Die Theorie der Deliktsstruktur als der zweite Maßstab der Legitimität von Strafnormen*

Aus dem oben (§ 4 A II 1 c)) geschilderten rechtsgutsorientierten materiellen Verbrechensbegriff ergibt sich die Feststellung, dass es für das Dogma der Lehre vom Rechtsgüterschutz nicht ausreicht, ein Rechtsgut zu benennen, ohne zugleich aufzeigen zu können, wie dieses durch den Straftatbestand geschützt werden soll[785]. Wenn ein Schutzgut grundsätzlich als schützenswert angesehen wird, hängt die Legitimität der Pönalisierung der Handlung entscheidend von der Deliktsstruktur ab. Letztere ergibt sich aus dem Verhältnis der jeweils vom Straftatbestand erfassten Verhaltensweisen zu dem als Rechtsgut geschützten „Ewas“[786]. Die Feststellung des Rechtsgüterschutzes als die Aufgabe des Strafrechts führt keinesfalls zum Ergebnis, dass die Strafbarkeit einer Handlung nur von der Rechtsgüterverletzung abhängt[787]. Dafür ist eine Rechtsgütergefährdung ausreichend. Diese erfordert nämlich als Voraussetzung der Strafbarkeit nicht mehr, als dass eine Handlung nach ihrer objektiven oder subjektiven Tendenz auf die Verletzung eines Rechtsgutes gerichtet ist[788].

Beim Strafrechtsschutz im Vorbereitungsstadium handelt es sich nicht um eine Verhaltensweise, die von einer direkten Rechtsgutsbeeinträchtigung sehr weit entfernt wäre. Dabei müssen die einem Rechtsgut drohenden Gefahren und damit das Verhältnis von tatbestandlicher Handlung und dem Rechtsgut als dem Bezugsobjekt zusätzlich analysiert werden[789].

### A. Die herkömmliche Deliktsstrukturtrias und die Einordnung der Vorbereitungsdelikte

### I. Die herkömmliche Deliktsstrukturtrias

In der strafrechtsdogmatischen Diskussion wird die Differenzierung von Verletzungs- und Gefährdungsdelikten allgemein anerkannt.

Bei den *Verletzungsdelikten* werden die Verhaltensweisen erfasst, die zu einer direkten, realen Beeinträchtigung des geschützten Rechtguts führen. Im Gegenteil dazu erfordern die *Gefährdungsdelikte* nur, dass die Tathandlung eine Gefahrenlage herbeiführt[790]. Für ein am Rechtsgüterschutz orientiertes Strafrecht ist die Rechtsgutsverletzung der eindeutigste und fassbarste Unrechtserfolg. Die Verletzungsdelikte bilden also den normativen Grundtypus strafrechtlicher Normen, dessen Einsatz zum Schutz eines legitimen Rechtsguts keiner weitergehenden Legitimation bedarf[791].

Innerhalb der *Gefährdungsdelikte* wird dann herkömmlichweise zwischen zwei Tatbestandskategorien unterschieden, wobei auf der einen Seite die ***konkreten*** und auf der anderen Seite die ***abs-***

---

785 *Stächelin* betont auch die Bedeutung des von ihm bezeichneten Angriffswegs auf die Rechtsgüter. Dazu siehe *Stächelin*, Strafgesetzgebung im Verfassungsstaat, 1998, S. 55 ff., 90 ff; ferner auch *Hefendehl,* Kollektive Rechtsgüter, 2002, S. 38.

786 *Wohlers*, GA 2002, S. 20.

787 *Roxin*, AT[4], Bd. I, 2006, § 2 H, Rn. 68.

788 *Kratzsch*, GA 1989, S. 56; *ders*., Verhaltenssteuerung und Organisation, 1985, S. 119, 257 ff.

789 *Hefendehl,* Kollektive Rechtsgüter, 2002, S. 7.

790 *Baumann/Weber/Mitsch,* AT[11], 2003, S. 120; *Graul,* Präsumtion, 1991; *Jescheck/ Weigend*, AT[5] 1995, S. 263 f.; *Kindhäuser*, Gefährdung, 1989, S. 189 ff.; *Maurach/Zipf,* AT/I[8], 1992, S. 286, Rn. 29; *Roxin*, AT[4], Bd. I, 2006, § 10 Rn.123 f.

791 *Arzt/Weber*, BT, 2000, § 35 Rn. 6; *Kuhlen*, GA 1986, S. 395; *Schröder*, ZStW 81 (1969), S. 7; *Stächelin*, Strafgesetzgebung im Verfassungsstaat, 1998, S. 91; *Wohlers*, Deliktstypen, 2000, S. 282.

***trakten Gefährdungsdelikte*** stehen[792]. Die *konkreten Gefährdungsdelikte* zeichnen sich dadurch aus, dass der Eintritt einer konkreten Gefahr für ein tatbestandlich geschütztes Rechtsgut verlangt und ausdrücklich zum Tatbestandsmerkmal gemacht wird. Danach muss in jedem Einzelfall festgestellt werden, dass die Handlung des Täters zu einer Gefährdung bestimmter Rechtsgüter geführt hat und ein Ausbleiben des Erfolgs nur zufällig ist[793]. Die typischen Beispiele stellen § 315c (Straßenverkehrsgefährdung) und § 308 StGB (Herbeiführung einer Explosion) dar, bei denen gefordert wird, dass durch die Handlung eine Gefahr für Leib oder Leben eines anderen, oder für fremde Sachen von bedeutendem Wert herbeigeführt worden ist. In diesem Sinne sind die konkreten Gefährdungsdelikte auch als Erfolgsdelikte anzusehen. Von den Verletzungsdelikten unterscheiden sie sich nicht durch abweichende Zurechnungskriterien, sondern dadurch, dass sie tatbestandlich nur einen Gefährdungserfolg statt eines Verletzungserfolgs verlangen. Verglichen mit Verletzungsdelikten und den abstrakten Gefährdungsdelikten nimmt sich die Anzahl konkreter Gefährdungsdelikte bescheiden aus[794].

Dagegen erfassen die *abstrakten Gefährdungsdelikte* die Verhaltensweisen, die vom Gesetz aufgrund allgemeinen Erfahrungswissens für typischerweise gefährlich erachtet und daher inkriminalisiert und näher beschrieben werden. Es ist nicht von Interesse, ob diese Verhaltensweisen im Einzelfall für den Eintritt einer Gefahr tatsächlich kausal geworden sind[795]. Die Gefährlichkeit der pönalisierten Verhaltensweise ist kein Tatbestandsmerkmal, sondern nur Grund bzw. Motiv für die Existenz der Strafnorm.[796] Daher ist es im Regelfall auch nicht notwendig festzustellen, ob eine Gefährdung im Einzelfall wirklich eingetreten ist oder nicht[797]. Als klassische Beispiele zählen die schwere Brandstiftung (§ 306a I) wegen der allgemeinen Gefährlichkeit des Inbrandsetzens von Wohngebäuden für Menschleben, sowie die Trunkenheit im Straßenverkehr (§316) wegen der bloßen Gefährlichkeit für die übrigen Verkehrsteilnehmer zu den abstrakten Gefährdungsdelikten. Ansonsten wird der Tatbestand der falschen uneidlichen Aussage beispielsweise schon erfüllt, wenn der Täter eine wahrheitswidrige Darstellung kundgibt. Die abstrakten Gefährdungsdelikte bilden die größte Verbrechenskategorie und sind in allen Abschnitten des Besonderen Teils zu finden. Insbesondere erweisen sie sich als bevorzugter Deliktstyp bei der Schaffung neuer Sanktionstatbestände[798].

---

792 Diese Unterscheidung findet sich schon bei *Binding*, Normen, Bd. I[4], 1922, S. 364 ff.; *Mayer*, AT, 1967, S. 129. Jüngstens vgl. auch *Jescheck/Weigend*, AT[5] 1995, S. 263 ff.; *Schmidhäuser/Alwart*, Studienbuch AT[2], 1984, S. 104 f.; *Schünemann*, JA 1975, S. 787; *Wessels/Beulke*, AT[37], 2007, S. 8, Rn. 27; *Roxin*, AT[4], Bd. I, 2006, § 10 H Rn. 124.

793 *Berz*, Formelle Tatbestandsverwirklichung, 1986, S. 55 ff.; *Jakobs*, AT[2], 1993, § 6 Rn. 78; *Kindhäuser*, Gefährdung, 1989, S. 189; *Roxin*, AT[4], Bd. I, 2006, § 10 H Rn. 124; *Zieschang*, Gefährdungsdelikte, 1998, S. 15.

794 *Kindhäuser*, Gefährdung, 1989, S. 189. Eine umfassende Aufzählung der konkreten Gefährdungsdelikte ist bei *Ostendorf*, JuS 1982, S. 428 zu finden.

795 *Graul*, Präsumtion, 1991, S. 35 ff.; *Jakobs*, AT[2], 1993, § 6 Rn. 86 ff.; *Jescheck/ Weigend*, AT[5] 1995, S. 264; *Kindhäuser*, Gefährdung, 1989, S. 225; *Roxin*, AT[4], Bd. I, 2006, § 10 H Rn. 124; *Zieschang*, Gefährdungsdelikte, 1998, S. 15.

796 *Baumann/Weber/Mitsch*, AT[11], 2003, S. 120, Rn. 42f; *Jescheck/ Weigend*, AT[5] 1995, S. 264; *Kaufmann*, JZ 1963, S. 431; *Roxin*, AT[4], Bd. I, 2006, § 10 H Rn. 124; *Schünemann*, JA 1975, S. 793; *Wessels/Beulke*, AT[37], 2007, S. 8, Rn. 29.

797 Dazu vgl. BGHSt **26**, 121; *Hoyer*, AT, 1996, S. 30; *Wessels/Hettinger*, BT/1, 2007, Rn. 968. Allerdings wird das abstrakte Gefährdungsdelikt teils als Tätigkeits– oder Erfolgsdelikt (im formellen Sinne) ertrachtet. Dazu vgl. *Graul*, Präsumtion, 1991, S. 108 ff.

798 So *Kindhäuser*, Gefährdung, 1989, S. 225; *Schröder*, ZStW 81 (1969), S. 7; *Lackner*, Gefährdungsdelikt, 1967, S. 1 ff.; *Schünemann*, JA 1975, S. 793. Vgl. die umfassende Aufzählung der abstrakten Gefährdungsdelikte des Strafgesetzbuches bei *Kindhäuser*, Gefährdung, 1989, S. 225, Fn. 1 und *Marxen*, Strafbarkeitseinschränkung, 1991, S. 9 ff.. Außerdem bemerken *Baumann/Weber/Mitsch* (AT[11], 2003, S. 120, Rn. 43) auch die Verbreitung der abstrakten Ge-

Die Gefährdungsdelikte haben in der modernen Gesetzgebung einen hohen Stellenwert gewonnen und seit dem Zweiten Weltkrieg „eine eminente praktische Bedeutung erlangt"[799], denn es wird darauf abgezielt, den Rechtsgüterschutz als die Aufgabe des Strafrechts aufrechtzuerhalten. Der durch Verletzungsdelikte erfassbare Bereich strafrechtlich relevanten Verhaltens wird über die Etablierung von Gefährdungsdelikten in zwei Stufen erweitert. Angesichts der angenommenen faktischen Verbesserung des Rechtsgüterschutzes, wird die insbesondere mit der Statuierung abstrakter Gefährdungsdelikte verbundene Ausweitung bzw. Vorverlagerung des Strafbarkeitsbereichs gemeinhin als positiv bewertet[800]. Im Gegensatz zu ihrer praktischen Bedeutung fehlt allerdings die dogmatische Durchdringung der Gefährdungsdelikte[801]. Im Unterschied zu den Verletzungsdelikten wird der Einsatz konkreter und abstrakter Gefährdungsdelikte als besonders legitimierungsbedürftig angesehen und im Ergebnis nur dann für legitim erachtet, wenn die Strafnorm mindestens den Schutz eines als besonders schützenswert erscheinenden Rechtsguts bezweckt[802].

## II. Die Einordnung der Vorbereitungsdelikte

Betrachtet man die Einteilung in Verletzungs- sowie konkrete und abstrakte Gefährdungsdelikte als abschließend, können als abstrakte Gefährdungsdelikte die Straftatbestände qualifiziert werden, die weder einen konkreten Gefahrerfolg als Tatbestandsmerkmal, noch den Eintritt des Verletzungserfolgs verlangen[803]. Unter dieser Prämisse sind die Vorbereitungsdelikte, deren Verhaltensweisen von der Herbeiführung des Verletzungserfolgs noch weit entfernt sind und zugleich ausdrücklich keinen konkreten Gefährdungserfolg enthalten, ohne weiteres den abstrakten Gefährdungsdelikten zuzuordnen[804].

In dieser Differenzierung ist der Gleichsetzung von Vorbereitungsdelikten und abstrakten Gefährdungsdelikten vorzuwerfen. In der Literatur findet sich die Gleichstellung dieser zwei unterschiedlichen Deliktsformen, wobei die abstrakten Gefährdungsdelikte im Sinne einer Subkategorie von Vorfelddelikten erwähnt werden. Beispielhaft dafür ist die von *Lin*, Dongmao unternommene Kategorisierung der Vorfelddelikte. In seiner Dissertation hat *Lin*, Dongmao die Vorbereitungsdelikte und abstrakten Gefährdungsdelikte als verselbständigte Deliktsstruktur im Vorfeldschutz der Rechtsgüter miteinander gleichgesetzt und die beiden zusammen mit anderen Formen der Vorverlegung des Strafrechtsschutzes, wie etwa den Absichtsdelikten mit Versuchs- oder Vorbereitungscharakter, Unternehmensdelikten und schlichten Tätigkeitsdelikten, begrifflich behandelt[805], aber ohne ein eindeutiges Kriterium für diese Kategorisierung anzubieten. *Lin*, Dongmao weist einerseits auf die Schwierigkeit der Unterscheidung zwischen den verschiedenen Formen der Vorverlagerung des Strafrechtsschutzes hin, wobei er andererseits an der absoluten Gegenüberstellung von Vorbereitungsdelikten und abstrakten Gefährdungsdelikten festhält. Als Argu-

---

fährdungsdelikte im StGB, im Nebenstrafrecht und im Ordnungswidrigkeitenrecht.

799 *Schünemann*, JA 1975, S. 792. An anderem Ort verweist *Schünemann* (GA 1995, S. 212) mit Nachdruck darauf, dass die Deliktsgruppe der abstrakten Gefährdungsdelikte bereits in den Strafgesetzen der Aufklärungszeit, wie etwa insbesondere dem preußischen Allgemeinen Landrecht zu finden sei, so dass ihre Qualifikation als „Deliktsform der Moderne" nur quantitativ zutreffend sei.

800 So *Berz*, Formelle Tatbestandsverwirklichung, 1986, S. 55 f.; *Saal*, Vortäuschen, 1997, S. 71 f.; *Wohlers*, Gefährdungsdelikte, 2000, S. 286.

801 *Schünemann*, JA 1975, S. 793.

802 Vgl. *Hassemer*, Theorie, 1973, S. 207.

803 Mit dieser systematischen Einordnung ist die Bestätigung, dass die Verhaltensweisen legitimerweise inkriminiert werden, nicht notwendigerweise verbunden.

804 Eine einzige Ausnahme kann § 80 (Vorbereitung eines Angriffskrieges) darstellen, insofern als er „die Gefahr eines Krieges für die Bundesrepublik Deutschland" verlangt und sich dadurch als ein konkretes Gefährdungsdelikt erweist.

805 *Lin*, Abstrakte Gefährdungstatbestände, 1992, S.7 ff.

ment führt er irrtümlich die scheinbare Auseinandersetzung über die Einordnung von Subventionsbetrug (§ 264 StGB) und Kreditbetrug (§ 265 b StGB) an. So stellt er fest[806], diese zwei Tatbestände seien nach herrschender Meinung als abstrakte Gefährdungsdelikte anzusehen, während sie von *Gössel*[807] als selbständige Vorbereitungsdelikte erkannt werden. Zwar hat *Gössel* bei der Systematisierung der Vorbereitungsdelikte die Straftatbestände des Subventionsbetrugs und des Kreditbetrugs erwähnt, wobei er die mögliche Einordnung dieser zwei Tatbestände in abstrakte Gefährdungsdelikte jedoch nicht ausdrücklich ablehnt. Vielmehr ist darauf hinzuweisen, dass Subventionsbetrug und Kreditbetrug als selbständige Vorbereitungstatbestände heutzutage allgemein anerkannt werden, was ihrer Rechtsnatur als abstrakte Gefährdungsdelikte allerdings kaum widerspricht[808].

Daher wird die Diskussion zur Legitimation der Vorbereitungstatbestände im Wesentlichen im Kontext der Erörterung der abstrakten Gefährdungsdelikte geführt. Diese sind der Obergriff, unter welchen auch die Vorbereitungstatbestände fallen[809].

## B. Dogmatik der abstrakten Gefährdungsdelikte

### I. Rechtsgüterschutz als Legitimationsgrundlage der abstrakten Gefährdungsdelikte

Da das Strafrecht ein repressives Mittel des Staats ist, durch das der Staat in erheblichem Umfange in die Belange des Einzelnen eingreifen kann, ist das Strafrecht nur zum Rechtgüterschutz zulässig, wobei als strafrechtlich schützbare Rechtsgüter lediglich besonders wichtige gesellschaftskonstituierende Güter oder Interessen in Betracht kommen. Das Rechtsgut stellt den materiellen Kern jeder Verhaltensnorm und der Straftatbestände dar. Es ist also unstreitig, dass die abstrakten Gefährdungsdelikte auch dem Rechtsgüterschutz dienen und ihre materielle Legitimation auf dem Rechtsgüterschutz basieren müssen[810]. Dies hängt jedoch nicht davon ab, wie der normlegitimierende Zusammenhang zwischen tatbestandsmäßigem Verhalten und den Rechtsgütern, die durch die abstrakten Gefährdungsdelikte geschützt werden sollen, hergestellt werden soll[811].

Gerade von diesem Rechtsgutsbezug ausgehend, entwickelt *Cramer* die Lehre des Stufenverhältnisses von Verletzungs- und Gefährdungsdelikten. Laut ihm müsse jedes mit Strafe bedrohte Verhalten irgendeinen Bezug zum Rechtsgut aufweisen, was von ihm als „verbrecherische Intensität“[812] der Handlung bezeichnet wird. Ihm zufolge ist „nicht das Motiv des Gesetzgebers, sondern die von einem Verhalten ausgehende tatsächliche oder potentielle Beeinträchtigung eines Rechtsguts… für das Verbrechen kennzeichnend. Man wird deshalb die abstrakten Gefährdungsdelikte als eine Vorstufe der konkreten zu bezeichnen haben, als eine Vorstufe nämlich, die – entsprechend dem Verhältnis zwischen konkreter Gefährdung und Verletzung – die Wahrscheinlichkeit einer Rechtsgutsgefährdung in sich trägt. Damit sind die möglichen Beziehungen zwischen den hier in Betracht kommenden Deliktsarten einerseits und dem angegriffenen Rechtsgut andererseits hergestellt: Verletzung bedeutet den Eintritt eines Schadens, konkrete Gefährdung die

806 *Lin*, Abstrakte Gefährdungstatbestände, 1992, S. 9, Fn. 10.

807 *Maurach/Gössel*, AT/II[7], 1989, § 39 II Rn. 26.

808 Zur Systematisierung dieser zwei Straftatbestände als Vorbereitungsdelikte sowie zur gleichzeitigen Feststellung ihrer Rechtsnatur als abstrakte Gefährdungsdelikte vgl. nur *Eser* in *Schönke/Schröder*[27], 2006, vorm. § 22 Rn. 14; *Lenckner/Perron* in *Schönke/Schröder*[27], 2006, § 264 Rn. 5, § 265 b Rn. 4.

809 *Weinert*, Vorbereitungsdelikte, 2005, S. 73.

810 Vgl. *Kindhäuser*, Gefährdung, 1989, S. 225; *Tiedemann*, Tatbestandsfunktionen, 1969, S. 117.

811 *Kindhäuser*, Gefährdung, 1989, S. 225.

812 *Cramer*, Vollrauschtatbestand, 1962, S. 65.

Wahrscheinlichkeit einer Verletzung und abstrakte Gefährdung die Wahrscheinlichkeit einer konkreten Gefährdung."[813]

## II. Legitimationsproblematik der abstrakten Gefährdungsdelikte

Wie in *Cramers* Lehre beschrieben, stehen die abstrakten Gefährdungsdelikte dem Rechtsgüterschutz ferner als andere Delikte. Es ist nicht zu übersehen, dass bei diesem Deliktstyp die Beziehung der Handlung zum Rechtsgut stark gelockert ist[814]. Zwar wird es einerseits als vorteilhaft für die abstrakten Gefährdungsdelikte angesehen, dass dabei das den Verletzungsdelikten und konkreten Gefährdungsdelikten anhaftende Zufallmoment entfällt[815]. Somit entfalten die abstrakten Gefährdungsdelikte eine weitreichende Optimierung des Rechtsgüterschutzes. Andererseits erscheinen die abstrakten Gefährdungsdelikte schwerer zu legitimieren, wenn die Strafrechtsnormen die Verhinderung von Rechtsgutsverletzungen bezwecken, während den abstrakten Gefährdungsdelikten ein tatbestandlicher Bezug zu den Rechtsgütern fehlt[816]. Des weiteren droht eine Preisgabe der materiellen Gerechtigkeit[817], weil bei den allein an die Vornahme bestimmter Verhaltensweisen anknüpfenden abstrakten Gefährdungsdelikten auch die Verhaltensweisen erfasst werden, bei denen eine konkrete bzw. reale Beeinträchtigung eines Rechtsgutsobjekts im konkreten Einzelfall unwahrscheinlich oder sogar von vornherein ausgeschlossen ist, trotzdem der Tatbestand erfüllt und damit Strafbarkeit gegeben ist[818]. Mit anderen Worten wird durch die abstrakten Gefährdungstatbestände auch eine solche Verhaltensweise beschrieben, die „nach den vorliegenden Bedingungen ausnahmsweise völlig ungefährlich ist"[819]. Beispielhaft ist das Inbrandsetzen seines Hauses durch den Eigentümer, der zuvor durch umfangreiche Sicherungsmaßnahmen die Gefährdung Dritter ausgeschlossen und damit das Inbrandsetzen kontrolliert hat, wobei trotzdem der Wortlaut des § 306a I Nr. 1 StGB bereits erfüllt wird[820]. Im Hinblick auf diese Konstellationen begegnen die abstrakten Gefährdungsdelikte den Bedenken, die üblicherweise den Schwerpunkt auf die Friktion dieser Deliktsart mit dem Schuldprinzip legen[821]. Ist festzustellen, dass niemand für ein Verhalten, das zwar per Abstraktion für strafbar erklärt wurde, (in diesem Einzelfall) allerdings ungefährlich war, bestraft werden darf, sind die abstrakten Gefährdungsdelikte in ihrer uneingeschränkten Form mit dem Schuldgrundsatz schwer vereinbar[822]. Die strafbewehrten abstrakten Gefährdungsdelikte, die nämlich als „das schärfste Mittel des Staates, um ein äußerst gefährliches Verhalten unter allen Umständen zu tabuisieren"[823], angesehen werden, be-

---

813 *Cramer*, Vollrauschtatbestand, 1962, S. 68 f. Kritisch dazu siehe *Zieschang*, Gefährdungsdelikte, 1998, S. 23 f, 68 ff.

814 *Kuhlen*, ZStW 105 (1993), S. 712; *Ostendorf*, JuS 1982, S. 433.

815 *Berz*, Formelle Tatbestandsverwirklichung, 1986, S. 62 ff.; *Saal*, Vortäuschen, 1997, S. 72 f.; *Wohlers*, Gefährdungsdelikte, 2000, S. 286. Über die Kritik an dem Zufallsmoment des Erfolgseintritts und damit an der Abhängigkeit zumindest der Strafhöhe von einer zufälligen Entwicklung vgl. auch *Schünemann*, GA 1995, S. 213, Fn. 40 m. w. N.

816 *Müssig*, Abstrakte Rechtsgüter, 1994, S. 194; *Schmidt*, Untersuchung, 1999, S. 4.

817 So *Schünemann*, JA 1975, S. 797.

818 *Wohlers*, Gefährdungsdelikte, 2000, S. 286. Ferner *Berz*, Formelle Tatbestandsverwirklichung, 1986, S. 101 ff.; *Hefendehl*, Kollektive Rechtsgüter, 2002, S. 171; *Hoyer*, Eignungsdelikte, 1987, S. 33 ff.; *Kuhlen*, GA 1986, S. 395; *Lagodny*, Grundrechte, 1996, S. 186, 442; *Otto*, in Madrid-Symposium, 1994, S. 455; *Rudolphi*, FS Maurach, 1972, S. 59 ff; *Saal*, Vortäuschen, 1997, S. 77 f.; *Schmidt*, Untersuchung, 1999, S. 5 ff; *Schünemann*, JA 1975, S. 797; *Zieschang*, Gefährdungsdelikte, 1998.

819 *Schünemann*, in GS Meuer, 2002, S. 59.

820 *Schünemann*, JA 1975, S.797. Weitere Beispiele vgl. *Berz*, Formelle Tatbestandsverwirklichung, 1986, S. 7 ff.; *Schönke/Schröder*[27], 2006, vor. § 306 ff. Rn. 3a; *Wohlers*, Deliktstypen, 2000, S. 287.

821 *Schünemann*, JA 1975, S. 797.

822 Vgl. *Beck*, Vorfeldkriminalisierung, 1992, S. 87; *Cramer*, Vollrauschtatbestand, 1962, S. 52 ff.; *Kaufmann*, JZ 1963, S. 432; *Saal*, Vortäuschen, 1997, S. 77 ff.; *Schünemann*, JA 1975, S. 797;

823 *Schünemann*, in GS Meuer, 2002, S. 59

dürfen also einer dem spezifischen Unwertgehalt der jeweils erfassten Verhaltensweise angemessenen eigenständigen Legitimation[824].

## III. Zur Problematik der Lösungsversuche

Die oben geschilderte Problematik hat der Strafrechtswissenschaft den Anlass gegeben, verschiedene einschränkende Interpretationsmodelle zu entwickeln. Dabei wurden jedoch keine allgemein anerkannten Ergebnisse erzielt[825]. Unten werden nur einige typische Auffassungen vorgestellt.

### *1 Die Theorie der widerleglichen Gefahrpräsumtion nach Rabl und Schröder*

*Rabl* und *Schröder* gehen davon aus, dass eigentlich nur die Verletzung bzw. konkrete Gefährdung eines Rechtsgutsobjekts strafwürdig ist und die Pönalisierung abstrakter Gefährdung auf einer Fiktion bzw. Präsumtion der Gefährdung aufbauen muss[826]. Ihre Betrachtungen weichen allerdings im Einzelnen voneinander ab.

Die Theorie der widerleglichen Gefahrpräsumtion geht auf *Rabl* zurück, der in jedem Straftatbestand eine dreigliedrige Struktur erblickt[827]: Existenz der realen Güter – Ausführungshandlung (Tun oder Unterlassung) – Erfolg (die nachteilige Veränderung des Ursprungszustandes). Nach *Rabl* bedeutet „Erfolg" stets eine reale Veränderung der Außenwelt und zwar eine Verletzung oder Gefährdung bestimmter Rechtsgüter. Seine Überlegungen sind für die Verletzungs- oder die konkreten Gefährdungsdelikte ohne weiteres nachvollziehbar, während er bei allen abstrakten Gefährdungsdelikten eine Präsumtion des Gefahrerfolgs durch den Gesetzgeber annehmen muss[828]. Diese Präsumtion sei im Prozess beweisbedürftig und widerlegbar[829].

Anknüpfend an *Rabl* hat *Schröder* die Präsumtion zwar auch als widerlegliche Vermutung aufgefasst. Er will jedoch lediglich für diejenigen abstrakten Gefährdungsdelikte, die letztlich den Schutz individueller Rechtsgüter (z. B. § 306 StGB a. F.) bezwecken, den Gegenbeweis der Ungefährlichkeit zulassen[830]. Während *Rabl* dem Angeklagten die Möglichkeit eröffnen will[831], den Gegenbeweis der Ungefährlichkeit zu führen, stehe dem Gericht, nach *Schröder*, in solchen Fällen die „Befugnis" zu, den Gegenbeweis zu führen und den Tatbestand nicht anzuwenden, „wenn festgestellt werden kann, dass die Tat zu keiner denkbaren Gefährdung von Menschleben geführt hat"[832].

Unvermeidbarerweise stößt die Theorie der widerleglichen Gefahrpräsumtion auf unterschiedliche Kritik. Wenn man den Angeklagten mit dem Beweisrisiko für eine hinreichende Ungefährlichkeit belastet, widerspricht die Gefahrpräsumtion eindeutig den Grundsätzen der Amtsaufklärungsmaxime und dem Prinzip „in dubio pro reo"[833]. Wenn im Gegenteil dem Täter die individu-

---

824 *Kindhäuser*, Gefährdung, 1989, S. 227.

825 Zu verschiedenen Versuchen vgl. ausführlich *Anastasopoulou*, Deliktstypen, 2005, S. 83 ff.; *Kindhäuser*, Gefährdung, 1989, S. 227 ff., *Schmidt*, Untersuchung, 1999, S. 21 ff.

826 So ausdrücklich *Schröder*, ZStW 81 (1969), S. 16; ferner auch *Kaufmann*, JZ 1963, S. 432; *Graul*, Präsumtion, 1991, S. 151 ff.

827 *Rabl*, Gefährdungsvorsatz, 1977, S. 9 ff.

828 *Rabl*, Gefährdungsvorsatz, 1977, S. 20 ff.

829 *Rabl*, Gefährdungsvorsatz, 1977, S. 20 f.

830 *Schröder*, ZStW 81 (1969), S. 15 ff.; auch *Rudolphi*, FS Maurach, 1972, S. 59 f.

831 *Rabl*, Gefährdungsvorsatz, 1977, S. 21.

832 *Schröder*, ZStW 81 (1969), S. 16.

833 Dazu vgl. *Schünemann*, JA 1975, S. 797. Ferner *Graul*, Präsumtion, 1991, S. 232 ff.; *Hack*, Subventionsbetrug, 1982, S. 94; *Horn*, Konkrete Gefährdungsdelikte, 1973, S. 25 ff.; *Hoyer*, Eignungsdelikte, 1987, S. 42; *Kindhäuser*, Gefährdung, 1989, S. 243 ff.; *Kratzsch*, Verhaltenssteuerung und Organisation, 1985, S. 112; *Kuhlen*, GA 1986, S. 396;

elle Gefährlichkeit seiner Verhaltensweisen ausnahmslos nachgewiesen werden muss, werden die abstrakten Gefährdungsdelikte in konkrete Gefährdungsdelikte umgewandelt , und – im Ergebnis – die Interessen des Gesetzgebers, durch die Ausgestaltung der abstrakten Gefährdungsdelikte die eingeschränkte präventive Wirkung konkreter Gefährdungsdelikte zu verbessern, verfehlt[834]. Dies gilt insbesondere, wenn der Gefährdungserfolg nach der Vornahme einer gefahrträchtigen Handlung vom Täter bloß zufällig ausgeblieben ist. Dann wird auch der Verlust der eigenständigen Deliktsfigur des abstrakten Gefährdungsdelikts deutlich. Des Weiteren wird entgegen der widerleglichen Gefahrpräsumtion *Schröders* der Einwand erhoben, die Einschränkung des Anwendungsbereiches des Gegenbeweises auf die Fälle, in denen die individuellen Interessen bedroht werden, sei nicht überzeugend[835]. Ungeachtet der Fixierung der widerleglichen Gefahrpräsumtion in den abstrakten Gefährdungsdelikten, die abschließend auf den Schutz der Individualinteressen gerichtet werden, ist die Durchführbarkeit dieser Theorie trotzdem als eingeschränkt anzusehen, weil der Gegenbeweis bei manchen abstrakten Gefährdungsdelikten – etwa wie beim unbefugten Besitz von Waffen oder dem Handel mit Rauschmitteln – von vornherein unzulässig ist[836].

Daher kann die Konzeption der Gefahrpräsumtion das Legitimitätsdilemma der abstrakten Gefährdungsdelikte nicht lösen, sondern lediglich punktuell entschärfen[837]. In der jüngeren Diskussion lässt sich die Theorie der widerleglichen Gefahrpräsumtion als inkonsequente Verlegenheitslösung nicht mehr vertreten[838].

### *2 Die Lehre der Risikoerhöhung nach Cramer*

*Cramer* geht von der zentralen Aufgabe des Strafrechts als Rechtsgüterschutz aus und fundiert das Stufenverhältnis von Verletzungs- und Gefährdungsdelikten (oben § 5 A II) auf der Annahme, dass ein menschliches Verhalten an sich Gegenstand der Bewertung sei und auch ohne greifbare Folge eine Beziehung zur Rechtsgüterwelt aufweise[839]. Nach dem Maßstab der Intensität des Angriffs auf das Rechtsgut unterscheidet er zwischen drei Erscheinungsformen des Verbrechens. Die abstrakten Gefährdungsdelikte unterscheiden sich von den konkreten Gefährdungsdelikten nur durch die zur Tatbestandverwirklichung erforderliche (geringere) Angriffsintensität. Für die abstrakte Gefährlichkeit eines Verhaltens, die Vorstufe zu den konkreten Gefährdungsdelikten, sei die nahliegende Möglichkeit einer Gefahr für das geschützte Rechtsgut kennzeichnend[840]. Die Strafwürdigkeit potentieller gefährlicher Verhaltensweisen leite sich aus dem Umstand ab, dass auch potentiell gefährliche Verhaltensweisen ihrer sozialen Bedeutung nach auf die Erschütterung der Daseinsgewissheit gerichtet seien[841]. *Cramer* verdeutlicht seine Konzeption am Beispiel des

---

*Meyer*, Gefährlichkeitsdelikte, 1992, S. 161; *Wolter*, Zurechnung, 1981, S. 295;

834 *Horn*, Konkrete Gefährdungsdelikte, 1973, S. 22; *Schünemann*, JA 1975, S. 797; *Wohlers*, Deliktstypen, 2000, S. 288.

835 So bezweifelt *Anastasopoulou*, Deliktstypen, 2005, S. 89, warum der Beweis gegen Gefährlichkeit nicht erhoben werden sollte, weil die Norm die Allgemeininteressen schützt.

836 So *Wohlers*, Deliktstypen, 2000, S. 288. Es ist aber nicht zu übersehen, dass gerade diese Problematik *Schröder* veranlasst, vor allem zwischen zwei Gruppen von abstrakten Gefährdungsdelikten zu unterscheiden und dann die Anwendung des Gegenbeweises in den Fällen, in denen die Norm die Allgemeinheit oder im Tatzeitpunkt keine konkretisierten oder keine konkretisierbaren Objekte schützt, auszuschließen, dazu vgl. *Schröder*, ZStW 81 (1969), S. 16 f.

837 So *Anastasopoulou*, Deliktstypen, 2005, S. 89; *Berz*, Formelle Tatbestandsverwirklichung, 1986, S. 104; *Brehm*, Abstraktes Gefährdungsdelikt, 1973, S. 74 ff.; *Marxen*, Strafbarkeitseinschränkung, 1991, S. 50; *Wohlers*, Deliktstypen, 2000, S. 288.

838 Zum Meinungsstand vgl. ausführlich *Graul*, Präsumtion, 1991, S. 140 ff.

839 *Cramer*, Vollrauschtatbestand, 1962, S. 62 ff.

840 *Cramer*, Vollrauschtatbestand, 1962, S. 68.

841 *Cramer*, Vollrauschtatbestand, 1962, S. 65.

untauglichen Versuchs. Ihm zufolge rechtfertigt die Gefährlichkeit des Täters, der seine Rechtsfeindlichkeit durch den Versuch bewiesen habe und der deshalb als potentieller Wiederholungstäter anzusehen sei, die Feststellung, dass auch der untaugliche Versuch sich als Angriff auf ein Rechtsgut darstelle[842]. Um den strafbaren Bereich der abstrakten Gefährdungsdelikte einzuschränken und damit die abstrakten Gefährdungsdelikte in Einklang mit dem Schuldprinzip zu bringen, fordert er bei den jeweiligen abstrakten Gefährdungstatbeständen das ungeschriebene Merkmal der generellen Eignung der Tat zur Herbeiführung einer Rechtsgutsverletzung[843]. Dabei soll der Begriff der Geeignetheit oder eine ihm gleichwertige Beschreibung des Tatmittels verwendet werden. Sodann werden nur die zur Gefährdung geeigneten Handlungen von den abstrakten Gefährdungsdelikten erfasst[844]. Das Problem mit dem Schuldprinzip taucht daher nicht auf[845].

Gegen *Cramer*s Ansatz wird zuerst eingewendet, dass in seiner Definition der abstrakten Gefährdungsdelikte ein logischer Fehler steckt. Das Abstellen auf die Wahrscheinlichkeit der (als „Gefahr" bezeichneten) Wahrscheinlichkeit einer Rechtsgutsverletzung stellt sich nämlich als Verdoppelung des Wahrscheinlichkeitsurteils dar[846], was von *Kaufmann* als sinnlos bezeichnet wird[847]. Außerdem enthält diese Sichtweise letztlich eine vom Substrat des Tatbestandes nicht gedeckte Vermengung von gefährlicher Handlung und Gefahrenerfolg[848]. Es ist auch nicht ersichtlich, dass der Täter eines untauglichen Versuchs graduell weniger gefährlich ist, als der eines tauglichen. Der untaugliche Versuch unterscheidet sich vom tauglichen Versuch nur dadurch, dass bei ersterem die objektiven Tatumstände nicht zur Tatbestandsverwirklichung geeignet sind, nicht aber durch eine geringere Angriffsintensität[849]. Von daher ist die dogmatische Einordnung der abstrakten Gefährdungsdelikte als konkrete Gefährdungsdelikte geringerer Angriffsintensität in sich nicht schlüssig[850]. Die von ihm entwickelte Möglichkeit einer Tatbestandsrestriktion bei den abstrakten Gefährdungsdelikten ist dann nicht haltbar[851]. Wenn *Cramer* zugibt, dass das abstrakt gefährliche Verhalten im Einzelfall auch ungefährlich sein könnte, kann sein Konzept die Friktionen mit dem Schuldprinzip nicht befriedigend lösen[852], was aber zugleich einen seiner Dreiteilung innewohnenden Widerspruch darstellt[853].

### *3 Die Theorie der mangelnden Sorgfalt nach Horn und Brehm*

Im Unterschied zu *Rabl*, *Schröder* und *Cramer* versuchen *Horn* und *Brehm*, die Unwertigkeit abstrakter Gefährdungsdelikte ausdrücklich vom Erfolgsunrecht abzukoppeln und nur über das Verhaltensunrecht zu begründen.

---

842 *Cramer*, Vollrauschtatbestand, 1962, S. 61.
843 *Cramer*, Vollrauschtatbestand, 1962, S. 67.
844 *Cramer*, Vollrauschtatbestand, 1962, S.74 ff.
845 *Cramer*, Vollrauschtatbestand, 1962, S.74 ff.
846 *Anastasopoulou*, Deliktstypen, 2005, S. 90; *Schünemann*, JA 1975, S. 797.
847 *Kaufmann*, JZ 1963, S. 433 meint, dass das Moment der Wahrscheinlichkeit im Begriff der Gefahr immanent enthalten sei. Wenn man die abstrakte Gefahr als die Wahrscheinlichkeit einer Gefahr ansieht, sage man letztlich, die abstrakte Gefahr sei die Wahrscheinlichkeit der Wahrscheinlichkeit des Erfolgseintritts. Eine Wahrscheinlichkeit der Wahrscheinlichkeit oder eine Möglichkeit der Möglichkeit ergebe jedoch keinen Sinn. Ferner *Herzog*, Unsicherheit, 1991, S. 27; *Kindhäuser*, Gefährdung, 1989, S. 248 ff. Anders aber *Brehm*, Abstraktes Gefährdungsdelikt, 1973, S. 79 ff.: Die Frage, ob die Definition der abstrakten Gefahr nach Cramer einen logischen Fehler enthält, hänge von ihrer unterschiedlichen Interpretation ab.
848 *Horn*, Konkrete Gefährdungsdelikte, 1973, S. 24 f.; *Schünemann*, JA 1975, S. 798.
849 *Kindhäuser*, Gefährdung, 1989, S. 249.
850 *Schmidt*, Untersuchung, 1999, S. 54.
851 *Schünemann*, JA 1975, S. 798.
852 *Schünemann*, JA 1975, S. 798.
853 *Schmidt*, Untersuchung, 1999, S. 54.

Unter abstrakten Gefährdungsdelikten versteht *Horn* die Handlungen, die in Bezug auf den Eintritt einer Verletzung eines bestimmten Rechtsguts sorgfaltswidrig sind[854]. Ob sich die Rechtsgutsverletzung tatsächlich verwirklicht oder nicht, spielt keine entscheidende Rolle für die Strafbarkeit der objektiv sorgfaltswidrigen Handlungen als solche. *Horns* Konzeption gerät somit in Kritik, die sich aus zwei Hinsichten begründen lässt. Einmal erblickt *Schünemann* darin die Diskrepanz zwischen dem abstrakten Gebot und der konkreten Sinnlosigkeit der Gebotsbefolgung, die allerdings dadurch nicht beseitigt werden kann, dass die ex ante aufzustellende Sorgfaltsnorm bei einer ex-post-Betrachtung durchaus in concreto sinnlos erscheinen kann[855]. Ein anderes Mal versucht *Horn* zwar, durch das Festhalten an der objektiv sorgfaltswidrigen Handlung, die Strafbarkeit der abstrakten Gefährdungsdelikte einzuschränken. Allerdings wird der Täter, der bei vorsätzlicher Erfüllung des abstrakten Gefährdungstatbestandes unwissentlich objektiv sorgfaltsgemäß gehandelt hat, nach *Horns* Lösung unfair privilegiert und bleibt straflos[856]. Dieses Ergebnis erweist sich insbesondere durch den Vergleich mit dem strafbaren untauglichen Versuch als nicht überzeugend[857].

Auch *Brehm* gelangt zu dem gleichen Ergebnis für die rechtsgutsorientierten abstrakten Gefährdungsdelikte, indem er von einer Trennung[858] des Tatbestandes von der Norm ausgeht und die Auffassung vertritt, dass eine im Einzelfall ungefährliche Handlung zwar tatbestandsmäßig, aber nur dann rechtswidrig sei, wenn sie auch pflichtwidrig gewesen sei[859]. Wenn der Täter im Zeitpunkt seiner Vornahme der vom § 306 Nr. 2 StGB a. F (§ 306a I Nr. 1 StGB n. F.) umschriebenen Handlung bereits Erkundigungen darüber anstellt, ob jemand im Haus anwesend ist, und feststellt, dass das Inbrandsetzen mangels Anwesender für Menschen ungefährlich sei, dann habe der Täter nicht gegen das Tötungsverbot des § 306 Nr. 2 StGB a. F. verstoßen. Seine Handlung sei nicht rechtswidrig und werde daher nicht unter Strafe gestellt[860]. Die Rechtswidrigkeit ergibt sich nämlich bei *Brehm* aus der Pflichtwidrigkeit. Warum die bloße Pflichtwidrigkeit für sich gesehen eine Pönalisierung zu legitimieren vermag, wird von *Brehm* jedoch nicht näher dargelegt. Für die Norm mit bloßer „Organisationsfunktion“, etwa die Vorschriften des Verkehrsstrafrechts, soll nach *Brehms* Ansicht nur ein Ungehorsam für die Bestrafung ausreichen. Dabei wird die Konzeption der rechtsgutsbezogenen Sorgfaltspflicht nicht in Betracht kommen[861]. Es fehlt *Brehm* allerdings eine gerechtfertigte Erklärung für eine solche Differenzierung[862].

### 4 Die Theorie der abstrakten Gefährdungsdelikte als Selbstzwecknormen nach Kindhäuser

Im Unterschied zu den oben genannten rechtsgutsorientierten Theorien versucht der von *Kindhäuser* entwickelte Ansatz, die abstrakte Gefährdungsdelikte ohne unmittelbare Bezugnahme auf den Gesichtspunkt des Schutzes von Rechtsgütern vor realen Beeinträchtigungen zu legitimieren. *Kindhäuser* geht davon aus, dass sich die Normen der abstrakten Gefährdungsdelikte durch den

854 *Horn*, Konkrete Gefährdungsdelikte, 1973, S. 28.
855 *Schünemann*, JA 1975, S. 798.
856 *Schünemann*, JA 1975, S. 798.
857 *Anastasopoulou*, Deliktstypen, 2005, S. 95.
858 *Brehm*, Abstraktes Gefährdungsdelikt, 1973, S. 120: Ein Straftatbestand beinhalte eine Norm, die in dem Zweck des Tatbestandes besteht, und die von dem eigentlichen Tatbestand zu trennen sei.
859 *Brehm*, Abstraktes Gefährdungsdelikt, 1973, S. 123 ff.
860 *Brehm*, Abstraktes Gefährdungsdelikt, 1973, S. 126, 131.
861 *Brehm*, Abstraktes Gefährdungsdelikt, 1973, S. 139 ff.
862 Zur Kritik dazu vgl. *Anastasopoulou*, Deliktstypen, 2005, S. 97; *Hack*, Subventionsbetrug, 1982, S. 99; *Hoyer*, Eignungsdelikte, 1987, S. 42 ff.; *Meyer*, Gefährlichkeitsdelikte, 1992, S. 176 ff.; *Wohlers*, Deliktstypen, 2000, S. 291.

Zweck, Rechtsgutsverletzungen zu vermeiden, nicht befriedigend erklären lassen[863]. Er will nicht nur die Legitimationsproblematik abstrakter Gefährdungsdelikte vom „Angriffsparadigma" der Rechtsgutslehre lösen[864], sondern er bezweifelt auch die Notwendigkeit, die durch Verletzungsverbote geschützten Rechtsgüter auch noch durch Normen, die lediglich potentiell verletzende Verhaltensweisen zum Gegenstand haben, zu schützen[865].

Seiner Ansicht nach sind die Normen der abstrakten Gefährdungsdelikte als „Selbstzwecknormen zu verstehen, nämlich als Normen, deren Zweck durch ihre Verletzung eo ipso verfehlt wird"[866]. Mit Nachdruck verweist *Kindhäuser* darauf, dass mit dem Begriff der Selbstzwecknorm nicht gemeint ist, dass die Norm ihren eigenen Zweck nennt, da der Zweck immer normtranszendent ist. Vielmehr meine dieser Begriff, dass die tatbestandlichen Merkmale abschließend die Schädlichkeit einer Verhaltensweise festlegen, die deren Verbot rechtfertige[867]. Er definiert abstrakte Gefährdungsdelikte als Sicherheitsnormen und interpretiert die Normen der abstrakten Gefährdungsdelikte als Verbote, die zur sorglosen Verfügung über Güter notwendigen (heteronomen) Sicherheitsbedingungen zu beeinträchtigen[868]. Im Fall der autonomen Zuständigkeit für die Sicherheit, etwa dem erlaubten Glückspiel, gebe es keinen tauglichen Gegenstand des strafrechtlichen Eingriffs[869]. Hingegen ist „die Gewährleistung heteronomer Sicherheit, also die Kompensation der vom Einzelnen nicht oder nur mit unverhältnismäßigem Aufwand zu leistenden Vorsorge zur ungefährlichen Verfügung über Güter im Rahmen des sozial Adäquaten, eine notwendige Rahmenbedingung der Gewährleistung personaler Entfaltung durch Güter"[870]. Dabei ist der strafrechtliche Schutz notwendig. Die Definition der Sicherheit wird von *Kindhäuser* näher konkretisiert als die berechtigte Sorglosigkeit bei der Verfügung über Güter, nämlich die objektive begründete Erwartung eines rational urteilenden Subjekts, gefahrlos Güter zur Verwirklichung bestimmter Zwecke einsetzen zu können[871]. Wenn es der Zweck einer Norm ist, Sicherheit zu gewährleisten, ist den beiden sog. Komponenten der subjektbezogenen Sorglosigkeit und deren objektiver Begründetheit Rechnung zu tragen[872].

Nach *Kindhäusers* Auffassung ist die Sicherheit, die durch abstrakte Gefährdungsdelikte tangiert wird, der dem über Güter verfügenden rechtlich garantierte Zustand, dass hinreichend vorgesorgt ist[873]. Die Abgrenzung von Schadensabwehr und Schadensvorsorge ergibt den Unterschied zwischen konkreter und abstrakter Gefährdung, die die Verfügungsmöglichkeit im Rahmen des sozial Adäquaten betrifft[874]. Unter dem Aspekt der Sicherheit, so *Kindhäuser,* muss der Einzelne auch vor solchen Bedingungen geschützt werden, deren Unschädlichkeit nicht mit hinreichender Gewissheit feststeht. Und der Zweifel an der Unschädlichkeit von Bedingungen rechtfertigt durchaus

863 *Kindhäuser*, Gefährdung, 1989, S. 270, 273.
864 So *Kindhäuser*, Gefährdung, 1989, S. 287 f.: „Während jene Positionen dem Angriffsparadigma verhaftet sind und das Verbot eines Verhaltens mit dessen Eigenschaft als subjektiv und/oder objektiv taugliches Mittel zur Herbeiführung einer Rechtsgutsverletzung begründen, spielt von diesem Standpunkt aus eine wie auch immer geartete Verletzungsfinalität für die Bestimmung des Verbots der Tat keine Rolle". Damit wollte *Kindhäuser* seine Ansicht über die abstrakten Gefährdungsdelikte von den dogmatischen Stellungnahmen unterscheiden.
865 *Kindhäuser*, Gefährdung, 1989, S. 270.
866 *Kindhäuser*, Gefährdung, 1989, S. 272.
867 *Kindhäuser*, Gefährdung, 1989, S. 273.
868 *Kindhäuser*, Gefährdung, 1989, S. 280.
869 *Kindhäuser*, Gefährdung, 1989, S. 279.
870 *Kindhäuser*, Gefährdung, 1989, S. 279.
871 *Kindhäuser*, Gefährdung, 1989, S. 282.
872 *Kindhäuser*, Gefährdung, 1989, S. 282.
873 *Kindhäuser*, Gefährdung, 1989, S. 280.
874 *Kindhäuser*, Gefährdung, 1989, S. 281.

ihre präventive Abschirmung[875]. Für das Verbot abstrakter Gefährdungsdelikte reiche die Nichterweislichkeit der Unschädlichkeit aus[876].

*Kindhäusers* Konzept ist jedoch Einwänden aus drei Hinsichten ausgesetzt. Zuerst liegt in der strukturellen Parallelität von Sicherheitsbegriff und Normgeltung die Gefahr, die Legitimationsproblematik der abstrakten Gefährdungsdelikte auf eine tautologische Weise zu lösen und zu erblicken[877]. Denn die empirischen Untersuchungen zum gesellschaftlichen Sicherheitsbegriff haben gezeigt, dass die entscheidenden Kernvorstellungen der Sicherheitsthematik mit den soziologisch rekonstruierbaren Problembezügen der Normgeltung korrespondieren[878]. Insoweit ist der Sicherheitsbegriff materiell völlig farblos. Wenn *Kindhäuser* die abstrakten Gefährdungsdelikte als Sicherheitsnormen deutet, lässt sich die Legitimation der abstrakten Gefährdungsdelikte nicht beschränken[879], da der Sicherheitsbegriff im Namen einer gesellschaftlichen Wertidee und zwar einer Berufung auf den Schutz konturenloser Allgemeininteressen jegliche Regelung zu rechtfertigen vermag[880]. Ferner ist mit guten Gründen zu bezweifeln, ob es tatsächlich möglich ist, zwischen einem „Gut" und seiner „Verfügbarkeit" (Wert als Mittel) zu unterscheiden und die Verfügbarkeit als eigenständige schützenwerte Größe auszuweisen[881]. Insoweit ist in *Kindhäusers* Definition der Sicherheit auch eine Umformulierung des Rechtsgutsbegriffs zu sehen[882]. Dabei ist *Roxin*' Recht zu geben, der meint, „dass Sorglosigkeit und Angstfreiheit nur durch den Schutz der bedrohten Rechtsgüter hervorgerufen werden können, so dass dieser das primäre Ziel auch der abstrakten Gefährdungstatbestände und die Hervorrufung von ‚Sicherheit' wie bei allen anderen Tatbeständen nur die Begleiterscheinung und Folge des – vorverlagerten – Rechtsgüterschutzes ist"[883]. Gegen *Kindhäuser* wird daher auch eingewendet, dass er die abstrakten Gefährdungsdelikte einfach in Delikte zum Schutz des Sicherheitsgefühls umgedeutet hat[884].

## *5 Zwischenergebnis*

Wie die obigen Ausführungen zeigen, ist es den Lösungsversuchen weder unter dem Gesichtspunkt der Vermeidung einer Rechtsgutsbeeinträchtigung, noch aufgrund des Rechts auf Sicherheitsgewährleistung gelungen, die abstrakten Gefährdungsdelikte zu legitimieren, und diesen Deliktstyp mit dem Schuldprinzip völlig in Einklang zu bringen. Vor diesem Hintergrund ist es erforderlich, innerhalb der abstrakten Gefährdungsdelikte im herkömmlichen Sinne dogmatische Subkategorien zu entwickeln und die von der jeweiligen Kategorie erfassten Risikotypen zu bewerten. Sodann ist zu beantworten, ob, und wenn ja wie eine Pönalisierung der Risikoschaffung gegenüber dem Strafzweck des Rechtsgüterschutzes zu legitimieren ist.

---

875 *Kindhäuser*, Gefährdung, 1989, S. 283.
876 *Kindhäuser*, Gefährdung, 1989, S. 283.
877 *Müssig*, Abstrakte Rechtsgüter, 1994, S. 204.
878 Zu diesem Zusammenhang vgl. ausführlich *Kaufmann*, Sicherheit, 1970, S. 164 f., 175, 226; *Müssig*, Abstrakte Rechtsgüter, 1994, S. 202 f.; *Preuß*, KritV 1989, S. 5.
879 *Müssig*, Abstrakte Rechtsgüter, 1994, S. 204.
880 *Anastasopoulou*, Deliktstypen, 2005, S. 118; *Müssig*, Abstrakte Rechtsgüter, 1994, S. 204.
881 *Koriath*, GA 2001, S. 64; ferner *Anastasopoulou*, Deliktstypen, 2005, S. 119.
882 *Anastasopoulou*, Deliktstypen, 2005, S. 119. Auch *Müssig*, Abstrakte Rechtsgüter, 1994, S. 202 meint, *Kindhäuser* bleibe jedoch den Prämissen der Rechtsgutslehre verbunden und orientiere letztendlich auch den Sicherheitsbegriff an den Rationalitätskriterien der Rechtsgutslehre.
883 *Roxin*, AT[4], Bd. I, 2006, § 11 B Rn. 157, m. w. N.
884 So *Seelmann*, NJW 1990, S. 1259.

## C. Die von der h. M. übernommene Kategorisierung der abstrakten Gefährdungsdelikte

In der deutschen Strafrechtslehre herrscht weitgehende Übereinstimmung darüber, dass die Dichotomie nur eine ganz grobe Einteilung der Delikte darstellt und aus den abstrakten Gefährdungsdelikten weitere Kategorien ausgesondert werden müssen[885]. Die Strukturierung der Normgruppe der abstrakten Gefährdungsdelikte wird auf verschiedene Weise unternommen. Als einflussreich[886] hat sich der von *Schünemann*[887] entwickelte Ansatz erwiesen. Daran anschließend legt *Roxin*[888] ein vollständiges Bild der Systematik der abstrakten Gefährdungsdelikte vor[889]. Demnach werden im Wesentlichen vier Subkategorien unterschieden:

Am Anfang steht eine von *Schünemann* als „fahrlässige Versuchsdelikte"[890] bezeichnete Fallgruppe. *Roxin* bezeichnet sie als „klassische abstrakte Gefährdungsdelikte"[891] und *Wolter* als „uneigentlich abstrakte Gefährdungsdelikte"[892]. Als Paradebeispiel gilt der Straftatbestand des §306 a I Nr. 1. Bei dieser Kategorie werden in erster Linie die Notwendigkeit und die Art einer einschränkenden Auslegung des Anwendungsbereichs diskutiert[893]. Im Allgemeinen wird diese Kategorie trotz einzelner Streitpunkte akzeptiert.

An zweiter Stelle steht die von *Schünemann* und *Roxi*n als „Massenhandlungen"[894] bezeichnete Deliktskategorie, die *Wolter* aber als „eigentliche abstrakte Gefährdungsdelikte"[895] definiert. Als klassisches Beispiel gilt die Trunkenheit im Verkehr (§ 316). Durch diese Normgruppe will der Gesetzgeber genügend konkrete Aufmerksamkeit für die zahlreichen atypischen Gefahren erlangen[896]. Aus generalpräventiven[897] bzw. lerntheoretischen[898] Gründen müsse eine einschränkende Auslegung von vornherein ausscheiden[899]. Eine Strafbarkeit sei auch dann anzunehmen, wenn in der Tat eine Gefährdung völlig ausgeschlossen war[900].

---

885 Vgl. *Roxin*, AT[4], Bd. I, 2006, § 11 B Rn. 153; *Schünemann*, JA 1975, S. 793; *Wohlers*, Deliktstypen, 2000, S. 297, 299 ff., 307 ff.

886 So würdigt *Wohlers*, Deliktstypen, 2000, S. 299.

887 *Schünemann*, JA 1975, S. 793 ff.

888 *Roxin*, AT[4], Bd. I, 2006, § 11 B Rn. 154 ff.

889 Das Konzept von *Schünemann* über die Ausdifferenzierung der abstrakten Gefährdungsdelikte wird in seinen wesentlichen Gründzügen auch von *Wolter* übernommen, dazu vgl. *Wolter*, Zurechnung, 1981, S.276 ff.

890 *Schünemann*, JA 1975, S. 798.

891 *Roxin*, AT[4], Bd. I, 2006, § 11 B Rn. 154 ff.

892 *Wolter*, Zurechnung, 1981, S. 278.

893Das wird von den oben geschilderten Lösungsversuchen zur Legitimation der abstrakten Gefährdungsdelikte belegt.

894 *Roxin*, AT[4], Bd. I, 2006, § 11 B Rn. 160; *Schünemann*, JA 1975, S. 798.

895 *Wolter*, Zurechnung, 1981, S. 277.

896 *Schünemann*, JA 1975, S. 798.

897 So *Roxin*, AT[4], Bd. I, 2006, § 11 B Rn. 160.

898 *Schünemann*, JA 1975, S. 798.

899 *Wohlers*, Deliktstypen, 2000, S. 301 hält es auch für nicht überzeugend, dass man bei dieser Kategorie an der strikten Befolgung der betroffenen Vorschrift festhalten muss, während eine strafbarkeitseinschränkende Auslegung der Tatbestände bei der Kategorie der klassischen abstrakten Gefährdungsdelikte und bei den Delikten mit vergeistigtem Zwischenrechtsgut in Betracht kommen soll.

900 Hingegen soll die Strafbarkeit nach *Zieschang*, Gefährdungsdelikte, 1998, S. 374. entfallen, wenn „aus der ex ante Sicht eines verständigen Beobachters vom Standpunkt des Täters eine konkrete Gefahr oder Verletzung des geschützten Rechtsguts ausgeschlossen ist".

Der dritten Kategorie sind die Delikte mit sog. vergeistigtem Zwischenrechtsgut[901] zuzuordnen. Darunter fallen die Verhaltensweisen als solche, bei denen ein durch die soziale Anschauung konstituiertes vergeistigtes Zwischenrechtsgut verletzt wird. Als typische Beispiele gelten die Falschaussage- und Bestechungstatbestände (§§ 331 ff., 153 ff.). Allein die Verletzung des Zwischenrechtsguts stellt einen strafwürdigen Handlungsunwert dar und trägt die Strafbarkeit. [902]. Hier kommt nur eine restriktive Tatbestandsauslegung in Betracht, um Minimalverstöße (etwa kleine Gefälligkeitsgeschenke bei den §§ 331 ff.) ausscheiden zu können[903].

Die vierte und letzte Kategorie bilden die heute allgemein als Eignungsdelikte[904] bezeichneten Straftatbestände. Diese Deliktsgruppe wurde von *Schröder* als „abstrakt-konkretes Gefährdungsdelikt“ [905] in die Diskussion eingeführt und wird heutzutage teils auch potentielles Gefährdungsdelikt[906] oder „besonderes abstraktes“ Gefährdungsdelikt[907] genannt. Ihr Unterschied zu normalen abstrakten Gefährdungsdelikten wird darin gesehen, dass „der Gesetzgeber hier nicht eine bestimmte Verhaltensweise schlicht um ihrer selbst willen verboten, sondern sich am Entstehen einer Gefahrenquelle orientiert hat“[908]. Sie lässt sich beispielhaft an §§ 186, 311 (Üble Nachrede, Freisetzen ionisierender Strahlen)[909] verdeutlichen. Bei ihr müssen gewisse, im Gesetz nicht näher bezeichnete Gefährdungsmerkmale gegeben sein und diese Eignungsmerkmale müssen durch richterliche Auslegung bestimmt werden. Während *Roxin* die Eignungsdelikte als eine besondere Gestaltungsform[910] der abstrakten Gefährdungsdelikte erachtet, hat *Schröder*[911] diese Kategorie überwiegend der Gruppe der konkreten Gefährdungsdelikte zugeordnet. *Gallas*[912] tritt für eine Aufteilung in die Kategorien der konkreten und abstrakten Gefährdungsdelikte ein, wenn er die Eignungsdelikte auch als dritte Kategorie zwischen den abstrakten und konkreten Gefährdungsdelikten interpretiert[913].

---

901 So *Schünemann*, JA 1975, S. 798. Auch *Roxin*, AT[4], Bd. I, 2006, § 11 B Rn. 161; *Wolter*, Zurechnung, 1981, S. 303, 328 f.; *Saal*, Vortäuschen, 1997, S.103 ff. Kritisch dazu vgl. *Graul*, Präsumtion, 1991, S. 47 f.; *Jakobs*, AT[2], 1993, 2/25b; *Wohlers*, Deliktstypen, 2000, S. 301. Außerdem findet *Hefendehl*, Kollektive Rechtsgüter, 2002, S. 175 ff die Redeweise von „vergeistigten Zwischenrechtsgütern“ zwar „wenig klärend“, will aber diesen Begriff durch einen materiellen ähnlichen Begriff des „Vertrauensrechtsgut“ ersetzen, dazu siehe oben § 4 A II 2 c) cc).

902 *Schünemann*, JA 1975, S. 798; auch *Roxin*, AT[4], Bd. I, 2006, § 11 B Rn. 161.

903 *Schünemann*, JA 1975, S. 798.

904 *Hoyer*, Eignungsdelikte, 1987, passim; *Roxin*, AT[4], Bd. I, 2006, § 11 B Rn. 162; *Wohlers*, Deliktstypen, 2000, S. 321 ff.

905 *Schröder*, JZ 1967, S.522 ff.; *ders.*, ZStW 81 (1969), S. 18 ff.; daran anknüpfend auch *Schünemann*, JA 1975, S. 793, der einerseits das abstrakt-konkrete Gefährdungsdelikt als ein Mischgebilde ansieht und andererseits das Tatbestandsmerkmal der „generellen Eignung“ hervorhebt. Zur Kritik grundlegend und weiterführend *Gallas*, FS Heinitz, 1972, S. 171.

906 Fischer, Strafgesetzbuch[55], 2008; *Zieschang*, Gefährdungsdelikte, 1998, S. 101 f.

907 *Wolters/Horn* in SK- StGB, 65. Lfg., 2006, vor § 306 Rn. 18.

908 *Wohlers*, Deliktstypen, 2000, S. 297.

909 Daneben stehen noch andere Straftatbestände, bei denen der Begriff der „Geeignetheit“ ausdrücklich verwendet wird: §§ 109d, 126, 130, 140, 149, 152a i. V. m. 149, 164, 166, 186, 187, 188, 201, 219a, 219b, 220a, 275, 309, 311, 324a, 325, 326, 328 StGB. Ausführlich dazu vgl. *Zieschang*, Gefährdungsdelikte, 1998, S. 206 ff.

910 So *Roxin*, AT[4], Bd. I, 2006, § 11 B Rn. 162: es handele sich um abstrakte Gefährdungsdelike. Auch *Berz*, Formelle Tatbestandsverwirklichung, 1986, S. 60; *Saal*, Vortäuschen, 1997, S. 65; sowie BGH, JR 1997, 253, 253/254 m. w. N. aus der Rechtsprechung des BGH.

911 *Schröder*, JZ 1967, S.523 ff.; *ders.*, ZStW 81 (1969), S. 21 f.. Kritisch dazu siehe *Hoyer*, Eignungsdelikte, 1987, S. 20 ff.; *Wolter*, Zurechnung, 1981, S. 186 ff.; *Zieschang*, Gefährdungsdelikte, 1998, S. 171 ff.

912 *Gallas*, FS Heinitz, 1972, S. 181 f. Ablehnend *Graul*, Präsumtion, 1991, S. 117 ff.; *Hoyer*, Eignungsdelikte, 1987, S. 26 f.; *Zieschang*, Gefährdungsdelikte, 1998, S. 166 ff.

913 *Baumann/Weber/Mitsch*, AT[11], 2003, § 8 Rn. 44; *Hoyer*, Eignungsdelikte, 1987, S. 201 ff.; *Schünemann*, JA 1975, S. 793. Kritisch *Wohlers*, Deliktstypen, 2000, S. 298 f., der die Eignungsdelikte bloß als eine selbständige Kategorie im

Diese Systematik wird allerdings vielfachem Einwand ausgesetzt, der vor allem in diese Systematik eine Vermengung des Bedürfnisses nach Verhaltenssteuerung mit der Legitimation des Einsatzes strafrechtlichen Zwangs erblickt[914]. Es wird ihr auch vorgeworfen, dass sich die Kategorien der „Eignungsdelikte" und „Delikte mit vergeistigtem Zwischenrechtsgut" überwiegend darin erschöpfen, de lege lata geltende Straftatbestände anhand bestimmter Merkmale in Kategorien zusammenzufassen[915]. Außerdem sei es nicht gelungen, einen Ausschluss der einschränkenden Tatbestandsauslegung bei den „Massenhandlungen" zu begründen. Im Ergebnis bleibt die Frage nach der Legitimation dieser Kategorie dann weiter offen.

Ungeachtet dieser Einwände vermag die Systematik, aus der die Notwendigkeit der Vorbereitungstatbestände, ihre Legitimität und Einschränkung herzuleiten sind, auch kein fruchtbares Ergebnis für die Vorbereitungsdelikte im Sinne einer selbständigen Fallgruppe zu erbringen. Die Zuordnung der Vorbereitungsdelikte als Gesamtheit zu einer geeigneten Subkategorie bereitet schon Schwierigkeiten. Zunächst ist die Möglichkeit auszuschließen, die Vorbereitungsdelikte in die Kategorie der Eignungsdelikte einzuordnen, weil ihnen das Merkmal der „generellen Geeignetheit" fehlt. Danach wäre es allenfalls denkbar, die Vorbereitungsdelikte je nach dem unterschiedlichen Handlungsbezug auf das geschützte Rechtsgut in eine der anderen drei Kategorien einzuordnen. Beispielsweise ließen sich die Straftatbestände des Kapitalanlagebetrugs (§ 264a StGB), die das sog. Vertrauen der Allgemeinheit in das Funktionieren des Kapitalmarktes verletzen soll[916], und der Urkundenfälschung (§ 267 StGB), die das Vertrauen in den Rechtsverkehr verletzen soll[917], als „Delikte mit vergeistigtem Zwischenrechtsgut" einstufen. Und die Vorbereitung zum Kennzeichenmissbrauch (§ 22b I Nr. 3 StVG) könnte durch den Rekurs auf die „Lerntheorie" unter Strafe gestellt und im Ergebnis in die Kategorie der Massenhandlungen eingeordnet werden. Zuletzt wäre die Vorbereitung einer Verschleppung (§ 234a III StGB) wegen der typischen, generellen Gefährlichkeit für das Leben der Individuen den klassischen abstrakten Gefährdungsdelikten zuzuordnen. Eine solche Einordnung würde zuerst vornehmlich daran scheitern, dass das sog. Vertrauensrechtgut nicht als ein gerechtfertigtes und echtes Rechtsgut angesehen werden kann[918]. Daher trifft es nicht zu, dass die Vorbereitungsdelikte zum Teil in eine scheinbare Kategorie, die sog. „Delikte mit vergeistigtem Zwischenrechtsgut" einzuordnen sind. Zum zweiten ist es somit auch unmöglich, die Legitimität der Vorbereitungstatbestände an einem einheitlichen bzw. selbständigen Kriterium zu messen, was die Problematik der Vorbereitungstatbestände wiederum nur verschiebt.

## D. Die Lehre der Deliktsstruktur bei *Wohlers* – seine Entwicklung der Theorie des abstrakten Gefährdungsdelikts

Erst *Wohlers*[919] hat den Versuch unternommen, die Vorbereitungsdelikte wegen des speziellen immanenten Risikopotentials der Vorbereitungshandlungen als eine selbständige Subkategorie in die Systematik der modernen abstrakten Gefährdungsdelikte einzuordnen.

---

formellen Sinne sieht.

914 Diese Kritik gilt insbesondere bei den Subkategorien der „Massenhandlungen" und „Delikten mit vergeistigtem Zwischenrechtsgut", dazu vgl. *Herzog*, Unsicherheit, 1991, S. 34 ff.; *Kindhäuser*, Gefährdung, 1989, S. 269; *Wohlers*, Deliktstypen, 2000, S. 301.

915 *Wohlers*, Deliktstypen, 2000, S. 301.

916 Vgl. *Hefendehl*, Kollektive Rechtsgüter, 2002, S. 267 ff.; *Otto*, BT[5], 1998, § 61 Rn. 38.

917 *Arzt/Weber*, BT, 2000, S. 705.

918 Zur Kritik daran siehe oben § 4 A II 2 c) cc).

919 *Wohlers*, Deliktstypen, 2000, S. 307, 310, 328 ff., 431 f.

## I. Schwerpunkte der Lehre der Deliktsstruktur von Gefährdungsdelikten bei *Wohlers*

In seiner umfassenden Habilitationsschrift thematisiert *Wohlers* drei wesentliche Punkte: die Legitimitätsprobleme des modernen Präventionsstrafrechts, die Rechtsgutstheorie als Ausgangspunkt für die Prüfung der Legitimität von Straftatbeständen, und letztlich die unterschiedlichen Deliktsstrukturen innerhalb der abstrakten Gefährdungsdelikte und die für sie passenden Prüfungskriterien der Legitimation.

### *1 Die Legitimitätsprobleme des modernen Präventionsstrafrechts*

*Wohlers* geht von der Unterscheidung bzw. Gegenüberstellung von „klassischem" und „modernem" Strafrecht aus[920], die insbesondere von den Frankfurter Strafrechtslehrern entwickelt worden ist. In der sog. „Risikogesellschaft" befürwortet er ein modernes Präventionsstrafrecht, das zur Steuerung der gesellschaftlichen Entwicklung dient. Aber die Frage, unter welchen Voraussetzungen strafrechtlicher Zwang legitimerweise als ein Mittel zur Steuerung gesellschaftlicher Entwicklungen eingesetzt werden kann[921], braucht eine besondere Antwort. Die Problematik des „modernen" Strafrechts besteht nun darin[922]: Entweder müssen die tradierten Regeln der Zurechnung strafrechtlicher Verantwortlichkeit so modifiziert werden, dass die überkommenen Muster der Zurechnung personaler Verantwortlichkeit durch Zurechnungsstrukturen ersetzt werden, die es ermöglichen, vorausschauend, schnell und flexibel auf sich wandelnde Risikopotentiale zu reagieren; oder man muss den Einsatz strafrechtlicher Instrumente bei Beeinträchtigungen gewichtiger Freiheitsinteressen von vornherein auf einen relativ engen Bereich der vergeltenden Reaktion beschränken.

Hierbei muss man *Wohlers* Recht geben, wenn er darauf mit Nachdruck hinweist[923], dass der Streit über die Legitimität des „modernen" Strafrechts auf einer verfehlten Prämisse aufbaue. Es handelt sich nämlich, nach *Wohlers*, bei der als Kennzeichen des „modernen" Strafrechts angesehenen „Vorverlegung des Strafrechts in den Gefährdungsbereich" bloß um eine für jede Strafrechtsordnung grundlegende Problemstellung. Um diese Probleme zu lösen, soll man weder das Strafrecht auf den Schutz individueller Rechtsgüter einschränken, noch versuchen das Gefährdungsstrafrecht als solches als eine per se illegitime Ausdehnung des Anwendungsbereichs strafrechtlicher Normen anzusehen. Zu untersuchen ist vielmehr die Legitimität konkreter Einzelnormen[924]. Diese Aufgabe geht er mit einem Zwei-Ebenen-Prüfungsmaßstab an.

### *2 Die Rechtsgutstheorie als Ausgangspunkt für die Prüfung der Legitimität von Straftatbeständen*

*Wohlers* geht von der „maßlos überschätzten"[925] Leistungsfähigkeit der Rechtsgutstheorie aus. Er schließt sich *Jakobs*[926] und *Stratenwerth*[927] an und stellt fest, dass es dem Rechtsgutbegriff an konsensfähigen Kriterien und Maßstäben für eine begriffliche Konturierung fehlt[928]. Ein an die

920 *Wohlers*, Deliktstypen, 2000, S. 25, 29 ff.
921 *Wohlers*, Deliktstypen, 2000, S. 43 f.
922 *Wohlers*, Deliktstypen, 2000, S. 46.
923 *Wohlers*, Deliktstypen, 2000, S. 338.
924 *Wohlers*, Deliktstypen, 2000, S. 338.
925 *Wohlers*, GA 2002, S. 15.
926 *Jakobs*, AT², 1993, 2/15.
927 *Stratenwerth*, FS Lenckner, 1998, S. 379 f.
928 *Wohlers*, GA 2002, S. 16.

Spitze gestellter materieller Rechtsgutsbegriff, dem „selbst ein eigenständiger materieller Gehalt" fehlt und dem daher das kritische Potential entzogen werde, könne die Aufgabe, die Problematik der Legitimation strafrechtlicher Normen zu lösen, nicht erfüllen. Demzufolge habe die systematische Rechtsgutstheorie das selbstgesetzte Ziel, „dem Strafgesetzgeber ein plausibles und verwendungsfähiges Kriterium seiner Entscheidungen an die Hand zu geben und zugleich einen externen Prüfungsmaßstab für die Gerechtigkeit dieser Entscheidungen zu entwickeln"[929], eindeutig verfehlt[930]. Im Gegenteil werde das systematische Potential der Rechtsgutstheorie nicht durch den Rechtsgutsbegriff vorgegeben, sondern hänge von den Maßstäben ab, die von außen an die Rechtsgutslehre herangetragen werden[931]. Auch eine gesellschaftstheoretisch angereicherte Rechtsgutstheorie habe trotzdem nur eine ausschließlich negative Funktion[932]. Daher soll man, nach *Wohlers*, nicht an der Rechtsgutslehre als Prüfstein legitimer Strafgesetzgebung festhalten[933]. Für die Gefährdungsdelikte verlangt *Wohlers* folglich eine „vom Rechtsgutsdogma losgelöste eigenständige Legitimation"[934].

Gleichwohl verweist *Wohlers* auch darauf, dass der Ausgangspunkt für die Überprüfung der Legitimität der Strafnormen also die Bestimmung des durch die Norm geschützten Rechtsguts bleibe. Die Rechtsgutstheorie müsse sich allerdings von vornherein darauf beschränken, die illegitimen Schutzinteressen herauszufiltern[935]. Wenn ein legitimes Rechtsguts vorliege, hänge die Legitimität der Strafnorm (danach aber) entscheidend vom Verhältnis der Deliktsstruktur zu dem geschützten Gut ab. Die Legitimität eines Straftatbestandes könne also nicht allein durch den Verweis auf ein für sich gesehen strafschützenswertes Gut, sondern primär von der dogmatischen Deliktsstruktur aus begründet werden. Nach *Wohlers* sei die Deliktsstruktur nicht als ein nachrangiges Folgeproblem technischer Art zu behandeln. Vielmehr müsste sie als ein Topos anerkannt werden, dem bei der Bewertung der Legitimität der Strafnormen eigenständige Bedeutung zukomme[936].

### *3 Ausdifferenzierung der Deliktsstrukturen innerhalb der abstrakten Gefährdungsdelikte*

Diesen Befund nimmt *Wohlers* zum Anlass, sein Hauptaugenmerk auf eine Ausdifferenzierung der Deliktstypen zu legen. Nachdem *Wohlers* die Deliktsstruktur des modernen Strafrechts analysiert hat, kommt er zu dem Ergebnis, dass die abstrakten Gefährdungsdelikte die Typen der Risikoschaffung und des modernen Strafrechts darstellen sollen[937]. Die herkömmliche Unterscheidung zwischen Verletzungsdelikten und konkreten bzw. abstrakten Gefährdungsdelikten sei zu undifferenziert und vermöge daher nicht, die im Hinblick auf die Legitimität der Straftatbestände maßgeblichen Gesichtspunkte zu erfassen. Bei den abstrakten Gefährdungsdelikten ergibt sich

929 *Hassemer/Neumann* in NK-StGB², 2005, vor §1 Rn. 261; auch *Rudolphi*, FS Honig, 1970, S. 154.

930 *Wohlers*, GA 2002, S. 15 f.

931 *Wohlers*, Deliktstypen, 2000, S. 241 ff.

932 *Wohlers*, Deliktstypen, 2000, S.279 f. meint, eine Rechtsgutslehre als solche „delegitimiert Straftatbestände, die – gemessen am Rationalitätsstandard der jeweiligen Gesellschaft – etwas faktisch Unmögliches verlangen, oder die Interessen schützen wollen, welche – gemessen an der normativen Grundstruktur der Gesellschaft – rechtlich gar nicht schützenswert sind".

933 *Wohlers*, Deliktstypen, 2000, S. 279; *ders.*, GA 2002, S. 15, 17.

934 *Wohlers*, Deliktstypen, 2000, S. 291 ff.; *v. Hirsch/Wohlers*, Die Rechtsgutstheorie, 2003, S. 198.

935 *Wohlers*, Deliktstypen, 2000, S. 279.

936 *Wohlers*, Deliktstypen, 2000, S. 279 ff.; *ders.*, GA 2002, S. 15, 20; *ders.*, Die Rechtsgutstheorie, 2003, S. 282; *v. Hirsch/Wohlers*, Die Rechtsgutstheorie, 2003, S. 197.

937 *Wohlers*, Deliktstypen, 2000, S. 110 ff.

kein einheitlicher Deliktstypus, sondern es handelt sich um eine heterogene Ansammlung von Straftatbeständen mit durchaus unterschiedlichem Risikopotential[938].

Im Unterschied zu dem herkömmlichen Modell zur Unterscheidung der abstrakten Gefährdungsdelikte kategorisiert *Wohlers* nach Sachgesichtspunkten differenziert die de lege lata vorhandenen abstrakten Gefährdungstatbestände und unterscheidet drei Deliktstypen[939]: konkrete Gefährlichkeitsdelikte, Kumulationsdelikte und Vorbereitungsdelikte. Damit sei der Weg für jeweils eigenständige Legitimationskriterien vorzubereiten[940].

**a) Konkrete Gefährlichkeitsdelikte**

Mit der Begrifflichkeit der konkreten Gefährlichkeitsdelikte[941] im Sinne von potentiellen Erfolgs- bzw. potentiell-konkreten Gefährdungsdelikte bezeichnet *Wohlers* – im Anschluss an *Hirsch*[942] – solche Verhaltensweisen, deren Gefährlichkeit darauf beruht, dass sie zu Situationen führen, die für den Täter nicht mehr steuerbar sind und die – wenn nur ein entsprechendes Tatobjekt in den Einwirkungsbereich des Täters gelangt – ohne weiteres eine konkrete Gefährdung und gegebenenfalls auch eine Beeinträchtigung zur Folge haben können. Beispielhaft hierfür sind die folgenlose Trunkenheitsfahrt (§ 316 StGB) sowie die schwere Brandstiftung (§ 306a I StGB). Der Anwendungsbereich dieser Kategorie soll sich lediglich auf den Schutz personaler Interessen (Individualrechtsgüter) beschränken. Den Grund für den Ausschluss der Anwendung dieser Deliktsgruppe im Bereich der kollektiven Rechtsgüter erblickt *Wohlers* darin, dass die als konkrete Gefährlichkeitsdelikte angesehene Verhaltensweise für sich allein gesehen nicht imstande sei, das Rechtsgut zu beeinträchtigen.

**b) Kumulationsdelikte**

Unter diese Kategorie fallen diejenigen Verhaltensweisen[943], die zwar für sich gesehen ein rechtlich geschütztes Interesse nicht bzw. nicht in relevantem Maße zu beeinträchtigen vermögen, die aber im Zusammenwirken mit anderen, gleichgerichteten Verhaltensweisen zu einer Beeinträchtigung führen können. Die Kumulationsdelikte stellen einen Deliktstyp dar, der allgemein mit dem Schutz kollektiver Interessen verbunden ist[944]. Als Beispiele dafür gelten neben den Straftatbeständen zum Schutz von Umweltmedien (§§ 324 ff. StGB) auch die auf den Schutz bestimmter staatlicher Institutionen oder gesellschaftlicher Funktionszusammenhänge abzielenden Straftatbestände, wie z. B. die §§ 262, 264a, 265b StGB.

**c) Vorbereitungsdelikte**

Diese Kategorie bezeichnet die Verhaltensweisen, deren Risikopotential darin besteht, dass entweder der Handelnde selbst oder aber eine andere Person an das Ergebnis des in Frage stehenden Vorverhaltens anknüpfen kann[945]. Im Unterschied zu den Kumulationsdelikten erstrecke sich der

---

938 *Wohlers*, Deliktstypen, 2000, S. 25, 306; *ders.*, GA 2002, S. 18; *v. Hirsch/Wohlers*, Die Rechtsgutstheorie, 2003, S. 198.

939 *Wohlers*, Deliktstypen, 2000, S. 28, 309 ff.

940 *Wohlers*, Deliktstypen, 2000, S. 305 ff.; *ders.*, GA 2002, S. 18.

941 *Wohlers*, Deliktstypen, 2000, S. 309, 311 ff., 339.

942 *Wohlers*, Deliktstypen, 2000, S. 309.

943 *Wohlers*, Deliktstypen, 2000, S. 143, 145, 177, 283, 310, 318 ff., 340 ff.

944 *Wohlers*, Deliktstypen, 2000, S. 318 ff.; *ders.*, GA 2002, S. 19. Einen Sonderfall bilden dabei aber die Ehrdelikte, bei denen es sich um eine Kombination des Kumulations- und Vorbereitungsdelikts im Hinblick auf den Schutz eines personalen Interesses handelt. Dazu vgl. *Wohlers*, Deliktstypen, 2000, S. 307.

945 *Wohlers*, Deliktstypen, 2000, S. 307, 310.

Anwendungsbereich dieses Deliktstypusses sowohl auf den Schutz personaler als auch kollektiver Interessen. Bei Straftatbeständen, die bestimmte Verhaltensweisen im Vorfeld der Beeinträchtigung kollektiver Interessen unter Strafe stellen, liege allerdings regelmäßig eine Kombination von Vorbereitungs- und Kumulationsdelikten vor. Beispielhaft soll auf die Geldfälschungsdelikte (§§ 146 I 1, 2, 149 StGB) verwiesen werden. Der Schwerpunkt liege darin, dass bei einem Kumulations-Vorbereitungsdelikt die in Frage stehenden Verhaltensweisen erst und nur dann zu einer realen Beeinträchtigung des geschützten kollektiven Interesses führen könnten, wenn es in einer relativ großen Zahl von Einzelfällen zu entsprechenden Vorbereitungs- und Anknüpfungstaten komme[946].

Hierbei hält *Wohlers* es für notwendig, den Deliktstypus untrennbar mit einer exakten Bestimmung des Rechtsguts zu verknüpfen. Die Einordnung konkreter Straftatbestände in eine Systematik könnte also nicht vorgegeben sein, sondern hänge von der Auswahl des zugrunde gelegten Rechtsguts ab[947]. Das verdeutlicht *Wohlers* am Beispiel des Betäubungsmittelstrafrechts[948]: Stellt man auf den Schutz der körperlichen Integrität des Drogenskonsumenten ab, dann seien die Straftatbestände, die das Verhalten auf der Anbieterseite erfassen, als Vorbereitungsdelikte zum Schutz eines personalen Interesses einzuordnen. Stellt man hingegen auf die sozialen Interessen gegen die Verbreitung des Drogenkonsums ab, stellten sich die Straftatbestände, die das Verhalten des Konsumenten erfassen, als Kumulationsdelikte dar, während es sich – soweit das Verhalten auf der Anbieterseite erfasst ist – um ein kombiniertes Vorbereitungs- und Kumulationsdelikt handele.

*Wohlers'* Versuch erschöpft sich nicht darin, die Sammelkategorie der de lege lata vorhandenen abstrakten Gefährdungsdelikte nach Sachgesichtspunkten differenziert zu kategorisieren[949]. Denn diese durch deskriptiven Charakter gekennzeichnete Systematik erbringe keinen Erkenntnisgewinn, was die Legitimation dieser Deliktstypen angeht. Vielmehr wollte *Wohlers* aufgrund der Systematisierung die für die Legitimation der Strafandrohung relevanten Fragestellungen deutlicher hervorheben. So stellt sich, laut *Wohlers*, bei den konkreten Gefährlichkeitsdelikten die Frage, unter welchen Voraussetzungen der Gesetzgeber berechtigt sei, potentiell gefährliche Verhaltensweisen als solche, d. h. ohne einen – auch nur subjektiven Bezug – zur Schädigung bzw. konkreten Gefährdung eines Rechtsgutsobjekts, als selbständige Gefahrensetzungen unter Strafandrohung zu stellen[950]. Bei den Kumulationsdelikten und Vorbereitungsdelikten ist danach zu fragen, ob und wenn ja unter welchen Voraussetzungen bei Strafe verlangt werden kann, dass das eigenverantwortliche Verhalten anderer Personen als ein handlungsleitender Faktor antizipiert werde[951].

Eine weitere ausführliche Vorstellung von *Wohlers'* Lösungsversuchen zu all diesen Fragen kann im Rahmen der Arbeit nicht geleistet werden. Vielmehr gilt es, den Schwerpunkt auf die von *Wohlers* entwickelte Kategorie der Vorbereitungsdelikte zu legen.

## II. Das Vorbereitungsdelikt als ein eigenständiger Risikotyp des abstrakten Gefährdungsdelikts

Da *Wohlers* das spezifische Risikopotential der hier als Vorbereitungsdelikte bezeichneten Verhaltensweisen darin sieht, dass entweder der Handelnde selbst oder aber eine andere Person an das

946 *Wohlers*, Deliktstypen, 2000, S. 341 f.
947 *Wohlers*, Deliktstypen, 2000, S. 310; *v. Hirsch/Wohlers*, Die Rechtsgutstheorie, 2003, S. 200.
948 *Wohlers*, Deliktstypen, 2000, S. 310.
949 *Wohlers*, Deliktstypen, 2000, S. 342; *ders.*, GA 2002, S. 19.
950 *Wohlers*, Deliktstypen, 2000, S. 312.
951 *Wohlers*, Deliktstypen, 2000, S. 311.

Ergebnis der in Frage stehenden Verhaltensweise anknüpfen und hieraus dann die Beeinträchtigung eines Interesses resultieren kann[952], wird er mit der Problematik konfrontiert, dass die Sanktionierung legitimerweise verbotsfähiger Vorbereitungshandlungen dem Prinzip der Selbstverantwortung widersprechen könnte[953]. Weil diese Problematik bisher vornehmlich im Hinblick auf die Zurechenbarkeit konkreten deliktischen Erfolgs behandelt worden ist, greift *Wohlers* drei relevante Maßstäbe im Rahmen der Zurechnungslehren auf, obgleich die gleichen Maßstäbe im Hinblick auf die Pönalisierung von Vorbereitungshandlungen nicht ohne weiteres gelten können[954]: Die Lehre des Regressverbots, den Maßstab der Sozialadäquanz und den Vertrauensgrundsatz. Danach entwickelt er eigene Prüfungskriterien für die Legitimität der Vorbereitungstatbestände.

1 Bei *Wohlers* bildet die Lehre vom Regressverbot den Ausgangspunkt der Diskussion über die Zurechnung mittelbar bewirkter deliktischer Erfolge[955]. Zwar wird die auf eine Unterbrechung des Kausalzusammenhangs abstellende ursprüngliche Variante dieser Lehre heute soweit ersichtlich allgemein als nicht überzeugend abgelehnt. Andererseits wird aber zunehmend anerkannt, dass die aus dem Gesichtspunkt der Eigenverantwortlichkeit resultierende Beschränkung individueller Verantwortungsbereiche sich auf die Bewertung sowohl der fahrlässigen als auch der vorsätzlichen Mitwirkung am Vorsatzdelikt eines anderen auswirken muss und unter bestimmten Voraussetzungen eine Unterbrechung des Zurechnungszusammenhangs bewirken kann[956]. Allerdings teilt *Wohlers* mit *Stratenwerth* das Fazit: „Die weitere Frage, nach welchem Kriterien die Verantwortungsbereiche gegeneinander abzugrenzen sind, ist vorerst allerdings noch wenig geklärt.“[957]

Neben dem Gesichtspunkt der Vorhersehbarkeit des (deliktischen) Handelns anderer Personen sind von *Wohlers* als Maßstäbe zum einen die Sozialadäquanz[958] des Verhaltens und zum anderen ein sog. Vertrauensgrundsatz herangezogen worden. *Wohlers* erachtet den Maßstab der Sozialadäquanz nicht nur als ungenau bestimmt – wann ist eine Verhaltensweise „im sozialen Leben gänz-

---

952 *Wohlers*, Deliktstypen, 2000, S. 307, 310, 328 ff., 341 f.

953 *Wohlers*, Deliktstypen, 2000, S. 329. Nach dem als Kehrseite der für das Strafrecht konstitutiven Autonomiefiktion angesehenen Prinzip der Selbstverantwortung sind der dem Einzelnen zugewiesene Verantwortungsbereich und die ihn darin treffenden Verhaltenspflichten in der Weise zu begrenzen, dass man sich grundsätzlich nicht darauf einstellen muss, dass andere sich Dritten oder einem selbst gegenüber sorgfaltswidrig verhalten könnten. Demnach beschränkt sich der Verantwortungsbereich des Einzelnen grundsätzlich auf sein eigenes Handeln und umfasst nur unter besonderen Umständen auch dasjenige anderer mit. Hingegen gibt es grundsätzlich kein Verbot von Handlungen, durch die andere zu sich selbst oder Dritte gefährdendem Verhalten veranlasst werden können. Denn wie jemand auf mein Verhalten reagiert, unterliegt grundsätzlich allein seiner Verantwortung. Soll abweichend von diesem Grundsatz auch sein (= des mittelbaren Mitverursachers) Beitrag als Unrecht angesehen werden, er also Verantwortung oder Mitverantwortung für das Tun eines anderen tragen, so bedarf dies folglich besonderer Gründe, die es rechtfertigen können, den Verantwortungsbereich des mitverursachenden Hintermanns auf das Handeln einer anderen Person zu erstrecken. Ausführlich vgl. *Schumann* , Handlungsunrecht, 1986, S. 5, 6, 42, 69. 70; auch *Lenckner*, FS Engisch, 1969, 506.

954 *Wohlers*, Deliktstypen, 2000, S. 330.

955 *Wohlers*, Deliktstypen, 2000, S. 330. Bei der Lehre vom Regressverbot vermöge eine fahrlässig ermöglichte Vorsatztat eines Zweithandelnden eine strafrechtliche Verantwortlichkeit des Ersthandelnden jedenfalls nicht zu begründen. Dazu vgl. *Naucke*, ZStW 76 (1964), S. 409 f.; *Wehrle*, Regressverbot, 1986, S. 23 ff., 31.

956 Vgl. *Wohlers*, Deliktstypen, 2000, S. 330 f. m. w. N.

957 *Stratenwerth*, AT, Rn. 3. Aufl. 1981, Rn. 1164.

958 Nach der ursprünglich von *Welzel* entwickelten Lehre der Sozialadäquanz vermögen die Verhaltensweisen, die sich völlig im Rahmen der normalen, geschichtlich gewachsenen sozialen Ordnung des Lebens bewegen, auch dann eine strafrechtliche Verantwortlichkeit nicht zu begründen, wenn sie vom Wortlaut einer Strafnorm mitumfasst sind. Dazu vgl. *Roxin*, AT[4], Bd. I, 2006, §10 Rn. 33; *Stratenwerth/Kuhlen*, AT I[5], 2004, § 8 Rn. 30 f.

lich unverdächtig"[959] ? – sondern auch als untauglich, weil zum einen grundsätzlich jede Verhaltensweise in einen deliktischen Sinnzusammenhang integriert werden könne und zum anderen das im Verkehr Übliche nicht zwingend mit dem vom Recht Gewollten identisch sein müsse[960], obwohl die Notwendigkeit einer normativen Abgrenzung noch deutlicher werde, wenn man die Bemühung verfolge, die strafrechtliche Irrelevanz bestimmter Verhaltensweisen aus einem sog. Vertrauensgrundsatz abzuleiten. Aber es geht auch hier nicht um die Anerkennung eines faktisch bestehenden Vertrauens, sondern vielmehr um ein normatives Vertrauensdürfen[961].

2 Bevor *Wohlers* zur eigenen Entwicklung kommt, behandelt er ferner die verbreitet vertretene These, dass pflichtwidrige Schädigungen durch Dritte nur dann in Rechnung zu stellen sind, wenn dafür im Einzelfall besondere Anzeichen vorhanden sind[962]. *Wohlers* lehnt allerdings eine schlichte Übertragung der bei der Zurechnung konkreter deliktischer Erfolge maßgebenden Grundsätze auf die Problematik der eigenständigen Pönalisierung von (potentiellen) Vorbereitungshandlungen ab, weil bei letzteren gerade nicht auf die Umstände des konkreten (Einzel-)Falles abgestellt werden könne[963]. Hingegen stellt er die Option der eigenständigen Pönalisierung bestimmter Vorbereitungshandlungen auf die einer Verhaltensweise bestimmungsgemäß zukommende Funktion ab, und teilt die in Frage stehenden Verhaltensweisen in zwei Typen[964] ein. Während es einerseits die Verhaltensweise gebe, die bei bestimmungsgemäßer Anknüpfung entweder gar keinen oder doch jedenfalls keinen eindeutigen deliktischen Sinnbezug aufweise und die deshalb einer eigenständigen Pönalisierung von vornherein entzogen sei, gebe es andererseits Verhaltensweisen, an die bestimmungsgemäß nur zu deliktischen Zwecken angeknüpft werden könne. Hier stellt sich wiederum die nicht zu übersehende Frage, ob die Pönalisierung durch die theoretische Möglichkeit einer nicht-deliktischen Anknüpfungshandlung als illegitim erweist. Kann beispielsweise die Produktion und das Zugänglichmachen von Schusswaffen pönalisiert werden, obgleich Fallgestaltungen denkbar sind, in denen eine Waffe sozial werthaftem Handeln dient, wie z. B. dem Selbstschutz gefährdeter Personen? Bezogen auf dieses Beispiel wollte *Wohlers* die Problematik dadurch lösen, dass er die Ausgestaltung der Strafbarkeitsvoraussetzung rechtstechnisch durch die Beschränkung des Strafrechts auf den „unberechtigten" Umgang mit Schusswaffen sicherstellte. Also müsse das Verbot des Bereitstellens von Gegenständen, die ihrer spezifischen Funktion nach in erster Linie als Deliktswerkzeuge in Betracht kommen, als legitim anerkannt werden, wenn etwaigen sozial werthaften Gebrauchsformen durch eine spezifische Ausgestaltung der Strafbarkeitsvoraussetzungen Rechnung getragen werde[965].

Hieraus leitet *Wohlers* seine Antwort auf die Frage nach einem möglichen Widerspruch der Sanktionierung legitimerweise verbotsfähiger Vorbereitungshandlungen zum Prinzip der Selbstverantwortung ab. Er schließt sich an *Nestler* an und sieht das Prinzip der Selbstverantwortung als nicht ausnahmslos gültig an[966].

---

959 Vgl. *Frisch*, Verhalten und Zurechnung, 1988, S. 237, 296; *Jakobs*, AT², 1993, 24/14.

960 Vgl. *Wohlers*, Deliktstypen, 2000, S. 331 m. w. N.

961 Vgl. *Wohlers*, Deliktstypen, 2000, S. 331 m. w. N.

962 Umfassend *Schmoller*, FS Triffterer, 1996, S, 227 ff., 239 ff.

963 Vgl. *Wohlers*, Deliktstypen, 2000, S. 335.

964 Vgl. *Wohlers*, Deliktstypen, 2000, S. 335.

965 *Wohlers*, Deliktstypen, 2000, S. 335 f.; *v. Hirsch/Wohlers*, Die Rechtsgutstheorie, 2003, S. 203 ff.

966 *Wohlers*, Deliktstypen, 2000, S. 335 f. *Nestler*, Betäubungsmittelstrafrecht, 1998, § 11 Rn. 244 geht zwar davon aus, dass das Prinzip der Selbstverantwortung einer Sanktionierung von Vorbereitungshandlungen grundsätzlich entgegensteht, nimmt aber an, dass das Verantwortungsprinzip nicht absolut gilt, sondern „bereichsspezifisch, wie im Schusswaffenstrafrecht, durch eindeutig überwiegende, entgegenstehende Interessen außer Kraft gesetzt werden" kann.

## III. Bewertung der Lehre der Deliktsstruktur bei *Wohlers*

### *1 Kritik an Wohlers' Lehre*

#### a) Kritik an *Wohlers'* Unterschätzung der Leistungsfähigkeit der Rechtsgutslehre

Die Kritik an *Wohlers'* Lehre wird in erster Linie darauf gerichtet, dass er die Leistungsfähigkeit der Rechtsgutslehre unterschätzt[967]. *Wohlers'* Fehleinschätzung ergibt sich aus einem grundlegenden Missverständnisses der Rechtsgutslehre.

Nach *Wohlers* verliere die Rechtsgutslehre das kritische Potential, denn einerseits fehle es an konsensfähigen Kriterien und Maßstäben für eine begriffliche Konturierung und andererseits könne die Rechtsgutstheorie zwei kritische Fragen, die von *Hefendehl* in „Was (noch) Rechtsgut ist und was nicht(?)" abgekürzt[968] werden, nicht befriedigend beantworten[969]. Um das erste Argument von *Wohlers* zu entkräften, ist allgemein auf die obige Darstellung der Rechtsgutslehre (§ 4 A II 2) hinzuweisen. Eine wiederholte Diskussion ist hier jedoch entbehrlich. Es ist nötig, durch eine kritische Betrachtung seines zweiten Arguments, *Wohlers'* Missverständnis der Rechtsgutslehre zu veranschaulichen. Hinsichtlich der ersten Frage, ob der Kreis strafschutzwürdiger Rechtsgüter auf eine durch bestimmte Qualifikationen gekennzeichnete, in sich geschlossene Klasse von Schutzgütern beschränkt werden kann[970], hat *Wohlers* zwar zutreffend die sich auf den Schutz „klassischer Individualrechtsgüter" einschränkende Ansicht kritisiert, im Ergebnis das Extremmodell der monistisch–personalen Rechtsgutslehre abgelehnt. Er vermengt zugleich dennoch eine Variante der personalen Rechtsgutslehre mit der vollständigen personalen Rechtsgutsauffassung, was zu seiner Unterschätzung der Leistungsfähigkeit der Rechtsgutslehre führt. Die monistisch–personale Rechtsgutslehre, insb. die von *Hassemer* vertretene Variante der vermittelten Ableitungstheorie, hat die Gruppierung der Kollektivrechtsgüter nie geleugnet[971]. Diese Lehre ist bestrebt, gegen das positive Recht eine systemkritische Funktion zu leisten. Die zweite Frage, inwieweit Schutzgüter, bei denen es an einer gegenständlichen – substanzhaften Verkörperung fehlt, in den Kreis strafschutzwürdiger Rechtsgüter einbezogen werden können, verdeutlicht *Wohlers'* Zweifel an der Möglichkeit der Beschränkung des Kreises strafschutzwürdiger Rechtsgüter aufgrund des Kriteriums der Substanzhaftigkeit. Gezeigt wird aber sein Missverständnis der Rechtsgutslehre, das der Gegensatz zu „ideell" versehentlich als „materiell" oder „körperlich" ansieht[972]. Wenn man davon ausgeht, dass die Realität „nicht nur aus körperlichen Gegenständen, sondern ebenso aus seelisch – geistigen Phänomen " besteht[973], wird die falsche Ansicht von *Wohlers* in-

967 Vgl. *Hefendehl*, GA 2002, S. 22; *Anastasopoulou*, Deliktstypen, 2005, S. 170.

968 Vgl. *Hefendehl*, GA 2002, S. 22.

969 *Wohlers*, GA 2002, S. 16.

970 *Wohlers*, GA 2002, S. 16.

971 Zur an *Wohlers* geübten Kritik und auch die Würdigung der monitisch–personalen Rechtsgutslehre siehe oben § 4 A II 2 c) aa)

972 *Hefendehl,* Kollektive Rechtsgüter, 2002, S. 28f. In diesem Zusammenhang kritisiert er die Verwendung des Terminus Entmaterialisierung, was ihm missverständlich scheint, denn „ es erweckt den fälschen Anschein, es müsse sich um materielle Rechtsgüter handeln". Dazu siehe auch dort, S. 28, Fn. 156. Ausgehend von dieser Feststellung verteidigt *Hefendehl* überdies das von ihm kreierte ***Vertrauensrechtsgut***, indem er festhielt, das Vertrauen sei kein ideeller Sachverhalt, sondern ein Zustand, der auf bestimmten vertrauensbegründeten und –
erfordernden Umständen aufbaut, die sich aber wiederum ändern oder abbauen können. Ihm gegenüber steht aber auch *Amelung*, der einen Kritikpunkt anbringt: Der Begriff des Vertrauens bezeichne keinen Zustand, für den besondere psychische Symptome wesentlich seien, sondern eine Bewusstseinslage, die gerade umgekehrt durch das Fehlen eines bestimmten Bewusstseinsinhalts gekennzeichnet sei. Dazu siehe *Amelung*, in Rechtsgutstheorie, 2003, S. 172.

973 *Hefendehl,* Kollektive Rechtsgüter, 2002, S. 28; auch *Kargl*, ARSP 82 (1996), S. 493.

soweit ohne weiteres abgewiesen. Also ist der Kreis der zu schützenden Rechtsgüter nicht geschlossen. Im Gegenteil dazu erweist sich die Rechtsgutstheorie als eine sich an den Wandel der Gesellschaft anpassende Lehre, die ein eigenes systemkritisches Potential in sich trägt.

Außerdem ist darauf hinzuweisen, dass der von *Wohlers* entwickelte Zwei–Ebenen–Prüfungsstandard ein Paradox, das wiederum in *Wohlers'* Missverständnis der Rechtsgutslehre wurzelt, beinhaltet. *Wohlers* befürwortet ein „modernes“ Präventionsstrafrecht und wollte für die „modernen“ Regelungsstrukturen vom maßlos überschätzten Rechtsgutsdogma losgelöste Legitimationskriterien entwickeln. Verwunderlich ist allerdings, dass die Bestimmung des durch die jeweilige Norm geschützten Rechtsguts, so *Wohlers*, den Ausgangspunkt jeder Legitimitätsprüfung bildet, weil die Einordnung konkreter Straftatbestände in die von ihm herausgearbeiteten Deliktstypen von der Auswahl der zur Legitimation des Straftatbestandes herangezogenen Rechtsgüter abhängig sei[974]. Damit wird die Gewichtigkeit der Rechtsgutslehre nochmals eigens unterstrichen. Der Gewinn der Rechtsgutslehre liegt darin, ein eigentliches und schutzwürdiges Gut und einen Bezugsgegenstand der Handlung festzustellen, was dann die Legitimitätsprüfung einer Strafdrohung der Handlung ermöglicht. Die Rechtsgutstheorie hat die Erkenntnis nie übersehen, dass bei einem schutzwürdigen Rechtsgut die Legitimität der Norm entscheidend von der Deliktsstruktur abhängt, die sich wiederum aus dem Verhältnis der jeweils vom Straftatbestand erfassten Verhaltensweisen zum Schutzobjekt ergibt. Also kann die Rechtsgutstheorie nicht nur zur Kritik, sondern auch umgekehrt zur Legimitierung umstrittener Straftatbestände dienen[975]. In diesem Zusammenhang bleibt festzuhalten, dass die Legitimität einer Norm primär nicht aus der Deliktsstruktur, sondern aus der Rechtsgutslehre – und dann aus einer Gesamtbetrachtung – abzuleiten ist. Dabei werden sowohl die Bedeutung und die Eigenart des geschützten Guts als auch das Verhältnis der in Betracht kommenden Tathandlungen zu diesem Gut einbezogen[976].

**b) Kritik an der Typenbildung der Kumulationsdelikte**

Die Bildung des Deliktstyps der sog. Kumulationsdelikte ist ebenfalls bedenklich. Im Anschluss an *Kuhlen*[977] greift *Wohlers* die Figur des „Kumulationsdelikts“ auf[978]. Nach dem Kumulationsgedanken soll eine Verhaltensweise, die zwar für sich gesehen ein rechtlich geschütztes Interesse nicht bzw. nicht in relevantem Maße zu beeinträchtigen vermag, trotzdem strafbar sein, weil sonst andere dasselbe tun und deren Beiträge in ihrer Gesamtheit eine erhebliche Rechtsgutsbeeinträchtigung herbeiführen würden[979]. Die Rechtfertigung der Pönalisierung solcher Verhaltensweisen sei aus dem sog. Problem der großen Zahl abzuleiten. Bei der Schaffung der Kumulationstatbestände müssten dementsprechend zwei Maßstäbe beachtet werden: Zunächst sei ein Kumulationsbeitrag nur dann hinreichend sozialschädlich, wenn die Annahme von Kumulationseffekten hinreichend realistisch sei; und anschließend müsse ein einzelner Kumulationsbeitrag ein bestimmtes minimales Eigengewicht haben. Diese zwei Voraussetzungen werden auch von *Wohlers* tiefgehend bearbeitet[980]. Insbesondere hinsichtlich der ersten Voraussetzung, bei der sich die Suche nach praktisch handhabbaren Maßstäben als problematisch erweist, unterscheidet *Wohlers* zwischen zwei Kategorien von Progonoseentscheidungen. Zum einen ergebe sich die Prognose, bei der die Auswirkungen der in Frage stehenden Verhaltensweisen hinreichend bestimmt seien.

---

974 *Wohlers*, GA 2002, S. 19.

975 *Schünemann*, in Rechtsgutstheorie, 2003, S. 153.

976 Vgl. *Hefendehl,* Kollektive Rechtsgüter, 2002, S. 7, auch *Anastasopoulou*, Deliktstypen, 2005, S. 170.

977 *Kuhlen*, GA 1986, S. 389; *Kuhlen*, ZStW 105 (1993), S. 698.

978 Neben *Wohlers*, Deliktstypen, 2000, S. 318 ff. hat insb. *Hefendehl,* Kollektive Rechtsgüter, 2002, diese Konzeption auch ausführlich bearbeitet.

979 *Wohlers*, GA 2002, S. 19.

980 *Wohlers*, Deliktstypen, 2000, S. 322 ff.

Dabei gehe es allein um die Frage, wie sicher man davon ausgehen könne, dass es zu einer hinreichenden Vielzahl von Einzelbeiträgen kommen wird. Dafür sollen die Straftatbestände der Umweltdelikte als Bespiel dienen. Insoweit lägen die Einschätzungsprärogative prinzipiell beim Gesetzgeber, der sich an den Erkenntnissen der empirischen Wissenschaft zu orientieren habe. Zur zweiten Kategorie gehöre die Prognose, bei der bereits unsicher sei, welche Auswirkungen die in Frage stehenden Verhaltensweisen haben würden. Beispielhaft seien die Straftatbestände des Subventions—, Kapitalanlage– und Kreditbetrugs (§§ 264, 264a, 265b StGB) genannt. Wie *Wohlers* zugibt, kämen dabei jedoch zwei Probleme in Betracht: Einerseits sei es unsicher, ob es überhaupt in einer als relevant anzusehenden Anzahl von Einzelfällen zu entsprechenden Täuschungsversuchen kommen würde. Andererseits fehle es bezüglich der zur Legitimation dieser Straftatbestände immer wieder ins Feld geführten sog. „Sog–, Ansteckungs- und Spiralwirkungen" an empirischen Belegen[981].

Die Ansicht, dass erst die Zusammenballung vieler Tathandlungen zur Verletzung eines Universalrechtsgut führen könne, findet sich zurzeit einem erheblichen Teil der Literatur, was den Kumulationsgedanken fast zu einer modernen Tendenz in der Dogmatik des überindividuellen Rechtsgüterschutzes macht. Ihr wird allerdings entgegengehalten, dass sich eine Strafbarkeitsbegründung als solche nicht rechtfertigen lässt[982]. Zum einen führt es zu einem nicht hinnehmbaren Ergebnis, dass der Einzelne nicht wegen einer von ihm herbeigeführten Rechtsgutsverletzung – oder Gefährdung, sondern aufgrund des Verhaltens anderer bestraft würde. Zum anderen ist der Maßstab der realistischerweise zu erwartenden Kumulationseffekte praktisch nicht handhabbar. Im Ergebnis bleibt es völlig unsicher, wann eine für eine schwerwiegende Rechtsgutsbeeinträchtigung hinreichende Anzahl anderer Kumulationsbeiträge zu erwarten ist. Vielmehr liegt eine Rechtsgüterverletzung bei echten Universalrechtsgütern auch schon vor, wenn eine einzelne „punktuelle" Verletzung festzustellen ist, während das Gesamtsystem nicht beeinträchtigt werden muss. Das Interesse der Allgemeinheit an einer wirksamen staatlichen Wirtschaftsförderung ist schon durch eine einzige unrichtige und unvollständige Angabe einer subventionserheblichen Tatsache verletzt worden, ebenso wie das Allgemeininteresse an der Funktionsfähigkeit des Kapitalmarkts durch eine einzelne unrichtige vorteilhafte Angabe, oder die Kreditwirtschaft durch nur eine unrichtige oder unvollständige Angabe geschädigt worden sind. Diesbezüglich empfiehlt es sich daher nicht, *Wohlers'* Ansicht beizutreten.

### *2 Positive Würdigung von Wohlers' Beiträgen*

Zur Legitimität der modernen abstrakten Gefährdungsdelikte als spezifischen „Deliktstypen des Präventionsstrafrechts" entwickelt *Wohlers* eine abschließende Systematisierung von konkreten Gefährlichkeitsdelikten, Kumulationsdelikten und Vorbereitungsdelikten, die als eine Entwicklung der abstrakten Gefährdungslehre gelten soll. Für jede einzelne Kategorie der abstrakten Gefährdungsdelikte entwickelt *Wohlers* passende Prüfungskriterien der Legitimität, die in analytischer Hinsicht auf die vorherige Bestimmung des von dem betreffenden Delikt geschützten Rechtsguts notwendig angewiesen sind[983]. Dabei spielt der Rechtsgutsbegriff bei der Systematik und zwar bei der Ermittlung der Deliktsstruktur und anschließend bei der Bestimmung des Rah-

981 *Wohlers*, Deliktstypen, 2000, S. 323 f.; *v. Hirsch/Wohlers*, Die Rechtsgutstheorie, 2003, S. 209.

982 *Anastasopoulou*, Deliktstypen, 2005, S. 183 ff.; *Roxin*, AT$^4$, Bd. I, 2006, § 2 H Rn. 82 ff.

983 Hingegen weist *Schmidt* eine weitere Ausdifferenzierung der abstrakten Gefährdungsdelikte zurück, indem er an der entscheidenden und ausschließenden Bedeutung der Rechtsgutstheorie für die Legitimität der abstrakten Gefährdungstatbestände festhält. Er ist der Ansicht, dass mit dem Rechtsgutsbegriff allen abstrakten Gefährdungsdelikten eine materielle Legitimationsgrundlage geschaffen werden könne. Dazu siehe *Schmidt*, Untersuchung, 1999, S. 202 f.

mens der vom Tatbestand erfassten Handlungen eine bedeutende, produktive Rolle[984]. Die von *Wohlers* entwickelte Methodik und Prüfungskriterien – von den für die Kategorie der sog. Kumulationsdelikte geltenden Kriterien abgesehen –können sowohl bei der gesetzgeberischen Schaffung als auch bei der Auslegung der abstrakten Gefährdungstatbestände zu handhabbare Maßstäbe verhelfen. Für die vorliegende Untersuchung ist der von *Wohlers* entwickelte Typ der Vorbereitungsdelikte als selbstständige Kategorie der abstrakten Gefährdungsdelikte von großem Interesse. Das von *Wohlers* erstmalig eingehend analysierte Risikopotential der als Vorbereitungsdelikte angesehenen Verhaltenweisen ermöglicht es, anhand eines relativ deutlichen Standards die Legitimität einer Inkriminalisierung zu überprüfen. Dabei wird das potentielle Hindernis, das sich aus dem Widerspruch der Bestrafung der Vorbereitungshandlung zum Schuldprinzip bzw. Verantwortungsprinzip ergeben soll, von *Wohlers* ausgeräumt, indem er die in Frage stehende Verhaltenweise in zwei Typen einteilt und so zum Ergebnis kommt, dass die Geltung des Selbstverantwortungsprinzips einschränkbar sei.

## E. Eingrenzung der Bestrafung von Vorbereitungshandlungen am Beispiel des § 30 deut. StGB

Zur Überprüfung der Legitimität der Vorbereitungstatbestände im deutschen Strafgesetzbuch anhand der oben aufgestellten Maßstäbe, eignet sich besonders § 30 StGB, der trotz ihrer langen Tradition der Gesetzgebung in der deutschen Strafrechtswissenschaft auf ständige und heftige Kritik stößt. Unter teleologischen Gesichtspunkten ist es unstrittig, dass alle Erweiterungen der Strafbarkeit nach § 30 darauf gerichtet sind, dass (erst) in Zukunft ein bestimmtes Rechtsgut verletzt werden soll. Das Rechtsgut in dieser Vorschrift ist nicht selbständiger Natur. Durch § 30 StGB wird vielmehr das Rechtsgut der Verbrechensnorm geschützt, zu deren Verletzung sich die Beteiligten verabreden. Wie oben (§ 4 B I 1 c)) bereits veranschaulicht wurde, sollen sowohl die individuellen als auch die kollektiven Rechtsgüter durch die Vorschrift des § 30 StGB geschützt werden. Obwohl sich diese Bestimmung als ein auf Verbrechen beschränkter Strafausdehnungsgrund darstellt, ist es dem Wortlaut nach gleichgültig, ob das von der Tatbestandshandlung angegriffene Rechtsgut das wertvollste und schutzbedürftigste ist oder nicht. Die Überprüfung der Legitimität des Tatbestands ist hier im Wesentlichen auf der Ebene der Deliktsstruktur durchzuführen. Bevor auf die Analyse des Risikopotentials der in § 30 genannten Handlungsvarianten eingegangen wird, ist ein Blick zurück auf die Geschichte der Strafbarkeit der versuchten Beteiligung zu werfen.

## I. Rechtsgeschichtlicher Rückblick

Das Reichsstrafgesetzbuch von 1871 enthielt in seiner ursprünglichen Fassung keine Vorschrift, durch die der Versuch der Beteiligung unter Strafe gestellt wurde[985]. Erst durch die Novelle vom 26. 02. 1876[986] wurde in § 49a RStGB die Aufforderung zur Begehung eines Verbrechens oder

984 *Schünemann*, in Rechtsgutstheorie, 2003, S. 134.

985 Zur Straflosigkeit der versuchten Teilnahme vgl. *Busch*, Teilnahme, 1964, S. 43 ff.

986 RGBl. 1876, 25 (36). Diese Regelung verdankt ihren Ursprung bezeichnenderweise vornehmlich politischen Gründen: Während des sog. Kulturkampfs *Bismarcks* mit der Kirche erbot sich der belgische Kesselschmied *Duchesne –Poncelet* gegenüber dem Erzbischof von Paris, *D'Affre* in drei Briefen, gegen Zahlung einer Summe von 60.000 Franken *Bismarck* zu ermorden. Dieses Angebot wurde von *D'Affre* jedoch abgelehnt. Die Aufdeckung dieses Mordplans führte zu diplomatischen Verwicklungen zwischen der deutschen und der belgischen Regierung. Da dieses Verhalten nach belgischem Recht nicht strafbar war, übte die Reichsregierung Druck auf Belgien aus, eine entsprechende Norm zu schaffen. Belgien kam diesem Wunsch durch ein Gesetz vom 8. 07. 1875 nach. Im Anschluss daran wurde § 49a, der sog. *Duchesne* – Paragraph, am 26. 02. 876 ins RStGB eingefügt, nachdem er im Reichstag heftig diskutiert wurde, wobei auch die strafrechtsdogmatische Legitimation einer solchen Ausdehnung der Strafbarkeit berührt wurde.

zur Teilnahme an einem Verbrechen, das Erbieten zur Begehung oder zur Teilnahme an einem Verbrechen und die Annahme einer solcher Aufforderung oder eines solchen Erbietens unter Strafe gestellt. Die Vorschrift war zwar in den Abschnitt „Teilnahme" eingestellt, jedoch mit einem selbständigen Strafrahmen versehen worden[987]. Durch die Strafrechtsangleichungsverordnung vom 29.01.1943[988] dehnte der nationalsozialistische Gesetzgeber den Anwendungsbereich des § 49a RStGB erheblich aus. Die Einschränkung der Strafbarkeit bei mündlichen Erklärungen wurde gestrichen. Neben der Aufforderung, dem Erbieten, der Annahme des Erbietens und der Verabredung wurde der Eintritt in ernstliche Verhandlungen über die Begehung eines Verbrechens als eine fünfte Tatbestandsvariante eingeführt. Nach dem neu gefassten § 49a III RStGB wurde auch die erfolglose Beihilfe zur Begehung eines Verbrechens unter Strafe gestellt. Demzufolge konnte die Vorbereitungshandlung eines erfolglos gebliebenen Gehilfen strafbar sein, während die Tatvorbereitungshandlung des Haupttäters selbst straflos blieb. Nach 1954 wurde § 49a RStGB überwiegend als weiter gültig angesehen, gegen seine Weitergeltung bestanden allerdings Bedenken, die sich in erster Linie auf die Erwägung stützten, die Bestimmung in der Fassung des Jahres 1943 sei Ausdruck des nationalsozialistischen „Willensstrafrechts". Tatsächlich ist die in dieser Vorschrift zum Ausdruck kommende Hinneigung zum Willensstrafrecht aber nicht typisch nationalsozialistisch, vielmehr folgte bereits die subjektive Theorie des Reichsgerichts über den Versuch willensstrafrechtlichen Gedankengängen[989].

Trotzdem hob der Gesetzgeber durch das 3. StrÄndG vom 04.08.1953[990] die Strafbarkeit der versuchten Beihilfe[991] und des Eintritts in ernsthafte Verhandlungen[992] auf. Die Variante der Aufforderung wurde in eine versuchte Anstiftung umformuliert. Diese Regelung lag im Wesentlichen der Fassung des geltenden § 30 StGB, die auf dem 2. StrRG beruht[993], zu Grunde. Zwischen diesen beiden Fassungen ergeben sich keine erheblichen Unterschiede. Neu sind nur die obligatorische Strafmilderung des § 30 I Satz 1 und die Anwendbarkeit der „Unverstandsklausel" gemäß § 30 I Satz 3. Ferner wird im Anschluss an die bereits bis dahin vom BGH praktizierte Rechtsprechung in § 30 I der Versuch der sog. Kettenanstiftung ausdrücklich unter Strafe gestellt und in § 30 II auch die Anstiftung zu einem Verbrechen als möglicher Gegenstand einer Bereiterklärung, eines Erbietens und einer Verabredung genannt. Auf die Strafbarkeit der Verbrechensverabredung wollte der Gesetzgeber nie verzichten, da die Verabredung zwischen den Beteiligten häufig eine psychische Bindungswirkung erzeuge, die es dem einzelnen Beteiligten wesentlich schwerer mache, sich im Vorbereitungsstadium von der Tat zu lösen, als dies beim Alleintäter der Fall wäre[994].

---

Dazu vgl. eingehend *Busch*, Teilnahme, 1964, S. 47 ff.; *Letzgus*, Vorstufen der Beteiligung, 1972, S. 87 f.; *Schünemann* in LK[12], 2007, § 30, S. 2110. In diesem Sinne wird die Norm von *Zaczyk* in NK-StGB[2], 2005, § 30 Rn. 1 als „ein polizeirechtlicher Fremdkörper im Allgemeinen Teil" beschrieben.

987 Siehe *v. Liszt*, LB[21/22], 1919, S. 563 f.; *Wachenfeld*, Lehrbuch, 1914, S. 552.

988 RGBl. I 1943, S. 339.

989 So BGHSt. **1**, 60 f.; ferner BT – Drucks. 1/ 3713, S. 31. Allgemein zu derartiger Argumentation vgl. *Vogel*, ZStW 115 (2003), S. 640 ff.

990 BGB. I 1953, S. 735. Dadurch sollte einerseits neben technischen Anpassungen eine Bereinigung des Strafgesetzbuches hinsichtlich der noch verbliebenen Eingriffe des nationalsozialistischen Gesetzgebers erfolgen. Andererseits sollte das Strafgesetzbuch an die Vorgabe des Grundgesetzes angepasst werden. Dazu siehe BT – Drucks. 1/ 3713, S. 18 f.

991 BT – Drucks. 1/ 3713, S. 31.

992 In deren Strafbarkeit erblickte der Gesetzgeber eine Überkriminalisierung, weil die ernsthaften Verhandlungen noch weit entfernte Vorbereitungshandlungen seien. Dazu siehe BT – Drucks. 1/ 3713, S. 31.

993 BGBl. I 1969. S. 717.

994 BT – Drucks. 1/ 3713, S. 31. Allerdings wollte der AE 1962 die Strafbarkeit der versuchten Beteiligung auf den Fall der versuchten Anstiftung beschränken und den Absatz 2 streichen. Dazu vgl. ausführlich *Fieber*, Verbrechensverabredung, 2001, S. 165, Fn. 288; *Schünemann* in LK[12], 2007, § 30 Rn. 8.

## II. Strafbegründung bei den Vorbereitungshandlungen gemäß § 30 deut. StGB

Die Bestimmung des § 30 stellt eine ausnahmsweise Abweichung von einem Grundprinzip des deutschen Strafrechts dar, nach dem lediglich Tatbestandsverwirklichungen und allenfalls noch Versuch- und Teilnahmehandlungen bestraft werden. Es ist daher fraglich, welche kriminalpolitischen Erwägungen dem Gesetzgeber den Anlass gegeben haben, „gerade die in § 30 zusammengefassten Vorbereitungshandlungen bei Verbrechen gesondert unter Strafe zu stellen“[995]. In der Literatur wird auf verschiedene Weise versucht, die Strafbarkeit der bestimmten Handlungsformen zu begründen.

### *1 Doppelte Strafgründe*

Unter teleologischen Aspekten wird diese Vorverlagerung der Strafbarkeit auf zweifache Weise begründet[996]: Im Vordergrund steht das Argument, mit den in § 30 vorgeschriebenen Verhaltensweisen sei bereits eine Gefahr für das Rechtsgut geschaffen; der Täter verliere bei der versuchten Anstiftung die Herrschaft über den Kausalverlauf bzw. schaffe bei den Verhaltensweisen des § 30 II eine Willensbindung, bei der ebenfalls eine höhere Gefahr für das anzugreifende Rechtsgut entstehe. Auch *Schünemann* erblickt in der Bestimmung zwei selbständige und voneinander unabhängige Gefährlichkeitsvorstellungen: „den Gedanken der Ingangsetzung eines selbständig und unbeherrschbar weiterwirkenden Kausalverlaufs einerseits und die Annahme einer durch ein- oder zweiseitige Willensbindung besonderes gesteigerten Rechtsgutsbedrohung andererseits“[997]. Im Unterschied zu *Zaczyk* legt *Schünemann* neben § 30 I und der „Annahme eines Erbietens“ in § 30 II den ersten Gesichtspunkt zugrunde, weil mit der Einwirkung auf den Vordermann ein gefährlicher Kausalverlauf angestoßen wird, den der Hintermann anschließend nicht mehr voll beherrscht. Dieser Gesichtspunkt ist in BGHSt. **1** 309 so ausgedrückt worden: „Wer einen anderen zur Begehung eines Verbrechens auffordert, setzt damit in jedem Falle Kräfte in Richtung auf das angegriffene Rechtsgut in Bewegung, über die er darin sogar abweichend von Versuchshandlungen, die ein Alleintäter unternimmt – nicht mehr die volle Herrschaft behält. Solche Willensbetätigungen mit der Strafe des Versuches zu bedrohen, ist nicht ungerecht“. Dagegen kann die Strafbarkeit der Verabredung und des Sich –Bereit –Erklärens (§ 30 II) nur in der „Willenbindung“, d. h. darin gesehen werden, dass der sich Verabredende oder sich Erbietende gegenüber dem Adressaten seiner Erklärung „im Worte steht“ und sich aus dieser Bindung nur schwer wieder löst, wohingegen ein allein Handelnder von seinen Deliktsvorbereitungen jederzeit nach Belieben Abstand nehmen kann[998]. Allerdings ist die Bindung beim Sich – Bereit – Erklären oft sehr viel weniger intensiv als gegenüber einem künftigen Mittäter, wie sie bei der Verabredung vorliegt, denn anders als der Sich –Verabredende hat der angestiftete Einzeltäter die alleinige Tatherrschaft über das Geschehen[999]. Daher wird vorgeschlagen, dass „das Merkmal des Sich –Bereit - Erklärens durch das Kriterium der Übernahme einer Verpflichtung zur Verbrechensbegehung ersetzt werde“[1000]. Insgesamt lässt sich mit *Schünemann* von einer „Doppelgleisigkeit der ratio legis“ des

995 *Schünemann* in LK$^{12}$, 2007, § 30 Rn. 3.
996 So *Zaczyk* in NK-StGB$^{2}$,2005, § 30 Rn. 2 m. w. N.
997 *Schünemann* in LK$^{12}$, 2007, § 30 Rn. 3; auch *Roxin*, AT, Bd. II, 2003, § 28 II Rn. 5. Kritisch dagegen *Fieber*, Verbrechensverabredung, 2001, S. 167 ff.
998 *Schünemann* in LK$^{12}$, 2007, § 30 Rn. 3.
999 *Schünemann* in LK$^{12}$, 2007, § 30 Rn.12.
1000 *Schünemann* in LK$^{12}$, 2007, § 30 Rn.12.

§30 sprechen, die einerseits in der Schaffung eines Tatmotivs für gegenüberstehende Personen, und andererseits in der Schaffung eines Tatmotivs für die eigene Person besteht[1001].

### *2 Suggestionseinwirkung – das Strafbegründungsmodell Letzgus'*

Auf der Grundlage suggestionspsychologischer Forschungen hat *Letzgus* eine selbständige Konzeption entwickelt, wonach die vom Anstifter ausgehende einseitige[1002] und die bei der Verabredung vorhandene wechselseitige Suggestionswirkung[1003] es dem Täter besonders schwer mache, sich von einem gefassten Tatentschluss zu lösen[1004]. *Letzgus* folgert aus seiner Analyse, dass das erfolglose Sich – Erbieten und die Aufforderungshandlung, die nicht zu einem Tatentschluss führt, nicht als strafwürdig angesehen werden sollen[1005]. Ferner sei, so *Letzgus*, unter dem Gesichtspunkt der „Vorbereitung" bei Verbrechen nur zu bestrafen, „wer am Zustandekommen eines unbedingten, ernsthaften und tauglichen Tatentschlusses durch vorsätzliche Bestimmung eines anderen, durch Annahme einer solchen Bestimmung, durch Verabredung oder durch das Versprechen einer Hilfsleistung ursächlich beteiligt ist[1006]. *Letzgus'* suggestionspsychologischer Ansatz hat in der wissenschaftlichen Diskussion wenig Beifall gefunden. Dies liegt einerseits daran, dass die Bedeutung suggestiver Einflüsse bei den Handlungsalternativen des § 30 deut. StGB nicht empirisch erfasst worden sind, und sich andererseits ein allgemeingültiges psychologisches Gesetz, nach dem man sich von fremden Anregungen immer schwerer lösen kann als von einem allein gefassten Tatentschluss, vermutlich nicht aufstellen lässt [1007]. Seiner Ansicht wird entgegengehalten, dass Suggestionswirkung bei der Anstiftung zwar manchmal, aber keinesfalls immer mitspielt[1008]. Deswegen hat *Letzgus* den Einfluss der Suggestion bei deliktischen Zweckbindungen überschätzt.

## III. Kritik an der Vorschrift des § 30 deut. StGB

Die Rechtsgültigkeit dieser Vorschrift ist allerdings rechtspolitischem Bedenken ausgesetzt: Teils wird die Existenzberechtigung des § 30 beanstandet; teils wird eine Einschränkungsalternative vorgeschlagen.

### *1 Zweifel an der Existenzberechtigung des § 30*

Die rechtspolitische Kritik an die Berechtigung des § 30 bezieht sich im Wesentlichen auf die folgenden fünf Punkte:

---

1001 Siehe dazu *Schünemann* in LK[12], 2007, § 30 Rn. 4; *Hoyer* in SK- StGB, Bd. I[7], 2001, § 30 Rn. 11.

1002 *Letzgus*, Vorstufen der Beteiligung, 1972, S. 127 f.

1003 *Letzgus*, Vorstufen der Beteiligung, 1972, S. 143 ff.

1004 Damit spricht von *Letzgus*, Vorstufen der Beteiligung, 1972, S. 130 von der „Beeinträchtigung der Kontrollinstanz des Ich-Zentrums".

1005 *Letzgus*, Vorstufen der Beteiligung, 1972, S. 176.

1006 *Letzgus*, Vorstufen der Beteiligung, 1972, S. 225.

1007 *Schünemann* in LK[12], 2007, § 30 Rn. 7; ferner *Fieber*, Verbrechensverabredung, 2001, S. 168; *Maiwald*, ZStW 88 (1976), S. 719.

1008 *Schünemann* in LK[12], 2007, § 30 Rn. 7; auch *Roxin*, AT, Bd. II, 2003, § 28 II Rn. 7 übt daran Kritik und zwar am Beispiel, dass ein gedungener Berufsverbrecher, der schwerlich in eine suggestionspsychologische Abhängigkeit von seinem Auftraggeber gerät, das Für und Wider kühl abwägen kann. Gleichwohl verdient der Anstifter eines derartigen Verbrechens die Strafe, da er einen äußerst gefährlichen Kausalverlauf in Gang setzt.

**a) Widerspruch gegen das Prinzip der Tatschuld**

So sah *Lange* die Bestimmung des § 49a StGB a. F. (bzw. des heutigen § 30) als einen Widerspruch zum „Gedanken der Tatschuld"[1009] an. Auch *Fieber*[1010] hat diese Kritik im Hinblick auf den Fall der Verabredung konkretisiert.

**b) Widerspruch zum Bestimmtheitsprinzip**

Vom Vorwurf des Gesinnungsstrafrechts ausgehend, kritisiert *Lange* an § 30 ferner, dass das „Übergewicht des Gesinnungsmoments den Grundsatz rechtsstaatlicher Tatbestandsbestimmtheit (Art. 103 II GG)" verletze[1011].

**c) Unverhältnismäßiger strafrechtlicher Eingriff in den Privatbereich**

Heutzutage vertritt *Jakobs* die Konzeption des sog. „Feindstrafrechts"[1012]. Er erblickt den Strafgrund der Handlungsvarianten des § 30 darin, dass hier die Norm durch diese Kommunikation unmittelbar desavoiert werde[1013]. Vor knapp zwei Jahrzehnten befürwortete *Jakobs* jedoch ein „Bürgerstrafrecht" und fand keinen Strafgrund für solche Vorbereitungshandlungen, denn „ohne externes störendes Verhalten darf ein Subjekt nicht auf seine Interna festgelegt werden, wobei die Interna den gesamten Privatbereich umfassen, nicht nur Gedanken"[1014].

**d) Widerspruch zum Gleichheitsprinzip**

*Lange* sieht dagegen in der Gleichbehandlung der in § 49a StGB a. F. (des § 30 n. F.) normierten Vorbereitungshandlungen mit dem Versuch einen Verstoß gegen Art. 3 I GG, „weil wesentlich Ungleiches sachlich gleich behandelt und der Gleichheitsgrundsatz des Art. 3 GG" nicht beachtet sei[1015]. Einen solchen Verstoß gegen das Grundgesetz erblickt er auch darin, dass in § 30 I Vorbereitungshandlungen unter Strafe gestellt werden, „soweit sie mit animus socii vorgenommen werden, während die animo auctoris begangenen Handlungen entsprechender Art nicht erfasst sind"[1016].

**e) Mangel an empirischer Relevanz**

*Fieber*[1017] stützt seine Kritik an der Strafbarkeit solcher Vorbereitungshandlungen im Hinblick auf den Fall der Verbrechensverabredung weiter auf ihren „Mangel an empirischer Relevanz", weil das rein tatsächliche Problem der Strafbarkeit der Verbrechensverabredung" darin liegt, dass sie grundsätzlich Teil der Interna der Komplottanten bleibe, solange sie nicht aus dem Planungszu-

---

1009*Kohlrausch/Lange*, StGB[43], 1961, § 49a Anm. II, III; ähnlich auch *Köhler*, AT, 1997, S. 545; *Stratenwerth/Kuhlen*, AT I[5], 2004, § 12 Rn. 170; und *Zaczyk*, der in NK-StGB[2], 2005, § 30 Rn. 4 feststellt, dass das Tatunrecht bei keiner der in § 30 beschriebenen Handlungen vorliege.

1010*Fieber*, Verbrechensverabredung, 2001, S. 175, 187 bezeichnet § 30 II 2, 3, Alt. StGB als Gesinnungsstrafrecht und hält sie für verfassungswidrig.

1011 *Kohlrausch/ Lange*, StGB[43], 1961, § 49a Anm. III; Zustimmend *Fieber*, Verbrechensverabredung, 2001, S. 184.

1012 *Jakobs*, Strafrechtswissenschaft, 2000, S. 53; *ders.*, Foundation and limits, 2003, S. 56; *ders.*, HRRS 2004, S. 88 ff.; *ders.*, Strafe, 2004, S. 45; *ders.*, ZStW 117 (2005), S. 839.

1013 *Jakobs*, AT[2], 1993, § 27 Rn. 2.

1014 *Jakobs*, ZStW 97 (1985), S. 773.

1015 *Kohlrausch/ Lange*, StGB[43], 1961, § 49a Anm. III.

1016 *Kohlrausch/ Lange*, StGB[43], 1961, § 49a Anm. III.

1017 *Fieber*, Verbrechensverabredung, 2001, S. 188. In umgekehrter Weise bezweifelt *Zaczyk* in NK-StGB[2], 2005, § 30 Rn. 5 die Rechtsstaatlichkeit dieser Norm, weil die praktische Relevanz einer solchen Vorfeldstrafbarkeit um so größer werde, je mehr Telefonüberwachung, Spitzeldienste, verdeckte Ermittelungen etc. es gebe.

sammenhang in das Versuchsstadium eindringe, so dass ihre Entdeckung dem Zufall überlassen bleibe.

### *2 Einschränkung des Anwendungsbereichs von § 30*

Im Unterschied zu den oben dargelegten Bedenken an der Existenzberechtigung des § 30 und an dem Vorschlag, diese Bestimmung zu streichen, plädiert *Busch*[1018] dafür, die Strafbarkeit auf die Straftatbestände zu beschränken, „bei denen ein echtes kriminalpolitisches Bedürfnis vorliegt", obwohl das Gesetz bei allen Modalitäten des § 30 fordert, dass sich die Vorbereitungshandlung gerade auf ein Verbrechen bezieht. Er hält die unterschiedslose Anwendung aller Varianten des § 30 auf alle Verbrechen gleichwohl für eine bedenkliche Ausweitung der Strafbarkeit im Bereich der Vorbereitung.

### *3 Bewertung der Kritik*

Es verwundert nicht, dass die Legitimität des § 30 kriminalpolitischem Streit ausgesetzt ist, weil es bei einer Vorverschiebung der Pönalisierungsgrenze bis an den Beginn des Vorbereitungsstadiums besonders sorgfältiger (vor allem auch empirischer) Untersuchungen bedarf, an denen es bis jetzt fast gänzlich fehlt, um die vom ultima ratio–Prinzip geforderte und damit auch aus verfassungsrechtlichen Gründen unerlässliche Verhältnismäßigkeit der Strafdrohung zu belegen[1019]. Gleichwohl ist die oben dargestellte Kritik wenig berechtigt.

Zuerst ist die Privatsphäre zwar vom Staat rechtlich geschützt. Ein so weitgehender Schutz der Privatsphäre, wie der von *Jakobs* angestrebte, ist der Rechtsordnung jedoch unbekannt[1020]. Beispielsweise kann man ein Mordkomplott dem Privatbereich (einfach) nicht zuordnen[1021]. Außerdem wird der Grundsatz der Tatschuld nicht durch § 30 geopfert, denn der Gesetzgeber stellt nicht eine vage Gesinnung, sondern klar bezeichnete Verbrechensvorbereitungshandlungen unter Strafe[1022]. Der Vorwurf, dass § 30 sowohl ein Gesinnungsstrafrecht als auch den Widerspruch zum Bestimmtheitsprinzip darstellt, ist damit ausgeräumt. Drittens trifft die Kritik an dem Verstoß gegen das Gleichheitsprinzip ebenso wenig zu, weil für die beschriebenen Vorbereitungshandlungen in § 30 eine zwingende Strafmilderung angeordnet wird, wohingegen beim Versuch nur eine fakultative Strafherabsetzung besteht[1023]. Dieser Kritik insb. bezüglich der Bestimmung in § 30 I wird außerdem entgegengehalten, dass der vorbereitende Alleintäter das Geschehen in der Hand behält und jederzeit davon Abstand nehmen kann. Hingegen wird in den Fällen des § 30 der in Gang gesetzte Kausalverlauf bereits aus der Hand gegeben, wobei eine größere Gefährlichkeit als beim Alleintäter entsteht. Es ist nur eine kriminalpolitische Frage, ob nur der zweite Fall zu bestrafen ist. Dabei wird Art. 3 GG noch nicht berührt. Schließlich kann der Vorwurf gegen seinen Mangel an empirischer Relevanz entkräftet werden, weil die Strafbarkeit einer Verhaltensweise keineswegs von der Möglichkeit ihrer Entdeckung abhängt. Wenn man die praktische Bedeutung der Vorschrift des § 30 bezweifelt bzw. die Häufigkeit ihrer Anwendung durch die Gerichte als nicht allzu groß ansieht, ist darauf zu verweisen, dass sich der Bundesgerichtshof von 1981 bis zu 2005 mindestens 62 Mal mit den Vorschriften nach § 30 und § 31 deut. StGB beschäftigte[1024].

---

1018 *Busch*, FS Maurach 1972, S. 245 f.

1019 *Schünemann* in LK[12], 2007, § 30 Rn. 4.

1020 *Schünemann* in LK[12], 2007, § 30 Rn. 9.

1021 *Roxin*, AT, Bd. II, 2003, § 28 II Rn. 6.

1022 So *Roxin*, AT, Bd. II, 2003, § 28 II Rn. 6; *Schünemann* in LK[12], 2007, § 30 Rn. 4.

1023 *Schünemann* in LK[12], 2007, § 30 Rn. 4. Diesen Einwand findet *Fieber*, Verbrechensverabredung, 2001, S. 184 zwar theoretisch richtig aber nicht überzeugend.

1024 Die Angabe der Datenbank Juris am 21. 03. 2005, zitiert nach *Dessecker*, JA 2005, S. 550, Fn. 3. Nach der Anga-

Auch die Öffentlichkeit hat großes Interesse an solchen Delikten. Daher ist der Vorschlag, diese Vorschrift völlig zu streichen, für sich gesehen bedenklich.

*Busch* ist soweit beizupflichten, als er die Strafbarkeit der geschilderten Vorbereitungshandlungen auf die Straftatbestände beschränken will, bei denen ein echtes kriminalpolitisches Bedürfnis vorliegt. Jedoch ist nicht zu übersehen, dass solange empirische Erkenntnisse, die derart subtile Differenzierungen zulassen würden, fehlen, komplizierte Unterscheidungen aber in Ermangelung derselben allerdings nur als ungerechte Ungleichbehandlung wirken[1025]. Demzufolge kann eine formale Gleichmäßigkeit der Bestrafung durch die gültige Vorschrift gewährleistet werden.

### *IV. Eigene Betrachtung*

Im Anschluss an den oben schon dargestellten Befund *Wohlers'*, dass Vorbereitungsdelikte ein selbständiger Typ der abstrakten Gefährdungsdelikte sind[1026], wird im Folgenden versucht, aufgrund der Risikopotentialanalyse die Strafbarkeit der in § 30 genannten Verhaltensmodalitäten zu überprüfen[1027].

### *1 Strafbegründung aufgrund der Lehre Wohlers'*

Das spezifische Risikopotential der als Vorbereitungsdelikte bezeichneten Verhaltensweisen liegt darin, dass entweder der Handelnde selbst oder aber eine andere Person an das Ergebnis der in Frage stehenden Verhaltensweise anknüpfen, und hieraus dann die Beeinträchtigung eines Interessen resultieren kann[1028]. Wenn man diesen Standard an den in § 30 geschilderten Verhaltensweisen misst, so wird ersichtlich, dass die meisten dieser Verhaltensvarianten bei den schwersten Delikten nach dem gegenwärtigen Stand der empirischen Erkenntnis im Interesse eines wirkungsvollen Rechtsgüterschutzes nicht zu Unrecht bestraft werden[1029], weil der Täter selbst (bei § 30 II Alt. 3) oder ein anderer Mensch (wie bei § 30 I, II Alt. 2) gerade an das Ergebnis der in Frage stehenden Verhaltensweise anknüpft und hieraus die Beeinträchtigung eines Interessen resultiert. In dieser Situation kann der Täter nach Bedienung einer für das Rechtsgut gefährlichen, anonymen kollektiven Schaltstation[1030] den weiteren Verlauf nicht mehr hinreichend kontrollieren.

Zunächst gilt dies für den Fall der versuchten Anstiftung, bei welcher der Anstifter meistens alles getan hat, was er zum Verbrechen beitragen wollte. Wenn sich der Angestiftete der Handlung des Auffordernden anschließt und dadurch den Tatentschluss fasst, so ergibt sich daraus eine Rechtsgutsbedrohung, deren Verwirklichung der Anstifter nicht mehr ausreichend beeinflussen kann. Wenn sich aber die Gefahr nicht realisiert, muss eine zwingende gemilderte Strafe als die general- wie spezialpräventiv angemessenste Lösung erscheinen[1031]

---

be der Datenbank Juris am 14.02.2008 hat sich die Zahl bis zum Jahr 2007 um 19 gesteigert. Die Anwendungshäufigkeit wird seit der Strafrechtsreform nicht mehr in der Strafverfolgungsstatistik erfasst.

1025 *Roxin*, AT, Bd. II, 2003, § 28 II Rn. 7.

1026 Siehe oben § 5 D II.

1027 *Schünemann* in LK[12], 2007, § 30 Rn. 10 begründet die Strafbarkeit der Handlungsvarianten in § 30 durch einen Vergleich des § 30 mit den abstrakten Gefährdungsdelikten. Ferner geht *Fieber* von den abstrakten Gefährdungsdelikten im Vorbereitungsstadium aus und versucht, die Kriterien der Unrechtsbegründung der Handlungsvariante der Verbrechensverabredung „aus einem Vergleich mit den der Verabredung strukturell am nächsten stehenden abstrakten Gefährdungsdelikten zu ziehen". Im Ergebnis stellt *Fieber* allerdings fest, dass die sich in der Literatur ergebenden Kriterien die Strafbarkeit der Verabredung nicht begründen. Dazu vgl. *Fieber*, Verbrechensverabredung, 2001, S. 173 ff.

1028 *Wohlers*, Deliktstypen, 2000, S. 307, 310, 328 ff., 341 f.

1029 *Schünemann* in LK[12], 2007, § 30 Rn. 10.

1030 *Schünemann*, GA 1995, S. 214; ders., in Alte Strafrechtsstrukturen, 2000, S. 26 f.

1031 Vgl. *Schünemann* in LK[12], 2007, § 30 Rn. 10.

Dasselbe gilt auch für die Variante der Annahme eines Anerbietens, die von der herrschenden Meinung als ein Sonderfall der versuchten Anstiftung angesehen wird[1032]. Wer die Bereiterklärung des sich Erbietenden annimmt, löst dadurch den Tatentschluss des präsumtiven Täters aus und stiftet ihn somit an. Die Besonderheit dieses Falls liegt darin, dass die Initiative zu der Anstiftung vom künftigen Täter selbst ausgeht. Das Risikopotential der Annahme des Erbietens erblickt man auch darin, dass ein anderer, nämlich der präsumtive Täter, die Tathandlung weiter begeht, während der Annehmende die Kontrolle über diesen Kausalverlauf verliert.

Des Weiteren liegt das Risikopotential der Handlungsvariante der Verabredung darin, dass die Komplottanten eine eigene Handlung anschließen werden und somit die Gefahr für ein Rechtsgut herbeiführen, die durch die wechselseitige suggestive Beeinflussung sowie die vertragliche Bindung gesteigert wird. Der einzelne Verabredende verliert nicht nur die hinreichende Kontrolle über den weiteren Verlauf, sondern löst sich auch von einer bindenden Verabredung im Regelfall nicht so leicht, so dass der Abschluss der Verbrechensvereinbarung durch eine Strafdrohung verhindert werden muss[1033]. Eine sich aus dem Kontrollverlust ergebende Gefahr wird auch durch die Abwendungsvoraussetzung der Anwendung der Rücktrittsvorschrift (§ 31 deut. StGB) bestätigt.

Für die Bestrafung der obigen drei Handlungsvarianten stellt das Prinzip der Selbstverantwortung keine Hindernisse dar. Dies ist zuerst ohne weiteres nachvollziehbar bei der Variante der Verabredung, da die Komplottanten eine eigene Handlung anschließen werden. Selbst wenn eine andere Person an die in Frage stehende Handlung anschließt, wie das Fall bei den Varianten der versuchten Anstiftung oder der Annahme eines Anbietens, stellen sich diese Handlungen nur als solche Verhaltenweisen, an die bestimmungsgemäß nur zu deliktischen Zwecken angeknüpft werden könne[1034]. Das Prinzip der Selbstverantwortung ist hier keinesfalls gültig.

Beanstandet wird allerdings die Strafbarkeit des Sich-bereit-Erklärens, soweit es dem Wortlaut nach als „initiativ-aktives Sich-bereit-Erklären"[1035] (wie im ursprünglichen *Duchesne* – Fall) angesehen wird. Wenn sich jemand bereit erklärt, ein Verbrechen täterschaftlich zu begehen oder zu ihm anzustiften, liegt nur eine einseitige Willensbindung vor, die keine abstrakte Gefahr für das Rechtsgut ergibt, weil der Handelnde das Geschehen noch unter seiner Herrschaft behält und es hier auch an einer konspirativen Bindung fehlt, durch die der Erklärende unter Druck gesetzt würde. Die Bestrafung dieser Alternative verstößt demzufolge gegen das Schuldprinzip und ist verfassungswidrig[1036]. Diese Vorschrift ist eher zu rechtfertigen, indem sie als „reaktives Sich-bereit-Erklären"[1037], nämlich als Annahme einer Verbrechensaufforderung, in Erscheinung tritt[1038].

---

1032 *Busch*, Teilnahme, 1964, S. 188 f.; *Cramer/Heine* in *Schönke/Schröder* [27], 2006, § 30 Rn. 22; *Hoyer* in SK-StGB[7], 2001, § 30 Rn. 45; *Jakobs*, AT[2], 1993, § 27 Rn. 9; *Letzgus*, Vorstufen der Beteiligung, 1972, S. 96 ff. m. w. N.; *Maurach/Gössel/Zipf*, AT/II[7], 1989, § 53 Rn. 48; *Roxin*, AT, Bd. II, 2003, Rn. 82; *Schünemann* in LK[12], 2007, § 30 94; *Schröder*, JZ 1967, S. 290 f. Die Entscheidung BGHSt **10** 388 basierte ebenso auf der Prämisse, dass die Annahme eines Erbietens eine versuchte Anstiftung sei.

1033 Hingegen wendet *Fieber* ein, dass die Verbrechensverabredung nur zwischen den Komplottanten existiere und von der Gruppe in der Regel absolut beherrschbar sei, da sie auf diesen Personenkreis beschränkt bleibe. Wenn einer der Komplottanten unabhängig von den anderen handele, agiere er nicht aufgrund einer eigenständigen Verabredung, sondern aufgrund des quasi wieder auflebenden ursprünglichen Einzelentschlusses. Dazu vgl. *Fieber*, Verbrechensverabredung, 2001, S. 176.

1034 Vgl. *Wohlers*, Deliktstypen, 2000, S. 335.

1035 So bezeichnet *Zaczyk* in NK-StGB[2], 2005, § 30 Rn. 33; *Hoyer* in SK- StGB[7], 2001, § 30 Rn. 37. Sinngemäß auch *Schünemann* in LK[12], 2007, § 30 Rn. 12.

1036 Vgl. *Schünemann* in LK[12], 2007, § 30 Rn. 12; *Zaczyk* in NK-StGB[2],2005, § 30 Rn. 34; ferner *Jescheck/ Weigend*, AT[5] 1995, S. 705, § 65 III 3; *Roxin*, AT, Bd. II, 2003, § 28 Rn. 8.

1037 Zur Begrifflichkeit vgl. *Zaczyk* in NK-StGB[2],2005, § 30 Rn. 40; *Hoyer* in SK- StGB[7], 2001, § 30 Rn. 37.

Dann liegt hier die Kehrseite des Falles der sog. „erfolglosen“ Anstiftung (§ 30 I StGB) vor, die aber ernst gemeint sein muss[1039]. Eine bloße unverbindliche Zustimmung reicht für ihre Bestrafung noch nicht aus[1040].

Im Ergebnis deckt die sich auf die Lehre des Risikopotenzials stützende Analyse die doppelte Strafbegründung zum großen Teil ab. Unter beiden Gesichtspunkten sind die meisten der in § 30 genannten Handlungsmodalitäten unter Strafe zu stellen. Jedoch ist § 30 restriktiv auszulegen, um den in ihm genannten Handlungen zumindest eine geringe strafrechtliche Relevanz zu verleihen[1041]. Zugleich wird auch gezeigt, dass eine Reform dieser Bestimmung erforderlich ist.

## *2 Reformvorschlag zu § 30 deut. StGB*

Als ein auf Verbrechen beschränkter Strafausdehnungsgrund zieht § 30 bereits seit seiner Entstehung Kritik auf sich. Der Vorschlag, diese Vorschrift völlig zu streichen, ist jedoch nicht berechtigt. Wie oben dargelegt, sind die meisten Handlungsalternativen des § 30 wegen ihres Risikopotentials legitimerweise zu bestrafen, was zugleich bedeutet, dass es weiterhin erforderlich bleibt, diese Bestimmung zu reformieren.

Zum einen lässt sich der Anwendungsbereich des § 30 beschränken. In diesem Zusammenhang ist die Kritik von *Busch*[1042] an der unterschiedslosen Anwendung des § 30 auf alle Verbrechen heranzuziehen. Laut *ihm* wird die Strafbarkeit der geschilderten Vorbereitungshandlung somit sehr weit ausgedehnt. Gegen seinen Vorschlag, die Strafbarkeit solcher Vorbereitungshandlungen zu beschränken, bringt *Schünemann* zwar vor, dass *Busch*s Vorschlag mangels hinreichender empirischer Grundlagenforschung mit differenzierten Ergebnissen nicht durchführbar sei[1043]. *Schünemann* plädiert jedoch auch dafür, die meisten der in § 30 genannten Verhaltensmodalitäten bei den schwersten Delikten unter Strafe zu stellen[1044]. Die schwersten Delikte sind freilich keine Synonyme für Verbrechen, wenn die Verbrechensqualität nach der in § 12 III zum Gesetz erhobenen „abstrakten Betrachtungsweise“ zu bestimmen ist. Fehlt es insoweit an empirischen Grundlagenforschungen, ist die Anwendung dieser Vorschrift auf den Schutz der „wertvollsten und schutzbedürftigsten Rechtsgüter“[1045] zu beschränken. Zur Feststellung der „wertvollsten und schutzbedürftigsten Rechtsgüter“ kann die Rechtsgutslehre, die aus der Aufklärung stammt und auf die gewandelten Gesellschaftsverhältnisse passt, immer noch beitragen.

Zum anderen ist die Tatbestandsalternative des Sich – bereit – Erklärens limitierend, nämlich als „reaktives Sich-bereit-Erklären“[1046], auszulegen oder de lege ferenda schlicht durch das Kriterium der Übernahme einer Verpflichtung zur Verbrechensbegehung zu ersetzen[1047], weil sich die Strafbarkeit dieser Verhaltensmodalität mit dem *Duchesne* – Fall nicht mehr rechtfertigen lässt.

---

1038 Vgl. *Schünemann* in LK[12], 2007, § 30 Rn. 12.
1039 *Zaczyk* in NK-StGB[2],2005, § 30 Rn. 40.
1040 Vgl. *Schünemann* in LK[12], 2007, § 30 Rn. 12.
1041 *Cramer/Heine* in *Schönke/Schröder*[27], 2006, § 30 Rn. 1; Fischer, Strafgesetzbuch[55], 2008, § 30 Rn. 2; *Zaczyk* in NK-StGB[2],2005, § 30 Rn. 6;
1042 Siehe oben § 5 E III 2.
1043 *Schünemann* in LK[12], 2007, § 30 Rn. 5.
1044 *Schünemann* in LK[12], 2007, § 30 Rn. 10.
1045 So *Schünemann* in LK[12], 2007, § 30 Rn. 11 im Hinblick auf den Fall der Verbrechensverabredung.
1046 Siehe oben Fn. 1036.
1047 *Schünemann* in LK[12], 2007, § 30 Rn. 12.

# Zusammenfassung und Schlussfolgerung

## A. Die unterschiedliche Behandlung der Strafbarkeit der Vorbereitungshandlung im deutschen und im chinesischen Strafgesetzbuch

Im Hinblick auf die Strafbarkeit der Vorbereitungshandlung der Delikte gibt es einen großen Unterschied zwischen dem deutschen und chinesischen Strafrecht.

I. In der deutschen Strafgesetzgebungsgeschichte lässt sich durchgehend die Bestrafung von Vorbereitungshandlungen finden[1048], obwohl sie nicht von Anfang an wörtlich vorgeschrieben wurde. Selbst als der Beurteilungsmaßstab des Handlungsunwertes zunehmend Beifall bekam, blieb die Bestrafung der Vorbereitungshandlung trotzdem äußerste Ausnahme, die in verschiedenen Zeiträumen auf unterschiedliche Weise existierte. Es ist jedoch auf die Gemeinsamkeit aller Strafgesetze hinzuweisen, dass nämlich die Strafwürdigkeit der vorweggenommenen Teilnahme, beispielsweise in der Form der Verschwörung, in der Geschichte nie umstritten war. Bis heute haben die einzelnen Vorbereitungstatbestände im deutschen Strafrecht deutlich zugenommen, auch wenn die Vorbereitung immer noch nur in Ausnahmefällen bestraft wird, wobei immer mehr Rechtsgüter aus den Vorbereitungstatbeständen vor der Bedrohungsgefahr geschützt werden. Es gibt im geltenden deutschen Strafrecht ungefähr 21 Vorbereitungstatbestände[1049], durch die sich die Strafbarkeit der Vorbereitungshandlung schon weit in Zonen von öffentlichem Interesse, öffentlicher Sicherheit und insbesondere in die Finanzierungszone hinein ausgedehnt hat. Gleichwohl findet sich keine solche Generalklausel der Vorbereitung im Strafgesetzbuch, wie man sie beim Versuch antrifft. Die wesentlichen herkömmlichen Gründe für die allgemeine Straflosigkeit der Vorbereitung liegen bei der teleologischen Auslegung in der geringeren Gefährlichkeit, der Schwierigkeit der Nachweiserhebung sowie in kriminalpolitischen Überlegungen[1050], während man die Gründe für die Strafbarkeit der einzelnen Vorbereitungstatbestände überwiegend in ihrer Gefährlichkeit sieht. Allerdings fehlt bislang eine tiefe Analyse des Bestrafungsgrunds der Vorbereitung.

II. In der mehr als 2000 jährigen Geschichte der chinesischen Feudalgesellschaft wurde die Bestrafung von Vorbereitungshandlungen in den verschiedenen Strafgesetzen unterschiedlich gehandhabt[1051]. Infolge des Einflusses der sowjetischen Strafrechtstheorie und des sowjetischen Rechtsmodells wurde die allgemeine Strafbarkeit der Vorbereitungshandlung im Allgemeinen Teil des geltenden chinesischen Strafgesetzbuches[1052] festgestellt, allerdings ohne dass die einzelnen Vorbereitungstatbestände im Besonderen Teil gesondert vorgesehen wurden. Neben dem generellen Vorbereitungstatbestand des § 22 chin. StGB wird die Strafdrohung insoweit noch auf die versuchte Anstiftung § 29 II chin. StGB und drei Tatbestände im BT ausgedehnt[1053]: Bildung, Leitung oder Beteiligung an einer kriminellen Vereinigung (§ 294 I), Entwicklung einer kriminellen Vereinigung im Inland (§ 294 II) und der Versicherungsmissbrauch (§ 198 I Nr. 4, 5), obwohl in diesen Tatbeständen nicht ausdrücklich die Rede von einer Vorbereitung ist. Zu bemerken ist allerdings, dass einerseits die Vorbereitungshandlung nach dem chinesischen StGB prinzipiell strafbar ist, und andererseits diese Vorschrift des § 22 chin. StGB mangels einer klaren Abgrenzung zwischen Vorbereitung und Versuch in der Praxis äußerst selten berührt wird. Daraus ergibt sich auch das Nachdenken über die allgemeine Strafbarkeit der Vorbereitung, die mit dem Verbrechensbegriff im chinesischen StGB eng zusammenhängt. Nach der Definition in § 13 chin. StGB

1048 Siehe oben § 1 C.
1049 Siehe oben § 1 E.
1050 Siehe oben § 1 D.
1051 Siehe oben § 2 A.
1052 Das geltende chinesische Strafgesetzbuch wurde im Jahre 1979 erlassen und 1997 modifiziert.
1053 § 2 C I.

wird die Sozialschädlichkeit, die aus der Russischen Sozialistischen Föderativen Sowjetrepublik importiert wurde, für sich aber ein inhaltlich vager Begriff ist, als das Wesen des Delikts betrachtet[1054]. Selbst nach der Kodifikation des StGB im Jahre 1997 und der jüngsten Entwicklung der chinesischen Strafrechtswissenschaft dient dieser inhaltlich undeutliche Begriff noch immer dem beliebigen richterlichen Ermessen. Ob die Vorbereitung nur wegen ihrer Sozialschädlichkeit strafbar bleiben soll, ist deshalb fraglich.

## B. Der Orientierungswechsel des Gesetzgebers und die Vorfeldkriminalisierung im Bereich der Vorbereitungshandlung

Wenn es zum einen feststeht, dass auf die Bestrafung der Vorbereitungshandlungen weder in Deutschland noch in China wegen ihrer geringen Gefährlichkeit und der Schwierigkeit der Beweisführung verzichtet wird, ist zum anderen auf die andauernde Zunahme der Vorbereitungstatbestände sowohl in Deutschland als auch in China hinzuweisen[1055], die wesentlich durch die rasche wirtschaftliche und technologische Entwicklung ausgelöst worden ist. Weil sich die Ausdehnungstendenz der Strafbarkeit der Vorbereitungshandlung im „modernen" Strafrecht eindeutig gezeigt hat, wird diese Zunahme von Vorbereitungstatbeständen in Deutschland auch unter dem Thema „Modernisierung des Strafrechts" diskutiert, obgleich die Bestrafung der Vorbereitungshandlung nicht erst in der modernen Gesellschaft aufgetaucht ist. Man spricht insoweit kritisch von „modernem" Strafrecht, als sich in den als gesellschaftliche Bedrohungsphänomene ausgemachten Bereichen eindeutige Tendenzen zur Ausweitung und Vorverlagerung des Strafrechtsschutzes beobachten lassen, während das „klassische" Strafrecht lediglich die Aufgabe gehabt habe, die Verletzung der sozialvertraglich gesicherten Freiheiten abzuwehren und sodann die sozialvertragliche Vereinbarung zu stabilisieren[1056]. Die Gegenüberstellung von sog. „klassischem" und „modernem" Strafrecht impliziert den Orientierungswechsel der Gesetzgebung von der Vergeltung zur Generalprävention[1057]. Das sog. präventive Strafrecht bereitet der Strafrechtswissenschaft zwei Problembereiche[1058]: Zum einen ist das die Rechtsgutsproblematik. Die Gesetzgebung und Rechtsprechung produzieren immer neue „Rechtsgüter", was den Strafrechtlern die Aufgabe gestellt hat, solche neuen Rechtsgüter kritisch zu überprüfen, ob es gerecht ist, sie in den bestehenden Rechtsgutskreis zu integrieren und sie ansonsten gut begründet abzulehnen. Zum anderen besteht ein Problemfeld in der Vorverlagerung der Gefahrenabwehr, insbesondere in den neuen Strafbestimmungen zu abstrakten Gefährdungsdelikten. Die Vorverlagerung der Gefahrenabwehr im Fall des Strafrechts ist rechtsbegrifflich mit der „Vorfeldkriminalisierung", „Vorfeldverlagerung der Strafbarkeit", „Vorverlegung des Strafrechtsschutzes" usw. verbunden[1059]. Das Vorbereitungsdelikt stellt sich als ein Spezialfall der Vorfeldkriminalisierung des Handelns mit Verletzungsvorsatz dar. Die Vorfeldkriminalisierung kann nicht durchaus verweigert werden, wenn die Bürger vor der undurchschaubaren Gefahr der postmodernen Industriegesellschaft zu schützen sind. Vielmehr muss bei der Vorfeldkriminalisierung sichergestellt werden, dass das berechtigte Interesse des Einzelnen an der fraglichen Handlung nicht größer ist, als das Kriminalisierungsinteresse des Staats[1060]. Die Vorverlegung der Strafbarkeit in das Vorbereitungsstadium benötigt also einen Legitimationsgrund und zugleich ein Einschränkungskriterium.

---

1054 § 2 B I.

1055 Dazu vgl. § 3 Vorbemerkung.

1056 Vgl. *Hassemer*, ZRP 1992, S. 379 ff. ; *ders.*, Theorie, 1973, S.29 ff.; *ders.* , Produktverantwortung, 1996, S. 3ff.

1057 Siehe Oben § 3 A.

1058 Dazu vgl. § 3 B.

1059 Vgl. dazu § 3 C.

1060 *Schünemann*, GA 1995, S. 213.

## C. Überprüfung der Legitimität von Vorbereitungstatbeständen anhand der Rechtsgutslehre und der Theorie der Deliktsstruktur

Dabei gilt es zwei Legitimitätsmaßstäbe zu behandeln.

I. Es scheint unausweichlich zu sein, zuerst mit dem materiellen Verbrechensbegriff zu beginnen; denn zum einen kennt das chinesische StGB den Begriff des Rechtsguts noch nicht, zum anderen bestimmt der materielle Verbrechensbegriff auch die für eine bestimmte Rechts- und Sozialordnung gültige Auffassung vom Verbrechen. Im deutschen Strafgesetzbuch findet sich der formelle Verbrechensbegriff, während der materielle Verbrechensbegriff sowohl in der Strafgesetzgebung, als auch in der Strafrechtswissenschaft eine wesentliche Rolle spielt[1061]. Im Gegenteil hierzu gilt im chinesischen Strafgesetzbuch eine eher durch die politischen und idealistischen Überlegungen geprägte Terminologie der Sozialschädlichkeit als Ausgangspunkt für die Definition des materiellen Verbrechensbegriffs[1062]. Die chinesische Sozialschädlichkeitslehre, die aus der ehemaligen sojetrussischen Strafrechtswissenschaft stammt, unterscheidet sich von der Sozialschädlichkeitslehre der Aufklärung, die per se von einem liberalen Gedanken ausging[1063]. Das Festlegen des materiellen Verbrechensbegriffs mit dem Schwerpunkt auf der idealistischen Sozialschädlichkeit im chinesischen Strafgesetzbuch erzeugt zweifache Probleme: die Ausdehnung der staatlichen Strafgewalt und den Widerspruch zwischen dem Bewertungsmaßstab der Sozialschädlichkeit und dem Gesetzlichkeitsprinzip[1064].

Die deutsche Rechtsgutslehre erweist sich als übereinstimmend[1065] mit der Sozialschädlichkeitslehre der Aufklärung. Und der rechtsgutsorientierte materielle Verbrechensbegriff ist für die deutsche Strafgesetzgebung von großer Bedeutung. Im Zuge der Materialisierung eines rechtsgutsorientierten Verbrechensbegriffs spielt der Begriff des Rechtsguts als der Ausgangspunkt und Mittelpunkt eine Schlüsselrolle. Das Rechtsgut ist nämlich das Leitbild der Tatbestandsbildung und stellt den materiellen Kern der ihnen zugrunde liegenden Verhaltensnormen dar. Trotz seiner Bedeutung und trotz seiner gut 170jährigen Geschichte liegen allerdings keine gesicherten und unstrittigen Erkenntnisse über den Inhalt des Rechtsgutsbegriffs vor. Die aktuelle Entwicklung der Rechtsgutsdiskussion hat gezeigt, dass eine reale, monistisch–personale[1066] und systemkritische Rechtsgutslehre nicht nur zur Legitimierung der Tatbestände, sondern auch zur Einschränkung der Strafbefugnisse dient[1067]. Die Rechtsgutstheorie gilt als erster Maßstab der Legitimität strafrechtlicher Normen und dient der Ausfilterung der illegitimen Schutzinteressen[1068]. Die Kategorisierung[1069] der Tatbestände nach dem Typus geschützter Rechtsgüter im geltenden deutschen StGB hat gezeigt, dass die Normen in diesem Bereich nur dann auf den Schutz der Individualrechtsgüter klassischer Prägung (wie z. B. Leben, Leib, Vermögen) abzielen, wenn bestimmte Verhaltensweisen im Vorfeld der Beeinträchtigung konkreter Individualrechtsgüter pönalisiert werden. Beispielhaft hierfür sind die Tatbestände der §§ 219b, 234a III, 263a III, IV, 310. In der Regel zielen die Vorbereitungstatbestände allerdings auf den Schutz der allgemeinen Interessen

1061 Siehe oben § 4 A I 1.
1062 Siehe oben § 4 A I 2.
1063 Siehe oben § 4 A III 4 a).
1064 Siehe oben § 4 A III.
1065 Siehe oben § 4 A II 3 c).
1066 Im Sinne eines vermittelten Ableitungsverhältnisses zwischen Kollektiv- und Individualrechtsgütern, dazu vgl. § 4 A II 2 c) (2).
1067 § 4 A II 2.
1068 § 4 B.
1069 Siehe oben § 4 B I.

ab[1070]. Beispiele bilden die kollektiven Interessen an der Funktionsfähigkeit der für die Bedarfdeckung notwendigen Institutionen der Wirtschaftsordnung (§§ 264, 264a, 265b). Bei der Unterscheidung zwischen echten und scheinbaren Kollektivrechtsgütern ist zuerst zu überprüfen, ob sich hinter den sog. Kollektivrechtsgütern Individualrechtsgüter verbergen. Dann wird die Prüfung auf die Legitimität der sog. Kollektivrechtsgüter ausgerichtet[1071]. Aufgrund der systemkritischen Rechtsgutslehre kann man feststellen, dass die Rechtsgüter der Tatbestände der §§ 264, 265, 265b lediglich aus der Summierung vieler Individualrechtsgüter (dem Vermögen diverser Subventionsgeber, Versicherer und Kreditgeber) bestehen und daher keine eigentlichen Universalrechtsgüter sind. Die Feststellung des Charakters dieser Tatbestände erregt Zweifel bezüglich ihrer Legitimität und stellt ihre Strafdrohungen als illegitim dar[1072].

Im chinesischen Strafgesetzbuch herrscht ein übertriebener Vorfeldschutz vor, der in der übermäßigen Orientierung des Strafgesetzgebers an der Prävention verankert ist. Daraus ergibt sich zwangsläufig die uferlose Ausdehnung der Bestrafung der Vorbereitungshandlungen[1073].

2. Es reicht für das Dogma der Lehre vom Rechtsgüterschutz nicht aus, ein Rechtsgut zu benennen, ohne zugleich aufzeigen zu können, wie dieses durch den Straftatbestand geschützt werden soll. Beim Strafrechtsschutz im Vorbereitungsstadium handelt es sich um eine Verhaltensweise, die von einer direkten Rechtsgutsbeeinträchtigung sehr weit entfernt ist. Dabei müssen die einem Rechtsgut drohenden Gefahren und damit das Verhältnis zwischen der tatbestandlichen Handlung und dem Rechtsgut als dem Bezugsobjekt zusätzlich analysiert werden.

Betrachtet man die herkömmliche Deliktsstrukturtrias[1074] bzw. die Einteilung in Verletzungs- sowie konkrete und abstrakte Gefährdungsdelikte als abschließend, sind die Vorbereitungsdelikte, deren Verhaltensweisen von der Herbeiführung des Verletzungserfolgs noch weit entfernt sind und zugleich ausdrücklich keinen konkreten Gefährdungserfolg enthalten, ohne weiteres den abstrakten Gefährdungsdelikten zuzuordnen[1075]. Die Diskussion zur Legitimation der Vorbereitungstatbestände wird im Wesentlichen im Kontext der Erörterung hinsichtlich der abstrakten Gefährdungsdelikte geführt. Da das Strafrecht nur zum Rechtgüterschutz zulässig ist, wobei als strafrechtlich schützbare Rechtsgüter lediglich besonders wichtige gesellschaftskonstituierende Güter oder Interessen in Betracht kommen, stellt sich der Rechtsgüterschutz daher als Legitimationsgrundlage der abstrakten Gefährdungsdelikte dar[1076]. Da die abstrakten Gefährdungsdelikte dem Rechtsgüterschutz ferner als andere Delikte stehen, werden sie mit einer besonderen Legitimationsproblematik konfrontiert[1077]. Es ist den Lösungsversuchen jedoch nicht gelungen, entweder unter dem Gesichtspunkt der Vermeidung einer Rechtsgutsbeeinträchtigung oder aufgrund des Rechts auf Sicherheitsgewährleistung die abstrakten Gefährdungsdelikte zu legitimieren und diesen Deliktstyp mit dem Schuldprinzip völlig im Einklang zu bringen[1078]. Vor diesem Hintergrund ist es erforderlich, innerhalb der abstrakten Gefährdungsdelikte im herkömmlichen Sinne dogmatische Subkategorien zu entwickeln und die von der jeweiligen Kategorie erfassten Risikotypen zu bewerten.

---

1070 Siehe oben § 4 B I 2.
1071 Siehe oben § 4 B II 1.
1072 Siehe oben § 4 B II 2.
1073 Siehe oben § 4 B II 3.
1074 Siehe oben § 5 A I.
1075 Siehe oben § 5 A II. Mit der Ausnahme des § 80 (Vorbereitung eines Angriffskrieges), der sich als ein konkretes Gefährdungsdelikt erweist.
1076 Siehe oben § 5 B I.
1077 Siehe oben § 5 B II.
1078 Siehe oben § 5 B III.

Die von der h. M. übernommene Kategorisierung der abstrakten Gefährdungsdelikte wird stark von *Schünemanns* Ansatz und dessen Vervollständigung durch *Roxin* beeinflusst[1079]. Diese Systematik ist allerdings nicht nur vielerlei Einwänden ausgesetzt, sondern sie kann im Ergebnis weder die Notwendigkeit, noch eine eigene Legitimierungs- und Einschränkungsweise für die Vorbereitungsdelikte im Sinne einer selbständigen Fallgruppe herleiten.

Erst *Wohlers* hat den Versuch unternommen, die Vorbereitungsdelikte wegen des speziellen immanenten Risikopotentials der Vorbereitungshandlungen als eine selbständige Subkategorie in die Systematik der modernen abstrakten Gefährdungsdelikte einzuordnen[1080]. Obwohl *Wohlers* die Leistungsfähigkeit der Rechtsgutslehre unterschätzt und ansonsten einen bedenklichen Typ der Kumulation bildet[1081], hat er eine abschließende Systematisierung der konkreten Gefährlichkeitsdelikte, Kumulationsdelikte und der Vorbereitungsdelikte entwickelt, die als Entwicklung der abstrakten Gefährdungslehre gelten soll. Für jede einzelne Kategorie der abstrakten Gefährdungsdelikte entwickelt *Wohlers* passende Kriterien zur Überprüfung der Legitimität[1082]. Laut ihm besteht das spezifische Risikopotential der hier als Vorbereitungsdelikte bezeichneten Verhaltensweisen darin, dass entweder der Handelnde selbst, oder aber eine andere Person an das Ergebnis der in Frage stehenden Verhaltensweise anknüpfen und hieraus dann die Beeinträchtigung eines Interesses resultieren kann[1083].

Zur Überprüfung der Legitimität der Vorbereitungstatbestände im deutschen Strafgesetzbuch anhand der oben aufgestellten Maßstäbe, eignet sich besonders § 30 StGB, der trotz ihrer langen Tradition der Gesetzgebung in der deutschen Strafrechtswissenschaft auf ständige und heftige Kritik stößt. Das Rechtsgut in dieser Vorschrift ist nicht selbständiger Natur, sondern es ist das jeweils von der Verbrechensnorm geschützte Rechtsgut, zu deren Verletzung die Beteiligten sich verabreden. „Unter dem Aspekt der Vorfeldkriminalisierung"[1084] kann man aufgrund der Deliktsstrukturlehre *Wohlers*' die Strafbarkeit der vier Verhaltensmodalitäten des § 30 überprüfen und zum Ergebnis kommen, dass die meisten der in § 30 geschilderten Verhaltensvarianten bei den schwersten Delikten nach dem gegenwärtigen Stande der empirischen Erkenntnis im Interesse eines wirkungsvollen Rechtsgüterschutzes nicht zu Unrecht bestraft werden[1085]. Beanstandet wird allerdings die Strafbarkeit des Sich-bereit-Erklärens, soweit es dem Wortlaut nach als „initiativ-aktives Sich-bereit-Erklären" angesehen wird, weil keine abstrakte Gefahr für das Rechtsgut vorliegt[1086].

## D. Ausblick

I. Die Rechtsgutslehre und die Theorie der Deliktsstruktur sind die beiden grundlegenden Legitimitätsmaßstäbe der strafrechtlichen Norm, aufgrund derer die Vorbereitungstatbestände de lege lata sowohl legitimiert als auch kritisch überprüft werden können. Deswegen sind einige Vorbereitungstatbestände (beispielsweise §§ 264, 265, 265b deut. StGB) im geltenden deutschen Strafgesetzbuch bedenklich und zu modifizieren. Da sich in diesen Tatbeständen Individualrechtsgüter und nicht Kollektivrechtsgüter verbergen, benötigt die Erfassung der Tathandlung eine Modifikation. Sonst sind die Vorbereitungstatbestände als solche illegitim und abzuschaffen. Des Weiteren

1079 Siehe oben § 5 C.
1080 Siehe oben § 5 D.
1081 Siehe oben § 5 D I 2 3; III 1.
1082 Siehe oben § 5 D I 3; III 2.
1083 *Wohlers*, Deliktstypen, 2000, S. 307, 310, 328 ff., 341 f.
1084 *Schünemann* in LK[12], 2007, § 30 Rn. 10.
1085 *Schünemann* in LK[12], 2007, § 30 Rn. 10.
1086 Siehe oben § 5 E IV 1.

ist es wichtig, die Alternative des „Sich – bereit – Erklärens“ in § 30 deut. StGB abzuschaffen, wenn es nicht als reaktives „Sich – bereit – Erklären“ angesehen wird.

II. Um die übermäßige Bestrafung der Vorbereitungsdelikte zu beschränken, ist es für das chinesische Strafrecht de lege ferenda in erster Linie empfehlenswert, statt des materiellen lediglich einen formellen Verbrechensbegriff im Strafgesetzbuch festzulegen und die Einschränkungsklausel (also die „*Dan Shu*“-Vorschrift) aus dem Gesetzbuch auszuräumen. Der materielle Verbrechensbegriff, für den die Terminologie der Sozialschädlichkeit weiter eine wesentliche Rolle spielt, verbleibt in der Hand des Strafgesetzgebers und beeinflusst ihn bei der Entscheidung, bestimmte Verhaltensweisen mit Strafe zu bedrohen. Dabei muss man jedoch von der Sozialschädlichkeitslehre der Aufklärung ausgehen und das Gewicht auf den Menschen und die Individualinteressen legen[1087]. Die Rechtsgutslehre, die mit der Sozialschädlichkeitslehre der Aufklärung übereinstimmt, ist diesbezüglich für die chinesische Strafgesetzgebung und ebenso für die Strafrechtswissenschaft hilfreich.

Ferner ist die Generalklausel über die Strafbarkeit von Vorbereitungshandlungen im Allgemeinen Teil des chinesischen Strafgesetzbuches aufzuheben. Die Alternative ist, die Hinweise auf die beschränkte Strafbarkeit der Vorbereitungshandlung im AT und die einzelnen Vorbereitungstatbeständen im BT zu kombinieren. Somit können einerseits die schutzwürdigsten Rechtsgüter vor der abstrakten Gefährdung geschützt werden und andererseits wird die Strafbarkeit der Handlung nicht zu weit ausgedehnt. Bei der Erfassung der Vorbereitungstatbestände sind die Lehren vom Rechtsgut und der Deliktsstruktur zu beachten, um illegitime Schutzinteressen auszufiltern und die Bestrafung der scheinbar gefährlichen Handlungen zu vermeiden.

---

1087 Die Ansicht, dass die Gesellschaft als das zentrale und einzige "Subjekt" herausgestellt wird, ist daher zu verwerfen.

## Abkürzungszeichen

| | |
|---|---|
| *a.A.* | andere Ansicht |
| *a.a.O.* | am angegebenen Ort |
| *a.F.* | alte Fassung |
| *AE* | Alternativentwurf eins Strafgesetzbuches, AT, 1966, 2. Aufl. 1969 |
| *ALR* | Allgemeine Landrecht für die Preußischen Staaten von 1794 |
| *AT* | Allgemeinteil |
| *Aufl.* | Auflage |
| *BGBl.* | Bundesgesetzblatt |
| *BGH* | Bundesgerichtshof |
| *BGH St* | Entscheidungen des Bundesgerichtshofs in Strafsachen |
| *BT* | Besonderer Teil |
| *BT – Drs.* | Bundestagsdrucksache |
| *BtMG* | Betäubungsmittelgesetz |
| *bzw.* | Beziehungsweise |
| *Dens.* | Denselben |
| *ders.* | Derselbe |
| *dies.* | Dieselbe |
| *E 1962* | Entwurf 1962 |
| *EGStGB* | Einführungsgesetz zum Strafgesetzbuch |
| *f. (ff.)* | folgende Seite(n) |
| *Fn.* | Fußnote |
| *FS* | Festschrift |
| *GA* | Goltdammer's Archiv für Strafrecht |
| *gem.* | Gemäß |
| *GG* | Grundgesetz |
| *GS* | Gerichtssaal |
| *GS* | Gedächtnisschrift |
| *h.M.* | herrschende(n) Meinung |
| *HRRS* | Online – Zeitschrift für Höchstrichterliche Rechtsprechung im Strafrecht |
| *i.V.m.* | in Verbindung mit |
| *JA* | Juristische Arbeitsblätter |
| *JR* | Juristische Rundschau |
| *JZ* | Juristenzeitung |
| *krit.* | Kritisch |
| *LK* | Leipziger Kommentar |
| *m. E.* | meines Erachtens |
| *m.w.N.* | mit weiteren Nachweisen |
| *MDR* | Monatsschrift für Deutsches Recht |
| *MK* | Münchener Kommentar |
| *n. F.* | neue Fassung |
| *NJW* | Neue Juristische Wochenschrift |
| *NK* | Nomos Kommentar zum Strafgesetzbuch |

| | |
|---|---|
| ***Nr.*** | Nummer |
| ***NStZ*** | Neue Zeitschrift für Strafrecht |
| ***od.*** | oder |
| ***PrStGB*** | StGB für die Preußischen Staaten vom 14.4.1851 |
| ***RG*** | Reichsgericht |
| ***RGSt*** | Entscheidungen des Reichsgerichts in Strafsachen |
| ***Rn.*** | Randnummer |
| ***ROW*** | Recht in Ost und West |
| ***RSFSR*** | Die Russische Sozialistische Föderative Sowjetrepublik |
| ***RStGB*** | Reichsstrafgesetzbuch 1871 |
| ***SchwZStr*** | Schweizer Zeitschrift für Strafrecht |
| ***SFHG*** | Schwangeren- und Familienhilfegesetz |
| ***SJZ*** | Schweizerische Juristenzeitung |
| ***SK*** | Systematischer Kommentar zum Strafgesetzbuch, Loseblattausgabe |
| ***sog.*** | so genannt |
| ***StGB*** | Strafgesetzbuch |
| ***StrÄndG*** | Strafgesetzänderungsgesetz |
| ***StrRG*** | Strafrechtsreformgesetz |
| ***StVG*** | Straßenverkehrsgesetz |
| ***TPG*** | Transplantationsgesetz |
| ***u.a.*** | und andere |
| ***u.ä.*** | und ähnliche(s) |
| ***usw.*** | und so weiter |
| ***v. Chr G*** | vor Christi Geburt |
| ***VDA*** | Vergleichende Darstellung des deutschen und ausländischen Strafrechts |
| ***VerbrBG*** | Verbrechensbekämpfungsgesetz |
| ***vgl.*** | vergleiche |
| ***WaffenG*** | Waffengesetz |
| ***WiKG*** | Gesetz zur Bekämpfung der Wirschaftskriminalität |
| ***WpHG*** | Wertpapierhandelsgesetz |
| ***z.B.*** | zum Beispiel |
| ***ZStW*** | Zeitschrift für die gesamte Strafrechtswissenschaft |

# Wichtige Vorschriften im chinesischen Strafgesetzbuch

**§ 13**

(Verbrechensbegriff)

Verbrechen sind alle sozialschädlichen Angriffe gegen die souveräne und territoriale Vollständigkeit und den Frieden, die volksdemokratische Diktatur, das sozialistische System, die Straftaten gegen die Gesellschafts- und Ökonomieordnung, das Volks-, Kollektiv– oder Privateigentum, die Straftaten gegen die persönlichen, demokratischen Rechte und andere Rechte der Bürger, und andere sozialschädliche Handlungen, die deshalb rechtsgemäß strafbar sind. *Eine Handlung (/Unterlassung), die zwar formal die Merkmale einer in dem vorliegenden Gesetzbuch vorgesehenen Tat enthält, jedoch wegen Geringfügigkeit keine große gesellschaftliche Gefahr darstellt gilt nicht als Straftat.*

***Dan Shu* - Vorschrift**

Die *Ergänzungsklausel* in § 13 chin. StGB: *Eine Handlung (/Unterlassung), die zwar formal die Merkmale einer in dem vorliegenden Gesetzbuch vorgesehenen Tat enthält, jedoch wegen Geringfügigkeit keine große gesellschaftliche Gefahr darstellt gilt nicht als Straftat.*

**§ 22**

(Genereller Vorbereitungstatbestand)

I. Eine Vorbereitungshandlung liegt vor, wenn der Täter sich Werkzeuge vorbereitet, oder die Bedingungen schafft, um eine Straftat zu begehen.

II. Die Vorbereitungshandlung eines Delikts kann im Vergleich zur Vollendung milder bestraft, oder es kann ganz von Strafe abgesehen werden

## Chinesische Zeitschriften

| Chinesisch | Englisch | Deutsch |
|---|---|---|
| Falv Kexue | Law Science-Legal Science : Journal of Northwest University of Politics and Law | Rechtswissenschaft(A) |
| Faxue | Law Science | Rechtswissenschaft(B) |
| Faxue Jikan | Law Quarterly | Vierteljahresschrift der Rechtswissenschaft |
| Faxue Luntan | Legal Forum | Rechtsforum |
| Faxue Pinglun | Wuhan University Law Review | Rechtswissenschaft(C) |
| Faxue Yanjiu | Chinese Journal of Law | Zeitschrift der chinesischen Rechtswissenschaft |
| Guangxi Zhengfa Guanli Ganbu Xueyuan Xuebao | Journal of Guangxi Political Science & Law Institute | Zeitschrift des Verwaltungsinstituts der Politik- und Rechtswissenschaft in Guangxi |
| Henansheng Zhengfa Guanli Ganbu Xueyuan Xuebao | Journal of Henan Administrative Institute of Politics and Law | Zeitschrift des Verwaltungsinstituts der Politik- und Rechtswissenschaft in Henan |
| Huadong Zhengfa Xueyuan Xuebao | Journal of the East China University of Political Science and Law | Zeitschrift der ostchinesischen Universität der Politik- und Rechtswissenschaft |
| Hunansheng Zhengfa Guanli Ganbu Xueyuan Xuebao | Journal of Hunan Political-Legal Cadre College | Zeitschrift des Verwaltungsinstituts der Politik- und Rechtswissenschaft in Hunan |
| Jiancha Ribao | Procuratorial Daily | Tageszeitung der Staatsanwaltschaft |
| Xingshifa Pinglun | Criminal Law Review | Strafrechtsreview |
| Zhengfa Luntan | Tribune of Political Science and Law | Forum von Politikwissenschaft & Recht |
| Zhengzhi yu Falv | Political Science and Law | Politikwissenschaft und Recht |

| | | |
|---|---|---|
| Zhongguo Faxue | China Legal Science | Chinesische Rechtswissenschaft |
| Zhongguo Xingshifa Zazhi | Chinese Criminal Science | Zeitschrift des chinesischen Kriminalrechts |

# Literaturverzeichnis

## *A. Literatur in chinesischer Sprache*


*Beijing Diyi Zhongji Renmin Fayuan*: Xingshi Panjueshu (1995) Yizhong Xingzi di 1944 Hao. (Das Urteil von dem Ersten Volksgericht mittlerer Ebene in Peking, St. Nr. 1944). zit.: Das Urteil von dem Ersten Volksgericht mittlerer Ebene in Peking (1995), Str. Nr. 1944.

*Beijing Zhengfa Xueyuan* (Die Hochschule der Politik und des Rechts in Peking) (Hrsg.): Dokumentssammelung der Strafgesetzgebungsgeschichte (Woguo Xingfa Lifa Ziliao Huibian), Peking 1980. zit.: Beijing Zhengfa Xueyuan (Hrsg.), Dokumentssammelung, 1980.

*Cao*, Zidan/*Hou*, Guoyun: Die Erläuterung des chinesischen Strafgesetzbuches (Zhonghua Renmin Gongheguo Xingfa Jingjie), Peking 1997. zit.: *Cao*, Zidan/*Hou*, Guoyun, Erläuterung des chi. StGB, 1997.

*Chen,* Xingliang: Die Strafrechtsphilosophie (Xingfa Zhexue), Peking 1992. zit.: *Chen,* Xingliang, Strafrechtsphilosophie, 1992.
- Menschlichkeitsgrundlage des Strafrechts (Xingfa de Renxing Jichu), Peking 1996. zit.: *Chen,* Xingliang, Menschlichkeitsgrundlage, 1996.
- Wissenschaftliche Autobiographie – Der Ideekurs von einem Strafrechtswissenschaftler (Xueshu Zizhuan –Yige Xueren de Xinlu Licheng), Peking 1999. zit.: *Chen,* Xingliang, Autobiographie, 1999.
- Geltung des Strafrechts AT, Bd. I ( Xingfa Shiyong Zonglun [ Shang Ce] ), Peking 1999. zit.: *Chen,* Xingliang, Geltung des Strafrechts AT, 1999.
- *Chen*, Xingliang/*Liu*, Shude: Formelle und materielle Debatten über den Verbrechensbegriff (Fanzui Gainian de Xingshi yu Shizhi Zhengzi), in Rechtswissenschaft(A) (Falv Kexue) 6 (1999). zit.: *Chen*, Xingliang/*Liu*, Shude, in Rechtswissenschaft(A) 6 (1999).
- *Chen,* Xingliang/*Liu*, Weibo: Die Sozialschädlichkeitstheorie – Eine analysierende Kritik. Studie der Rechtswissenschaft (Shehui Weihaixing Lilun – Yige Fansixing Jiantao), in Zeitschrift der chinesischen Rechtswissenschaft (Faxue Yanjiu) 1 (2000). zit.: *Chen,* Xingliang/*Liu*, Weibo, in Zeitschrift der chinesischen Rechtswissenschaft 1 (2000).
- Das unvollständige Verbrechen, Forum von Politik und Recht (Weiwancheng Fanyui Yanjiu), in Forum von Politikwissenschaft & Recht (Zhengfa Luntan) 3 (2000). zit.: *Chen,* Xingliang, in Forum von Politikwissenschaft & Recht 3 (2000).
- Die Sozialschädlichkeitslehre, Eine weitere kritischeÜberprüfung, in Chinesische Rechtswissenschaft (Zhongguo Faxue), 4. (2006), S. 3ff. zit.: *Chen,* Xingliang, in Chinesische Rechtswissenschaft, 4. (2006).

*Chu,* Huaizhi, Das amerikanische Strafrecht (Meiguo Xingfa), Peking 1987. zit.: *Chu,* Huaizhi, Das amerikanische Strafrecht, 1987.

*Cross,*L/*Jones,* F/*Card*, R: Einführung in das englische Strafrecht, übersetzt von *Zaho*, Bingzhi/*Zhang*, Zhihui/*Yan*, Ye/Zhang, Jun, Peking 1991. zit.: *Cross/Jones/Card*, Einführung in das englische Strafrecht (chin. F), 1991.

*Di*, Shishen: Nachprüfung und Umbau des Verbrechensbegriffs (Fanzui Gainian de Fansi yu Chonggou), in Zeitschrift des Verwaltungsinstituts der Politik- und Rechtswissenschaft in Hunan (Hunansheng Zhengfa Guanli Ganbu Xueyuan, Xuebao) 12 (2002). zit.: *Di*, Shishen, in Zeitschrift des Verwaltungsinstituts der Politik- und Rechtswissenschaft in Hunan 12 (2002).
- Vergleichende Untersuchung des Verbrechensbegriffs (Fanzui Gainian de Bijiao Yanjiu), in Zeitschrift des Verwaltungsinstituts der Politik- und Rechtswissenschaft in Guangxi (Guangxi Zheng-

fa Guanli Ganbu Xueyuan Xuebao) 3 (2003). zit.: *Di*, Shishen, in Zeitschrift des Verwaltungsinstituts der Politik- und Rechtswissenschaft in Guangxi 3 (2003).
Die chinesische Enzyklopädie, Band von Rechtswissenschaft, 1984. zit.: Chinesische Enzyklopädie, Bd. Rechtswissenschaft, 1984.

*Die Hochschule der Politik und des Rechts in Peking* (Hrsg.): Die Sammelung der Dokumente über die chinesische Gesetzgebung, Peking 1980. zit.: Die Hochschule der Politik und des Rechts in Peking (Hrsg.), Sammelung der Dokumente, 1980.

*Fan*, Wen: Der Konflikt zwischen der Gesetzlichkeit und der Sozialschädlichkeit –Analyse von §13 des StGB. Über die Definition des Verbrechens, Rechtswissenschaft (Zuixing Fading yu Shehui Weihai de Chongtu – Jianxi Xingfa di Shisan Tiao Guanyu Fanzui de Gainian), in Rechtswissenschaft(A) (Falv Kexue) 1 (1998). zit.: *Fan*, Wen, in Rechtswissenschaft(A) 1 (1998).

*Feng*, Yadong: Rationalismus und die Strafrechtsmode (Lixing Zhuyi yu Xingfa Moshi), Peking 1999. zit.: *Feng*, Yadong, Rationalismus und die Strafrechtsmode, 1999.

*Fu*, Liqing: Zur funktionalen Aufteilung des Verbrechensbegriffs – Untersuchung aufgrund der gesamten Strafrechtswissenschaft (Dui Fanzui Gainian de Gongnengxing Huafen – Yi Xingshi Faxue wie Jichu de Yanjiu), in Zeitschrift des Verwaltungsinstituts der Politik- und Rechtswissenschaft in Henan (Henansheng Zhengfa Guanli Ganbu Xueyuan Xuebao) 3 (2003). zit.: *Fu*, Liqing, in Zeitschrift des Verwaltungsinstituts der Politik- und Rechtswissenschaft in Henan 3 (2003).

*Gao*, Ge: Vergleichende Untersuchung des Strafrechts (Bijiao Xingfa Yanjiu), Xinan Zhengfa Jiaoyanshi, Chongqing 1985. zit *Gao*, Ge, Vergleichende Untersuchung, 1985.

*Gao*, Mingxuan: Die Gestation und Geburt des Strafrechts von V. R. China (Zhonghua Renmin Gongheguo Xingfa de Yunyu he Dansheng), Peking 1981. zit.: *Gao*, Mingxuan, Gestation und Geburt des Strafrechts, 1981.
- *Gao*, Mingxuan (Hrsg.): Strafrechtswissenschaft (Xingfaxue), Peking 1985. zit.: *Gao*, Mingxuan (Hrsg.), Strafrechtswissenschaft, 1985.
- *Gao*, Mingxuan (Hrsg.): Das Strafrecht (Xingfa), Peking 1990. zit.: *Gao*, Mingxuan (Hrsg.), Strafrecht, 1990.
- *Gao*, Mingxuan (Hrsg. ): Theorie des Strafrechts (Xingfaxue Yuanli) Bd I und II, Peking 1993. zit.: *Gao*, Mingxuan (Hrsg.), Theorie des Strafrechts, 1993.
- *Gao*, Mingxuan (Hrsg.) : Die neue Strafrechtswissenschaft Chinas (Xinbian Zhongguo Xingfaxue), Peking 1998. zit.: *Gao*, Mingxuan(Hrsg.), Neue Strafrechtswissenschaft, 1998.
- Zum Modifikationsmodell der Strafreformgesetze, in Schriften der Richter (Faguan Wencong) 1 (2007), Peking, S. 25. zit.: *Gao*, Mingxuan, in Schriften der Richter 1 (2007).
*Gao*, Mingxuan/*Ma*, Kechang (Hrsg.): Strafrechtswissenschaft, 3. Aufl., (Xingfaxue, Shanbian), Peking 1999. zit.: *Gao*, Mingxuan/*Ma*, Kechang (Hrsg.), Strafrechtswissenschaft, Aufl. 3, 1999.

*Han*, Zhongmo: Grundsatz des Strafrechts (Xingfa Yuanli), Taiwan 1982, 14. Aufl. zit.: *Han*, Zhongmo ,Grundsatz des Strafrechts, 1982.

*He*, Bingsong: Lehrbuch des Strafrechts (Xingfa Jiaokeshu), Peking 1997. zit.: *He*, Bingsong, LB, 1997.

*Jiang*, Wei: Abriss der Verbrechensformen (Fanzui Xintai Tonglun), Peking 1994. zit.: *Jiang*, Wei, Abriss der Verbrechensformen, 1994.

*Lao*, Dongyan: Hinter der Sozialschädlichkeit – Kritik an den Kenntnissgedanken im Bereich des Strafrechts (Shehui Weihaixing de Beihou – Dui Xingshi Lingyu Renshilun Siwei de Zhiyi), in

Strafrechtsreview (Xingshifa Pinglun) 7 (2000), Peking, S.199ff. zit.: *Lao*, Dongyan, in Strafrechtsreview 7 (2000).

*Li*, Haidong: Einführung in die Strafrechtsgrundlage (Xingfa Yuanli Rumen), Peking 1998, Autobiographisches Vorwort, S.6ff. zit.: *Li*, Haidong, Autobiographisches Vorwort, 1998.

*Li*, Hong: Charakter des Verbrechensbegriffs unter dem Gesetzlichkeitsprinzip – Neuere Erörterung zum Verbrechensbegriff (Zuixing Fading Yuanze xia Fanzui Gainian de Tezheng – Fanzui Gainian Xinjie), in Rechtswissenschaft(C) (Faxue Pinglun) 4 (2002). zit.: *Li*, Hong, in Rechtswissenschaft (C) 4 (2002).

*Li*, Juquan: Vergleichung des Verbrechensbegriffs (Fanzui Gainian Bijiao), in Rechtswissenschaft(C) (Faxue Pinglun) 2 (1998). zit.: *Li*, Juquan, in Rechtswissenschaft(C) 2 (1998).

*Li*, Lizhong/ *Ke*, Sailong: Verteidigung des geltenden Verbrechensbegriffs (Wie Xianxing Fanzui Gainian Bianhu), in Rechtswissenschaft(A) (Falv Kexue) 2 (1999). zit.: *Li*, Lizhong/ *Ke*, Sailong, in Rechtswissenschaft(A) 2 (1999).

*Lin*, Shantian: Die Straftheorie (Xingfa Xue), Taiwan 1986. zit.: *Lin*, Shantian, Straftheorie, 1986.

*Lin*, Zhun (Hrsg.): Materialien über das chinesische Strafrecht (Zhongguo Xingfa Jiangyi) Bd. I, Peking 1986. zit.: *Lin*, Zhun (Hrsg.), Materialien, 1986.

*Liu*, Nanping: „Gerichtliche Präjudiz" mit chinesischen Eigenschaften - Erschienene Fälle im Amtsblatt des Obersten Volksgerichtes (Juyou Zhongguo Tezheng de Panli – Zuigao Renmin Fayuan Gongbao Shang Fabiao de Anli), in Chinesische Rechtswissenschaft (Zhongguo Faxue) 5 (1991), S. 140ff. zit.: *Liu*, Nanping, in Chinesische Rechtswissenschaft 5 (1991), S. 140ff.

*Liu*, Yanhong/*Zhang*, Wen: Analyse zur Bestrafungsbereich des modifizierten StGB (Xin Xingfa Chufa Fanwei Pingxi), in Chinesische Rechtswissenschaft (Zhongwai Faxue) 2 (1992), S. 52 ff. zit. *Liu*, Yanhong/*Zhang*, Wen, Chinesische Rechtswissenschaft 2 (1992).

*Ma*, Kechang: Die Vorbereitungsdelikte (Lun Yubeifan), in Henan Faxue 1 (1984). zit.: *Ma*, Kechang, in in Henan Faxue 1 (1984).
- *Ma*, Kechang(Hrsg.): Allgemeine Verbrechenstheorie (Fanzui Tonglun), Wuhan, 1991. zit.: *Ma*, Kechang (Hrsg.), Allgemeine Verbrechenstheorie, 1991.
- Zur Strafrechtstheorie (Xingfa Lilun Tansuo), Peking 1995. zit.: *Ma*, Kechang, Strafrechtstheorie, 1995.

*Qing*, Feng: Untersuchung des Verbrechenswesens - Neue Überlegung zur Abgrenzung der Straftat von Nichtstraftat (Fanzui Benzhi Yanjiu - Zui Yu Feizui Jieshuo Xinlun), Peking 1994, S. 95. zit.: *Qing*, Feng, Untersuchung des Verbrechenswesens, 1994.

*Qiu*, Xinglong/*Xu*, Zhangrun: Strafetheorie (Xingfaxue), Peking 1999, S. 247. zit.: *Qiu*, Xinglong/*Xu*, Zhangrun: Strafetheorie, 1999.
*Takikawa*, Yukitoki: Einführung in die Verbrechenslehre, Tokyo 1938. zit.:*Takikawa*, Verbrechenslehre, 1938.

*Tian*, Hongjie: Zur Modernisierung des chinesischen Strafrechts (Zhongguo Xingfa Xiandaihua Yanjiu), Peking 2001.zit.: *Tian*, Hongjie, Modernisierung, 2001.

*Wang*, Shizhou: Doppelstruktur und Funktion des Verbrechensbegriffs im chinesischen Strafrecht (Zhongguo Xingfa Lilun Zhong Fanzui Gainian de Shuangchong Jiegou he Gongneng), in Zeitschrift der chinesischen Rechtswissenschaft (Faxue Yanjiu), 5 (1998), S. 117ff. zit.: *Wang*, Shizhou, in Zeitschrift der chinesischen Rechtswissenschaft 5 (1998).

*Wang*, Zhixiang/*Guo*, Jian: Strafbarkeitsumfang der Vorbereitungshandlungen des Delikts (Fanzui Yubei Xingwei de Kefaxing Fanwei), in Politikwissenschaft und Recht (Zhengzhi yu Falv) 2 (2005). zit.: *Wang*, Zhixiang/*Guo*, Jian, in Politikwissenschaft und Recht 2 (2005).

*Xian,* Tieke: Das Gefährdungsdelikt im neuen Strafrecht (Xinxingfa Zhong de Weixianfan), Peking 1998, S. 116. zit.: *Xian,* Tieke, Das Gefährdungsdelikt, 1998.

*Xiao*, Jieqing: Vorbereitungshandlung ( Diss.), Wuhan 1997. zit.: *Xiao*, Jieqing, Vorbereitungshandlung, 1997.

*Xiao*, Yang (Hrsg.): Die chinesische neue Strafrechtslehre, Peking 1997. zit.: *Xiao*, Yang (Hrsg.), Neue Strafrechtslehre, 1997.

*Xie*, Wangyuan (Hrsg.): Das chinesische Strafrecht im Spiel der Rechtsvergleichung mit dem von Taiwan, Hongkong und Macao, (Tai, Gang, Ao yu Dalu Xingfa Bijiao Yanjiu), Peking 1998, S.193. 1998, S. 193. zit.: *Xie*, Wangyuan (Hrsg.), Rechtsvergleichung, 1998.

*Xing*, Zhiren: Die Vorbereitungshandlung der Delikte (Diss.), Peking, 2001. zit.: *Xing*, Zhiren, Die Vorbereitungshandlung, 2001.

*Xiong*, Xuanguo: Über die Handlung im Strafrecht (Xingfa zhong de Xingwei Lun), Peking 1992. zit.: *Xiong*, Xuanguo, Über die Handlung im Strafrecht, 1992.

*Yang*, Dunxian (Hrsg.): Umriss der Strafrechtstheorie (Xingfaxue Gailun), Peking 1985. zit.: *Yang*, Dunxian (Hrsg.), Strafrechtstheorie, 1985.

*Zeng*, Yuexing/*Wang*, Zhixiang: Aufbauanalyse des Verbrechensbegriff und seines Charakters (Fanzui Gainian Ji Qi Tezheng de Jiegou Fenxi), in Rechtsforum (Faxue Luntan) 6 (2003). zit.: *Zeng*, Yuexing/*Wang*, Zhixiang, in Rechtsforum 6 (2003).

*Zhang*, Hao: Theorie und Praxis des chinesischen Strafrechts (Zhongguo Xingfa Lilun Ji Shiyong), Taiwan 1981, S.181. zit.: *Zhang*, Hao, Theorie und Praxis, 1981.

*Zhang*, Mingkai: Zur Versuchslehre (Fanzui Weisui), Peking 1997. zit.: *Zhang*, Mingkai, Zur Versuchslehre, 1997.

- Grundriss des ausländischen Strafrechts (Waiguo Xingfa Gangyao), Peking 1999, S. 250f. zit.: *Zhang*, Mingkai, Grundriss 1999.

*Zhang*, Shangxian: Grundriss des Strafrechts von Volks Republik China, AT (Zhonghua Renmin Gongheguo Xingfa Gailun, Zongze Bufen), Peking 1983, S.158, 162. zit.: *Zhang*, Shangxian, Grundriss 1983.

*Zhang*, Xiangen: Diskussion der Sozialschädlichkeit im Verbrechensbegriff (Guanyu Shehui Weihaixing de Tailun), in Zeitschrift der ostchinesischen Universität der Politik- und Rechtswissenschaft (Huadong Zhengfa Xueyuan Xuebao) 2 (1956). zit.: *Zhang*, Xiangen, in Zeitschrift der ostchinesischen Universität der Politik- und Rechtswissenschaft 2 (1956).

*Zhao*, Bingzhi: Festhaltung an dem doppelten Bewertungsmaßstab des Verbrechens, Zum Diskurses über die Sozialschädlichkeit und Strafrechtswidrigkeit, in Tageszeitung der Staatsanwaltschaft (Jiancha Ribao), 21. 03. 2005. zit.: *Zhao*, Bingzhi, in Tageszeitung der Staatsanwaltschaft, 21. 03. 2005.

- *Zhao*,Bingzhi (Hrsg.): Das Lehrbuch des bearbeiteten Strafrechts (Xin Xingfa Jiaocheng), Peking 1997. zit.: *Zhao*,Bingzhi (Hrsg.), LB des bearbeiteten Strafrechts, 1997.

*Zhao*, Bingzhi/*Wu*, Zhenxing (Hrsg.): Abriss des Strafrechts (Xingfa Tonglun), Peking 1993. zit.: *Zhao*, Bingzhi/*Wu*, Zhenxing (Hrsg.), Abriss des Strafrechts, 1993.

*Zheng*, Jinhuo: Zur Vorstellung und Einschätzung des Verbrechensbegriffs (Fanzui Gainian de Shuli yu Pingjia), in Chinesisches Kriminalstrafrecht (Zhongguo Xingshifa Zazhi) 5 (2005), S. 16ff. zit.: *Zheng*, Jinhuo, in Zeitschrift des chinesischen Kriminalrechts 5 (2005).

*Zhongguo Dabake Quanshu* (Faxuejuan), 1984, S.121. zit.: Chinesische Enzyklopädie, Bd. Rechtswissenschaft, 1984.

*Zhou*, Zhenxiang: Lehrbuch des Strafrechts (Xingfaxue), Peking 1997. zit.: *Zhou*, Zhenxiang, Lehrbuch,1997.

## *B. Literatur in deutscher oder englisher Sprache*

*Albrecht*, Peter- Alexis: Das Strafrecht im Zugriff populistischer Politik, StV 1994, S. 265ff. zit.: *Albrecht*, StV 1994.

*Altpeter*, Frank: Strafwürdigkeit und Straftatsystem: Eine Untersuchung zur Einbeziehung von Strafwürdigkeitsaspekten in das Straftatsystem am Beispiel der vortatbestandlichen und tatbestandlichen Ebene, Frankfurt/M[u.a.], 1990. zit.: *Altpeter*, Strafwürdigkeit, 1990.

*Alwart*, Heiner: Strafwürdiges Versuchen, Berlin 1982. zit.: *Alwart*, Strafwürdiges Versuchen, 1982.

*Amelung*, Knut: Rechtsgüterschutz und Schutz der Gesellschaft. Untersuchung zum Inhalt und Anwendungsbereich eines Strafrechtsprinzips auf dogmengeschichtlicher Grundlage. Zugleich ein Beitrag zur Lehre von der „Sozialschädlichkeit" des Verbrechens, Frankfurt/a.M., 1972. zit.: *Amelung*, Rechtsgüterschutz, 1972.
- Rechtsgutsverletzung und Sozialschädlichkeit, in: *Jung*, Heike (Hrsg.), Recht und Moral, Baden-Baden 1991, S. 269ff. zit.: *Amelung*, in Recht und Moral, 1991.
- Der Begriff des Rechtsguts in der Lehre vom strafrechtlichen Rechtsgüterschutz, in: *Hefendel/ v. Hirsch/ Wohlers* (Hrsg.), Die Rechtsgutstheorie, Baden-Baden, 2003, S. 160ff. zit.: *Amelung*, in Rechtsgutstheorie, 2003.

*Anastasopoulou*, Ioanna: Deliktstypen zum Schutz kollektiver Rechtsgüter, München 2005. zit.: *Anastasopoulou*, Deliktstypen, 2005.

*Appel*, Ivo: Verfassung und Strafe, Berlin,1998. zit.: *Appel*, Verfassung und Strafe, 1998.
*Arndt*, Adolf: Strafrecht in einer offenen Gesellschaft, in: Verhandlungen des 47. Deutschen – Juristentages, Nürnberg 1968, Bd. II, München. (S. J 18). zit.: *Arndt*, DJT Bd. II, 1968.

*Arzt*, Gunther/ *Weber*, Ulrich: Strafrecht BT, Bd. 5, Delikte gegen den Staat, gegen Amtsträger und durch Amtsträger, Bielefeld 1982; Besonderer Teil, Bielefeld 2000. zit.: *Arzt/Weber*, BT, Bd. 5, 1982; BT, 2000.

*Bar*, Carl Ludwig von: Gesetz und Schuld im Strafrecht, Fragen des geltenden deutschen Strafrechts und seine Reform, Bd. II, Berlin Ausgabe 1907, Guttentag . zit.: *Bar*, Gesetz und Shuld, 1907.

*Baratta*, Alessandro: Jenseits der Strafe – Rechtsgüterschutz in der Risikogesellschaft. Zur Neubewertung der Funktion des Strafrechts, in: Fritjof Haft/Winfried Hassemer/Ulfried Neumann/Wolfgang Schild/Ulrich Schroth (Hrsg.), Strafgerechtigkeit, Festschrift für Arthur Kaufmann zum 70. Geburtstag, Heidelberg 1993, S. 393ff. zit.: *Baratta*, FS Kaufmann, 1993.

*Baumann*, Jürgen: Strafrecht, AT, 4. Aufl., Bielefeld 1966; 7. Aufl. 1975. zit.: *Baumann*, AT$^4$, 1966; AT$^7$, 1975.

*Baumann,* Jürgen/*Weber,* Ulrich/*Mitsch*, Wolfgang: Strafrecht AT, 11. Aufl., Bielefeld 2003, zit.: *Baumann/Weber/Mitsch,* AT$^{11}$, 2003.

*Baurmann*, Michael: Der Markt der Tugend. Recht und Moral in der liberalen Gesellschaft. Eine soziologische Untersuchung, Tübingen 1996. zit.: *Baurmann*, Markt, 1996.

*Beccaria*, Cesare: Über Verbrechen und Strafen, mit Vorwort von *Hommel*, Karl Ferdinand, Akademie- Verlag, Berlin, 1966. zit. *Beccaria*, Über Verbrechen und Strafen, mit eienr Vorrede von *Hommel*, 1966.

*Becher*, Klaus-Martin: Zur Abgrenzung von Vorbereitung und Versuch Gemäß §22 des 2.StrRG—Ein Beitrag zur näheren Ausgestaltung der neuen gesetzlichen Leitlinie, Münster 1973. zit.: *Becher*, Abgrenzung von Vorbereitung und Versuch, 1973.

*Beck*, Ulrich: Risikogesellschaft. Auf dem Weg in eine andere Moderne, Frankfurt/M 1986. zit.: *Beck*, Risikogesellschaft, 1986.

*Beck*, Wolfgang: Unrechtsbegründung und Vorfeldkriminalisierung - Zum Problem der Unrechtsbegründung im Bereich vorverlegter Strafbarkeit ---- erörtert unter besonderer Berücksichtigung der Deliktstatbestände des politischen Strafrechts, Magdeburg 1992. zit.: *Beck*, Vorfeldkriminalisierung, 1992.

*Beling*, Ernst: Grundzüge des Strafrechts, 11. Aufl. Tübingen 1930. zit.: *Beling*, Grundzüge, 1930.

*Berz*, Ulrich: Formelle Tatbestandsverwirklichung und materieller Rechtsgüterschutz. Eine Untersuchung zu den Gefährdungsdelikten, München 1986. zit.: *Berz*, Formelle Tatbestandsverwirklichung, 1986.
- Grundlage des Versuchsbeginns, in Jura 1984, S. 511ff. zit.: *Berz*, Jura 1984.

*Binding,* Karl: Handbuch des Strafrechts, Bd. I, Leipzig 1885. zit.: *Binding*, Handbuch, Bd. I, 1885.
- Lehrbuch des gemeinen deutschen Strafrechts, BT, Bd. II , 2. Aufl., Leipzig 1904. zit.: *Binding,* BT, Bd. $II^2$,1904.
- Die Normen und ihre Übertretung. Bd. I, Normen und Strafgesetzte, 3. Aufl. 1916, Neudruck der 4. Aufl., Leipzig 1922; Bd. II, Eine Untersuchung über die rechtmäßige Handlung und die Arten des Delikts, 1. Hälfte (Zurechnungsfähigkeit), Neudruck der 2. Aufl., Leipzig 1914; Bd. III, Der Irrtum, 1918. zit.: *Binding,* Normen, Bd. $I^1$, 1872, Bd. $I^3$, 1916, Bd. $I^4$, 1922; Bd. II, 1. Hälfte, 1914; Bd. III, 1918.

*Birkmeyer,* Karl von: Teilnahme am Verbrechen. Vergleichende Darstellung des Deutschen und Ausländischen Strafrechts, AT, Bd. II, Berlin 1908. zit.: *Birkmeyer,* Teilnahme, AT, 1908.
- Über Ursachenbegriff und Kausalzusammenhang im Strafrecht, in: Der Gerichtssaal, Bd. 37, 1885, S. S. 257ff. zit.: *Birkmeyer,* GS Bd. 37, 1885.

*Birnbaum*, Johan Michael Franz: Über das Erfordernis einer Rechtsverletzung zum Begriff der Verbrechens usw., in: Archiv des Kriminalrechts (Neue Folge), Bd.15, 1834, S. 149ff. zit.: *Birnbaum*, NArchCrim 15 (1834).

*Blei*, Hermann: Strafrecht, AT, 12. Aufl., München 1996. zit.: *Blei*,$AT^{12}$, 1996.

*Bloy*, René: Die Straftaten gegen die Umweilt im System des Rechtsgüterschutzes, ZStW 100 (1988), S. 485 ff. zit.: *Bloy*, ZStW 100 (1988).

*Bockelmann*, Paul: Zur Abgrenzung der Vorbereitung vom Versuch, JZ 1954, S. 468 ff. zit.: *Bockelmann*, JZ 1954.

*Böckenförde*, Ernst- Wolfgang: Die Bedeutung der Unterscheidung von Staat und Gesellschaft im demokratischen Sozialstaat der Gegenwart, in: Ernst- Wolfgang Böckenförde (Hrsg.): Staat und Gesellschaft, Darmstadt 1976, S. 395. zit.: *Böckenförde*, in Staat und Gesellschaft, 1976.

*Bodenstein*, Paul: Die Strafbarkeit der Vorbereitungshandlung und die Entwürfe, Diss. Göttingen 1923. zit.: *Bodenstein*, Vorbereitungshandlung und Entwürfe, 1923.

*Bottke*, Wilfried: Das Wirtschaftsstrafrecht in der Bundesrepublik Deutschland – Lösungen und Defizite, in wistra 1991, S. 1 ff. zit.: *Bottke*, wistra 1991.
- Das Straftaterfordernis der Rechtsgutsverletzung, in: Dölling, Dieter (Hrsg.): Jus humanum.Grundlagen des Rechts und Strafrecht; Festschrift für Ernst-Joachim Lampe zum 70. Geburtstag, Berlin 2003, S. 207ff. zit.: *Bottke*, in FS Lampe 2003.

*Brehm*, Wolfgang: Zur Dogmatik des abstrakten Gefährdungsdelikts, Tübingen 1973. zit.: *Brehm*, Abstraktes Gefährdungsdelikt, 1973.

*Budeus*, Johannes: Das Problem des Anfangs der strafbaren Versuchshandlung im Lichte der Rechtsprechung des Reichsgerichts, Diss. Bonn 1948. zit.: *Budeus*, Problem, 1948.

*Buri*, Maximilian von: Zur Lehre von Versuche, GS 19 (1867) 60. zit.: *Buri*, GS 19 (1867).

*Busch*, Jost-Dietrich: Die Strafbarkeit der erfolglosen Teilnahme und die Geschichte des Paragraphen 49a StGB, Marburg 1964. zit.: *Busch*, Teilnahme, 1964.

*Busch*, Richard: Zur Teilnahme an den Handlungen des § 49a StGB, in: Schroeder, Friedrich-Christian (Hrsg.), Festschrift für Reinhart Maurach zum 70. Geburtstag, Karlsruhe 1972, S. 245 ff. zit.: *Busch*, FS Maurach 1972.

*Buschmann*, Arno: Textbuch zur Strafrechtsgeschichte der Neuzeit, München 1998. zit.: *Buschmann*, Textbuch, 1998.

*Callies*, Rolf-Peter: Theorie der Strafe im demokratischen und sozialen Rechtsstaat, Frankfurt/ Main 1974. zit.: *Callies*, Theorie der Strafe, 1974.
- Strafzwecke und Strafrecht, NJW 1989, S. 1338 ff. zit.: *Callies*, NJW 1989.

*Cattaneo*, Mario A.: Menschenwürde und Strafrechtsphilosophie der Aufklärung, in: *Brandt*, Reinhard (Hrsg.), Rechtsphilosophie der Aufklärung, Berlin/New York 1982, 321ff. zit.: *Cattaneo*, in Rechtsphilosophie der Aufklärung , 1982.

*Coenders*, Albert: Strafrechtliche Grundbegriffe insbesondere Täterschaft und Teilnahme, Düsseldorf 1909. zit.: *Coenders*, Grundbegriffe, 1909.

*Coester*, Bernhard: Vorbereitungshandlungen im Entwurf Allgemeinen Deutschen StGB von 1927, Breslau 1933 . zit.: *Coester*, Vorbereitungshandlung, 1933.

*Cohen,* Alfred: Die Vorbereitung von strafbaren Handlungen nach den Strafgesetzen des Deutschen Reichs, Diss. Erlangen 1894. zit.: *Cohen,* Vorbereitung, 1894.

*Coser*, Lewis A: Einige Funktionen abweichenden Verhaltens und normative Flexibilität, in: Sack, Fritz/ König, René (Hrsg.) : Kriminalsoziologie, 2. Aufl., Frankfurt/M 1974, S. 21ff. zit.: *Coser*, Kriminalsoziologie$^2$, 1974.

*Cramer*, Peter, Der Vollrauschtatbestand als abstraktes Gefährdungsdelikt, Tübingen 1962. zit.: *Cramer*, Vollrauschtatbestand, 1962.

*Deimling,* Gerhard: Der gesellschaftskritische Ansatz des Präventionsgedankens im Werk *Beccarias*, in ders. (Hrsg.) , *Cesare Beccaria* - Die Anfänge moderner Strafrechtspflege in Europa, 1989, S.165 ff. zit.: *Deimling,* in *Cesare Beccaria* 1989.

*Dessecker*, Axel: Im Vorfeld eines Verbrechens: die Hanldungsmodalität des § 30 StGB, in JA 2005, S. 549 ff. zit: *Dessecker*, JA 2005.

*Dingeldey*, Thomas: Insider-Handel und Strafrechtm Köln (u.a.) 1983. zit.: *Dingeldey*, Insider-Handel, 1983.

*Dohna*, Alexander Graf zu: Der Mangel am Tatbestand, in: Festgabe für Karl Güterbock, Berlin 1910, Neudr. d. Ausg. Berlin 1910, 1981.zit.: *Dohna*, in FG Güterbock, 1910.

*Dreßler*, Tomas: Vorbereitung und Versuch im Strafrecht der DDR im Vergleich mit dem Recht der BRD, Frankfurt/a. M. 1982. zit.: *Dreßler*, Vorbereitung und Versuch, 1982.

*Dubber*, Markus Dirk: Positive Generalprävention und Rechtsgutstheorie: Zwei zentrale Errungenschaften der deutschen Strafwissenschaft aus amerikanischer Sicht, ZStW 117 (2005), S. 487ff. zit.: *Dubber*, ZStW117 (2005).

*Durkheim*, Émile: Über die Teilung der sozialen Arbeit, 1. Aufl., Frankfurt/M 1977. zit.: *Durkheim*, Teilung, 1977.

*Duttge*, Gunnar: Vorbereitung eines Computerbetruges: Auf dem Weg zu einem „grenzenlosen“ Strafrecht, in: *Heinrich/Hilgendorf/Mitsch/Sternberg-Lieben* (Hrsg.), Festschrift für Ulrich Weber, Bielefeld 2004, S. 285ff. zit.: *Duttge*, FS Weber, 2004.

*Engels*, Friedrich: Die Lage der arbeitenden Klasse in England, in: Karl Marx - Friedrich Engels – Werke (MEW) –Ausgabe, Bd. 2, Berlin 1958, S. 225-506. zit.: *Engels*, in MEW, Bd. 2, 1958.

*Fad*, Frank: Die Abstandnahme des Beteiligten von der Tat im Vorbereitungsstadium, Berlin 2005. zit.: *Fad*, Abstandsnahme, 2005.

*Feuerbach,* Paul Johann Anselm: Lehrbuch des gemeinen in Deutschland gültigen peinlichen Rechts, Giessen , 2. Aufl. 1803, 13. Originalausgabe 1840. zit.: *Feuerbach,* $LB^2$, 1803.
- Kritik des natürlichen Rechts als Propädeutik zu einer Wissenschaft der natürlichen Rechte (1796), 1. Neudruck, Darmstadt 1963, zit.: *Feuerbach*, Kritik, 1963.

*Fieber*, Ulrich: Die Verbrechensverabredung, § 30 Abs. 2,3. Alt. StGB, Frankfurt/a. M.[u.a.], 2001. zit.: *Fieber*, Verbrechensverabredung, 2001.

*Fischl*, Otto: Der Einfluss der Aufklärungsphilosophie auf die Entwicklung des Strafrechts in Doktrin, Politik und Gesetzgebung und Vergleichung der damaligen Bewegung mit den heutigen Reformversuchen, Neudruck der Ausgabe Breslau 1913, Aalen 1973. zit.: *Fischl*, Einfluss, 1973.

*Frank*, Reinhard von: Das Strafgesetzbuch für das Deutsche Reich, 5. – 7. Aufl. 1908,( im Text: Anm. I und IV vor §1); 18. Aufl., Tübingen 1931. zit.: *Frank*, $\text{Strafgesetzbuch}^{18}$, 1931.
- Die Aufspaltung der staatlichen Strafgewalt, ZStW 18 (1898), 733 ff.. zit.: *Frank*, ZStW 18 (1898).

*Freisler*, Roland: Ergebnisse der Beratung des Zentralausschusses der Strafrechtsabteilung der Akademie für Deutsches Recht, in: ders. (Hrsg.), Denkschrift des Zentralausschusses der Strafrechtsabteilung der Akademie für Deutsches Recht über die Grundzüge eines allgemeinen deutschen Strafrechts, Berlin 1934. zit.: *Freisler*, in Denkschrift, 1934.

*Frisch*, Wolfgang: Tatbestandsmäßiges Verhalten und Zurechnung des Erfolgs, Heidelberg 1988. zit.: *Frisch*, Verhalten und Zurechnung, 1988.
- An den Grenzen des Strafrechts, in: Küper, Wilfried (Hrsg.), Beiträge zur Rechtswissenschaft. Festschrift für *Stree*, Walter/ *Wessels*, Johannes zum 70. Geburtstag, Heidelberg 1993, S.69ff. zit.: *Frisch*, FS *Stree/ Wessels*, 1993.
- Wesentliche Strafbarkeitsvoraussetzungen einer modernen Strafgesetzgebung, in: Eser, Albin/ Kaiser, Günther/ Weigend, Ewa (Hrsg.), Von totalitärem zu rechtsstaatlichem Strafrecht, Freiburg i. B. 1993, S.201ff. zit.: *Frisch*, Von totalitärem zu rechtsstaatlichem Strafrecht , 1993.

- Rechtsgut, Recht, Deliktsstruktur und Zurechnung im Rahmen der Legitimation staatlichen Strafens, in: Hefendehl/ v. Hirsch/ Wohlers (Hrsg.), Die Rechtsgutstheorie, Baden-Baden, 2003, S. 196ff. zit.: *Frisch*, Rechtsgutstheorie, 2003.

*Gallas,* Wilhelm: Gründe und Grenzen der Strafbarkeit. Gedanken zum Begriff des Verbrechens, in: ders., Beiträge zur Verbrechenslehre, Berlin 1968, S. 1ff. zit.: *Gallas,* Beiträge, 1968.
- Abstrakte und konkrete Gefährdung, in: Hans Lüttger/ Hermann Blei/ Peter Hanau (Hrsg. ), Festschrift für Ernst Heinitz zum 70. Geburtstag, Berlin 1972, S. 171ff. zit.: *Gallas,* FS Heinitz, 1972.

*Geerds*, Detlev: Wirtschaftsstrafrecht und Vermögensschutz, Lübeck 1990. zit.: *Geerds*, Wirtschaftsstrafrecht und Vermögensschutz, 1990.

*Gerats*, Hans/ *Lekschas*, John/ *Renneberg,* Joachim (Hrsg.): Lehrbuch des Strafrechts der DDR, AT, Berlin 1957. zit.: *Gerats/Lekschas/Renneberg*, AT, 1957.

*Giese*, Dieter: Zur Abgrenzung von Vorbereitung und Versuch - Eine kritische Auseinandersetzung mit der „ Lehre von Täterplan“, Frankfurt 1961. zit.: *Giese*, Abgrenzung von Vorbereitung und Versuch, 1961.

*Gleispach*, Graf : Das neue Sowjetstrafgesetzbuch. in SchwZStr 41 (1928), S.334 ff. zit.: *Gleispach*, SchwZStr 41 (1928).

*Goltdammer*, Theodor (Bearb.): Die Materialien zum Straf-Gesetzbuche für die Preußischen Staaten, Band I, Frankfurt/m 1851. zit.: *Goltdammer*, Materialien, 1851.

*Graul,* Eva: Abstrakte Gefährdungsdelikte und Präsumtion im Strafrecht, Berlin 1991. zit.: *Graul,* Präsumtion, 1991.

*Hack*, Christoph: Probleme des Tatbestands Subventionsbetrug, Paragraph 264 StGB, unter dem Blickwinkel allgemeiner strafrechtlicher Lehren, Berlin 1982. zit.: *Hack*, Subventionsbetrug, 1982.

*Hamann*, Andereas: Grundgesetz und Strafgesetzgebung, Neuwied/Berlin1963. zit.: *Hamann*, Strafgesetzgebung, 1963.

*Hassemer*, Winfried: Theorie und Soziologie des Verbrechens. Ansätze zu einer praxisorientierten Rechtsgutslehre, Frankfurt/M 1973, zit.: *Hassemer*, Theorie, 1973.
- Buchbesprechung zu *Amelung*, Knut: Rechtsgüterschutz und Schutz der Gesellschaft, ZStW 87 (1975), S.146ff. zit.: *Hassemer*, ZStW 87 (1975).
- Symbolisches Strafrecht und Rechtsgüterschutz, NStZ, 1989, S. 553ff. zit.: *Hassemer*, NStZ 1989.
- Grundlinien einer personalen Rechtsgutslehre, in: Lothar Philipps/Heinrich Scholler (Hrsg.), Jenseits des Funktionalismus, Arthur Kaufmann zum 65. Geburtstag, Heidelberg 1989, S.85ff. zit.: *Hassemer*, FS Kaufmann, 1989.
- Sozialtechnologie und Moral; Symbole und Rechtsgüter, in: Jung, Heike/Müller-Dietz, Heinz / Neumann, Ulfried (Hrsg.), Recht und Moral, Baden-Baden 1991 S. 329ff. zit.: *Hassemer*, Recht und Moral, 1991.
- Kennzeichen und die Krisen des modernen Strafrechts, ZRP 1992, S. 378ff. zit.: *Hassemer*, ZRP 1992.
- Perspektiven einer neuen Kriminalpolitik, StV 1995, S. 483ff. zit.: *Hassemer*, StV 1995.
- Produktverantwortung im modernen Strafrecht, 2. Aufl., Heidelberg 1996. zit.: *Hassemer*, Produktverantwortung, 1996.
- Freiheitliches Strafrecht, Berlin 2001. zit.: *Hassemer*, Freiheitliches Strafrecht, 2001

- Das Symbolische am symbolischen Strafrecht, in: Schünemann, Bernd/ Achenbach, Hans/Bottke, Wilfried/Haffke, Bernhard/Rudophi, Hans-Joachim (Hrsg.) Festschrift für Claus Roxin zum 70. Geburtstag, Berlin/New York 2001, S. 1001ff. zit.: *Hassemer*, FS Roxin, 2001.
- Darf es Straftaten geben, die ein strafrechtliches Rechtsgut nicht in Mitleidenschaft ziehen? in: Hefendehl, Roland/v. Hirsch, Andrew/Wohlers, Wolfgang (Hrsg.): Die Rechtsgutstheorie. Legitimationsbasis des Strafrechts oder dogmatisches Glasperlenspiel? Baden- Baden 2003, S. 57 ff. zit.: *Hassemer*, in Rechtsgutstheorie, 2003.

*Hefendehl*, Roland: Kollektive Rechtsgüter im Strafrecht, Köln 2002. zit.: *Hefendehl*, Kollektive Rechtsgüter, 2002.
- Die Materialisierung von Rechtsgut und Deliktsstruktur, GA 2002, S. 21ff. zit.: *Hefendehl*, GA 2002.
- Das Rechtsgut als materialer Angelpunkt einer Strafnorm, in: Hefendehl, Roland/v. Hirsch, Andrew/Wohlers, Wolfgang (Hrsg.): Die Rechtsgutstheorie. Legitimationsbasis des Strafrechts oder dogmatisches Glasperlenspiel? Baden- Baden 2003, S. 119ff. zit.: *Hefendehl*, in Rechtsgutstheorie, 2003.
- Mit langem Atem: Der Begriff des Rechtsguts Oder: Was seit dem Erscheinen des Sammelbandes über die Rechtsgutstheorie geschah, in GA 2007 S. 1ff. zit.: *Hefendehl*, GA 2007.

*Hegel*, Georg Wilhelm Friedrich: Grundlinien der Philosophie des Rechts oder Naturrecht und Staatswissenschaft im Grundrisse, herausgegeben und eingeleitet von Helmut Reichelt, Frankfurt/ M 1972, zit.: *Hegel*, Grundlinien, 1972.

*Hegler*, August: Das neue deutsche Strafgesetzbuch, ein Vortrag (Jahreskurse für juristische Fortbildung, Bd. III., S.129ff.), Berlin, 1929. zit.: *Hegler*, Jahreskurse, 1929.

*Heinrich,* Bernd: Der Erfolgsort beim abstrakten Gefährdungsdelikt, in: GA 1999, S. 72ff. zit.: *Heinrich,* GA 1999.
- Der Amtsträgerbegriff im Strafrecht. Auslegungsrichtlinien unter besonderer Berücksichtigung des Rechstsguts der Amtsdelikte, Berlin 2001. zit.: *Heinrich,* Amtsträgerbegriff, 2001.

*Heintz*, Ernst, Streitfragen der Versuchslehre, JR 1956, S. 248ff. zit.: *Heintz*, JR 1956.

*Heinz*, Wolfgang: Die Bekämpfung der Wirtschaftskriminalität mit strafrechtlichen Mitteln, in: GA 1977, S. 193 ff. zit.: *Heinz*, GA 1977.

*Hentschel*, Peter: Strassenverkehrsrecht, 39. Aufl., München 2007. zit.: Autor in *Hentschel*, Strassenverkehrsrecht$^{39}$, §.. Rn. 2007.

*Herzog,* Felix: Gesellschaftliche Unsicherheit und strafrechtliche Daseinvorsorge. Studien zur Vorverlegung des Strafrechtsschutzes in den Gefährdungsbereich, Heidelberg 1991. zit.: *Herzog,* Unsicherheit, 1991.
- Nullum Crimen Sine Periculo Sociali oder Strafrecht als Fortsetzung der Sozialpolitik mit anderen Mitteln, in: Lüderssen, Klaus/Nestler-Tremel, Cornelius/Weigend, Eva (Hrsg.), Modernes Strafrecht und ultima-ratio Prinzip, Frankfurt/a. M. 1990, S. 105ff. zit.: *Herzog,* Modernes Strafrecht, 1990.
- Risikogesellschaft, Risikostrafrecht, Risikoregulierung – Über das Strafrecht hinausweisende Perspektiven. in: Ulfrid Neumann/Cornelius Prittwitz (Hrsg.): Kritik und Rechtfertigung des Strafrechts, Frankfurt/M(u. a.) 2005, S. 117ff. zit.: *Herzog,* in Kritik und Rechtfertigung des Strafrechts, 2005.

*Hesel*, Gerd Johannes: Untersuchungen zur Dogmatik und den Erscheinungsformen "modernen" Strafrechts, Marburg 2004. zit.: *Hesel*, Untersuchungen 2004.

*Hettinger*, Michael: Das Strafrecht als Büttel? NJW 1996, S. 2263ff. zit.: *Hettinger*, NJW 1996.

*Heuser*, Robert: Das Rechtskapitel im Jin-Shu, München,1987. zit.: *Heuser*, Rechtskapitel, 1987.
*Hippel*, Robert von: Deutsches Strafrecht, Bd. II, Das Verbrechen, Allgemeine Lehren, Berlin 1930. zit.: *Hippel*, Strafrecht, Bd. II, 1930.

*Hirsch*, Andrew von: Der Rechtsgutsbegriff und das „Harm Principle“, GA 2002, S. 2ff. zit.: *von Hirsch*, GA 2002.
- *Hirsch*, Andrew von/*Wohlers*, Wolfgang: Rechtsgutstheorie und Deliktsstruktur – zu den Kriterien fairer Zurechnung, in: Hefendehl, Roland/Hirsch, Andrew von/ Wohlers, Wolfgang( Hrsg.), Die Rechtsgutstheorie, Baden- Baden 2003, S. 196 ff. zit.: *v. Hirsch*/*Wohlers*, Die Rechtsgutstheorie, 2003.
- Fairness, Verbrechen und Strafe. Strafrechtstheoretische Abhandlungen, Berlin 2005. zit.: *von Hirsch*, Verbrechen und Strafe, 2005.
- Belästigendes Verhalten: Gibt es ein strafrechtliches Belästigungsprinzip? in: Jörg Arnold (Hrsg.): Menschengerechtes Strafrecht, Festschrift für Albin Eser, München 2005, S. 189 ff. zit.: *von Hirsch*, FS Eser, 2005.

*Hobbes*, Thomas: Leviathan. London/New York 1959. zit.: *Hobbes*, Leviathan, 1959.
- Leviathan, übersetzt und herausgegeben von J. P. Mayer und einem Nachwort von Malte Diesselhorst, Stuttgart 1974. zit.: *Hobbes*, Leviathan, 1974.

*Hohmann*, Olaf: Das Rechtsgut der Umweltdelikte. Grenzen des strafrechtlichen Umweltschutzes, Frankfurt/ M / Bern 1991. zit.: *Hohmann*, Umweltdelikte, 1991.
- Von den Konsequenzen einer personalen Rechtsgutsbestimmung im Umweltstrafrecht, GA 1992, S.76ff. zit.: *Hohmann*, GA 1992.
- Zur eingeschränkten Anwendbarkeit von § 129 StGB auf Wirtschaftsdelikte, wistra 1992, S. 85 ff. zit.: *Hohmann*, wistra 1992

*Hommel*, Kark Ferdinand, Philosophische Gedanken über das Criminalrecht, Nachdruck der Ausgabe, Breslau/Korn/Leipzig 1784, mit einem Vorwort hrsg. von Hirsch Rüping, Hildesheim (u. a.) 1998. zit.: *Hommel*, Gedanken, 1784.

*Honig*, Richard M.: Die Einwilligung des Verletzten, Mannheim 1919. zit.: *Honig*, Einwilligung, 1919.

*Horn*, Eckhard: Konkrete Gefährdungsdelikte, Köln 1973. zit.: *Horn*, Konkrete Gefährdungsdelikte, 1973.

*Hörnle*, Tatjana: Grob anstößiges Verhalten. Strafrechtlicher Schutz vor Moral, Gefühlen und Tabus, Frankfurt/M2005. zit.: *Hörnle*, Grob anstößiges Verhalten, 2005.

*Hoyer*, Andreas: Die Eignungsdelikte, Berlin 1987. zit.: *Hoyer*, Eignungsdelikte, 1987.
- Strafrecht, Bd. I, Allgemeiner Teil, Neuwied/Kriftel/Berlin 1996. zit.: *Hoyer*, AT, 1996.

*Ingelfinger*, Ralph: Grundlagen und Grenzbereiche des Tötungsverbots, Könln/Berlin/München 2004. zit.: *Ingelfinger*, Tötungsverbot 2004.

*Jäger*, Herbert: Strafgesetzgebung und Rechtsgüterschutz bei Sittlichkeitsdelikten, Stuttgart 1957. zit.: *Jäger*, Sittlichkeitsdelikte, 1957.

*Jakobs*, Günther: Strafrecht AT, Die Grundlagen und die Zurechnung, 1. Aufl., Berlin 1983.; Aufl. 2, Berlin/ New York 1993. zit.: *Jakobs*, $AT^1$, 1983; $AT^2$, 1993.
- Kriminalisierung im Vorfeld einer Rechtsgutverletzung, ZStW 97( 1985), S. 751ff. zit.: *Jakobs*, ZStW 97 (1985).

- Das Selbstverständnis der Strafrechtswissenschaft gegenüber den Herausforderungen ihrer Zeit. In: Eser, Albin/Hassemer, Winfried/Burkhardt, Björn (Hrsg.), Die Deutsche Strafrechtswissenschaft vor der Jahrtausendwende, München 2000, S. 47ff. zit.: *Jakobs*, Strafrechtswissenschaft, 2000.
- Was schützt das Strafrecht: Rechtsgüter oder Normgeltung? In T. Shiibashi (Hrsg.), Festschrift für Seiji Saito, Tokio 2003 , S. 17ff. zit.: *Jakobs*, FS Saito, 2003.
- Bürgerstrafrecht und Feindstrafrecht, in: Yu-hsiu Hsu (Hrsg.), Foundations and limits of Criminal Law and Criminal Procedure – An anthology in memory of Professor Fu – Tsen Huang, Taipei 2003, S. 41ff. zit.: *Jakobs*, Foundation and limits, 2003.
- Bürgerstrafrecht und Feindstrafrecht, HRRS 2004, S. 88 ff. zit.: *Jakobs*, HRRS 2004.
- Staatliche Strafe – Bedeutung und Zweck, Paderborn/München/Wien/Zürich 2004, S. 45. zit.: *Jakobs*, Strafe, 2004.
- Terroristen als Personen im Recht? in ZStW 117 (2005), S. 839 ff. *Jakobs*, ZStW 117 (2005).

*Jaques*, Henning: Die Bestechungstatbestände unter besonderer Berücksichtigung des Verhältnisses der §§ 331 ff. StGB zu § 12 UWG. Frankfurt/M(u.a.)1996. zit.: *Jaques*, Bestechungstatbestände, 1996.

*Jescheck*, Hans-Heinrich: Lehrbuch des Strafrechts, AT, 2. Aufl., Berlin 1972. zit.: *Jescheck*, $AT^2$ 1972.

*Jescheck*, Hans-Heinrich/ *Weigend*, Thomas: Lehrbuch des Strafrechts, AT, 5. Aufl., Berlin 1995. zit.: *Jescheck/ Weigend*, $AT^5$ 1995.

*Kant*, Immanuel: Beantwortung der Frage: Was ist Aufklärung? in: Werke in zwölf Bänden. Theorie- Werkausgabe. Bd. XI, Schriften zur Anthropologie, Geschichtsphilosophie, Politik und Pädagogik, I, 1964, S. 53ff. zit.: *Kant*, Beantwortung, 1964.

*Kargl*, Watler: Freidenssicherung durch Strafrecht. Teleologische Strafrechtfertigung am Beispiel der Tötungsdelikte, in ARSP 82 (1996), S. 485ff. zit.: *Kargl*, ARSP 82 (1996).

*Kaufmann*, Armin: Lebendiges und Totes in Bindings Normentheorie. Normlogik und moderne Strafrechtsdogmatik, Göttingen 1954. zit.: *Kaufmann*, Lebendiges und Totes, 1954.

*Kaufmann*, Arthur: Unrecht und Schuld beim Delikt der Volltrunkenheit, JZ 1963, S. 425ff. zit.: *Kaufmann*, JZ 1963.

*Kaufmann*, Franz-Xaver: Sicherheit als soziologisches und sozialpolitisches Problem, Stuttgart 1970. zit.: *Kaufmann*, Sicherheit, 1970.
*Kempf*, Eberhard: Die Funktion von Strafrecht und Strafverteidigung in einer modernen Gesellschaft, NJW 1997, S. 1729 ff. zit.: *Kempf*, NJW 1997.

*Kerrl*, Hanns (Hrsg. ): Nationalsozialistisches Strafrecht. Denkschrift des Preußischen Justizministers, Berlin 1933. zit.: *Kerrl*, Denkschrift, 1933.

*Kindhäuser*, Urs: Gefährdung als Straftat. Rechtstheoretische Untersuchungen zur Dogmatik der abstrakten und konkreten Gefährdungsdelikte, Frankfurt/M 1989. zit.: *Kindhäuser*, Gefährdung, 1989.
- Buchbesprechung von Graul, Eva: Abstrakte Gefährdungsdelikte und Präsumtionen im Strafrecht, Berlin 1991, in GA 1993, S. 372 ff. zit.: *Kindhäuser*, GA 1993.
*Klee*, Karl: Die Grenze zwischen Versuch ( Unternehmen ) und Vorbereitung, GA 1934, S.283 ff. zit.: *Klee*, GA 1934.

*Klein*, Michael (Hrsg.): Zur Rechtsentwicklung in der Volksrepublik China. Eine Studie zu ausgewählten Grundsatzfragen des Strafrechts und der Strafrechtspflege 1979-1983, Bochum 1985. zit.: *Klein*, Rechtsentwicklung in der VR China, 1985.

*Klimpel*, Paul K: Bevormundung oder Freiheitsschutz? Kritik und Rechtfertigung paternalistischer Vorschriften über das Leben, den Körper und die Sexualität im deutschen Recht . Frankfurt/a. M 2003. zit.: *Klimpel*, Bevormundung oder Freiheitsschutz? 2003.

*Knauth*, Alfons: Kapitalanlagebetrug und Börsendelikte im zweiten Gesetz zur Bekämpfung der. Wirtschaftskriminalität, in NJW 1987, S. 28 ff. zit.: *Knauth*, NJW 1987.

*Köhler*, August: Deutsches Strafrecht AT, Leipzig 1917. zit.: *Köhler*, Strafrecht AT 1917.

*Köhler*, Michael: Der Begriff der Strafe, Heidelberg 1986. zit.: *Köhler*, Strafe, 1986.
- Strafrecht, Allgemeiner Teil, Berlin/Heidelberg (u.a.), 1997. zit.: *Köhler*, AT, 1997.

*Kohlrausch*, Eduard: Weltanschauung und Strafrechtsreform, JW 1929, S.1437ff. zit.: *Kohlrausch*, JW 1929.

*Kohlrausch*, Eduard/ *Lange*, Richard: Strafgesetzbuch. Mit Erläuterung und Nebengesetzen, 28. Aufl., Berlin 1928; 43. Aufl., 1961. zit.: *Kohlrausch/ Lange*, StGB$^{43}$, 1961.

*Koriath*, Heinz: Zum Streit um den Begriff des Rechtsguts, GA 1999, S. 561 ff. zit.: *Koriath*, GA 1999.
- Zum Streit um die Gefährdungselikte, GA 2001, S: 51 ff. zit.: *Koriath*, GA 2001.

*Kratzsch*, Dietrich: Die Bemühung um Präzisierung der Ansatzformel (§ 22 StGb), JA 1983, S. 420ff.zit.: *Kratzsch*, JA 1983.
- Verhaltenssteuerung und Organisation im Strafrecht, Berlin 1985. zit.: *Kratzsch*, Verhaltenssteuerung und Organisation, 1985.
- Prävention und Unrecht – eine Replik, GA 1989, S. 49ff. zit.: *Kratzsch*, GA 1989.

*Krüger*, Mattias: Die Entmaterialisierungstendenz beim Rechtsgutsbegriff, Berlin 2000. zit.: *Krüger*, Entmaterialisierungstendenz, 2000.

*Krümpelmann*, Justus: Die Bagatelldelikte, Berlin 1966. zit.: *Krümpelmann*, Bagatelldelikte, 1966.

*Kühl*, Kristian: Die Beendigung des vorsätzlichen Begehungsdelikts, 1974. zit.: *Kühl*, Beendigung, 1974.
- Versuch in mittelbarer Täterschaft, in: JuS 1983, S. 180ff. zit.: *Kühl*, JuS 1983.
- Strafrecht, AT 5. Aufl., München 2005. zit.: *Kühl*, Strafrecht, AT $^{5}$, 2005.

*Kuhlen*, Lothar: Die Handlungserfolg der strafbaren Gewässerverunreinigung (§324 StGB), GA 1986, S.389 ff. zit.: *Kuhlen*, GA 1986.
- Umweltstrafecht – auf der Suche nach einer neuen Dogmatik, ZStW 105 (1993), S.697 ff. zit.: *Kuhlen*, ZStW 105 (1993).
- Strafrechtsbegrenzung durch einen materiellen Straftatbegriff? in: Wolter, Jürgen/Freund, Georg (Hrsg.), Straftat, Strafzumessung und Strafprozess im gesamten Strafrechtssystem: Straftatbegriff – Straftatzurechnung – Strafrechtszweck – Strafausschluss – Strafverzicht – Strafklagverzicht, Heidelberg, 1996, S.77 ff. zit.: *Kuhlen*, Im gesamten Strafrechtssystem, 1996.

*Küper,* Wilfried: Cesare Beccaria und die kriminalpolitische Aufklärung des 18. Jahrhundert, JuS 1968, S. 547ff. zit.: *Küper,* JuS 1968.

*Lackner*, Karl: Das konkrete Gefährdungsdelikt im Verkehrsstrafrecht,Berlin 1967. zit.: *Lackner*, Gefährdungsdelikt, 1967.

*Lackner*, Karl/*Kühl*, Kristian/*Dreher*, Eduard/ *Maassen*, Hermann: Strafgesetzbuch mit Erläuterungen, 24. Aufl., München 2001; 26. Aufl. 2007. zit.: *Lackner/Kühl/Dreher/ Maassen*, StGB[24], 2001; StGB[26], 2007.

*Lagodny*, Otto: Strafrecht vor den Schranken der Grundrechte, Tübingen 1996. zit.: *Lagodny*, Grundrechte, 1996.
*Lampe*, Ernst – Joachim: Gedanken zum materiellen Straftatbegriff, in: Geppert, Klaus/Bohnert, Joachim/Rengier, Rudolf (Hrsg.), Festschrift für Rudolf Schmitt zum 70. Geburtstag, Tübingen 1992, S: 77ff. zit.: *Lampe*, FS Schmitt, 1992.

*Lehmann*, Barbara, Die Bestrafung des Versuchs nach deutschem und amerikanischem Recht, Bonn 1962. zit.: *Lehmann*, Bestrafung des Versuchs, 1962.

Leipziger Kommentar zum Strafgesetzbuch, hrsg. von Jescheck, Hans-Heinrich u. a., 9. Aufl., 1974; 11. Aufl., 2003; 12. Aufl. 2007, Berlin. Zit.: *Bearbeiter* in LK[9], 1974; LK[11], 2003; in LK[12], 2007.

*Lekschas*, John/ *Rennberg*, Joachim (Hrsg.): Strafrecht AT, Berlin/Ost 1978. zit.: *Lekschas/ Rennerberg*, AT, 1978.

*Lenckner*, Theodor: Technische Normen und Fahrlässigkeit, in: Bockelmann, Paul/ Kaufmann, Arthur/ Kulg, Ulrich (Hrsg.), Festschrift für Karl Engisch zum 70. Geburtstag, Frankfurt/M 1969, S. 490 ff. zit.: *Lenckner*, FS Engisch, 1969.

*Letzgus*, Klaus: Vorstufen der Beteiligung (Erscheinungsformen und ihre Strafwürdigkeit), Berlin 1972. zit.: *Letzgus*, Vorstufen der Beteiligung, 1972.

*Lin*, Dong-mao: Abstrakte Gefährdungstatbestände im Wirtschaftsstrafrecht, München 1992. zit.: *Lin*, Abstrakte Gefährdungstatbestände, 1992.

*Liszt*, Franz von: Rechtsgut und Handlungsbegriff im *Binding*schen Handbuche, ZStW 6 (1886), S. 663ff. zit.: *v. Liszt*, ZStW 6 (1886).
- Der Begriff des Rechtsguts im Strafrecht und in der Enzyklopädie der Rechtswissenschaft, ZStW 8 (1888), S. 133ff. zit.: *v. Liszt*, ZStW 8 (1888).
- Lehrbuch des deutschen Strafrechts, 3. Aufl., Berlin 1888. zit.: *v. Liszt*, LB[3], 1888.
- Lehrbuch des Deutschen Strafrechts, 10. Aufl., Berlin 1900. zit.: *v. Liszt*, LB[10], 1900
- Strafrechtliche Aufsätze und Vorträge (1892-1904), Bd. I, 1905. zit.: *v. Liszt*, Aufsätze und Vorträge, Bd. I, 1905.
- Lehrbuch des Deutschen Strafrechts, 21 und 22. Aufl., Berlin 1919. zit.: *v. Liszt*, LB[21/22], 1919.

*Liszt*, Franz von/*Schmidt*, Eberhard: Lehrbuch des Deutschen Strafrechts, 25. Aufl., Berlin/Leipzig 1927; Einleitung und AT, 26. Aufl., Berlin 1932. zit.: *v. Liszt/Schmidt*, LB[25], 1927; LB[26], 1932.
- Der Zweckgedanke im Strafrecht, 2. Aufl., Frankfurt/a. M. 1948. zit.: *v. Liszt*, Zweckgedanke[2], 1948.

*Lüderssen*, Klaus: Abschaffen des Strafens? Frankfurt/M 1995. zit.: *Lüderssen*, Abschaffen des Strafens? 1995.
- Die Wiederkehr der „Befreiung des Strafrechts von dem zivilistischen Denken" – eine Warnung, in: Ebert, Udo (Hrsg.), Festschrift für Ernst-Walter Hanack zum 70. Geburtstag, Berlin 1999, S. 487 ff. zit.: *Lüderssen*, FS Hanack, 1999.
- Das moderne Strafrecht – Eine Zerreißprobe zwischen ultima ratio, Pragmatismus und kulturellem Hochgefühl in StV 2004, S. 97 ff. zit.: *Lüderssen*, StV 2004.

*Lüsch*, Wilhelm: Der „Anfang der Ausführung" als Grundlage für die Abgrenzung von Vorbereitung und Versuch in der Rechtsprechung des Reichsgerichts. Diss. Göttingen 1934. zit.: *Lüsch*, Grundlage für die Abgrenzung von Vorbereitung und Versuch, 1934.

*Lyon*, Thea: Der Verbrechensbegriff in der Strafrechtswissenschaft der DDR, Bonn 1960. zit.: *Lyon*, Verbrechensbegriff, 1960.

*Maier-Weigt*, Bernhard: Der materiale Rechts- und Verbrechensbegriff von der französischen Aufklärung bis zur Restauration. Eine Untersuchung anhand der Lehrbücher des Kriminalrechts, Frankfurt/M 1987. zit.: *Maier-Weigt*, Rechts- und Verbrechensbegriff, 1987.

*Maiwald*, Manfred: Literaturbericht, Strafrecht – Allgemeiner Teil (Teilnahmelehre) über: Klaus Letzgus, Vorstufen der Beteiligung, ZStW 88 (1976), S. 712 ff. zit.: *Maiwald*, ZStW 88 (1976).

*Marx*, Karl: Deutsche Ideologie, in: Karl Marx - Friedrich Engels – Werke (MEW) –Ausgabe, Bd. 5, Berlin 1958, S. 339 f. zit.: *Marx*, in MEW, Bd. 5.

*Marx*, Michael: Zur Definition des Begriffs" Rechtsgut". Prolegomena einer materialen Verbrechenslehre, Köln 1972. zit.: *Marx*, Rechtsgut, 1972.

*Marxen*, Dorothea: Strafbearkeitseinschränkung bei abstrakten Gefährdungsdelikten, Münster/Hamburg, 1991. zit.: *Marxen*, Strafbearkeitseinschränkung, 1991.

*Maurach,* Reinhart: Deutsches Strafrecht, AT, 1. Aufl., Karlsruhe 1954. zit.: *Maurach,* AT$^{1}$, 1954.
- Deutsches Strafrecht AT, 4. Aufl. Karlsruhe 1971. zit.: *Maurach,* AT$^{4}$, 1971.

*Maurach*, Reinhart/*Gössel*, Karl Heinz: Strafrecht AT, Teilbd. II. Erscheinungsformen des Verbrechens und Rechtsfolgen der Tat, 6. Aufl., 1984, Heidelberg. zit.: *Maurach/Gössel*, AT/II$^{6}$, 1984; AT/II$^{7}$, 1989.

*Maurach*, Reinhart/*Gössel*, Karl Heinz/Zipf, Heinz: Strafrecht AT, Teilbd. II. Erscheinungsformen des Verbrechens und Rechtsfolgen der Tat, 7. Aufl. 1989, Heidelberg. zit.: *Maurach/Gössel/Zipf*, AT/II$^{7}$, 1989.

*Maurach*, Reinhart/*Zipf*, Heinz: Strafrecht AT, Teilbd. I, 8 Aufl., Heidelberg 1992. zit.: *Maurach/Zipf,* AT/I$^{8}$, 1992.

*Mayer*, Hellmuth: Strafrecht AT, Stuttgart 1953, 1967. zit.: *Mayer*, AT, 1953, od. 1967.

*Mayer*, Max Ernst: Versuch und Teilnahme (Reform des RStGB) Bd. I, Berlin 1910. zit.: *Mayer*, Versuch und Teilnahme, 1910.
- Der allgemeine Teil des deutschen Strafrechts, Lehrbuch, 2 Aufl., Heidelberg 1923. zit.: *Mayer*, AT$^{2}$, 1923.

*Meyer*, Andereas H.: Die Gefährlichkeitsdelikte, Münster/ Hamburg 1992. zit.: *Meyer*, Gefährlichkeitsdelikte, 1992.

*Meyer*, Dieter: Abgrenzung zur Vorbereitung vom Versuch einer Straftat- BGHSt 26, 201, JuS 1977, S. 19 ff.. zit.: *Meyer*, JuS 1977.

*Meyer*, Hugo/*Allfeld*, Philipp: Lehrbuch des deutschen Strafrechts AT , 9. Aufl., Leipzig 1934. zit.: *Meyer/Allfeld*, AT$^{9}$, 1934.

*Mezger*, Edmund: Deutsches Strafrecht. Ein Grundriss, 3. Aufl., Berlin 1943; 16. Aufl., 1973. zit.: *Mezger*, Strafrecht$^{3}$, 1943; Strafrecht$^{16}$,1973.

*Mezger*, Edmund/*Schönke*, Adolf/*Jescheck*, Hans-Heinrich (Hrsg. ), Das ausländische Strafrecht der Gegenwart, Bd. 4, Berlin 1962. zit.: *Mezger/Schönke/Jescheck* (Hrsg. ), Ausländische Strafrecht, Bd. 4, 1962.

*Möller*, Kai: Paternalismus und Persönlichkeitsrecht, Berlin 2005. zit.: *Möller*, Paternalismus und Persönlichkeitsrecht, 2005.

*Moog*, Hans-Günter: Die Abgrenzung zwischen Vorbereitung und Versuch unter besonderer Berücksichtigung der tieferen Grundlagen des Streites zwischen subjektiver und objektiver Theorie. Diss. Köln, 1950. zit.: *Moog*, Abgrenzung, 1950.

*Müller-Dietz*, Heinz: Strafe und Staat, Frankfurt/a. M.. 1973. zit.: *Müller-Dietz*, Strafe, 1973.
- Aspekte und Konzepte der Strafrechtsbegrenzung, in: Geppert, Klaus (Hrsg.), Festschrift für Rudolf Schmitt zum 70. Geburtstag, Tübingen 1992, S. 95ff. zit.: *Müller—Dietz*, FS Schmitt, 1992.
- Gibt es Fortschritt im Strafrecht? In: Schmoller, Kurt (Hrsg.), Festschrift für Otto Triffterer zum 65. Geburtstag, Wien/New York 1996. S. 677ff. zit.: *Müller-Dietz*, FS Treffterer, 1996.

*Müller – Emmert*, Adolf: Sozialschädlichkeit und Strafbarkeit, GA 1976, S.291ff. zit.: *Müller – Emmert*, GA 1976.

Münchener Kommentar zum Strafgesetzbuch, hrsg. von Joecks, Wolfgang u.a, Bd. I, München 2003. zit.: Bearbeiter in MK – StGB, Bd. I, 2003.

*Murmann*, Uwe: Die Selbstverantwortung des Opfers im Strafrecht, Berlin/Heidelberg 2005. zit.: *Murmann*, Selbstverantwortung, 2005.

*Müssig*, Bernd J. A.: Schutz der abstrakter Rechtsgüter und abstrakter Rechtsgüterschutz, Frankfurt/M 1994. zit.: *Müssig*, Abstrakte Rechtsgüter, 1994.

*Naucke*, Wolfgang: Über das Regressverbot im Strafrecht, ZStW 76 (1964), S. 409ff. zit.: *Naucke*, ZStW 76 (1964).
- Die Modernisierung des Strafrechts durch *Beccaria*, in: Deimling, Gerhard(Hrsg.), *Cesare Beccaria* – Die Anfänge moderner Strafrechtspflege in Europa, Heidelberg 1989, S. 37ff. zit.: *Naucke*, in *Cesare Beccaria*, 1989.
- Über die Zerbrechlichkeit des rechtsstaatlichen Strafrechts, KritV 1990, S. 244ff. zit.: *Naucke*, KritV 1990.
- Schwerpunktverlagerung im Strafrecht, KritV 1993, S. 135ff. zit.: *Naucke*, KritV 1993.
- Der materielle Verbrechensbegriff im 19. Jahrhundert, in: Klippel, Diethelm (Hrsg.), Naturrecht im 19. Jahrhundert. Kontinuität, Inhalt, Funktion, Wirkung, Goldbach 1997, S. 269ff. zt.: *Naucke*, in Naturrecht, 1997.

*Nestler*, Cornelius: Grundlagen und Kritik des Betäubungsmittelstrafrechts, in: Kreuzer, Arthur/Albrecht, Hans-Jörg (Hrsg.), Handbuch des Betäubungsmittelstrafrechts, München 1998, §11. zit.: *Nestler*, Betäubungsmittelstrafrechts, 1998.

*Neumann*, Ulfried/*Schroth*, Ulrich: Neuere Theorien von Kriminalität und Strafe, Darmstadt 1980, zit.: *Neumann/Schroth*, Neuere Theorien, 1980.

*Nicolai*, Helmut: Die Rassengesetzliche Rechtslehre 3.Aufl., ort? 1934. zit.: *Nicolai*, Rassengesetzliche Rechtslehre, 1934.

Nomos Kommentar zum Strafgesetzbuch, hrsg. von *Kindhäuser*, Urs/*Neumann*, Ulfrid/*Paeffgen*, Hans-Ullrich, Bd. I, 2. Aufl., Baden-Baden 2005. zit.: Bearbeiter in NK-StGB², 2005, §... Rn.....

*Olshausen*, Justus von: Kommentar zum Strafgesetzbuch für das Deutsche Reich, Bd. I (Einführungsgesetz, abändernde und ergänzende Gesetze, §§ 1 bis 72 Strafgesetzbuch), 12. Aufl., Berlin 1942. Zit.: *Olshausen*, Kommentar zum StGB, Bd. I¹², 1942.

*Ostendorf*, Heribert: Grundzüge des konkreten Gefährdungsdelikts, in: JuS 1982, S: 426 ff. zit.: *Ostendorf*, JuS 1982.

*Otto*, Harro: Rechtsgutsbegriff und Deliktstatbestand, in: Müller-Dietz, Heinz (Hrsg.), Strafrechtsdogmatik und Kriminalpolitik, Köln/Berlin 1971, S. 1 ff. zit.: *Otto*, in Strafrechtsdogmatik, 1971.
- Strafwürdigkeit und Strafbedürftigkeit als eigenständige Deliktskategorien. Überlegung zum Deliktsaufbau, in Stree, Walter (Hrsg.): Gedächtnisschrift für Horst Schröder, München 1978, S. 53 ff. zit.: *Otto*, GS Schröder, 1978.
- Konzeption und Grundsätze des Wirtschaftsstrafrechts (einschließlich Verbraucherschutz) – Dogmatischer Teil I, ZStW 96 (1984), S. 339 ff. zit.: *Otto*, ZStW 96 (1984).
- der Mißbrach von Insider-Informationen als abstraktes Gefährdungsdelikt, in: Bernd Schünemann und Carlos Suárez González (Hrsg.): Bausteine des europäischen Wirtschaftsstrafrechts,Madrid-Symposium für Claus Tiedemann, Köln/Berlin/Bonn/München 1994, S. 447 ff. zit.: *Otto*, in Madrid-Symposium, 1994.
- Grundkurs Strafrecht, Die einzelnen Delikte, 5. Aufl., Berlin 1998. . zit.: *Otto*, BT[5], 1998.
- Grundkurs Strafrecht, Allgemeine Strafrechtslehre, 6. Aufl., Berlin 2000. zit.: *Otto*, Grundkurs[6], 2000.

*Papageorgiou-Gonatas,* Stylianos: Wo liegt die Grenze zwischen Vorbereitungshandlung und Versuch? - Zugleich eine Theoretische Auseinandersetzung mit dem Strafgrund des Versuchs, München 1988. zit.: *Papageorgiou-Gonatas,* Grenze zwischen Vorbereitungshandlung und Versuch, 1988.

*Parsons*, Talcott: The social system, New York (u.a.), 1968. zit.: *Parsons*, social system, 1968.

*Plumeyer*, Heinz: Beginn der Strafbarkeit verbrecherischer Willensbestätigung, Diss. Freiburg 1959. zit.: *Plumeyer*, Willensbestätigung, 1959.

*Preuß*, Ulrich Klaus: Sicherheit durch Recht – Rationalitätsgrenzen eines Konzepts, KritV 1989, S. 3ff. zit.: *Preuß*, KritV 1989.

*Prittwitz*, Cornelius: Funktionalisierung des Strafrechts, in StV 1991, S. 435ff. zit.: *Prittwitz*, StV 1991.
- Risikogesellschaft und Strafrecht, in: Ulfrid Neumann/Cornelius Prittwitz (Hrsg.): Kritik und Rechtfertigung des Strafrechts, Frankfurt/M(u. a.) 2005, S.131ff. zit.: *Prittwitz*, in Kritik und Rechtfertigung des Strafrechts, 2005.

*Rabl*, Kurt O.: Der Gefaehrdungsvorsatz. Frankfurt/M 1977. zit.: *Rabl*, Gefährdungsvorsatz, 1977.

*Radbruch,* Gustav: Isaak Iselin über Cesare Beccaria, in: *ders.*, Elegantiae juris criminalis. Vierzehn Studien zur Geschichte des Strafrechts, 2. Aufl., Basel 1950, S. 181ff. zit.: *Radbruch,* in Elegantiae juris criminalis[2], 1950
- Autoritäres oder soziales Strafrecht? in: Radbruch, Gustav, Der Mensch im Recht, 2. Aufl., Göttingen 1957, S. 63ff. zit.: *Radbruch,* in Der Mensch im Recht, 2. Aufl., 1957, S. 63 ff.

*Ralis*, Anton: Der Begriff und die Strafbarkeit des Versuchs, in: ZStW 61 (1942), S: 1 ff. zit.: *Ralis*, in ZStW 61 (1942).

*Ranft*, Otfried: Der Individualschutz in dem Strafrechtssystem des neuzeitlichen Vernunftrechts bis zu P. J. A. v. Feuerbach, Diss. Marburg 1969. zit.: *Ranft*, Individualschutz, 1969.

*Rath*, Jürgen: Grundfälle zum Unrecht des Versuchs, JuS 1999, S. 35ff. zit.: *Rath*, JuS 1999.

*Redslob*, Robert: Versuch und Vorbereitung. Auf der Grundlage des deutschen und französischen Strafrechts, Breslau 1908. zit.: *Redslob*, Versuch und Vorbereitung, 1908.

*Reuter,* Lothar: Die Ansichten des Marchese von Beccaria zu den Strafgesetzen, Verbrechen und Strafen – Strafegesetze, Strafjustiz und strafrechtliches Denken im 18. Jahrhundert, in: *Deimling,* Gerhard (Hrsg.): *Cesare Beccaria* - Die Anfänge moderner Strafrechtspflege in Europa, Heidelberg1989, S. 67 ff. zit.: *Reuter,* in *Cesare Beccaria*, 1989.

*Riklin*, Franz: Schweizerisches Strafrecht AT, Bd. I, Verbrechenslehre, 2. Aufl., Zürich 1997. zit.: *Riklin*, AT[2], Bd. I, 1997.

*Roxin*, Claus: Sinn und Grenzen staatlicher Strafe, JuS 1966, S. 377 f.; oder in *ders.*,: Strafrechtliche Grundlagenprobleme, Berlin (u. a.) 1973, S. 1 ff. zit.: *Roxin*, JuS 1966 od. in Grundlagenprobleme, 1973.
- Franz. Von Liszt und die kriminalpolitische Konzeption des Alternativenentwurfs, in: ZStW 81 (1969), S. 613 ff. zit.: *Roxin*, ZStW 81 (1969).
- Einführung in das neue Strafrecht, Aufl. 2, München 1975. *Roxin*, Einführung[2], 1975.
- Tatentschluss und Anfang der Ausführung beim Versuch, JuS 1979, S. 1 ff,. zit.: *Roxin*, JuS 1979.
- Zur Entwicklung der Kriminalpolitk seit den Alternativentwürfen, in: JA 1980, S. 545 ff. zit.: *Roxin*, JA 1980.
- Strafrecht AT, Bd. II, Besondere Erscheinungsformen der Straftat, München 2003. zit.: *Roxin*, AT, Bd. II, 2003.
- Rechtsgüterschutz als Aufgabe des Strafrechts? in: Hefendehl, Roland(Hrsg.), Empirische und dogmatische Fundamente, Kriminalpolitischer Impetus. Symposium für Bernd Schünemann zum 60. Geburtstag, Köln/Berlin/München 2005, S. 135 ff. zit.: *Roxin*, FS Schünemann, 2005.
- Strafrecht AT, Bd. I, Grundlagen, der Aufbau der Verbrechenslehre, 4. Aufl., München 2006. zit.: *Roxin*, AT[4], Bd. I, 2006.

*Rudolphi*, Hans- Joachim: Die verschiedenen Aspekte des Rechtsgutsbegriffs; in: Barth, Eberhard (Mitarb.), Festschrift für Richard Honig, Göttingen 1970, S. 151 ff. zit.: *Rudolphi*, FS Honig, 1970.
- Straftaten gegen das werdende Leben, ZStW 83 (1971), S. 105 ff. zit.: *Rudolphi*, ZStW 83 (1971).
- Inhalt und Funktion des Handlungsunwertes im Rahmen der personalen Unrechtslehre, in: Schroeder, Friedrich-Christian/Zipf, Heinz (Hrsg.), Festschrift für Reinhart Maurach zum 70. Geburtstag, Karlsruhe 1972, S51 ff. zit.: *Rudolphi*, FS Maurach, 1972.

*Saal*, Martin: Das Vortäuschen einer Straftat (§145d StGB) als abstraktes Gefährdungsdelikt, Berlin 1997. zit.: *Saal*, Vortäuschen, 1997.

*Sannwald*, Detlef: Rechtsgut und Subventionsbegriff, Berlin 1982. zit.: *Sannwald*, Rechtsgut und Subventionsbegriff, 1982.

*Sauer*, Wilhelm: Allgemeine Strafrechtslehre, 3. Aufl., Berlin 1955. zit.: *Sauer*, Strafrechtslehre[3], 1955.

*Sax*, Walter: Grundsätze der Strafrechtspflege, in: Bettermann, Karl August/Nipperdey, Hans Carl/ Scheuner, Ulrich (Hrsg. ), Die Grundrechte, Bd. 3, Halbbd. 2: Rechtspflege und Grundrechtsschutz, 2. Aufl. (unverändert), Frankfurt/a. M. 1972 , S. 25, 909 ff. zit.: *Sax*, Grundrechte, 1972.
- „Tatbestand" und Rechtsgutsverletzung, in: JZ 1976, S. 9ff., 429 ff. zit.: *Sax*, JZ 1976.
*Schall*, Hero: Die Schutzfunktionen der Strafbestimmung gegen den Hausfriedensbruch, Berlin 1974. zit.:. *Schall*, Hausfriedensbruch, 1974.

*Schmidhäuser*, Eberhard: Der Unrechtstatbestand, in: Bockelmann, Paul (Hrsg.): Festschrift für Karl Engisch zum 70. Geburtstag, Frankfurt/a. M., 1969. zit.: *Schmidhäuser*, FS Engisch, 1969.
- Strafrecht, AT, 2. Aufl., Tübingen 1975. zit.: *Schmidhäuser*, AT[2], 1975.
- Strafrecht Besonderer Teil, 2. Aufl., Tübingen 1983. zit.: *Schmidhäuser*, BT[2], 1983.

*Schmidhäuser*, Eberhard/*Alwart*, Heiner: Strafrecht, AT, Studienbuch, 2. Aufl., Tübingen 1984. zit.: *Schmidhäuser/Alwart*, Studienbuch $AT^2$, 1984.

*Schmidt*, Eberhard: Strafrechtsreform und Kulturkrise. Ein Vortrag. Tübingen 1931. zit.: *Schmidt*, Strafrechtsreform, 1931.
- *Schmidt*, Eberhardt: Einführung in die Geschichte der deutschen Strafrechtspflege, 2. unveränderter Nachdruck der 3. Aufl. 1965, Göttingen 1995. zit.: *Schmidt*, Einführung, 1965.

*Schmidt*, Helmut/*Weber*, Hans: Straftaten und Verfehlungen, NJ 1967, S. 110 ff. zit.: *Schmidt*/*Weber*, NJ 1967.

*Schmidt*, Jürgen: Untersuchung zur Dogmatik und zum Abstraktionsgrad abstrakter Gefährdungsdelikte, Marburg 1999. zit.: *Schmidt*, Untersuchung, 1999.

*Schmoller*, Kurt: Fremdes Fehlverhalten im Kausalverlauf, in: Schmoller, Kurt (Hrsg.), Festschrift für Otto Triffterer zum 65 Geburtstag, Wien 1996, S. 223 ff. zit.: *Schmoller*, FS Triffterer, 1996.

*Schönke*, Aldof: Strafgesetzbuch, Kommentar, 15 Aufl., 1970. zit.: $Schönke^{15}$, 1970.

*Schönke*, Aldof/*Schröder*, Horst (Hrsg.): Strafgesetzbuch, Kommentar, 26. Aufl., 2001; 27. Aufl. 2006, zit.: Bearbeiter, *Schönke/Schröder*$^{27}$, 2006, §… Rn….

*Schröder*, Horst: Abstrakte - konkrete Gefährlichkeitsdelikte, JZ 1967, S.522 ff. zit.: *Schröder*, JZ 1967.
- Die Gefährdungsdelikte im Strafrecht, ZStW 81 (1969), S. 7 ff. zit.: *Schröder*, ZStW 81 (1969).

*Schultze,* Michaela: Die Betrugsnatur des Subventionsbetrugs, Baden-Baden 2006. zit.: *Schultze,* Betrugsnatur des Subventionsbetrugs, 2006.

*Schumann*, Heribert: Strafrechtliches Handlungsunrecht und das Prinzip der Selbstverantwortung der Anderen, Tübingen 1986. zit.: *Schumann* , Handlungsunrecht, 1986.

*Schünemann*, Bernd: Moderne Tendenzen in der Dogmatik der Fahrlässigkeits- und Gefährdungsdelikte, Teil 6, JA 1975, S.787 ff. zit.: *Schünemann*, JA 1975.
- Die deutschsprachige Strafrechtswissenschaft nach der Strafrechtsreform im Spiegel des Leipziger Kommentars und des Wiener Kommentars, 2. Teil: Schuld und Kriminapolitk, in GA 1986, S: 293 ff. zit.: *Schünemann*, GA 1986.
- zit.: *Schünemann*, GA 1994.
- Kritische Anmerkungen zur geistigen Situation der deutschen Strafrechtswissenschaft, GA 1995, S. 201 ff. zit.: *Schünemann*, GA 1995.
- Zur Dogmatik und Kriminalpolitik des Umweltstrafrechts, in Kurt Schmoller (Hrsg.): Festschrift für Otto Triffterer zum 65. Geburtstag, Wien/New York, 1996, S. 437 ff. zit.: *Schünemann*, FS Triffterer, 1996.
- The Role of the Victim Within the Criminal Justice System: A Three – Tiered Concept, in Buffalo Criminal Law Review, 1 (1997), S. 33 ff. zit.: *Schünemann*, in Buffalo Criminal Law Review, 1 (1997).
- Zum Stellenwert der positiven Generalprävention in einer dualistischen Straftheorie, in Schünemann, Bernd/Hirsch, Andrew von/Jareborg Nils (Hrsg.): Positive Generalprävention, Heidelberg 1998, S. 109 ff. zit.: *Schünemann*, Positive Generalprävention, 1998.
- Vom Unterschichts- zum Oberschichtsstrafrecht. Ein Paradigmawechsel im moralischen Anspruch? In: Kühne, Hans – Heiner/Miyazawa, Koichi (Hrsg.), Alte Strafrechtsstrukturen und neue gesellschaftliche Herausforderungen in Japan und Deutschland, Berlin 2000, S. 15 ff. zit.: *Schünemann*, in Alte Strafrechtsstrukturen, 2000.
- Unzänglichkeiten des Fahrlässigkeitsdelikts in der modernen Industriegesellschaft, in: Eva

Graul/Gerhard Wolf (Hrsg.): Gedächtnisschrift für Dieter Meuer, Berlin 2002, S: 37 ff. zit.: *Schünemann*, in GS Meuer, 2002.
- Das Rechtsgüterschutzprinzip als Fluchtpunkt der verfassungsrechtlichen Grenzen der Straftatbestände und ihrer Interpretation, in: Hefendehl, Roland/ Hirsch, Andrew von/ Wohlers, Wolfgang ( Hrsg.), Die Rechtsgutstheorie. Baden- Baden 2003, S. 133 ff. zit.: *Schünemann*, in Rechtsgutstheorie, 2003.

*Schwab*, Willi: Die Vorbereitungshandlungen im Spiegel der bisherigen Deutschen Kriminalgesetzgebung und ihre Behandlung in den geltenden deutschen und außerdeutschen Strafgesetzen, Diss. Würzburg, 1956 . zit.: *Schwab*, Vorbereitungshandlungen, 1956.

*Schwarze*, Friedrich Oskar v.: Kommentar zum Strafgesetzbuche für das Deutsche Reich, Leipzig 1884. zit.: *Schwarze*, Kommentar zum StGB, 1884.

*Seelmann*, Kurt: Atypische Zurechnungsstrukturen im Umweltstrafrecht, in : NJW 1990, S. 1257 ff. zit.: *Seelmann*, NJW 1990.

*Seher*, Gerhard: Prinzipiengestützte Strafnormlegitimation und der Rechtsgutsbegriff, in: Hefendehl, Roland/ Hirsch, Andrew von/ Wohlers, Wolfgang ( Hrsg.), Die Rechtsgutstheorie. Baden-Baden 2003, S.39ff. zit.: *Seher*, Rechtsgutstheorie, 2003.

*Seidl*, Alfred: Der Beginn der Straftat. Diss. München, 1938. zit.: *Seidl*, Beginn der Straftat, 1938.

*Sieber*, Ulrich: Computerkriminalität und Strafrecht, 2. Aufl., Köln/Berlin/Bonn/München 1980. zit.: *Sieber*, Computerkriminalität$^2$, 1980.

*Sina*, Peter: Die Dogmengeschichte des strafrechtlichen Begriffs „Rechtsgut“, Basel 1962. zit.: *Sina*, Dogmengeschichte, 1962.

*Spendel*, Günter: Zur Kritik der subjektiven Versuchs- und Teilnahmetheorie. JuS 1960, S. 314 ff. zit.: *Spendel*, JuS 1960.
- Zur Neubegründung der objektiven Versuchstheorie, in: ders. (Hrsg.), Festschrift für Ulrich Stock, Würzburg 1966, S. 101 ff. zit.: *Spendel*, FS Stock, 1966.
- Der Begriff des Unrechts im Verbrechenssystem, in Bernd Heinrich (Hrsg.): Festschrift für Ulrich Weber zum 70. Geburtstag, Bielefeld/Gieseking, 2004, S. 3 ff. zit.: *Spendel*, FS Weber, 2004.
*Stächelin*, Gregor: Strafgesetzgebung im Verfassungsstaat - normative und empirische, materielle und prozedurale Aspekte der Legitimation unter Berücksichtigung neuerer Strafgesetzgebungspraxis, Berlin 1998. zit.: *Stächelin*, Strafgesetzgebung im Verfassungsstaat, 1998.

*Sternberg- Lieben*, Detlev: Die objektiven Schranken der Einwilligung im Strafrecht, Tübingen 1997. zit.: *Sternberg- Lieben*, Die objektiven Schranken, 1997.

*Stienen*, Joseph Justus: Über die Deliktsform Vorbereitung. Deliktsformen und kommendes Strafgesetz, ZStW 46 (1925), S. 362 ff. . zit.: *Stienen*, ZStW 46 (1925).

*Stratenwerth*, Günter: Zukunftssicherung mit den Mitteln des Strafrechts? in: ZStW 105 (1993), S. 678 ff. Zit.: *Stratenwerth*, ZStW 105 (1993).
- Zum Begriff des „Rechtsguts“, in: Eser, Albin (Hrsg.), Festschrift für Lenckner Theodor zum 70. Geburtstag, München 1998, S. 377 ff.. zit.: *Stratenwerth*, FS Lenckner, 1998.
- Strafrecht AT, Bd. I, Die Straftat, Köln/Berlin/Bonn/München, 1. Aufl., 1971;3. Aufl. 1981. zit.: *Stratenwerth*, AT I$^1$, 1971; AT I$^3$, 1981.

*Stratenwerth*, Günter/*Kuhlen*, Lothar: Strafrecht AT, Bd. I, Die Straftat, 5 Aufl., Teil I, 2004. zit.: *Stratenwerth/Kuhlen*, AT I$^5$, 2004.

*Suck*, Hans Werner: Der Beginn der strafbaren Tat im neuen deutschen Strafrecht, Frankfurt/a. M. 1977 . zit.: *Suck*, Der Beginn der strafbaren, 1977.

Systematischer Kommentar zum Strafgesetzbuch, hrsg. von Rudolphi, Han-Joachim/Horn, Eckhard/Samon, Erich, Bd. I, AT, 6. Aulf.,; Bd. II, BT, 6. Aufl., 1994; Bd. I, AT 7/8. Aufl., 2005, Neuwied/Frankfurt/M. zit.: Bearbeiter in SK- StGB §…Rn ...

*Tiedemann*, Klaus: Tatbestandfunktionen im Nebenstrafrecht. Untersuchung zu einem rechtsstaatlichen Tatbestandsbegriff, entwickelt am Problem des Wirtschaftsstrafrechts, Tübingen 1969. zit.: *Tiedemann*, Tatbestandsfunktionen, 1969.
- Wirtschaftsstrafrecht und Wirtschaftskriminalität, Bd. I, Allgemeiner Teil, Reinbek b. Hamburg, 1976. zit.: *Tiedemann*, Wirtschaftsstrafrecht und Wirtschaftskriminalität, Bd. I, 1976.
- Wirtschaftsstrafrecht und Wirtschaftskriminalität, Bd. II, Besonderer Teil, Reinbek b. Hamburg, 1976. zit.: *Tiedemann*, Wirtschaftsstrafrecht und Wirtschaftskriminalität, Bd. II, 1976
- Das deutsche Wirtschaftsstrafrecht im Rahmen der Europäischen Union, in: Kühne, Hans Heiner (Hrsg.): Festschrift für Koichi Miyazawa, dem Wegbereiter des japanisch- deutschen Strafrechtsdiskurses, Baden-Baden 1995, S. 673 ff. zit.: *Tiedemann*, in FS Miyazawa 1995.
*Treplin*, Heinrich: Der Versuch. Grundzüge des Wesens und der Handlung. ZStW 76 (1964), S. 441 ff. zit.: *Treplin*, ZStW 76 (1964).

*Tröndle*, Herbert/*Fischer*, Thomas:Strafgesetzbuch und Nebengesetz, 54. Aufl., München, 2007. zit.: *Tröndle/Fischer*, Strafgesetzbuch[54], 2007; Fischer, Strafgesetzbuch[55], 2008.

*Vehling*, Karl-Heinz: Die Abgrenzung von Vorbereitung und Versuch, Frankfurt/a. M. 1991. zit.: *Vehling*, Abgrenzung, 1991.

*Vogel*, Joachim: Strafrechtsgüter und Rechtsgüterschutz durch Strafrecht im Spiegel der Rechtsprechung des Bundesverfassungsgerichts. StV 1996, S.110 ff. zit.: *Vogel*, StV 1996.
- Einflüsse des Nationalsozalismus auf das Strafrecht, in: ZStW 115 (2003), S. 638 ff. zit.: *Vogel*, ZStW 115 (2003).

*Volk*, Klaus: Entkriminalisierung durch Strafwürdigkeitskriterien jenseits des Deliktsaufbaus, ZStW 97 (1985), S. 871 ff. zit.: *Volk*, ZStW 97 (1985).

*Voß*, Monika: Symbolische Gesetzgebung. Fragen zur Rationalität von Strafgesetzgebungsakten, Ebelsbach 1989. zit.: *Voß*, Symbolische Gesetzgebung, 1989.

*Wachenfeld*, Friedrich: Lehrbuch des deutschen Strafrechts, München 1914. zit.: *Wachenfeld*, Lehrbuch, 1914.

*Waiblinger*, Max: Subjektivismus und Objektivismus in der neuen Lehre und Rechtsprechung vom Versuch, ZStW 69 ( 1957 ), S.189 ff. zit.: *Waiblinger*, ZStW 69 (1957).
- Zur Abgrenzung des strafbaren Versuchs von der straflosen Vorbereitungshandlung, SchwZStR. 72 (1957), S. 121 ff. zit.: *Waiblinger*, SchwZStR. 72 (1957).

*Weber*,Ulrich: Die Vorverlegung des Strafrechtsschutzes durch Gefährdungs- und Unternehmensdelikte, in: Jescheck, Hans-Heinrich (Hrsg.), Die Vorverlegung des Strafrechtsschutzes durch Gefährdungs- und Unternehmensdelikte. Referate und Diskussionsberichte, Berlin1987, S. 5 ff. zit.: *Weber*, Vorverlegung des Strafrechtsschutzes, 1987.

*Wehrle*, Stefan: Fahrlässige Beteiligung am Vorsatzdelikt – Regressverbot? Basel 1986 zit.: *Wehrle*, Regressverbot, 1986.

*Weigend*, Thomas: Über die Begründung der Straflosigkeit bei Einwilligung des Betroffenen, in: ZStW 98 (1986), S. 44 ff. zit.: *Weigend*, ZStW 98 (1986).

- Bewältigung von Beweisschwierigkeiten durch Ausdehnung des materiellen Strafrechts? in: Schmoller, Kurt (Hrsg.), Festschrift für Otto Triffterer, Wien 1996, S. 695 ff. zit.: *Weigend*, FS Triffterer, 1996.

*Weinert*, Nicole: Vorbereitungsdelikte und tätige Reue, Hamburg 2005. zit.: *Weinert*, Vorbereitungsdelikte, 2005.

*Weis*, Eberhard, Cesare Beccaria (1738 – 1794), Mailänder Aufklärer und Anreger der Strafrechtsreform in Europa, München 1992. zit.: *Weis*, Cesare Beccaria, 1992.

*Welzel*, Hans: Das Deutsche Strafrecht. Eine systematische Darstellung, 7. Aufl, 1960; 11. Aufl., Berlin 1969. zit.: *Welzel*, Strafrecht[7], 1960; Strafrecht[11], 1969.
- Studien zum System des Strafrechts, ZStW 58 (1938), S. 491 ff. zit.: *Welzel*, ZStW 58 (1938).

*Wessels*, Johannes: Strafrecht AT, Die Straftat und ihr Aufbau, 3.Aufl., Heidelberg 1973. zit.: *Wessels*, AT[3], 1973.

*Wessels*, Johannes/*Hettinger*, Michael: Strafrecht, Besonderer Teil, Bd. I, Straftaten gegen Persönlichkeits- und Gemeinschaftswerte, Heidelberg 2007. zit.: *Wessels/Hettinger*, BT/1, 2007.

*Wessels*, Johannes/ *Beulke*, Werner: Strafrecht AT, Die Straftat und ihr Aufbau, 34.Aufl., Heidelberg 2004; 37. Aufl., 2007. zit.: *Wessels/Beulke*, AT[34], 2004, AT[37], 2007.

*Wittig*, Petra: Die Aufrechterhaltung gesellschaftlicher Stabilität bei John Rawls, in: ZStW 107 (1995), S. 251 ff. zit.: *Wittig*, ZStW 107 (1995).

*Wohlers*, Wolfgang: Deliktstypen des Präventionsstrafrechts – zur Dogmatik „moderner" Gefährdungsdelikte, Berlin 2000. zit.: *Wohlers*, Deliktstypen, 2000.
- Rechtsgutstheorie und Deliktsstruktur, GA 2002, S. 15 ff. zit.: *Wohlers*, GA 2002.
- *Hirsch*, Andrew von/*Wohlers*, Wolfgang: Rechtsgutstheorie und Deliktsstruktur – zu den Kriterien fairer Zurechnung, in: Hefendehl, Roland/Hirsch, Andrew von/ Wohlers, Wolfgang( Hrsg.), Die Rechtsgutstheorie, Baden- Baden 2003, S. 196 ff. zit.: *v. Hirsch/Wohlers*, Die Rechtsgutstheorie, 2003.
- Schlusswörter: Die Tagung aus der Perspektive eines Rechtsgutsskeptikers, in: Hefendehl, Roland/Hirsch, Andrew von/Wohlers, Wolfgang( Hrsg.), Die Rechtsgutstheorie, Baden- Baden 2003, S. 281 ff. zit.: *Wohlers*, Die Rechtsgutstheorie, 2003.

*Wolter*, Jürgen: Objektive und personale Zurechnung von Verhalten, Gefahr und Verletzung in einem funktionalen Straftatsystem, Berlin 1981. zit.: *Wolter*, Zurechnung, 1981.

*Worms*, Martin J.: Die Bekenntnisbeschimpfung im Sinne des §166 Abs. 1 StGB und die Lehre vom Rechtsgut, Frankfurt/a. M. 1984. zit.: *Worms*, Bekenntnisbeschimpfung, 1984.

*Zachariä*, Heinrich Albert: Die Lehre vom Versuch der Verbrechen, Göttingen 1839. zit.: *Zachariä*, Lehre vom Versuch, 1839.

*Zaczyk*, Rainer: Das Unrecht der versuchten Tat, Berlin 1987. zit.: *Zaczyk*, Unrecht, 1987.

*Zehner*, Stiegfried: Die Strafbarkeit der Vorbereitungshandlungen, Diss. Köln 1936. zit.: *Zehner*, Strafbarkeit der Vorbereitungshandlungen, 1936.

*Ziegler*, Hans: Der Stand der Ansichten über den Anfang der Ausführung, Diss. Erlangen 1932. zit.: *Ziegler*, Anfang der Ausführung, 1932.

*Zieschang*, Frank: Die Gefährdungsdelikte, Berlin 1998. zit.: *Zieschang*, Gefährdungsdelikte, 1998.

*Zipf*, Heinz: Kriminologischer und strafrechtlicher Verbrechensbegriff, MDR 1969, S. 889 ff. zit.: *Zipf*, MDR 1969
- Kriminalpolitik, 2. Aufl., Karlsruhe 1980. zit.: *Zipf*, Kriminalpolitik², 1980.

**Criminalia**

Herausgegeben von Klaus Volk

Band 26 Susanne Götting: Beweisverwertungsverbote in Fällen gesetzlich nicht geregelter Ermittlungstätigkeit. Durch V-Leute, Scheinaufkäufer und Privatleute. 2001.

Band 27 Christiane Hölscher: Der Rechtsschutz und die Mitteilungspflichten bei heimlichen strafprozessualen Zwangsmaßnahmen. 2001.

Band 28 Tobias Windhorst: Der Rechtsbegriff der »schweren Gesundheitsschädigung". Zugleich ein Beitrag zum 6. StrRG. 2001.

Band 29 Andrea Schmucker: Die "Dogmatik" einer strafrechtlichen Produktverantwortung. Das fahrlässige Unterlassen als Institut der Produktkriminalität. 2001.

Band 30 Stephan Beukelmann: Prävention von Computerkriminalität. Sicherheit in der Informationstechnologie. 2001.

Band 31 Markus B. Alder: Die Strafzumessungsrichtlinie der USA in ihrem Kontext mit Plea Bargaining. 2001.

Band 32 Tobias Brandis: Beweisverbote als Belastungsverbote aus Sicht des Beschuldigten? 2001.

Band 33 Britta Wolff: Begünstigung, Strafvereitelung und Hehlerei. Geschichtliche Entwicklung und Abgrenzung zur Beihilfe. 2002.

Band 34 Angelika Laitenberger: Die Strafbarkeit der Verbreitung rassistischer, rechtsextremistischer und neonazistischer Inhalte. Unter besonderer Berücksichtigung der Verbreitung über Netzwerke. Ein Rechtsvergleich. 2003.

Band 35 Antonia Seitz: *Die Todesstrafe ist keine Strafe.* Von der Beteiligung bedeutender Mediziner an Fragestellungen um Verbrechen und Strafe, unter besonderer Berücksichtigung der Todesstrafe 1865 bis 1933 im deutsch-italienischen Vergleich. 2003.

Band 36 Ro-Seop Park: Die Wahrheitsfindung im Ermittlungsverfahren. 2003.

Band 37 Ingo Jeckel: Schadenswiedergutmachung gem. § 46a Nr. 2 StGB über anwaltliche Schlichtungsstellen. Schlichtungsablauf und Auswirkungen auf das Strafverfahren. 2003.

Band 38 Katja Kassing: Ehrverletzende Personalsatire in Deutschland, Österreich, der Schweiz und England. 2004.

Band 39 Stefan Poller: Verbandsgeldbuße und Steueranspruch. 2004.

Band 40 Anna Trüstedt: Das Verbot von Börsenkursmanipulationen. 2004.

Band 41 Marialena Papachristou: Die strafrechtliche Behandlung von Börsen- und Marktpreismanipulationen. 2006.

Band 42 Verena Käbisch: Markenschutz im Strafrecht. Die Rechtslage in Deutschland und den USA. 2006.

Band 43 Dominik Härtl: Wahlstraftaten. Die §§ 107 ff. StGB im System des Rechts. 2006.

Band 44 Erick Gatgens: Ermessen und Willkür im Straf- und Strafverfahrensrecht. Eine dogmatische und rechtstheoretische Untersuchung zu den Grundlagen strafjuristischer Entscheidungsfindung. 2007.

Band 45 Christian A. Sirch: Die Strafbarkeit der Parteispendenakquisition. Ein Beitrag zum Tatbestand der Vorteilsannahme. 2008.

Band 46 Brigitte Bauer: Untreue durch Cash-Pooling im Konzern. 2008.

Band 47 Meng Yang: Die Strafbarkeit der Vorbereitungshandlung des Delikts nach dem deutschen und chinesischen StGB. 2009.

www.peterlang.de

Winfried Huck / Weida Wang (Hrsg.)

# China und Deutschland – Praxis der Beziehungen in Recht, Wirtschaft und Kultur

## Ausgewählte Beiträge der deutsch-chinesischen Wirtschaftsrechtssymposien aus 2002–2004

Frankfurt am Main, Berlin, Bern, Bruxelles, New York, Oxford, Wien, 2006.
298 S., 1 Abb.
ISBN 978-3-631-54863-9 · br. € 49.20*

Wir leben in einer sich ständig weiter vernetzenden und nicht nur wirtschaftlich immer enger miteinander verflochtenen Welt. Ein stetig größerer Anteil des Umsatzes deutscher Unternehmen wird im Ausland erwirtschaftet und die Siemens AG, Transportation Systems, bildet insofern keine Ausnahme. Die Verdichtung der vielfältigen Beziehungen erfassen die technischen Leistungen, die ökonomischen Randbedingungen und berühren das jeweilige Rechtssystem. Aus dem Bewusstsein heraus, dass die Volksrepublik China eine zunehmend wichtigere Rolle spielen wird, ergab sich die Idee einer gemeinsamen Zusammenarbeit zwischen Wirtschaft und Hochschule. In den Jahren 2002 bis 2004 veranstalteten dazu der Fachbereich Recht der Fachhochschule Braunschweig/Wolfenbüttel, das Chinesisch-Deutsche Hochschulkolleg (CDHK) an der Tongji-Universität, Shanghai, sowie die Siemens AG Braunschweig, Wirtschaftsrechtssymposien, in deren Mittelpunkt die deutsch-chinesischen Wirtschaftsbeziehungen standen. Tagungsorte waren Wolfenbüttel, Shanghai und Braunschweig. In sachlicher Hinsicht wurden Themenfelder wie Anlagenbau und Transfer von Hochtechnologie abgedeckt.

*Aus dem Inhalt:* Erstes Chinesisch-Deutsches Wirtschaftsrechtssymposium: Erfolg im internationalen Anlagengeschäft in China (31.10.–01.11.2002 in Wolfenbüttel) · Zweites Chinesisch-Deutsches Wirtschaftsrechtssymposium: Erfolg in China: Recht, Wirtschaft und Kultur (15.10.–16.10.2003 in Shanghai) · u.a.m.

Frankfurt am Main · Berlin · Bern · Bruxelles · New York · Oxford · Wien
Auslieferung: Verlag Peter Lang AG
Moosstr. 1, CH-2542 Pieterlen
Telefax 00 41 (0) 32 / 376 17 27

*inklusive der in Deutschland gültigen Mehrwertsteuer
Preisänderungen vorbehalten

**Homepage http://www.peterlang.de**

FSC
www.fsc.org
MIX
Papier | Fördert gute Waldnutzung
FSC® C083411

Kolibri 360 GmbH
Ferdinand-Jühlke-Straße 7
99095 Erfurt, Deutschland
produktsicherheit@kolibri360.de